# 张宗昌全传

苏全有 著

**图书在版编目（CIP）数据**

张宗昌全传/苏全有著．—北京：经济日报出版社，2007.4
ISBN 978－7－80180－662－7

Ⅰ．张…　Ⅱ．苏…　Ⅲ．张宗昌（1881～1932）—传记
Ⅳ．K827＝6

中国版本图书馆 CIP 数据核字（2007）第 026339 号

**张宗昌全传**

| | |
|---|---|
| **著　者** | 苏全有 |
| **责任编辑** | 孙　展 |
| **责任校对** | 高小昆 |
| **出版发行** | 经济日报出版社 |
| **地　址** | 北京市宣武区白纸坊东街 2 号（邮编：100054） |
| **电　话** | 010－63567691（编辑部）　63567683（发行部） |
| **网　址** | www.edpbook.com.cn |
| **E－mail** | cehuabu@vip.sina.com |
| **经　销** | 全国新华书店 |
| **印　刷** | 三河市新世纪印务有限公司 |
| **开　本** | 850×1168mm　1/32 |
| **印　张** | 24 |
| **字　数** | 400 千字 |
| **版　次** | 2007 年 4 月第一版 |
| **印　次** | 2007 年 4 月第一次印刷 |
| **书　号** | ISBN 978－7－80180－662－8 |
| **定　价** | 36.00 元 |

# 目 录

# 引 子

袁世凯死后，在北洋军阀当中，就实力与地盘而论，张宗昌也就是一个二等军阀，但奇怪的是，中国有很多人知道他，即使不知道的也想了解他，这是为什么呢？不仅文人墨客津津乐道，远如林语堂、近如李敖等，连一般的老百姓也关注张宗昌，其中有褒，有贬，有赞，有骂，不一而足。此外，张宗昌还经常收到废帝溥仪的来信。

从庙堂之高到江湖之远，张宗昌都勾起了人们极大的兴味。

在民间，有许多关于张宗昌的民谣与绰号：

民谣一：张宗昌，吊儿郎当，破鞋破袜子破军装；

民谣二：洋肉馆，女招待，吃一毛，给一块；

民谣三：兵多钱多姨太太多。

绰号一：长腿将军；

绰号二：张三多[1]；

绰号三：狗肉将军。

……

外国人了解张宗昌，多与林语堂有关。林写过一篇文章，名字叫《忆狗肉将军》，该文收在1940年出版的《爱情与讽刺》一书中。林语堂在文中说张宗昌的绰号还有一个，叫“狗肉将军”[2]。不过，据查资料这是不对的，因为张从来不吃狗肉，他嫌狗肉腥。

打麻将的名目繁多，其中有一种玩法叫推牌九，张宗昌很喜欢，广东话推牌九俗称吃狗肉，我们只有用这种方式来为林语堂的发明做牵强的解释了……

张宗昌没上过几天学，但他却能说一口流利的俄语，还能写不错的毛笔字、画写意山水画。

张宗昌从小饱受困苦生活的煎熬，但发迹后毫不吝惜钱财。

张宗昌是一个军阀，但他却创办了我国的著名高等学府——山东大学。

张宗昌在战场上用兵如神，极善诡谋，而在生活中却心直口快，不失为至性之人。一次，部下闹饷，他挺身而出，大骂：

“混账！王八蛋！发不发饷能闹吗？我爱你们，我是嫖客，你们是婊子，嫖客会欠婊子的钱吗？饷会发的，都他妈的婊子给我下去。”

这一骂，部下都变成了下部，被骂服了[3]。

张宗昌的身上，有大起大落——从贫寒的农家子弟一变为关东豪客，再变为著名军阀；有神秘的面纱——人称三不知将军，即兵不知有多少，钱不知有多少，姨太太不知有多少[4]。前者跌宕起伏，极富戏剧色彩，后者引人入胜，撩拨着人们无尽的遐思，再加上他那暴尸济南车站的悲剧式谢幕，这一切都使得张宗昌成了民国军阀中的耀眼明星，并在众人的口传中失却了本来的真实，而留下了一个又一个的谜团：

张宗昌是瓦岗寨里的程咬金？梁山泊中的黑旋风李逵？三国演义里的张翼德？

张宗昌的母亲曾出家为尼姑吗？是不是跳大神的荡妇？她是不是亲手杀了张父的小妾？

谁是刺杀陈其美的真正元凶？陈究竟死于何人之手？

张宗昌是如何从直系军官摇身一变而成为奉系悍将？又是如何成为山东督办、直鲁联军的总司令呢？以至于连自己的部下都不知道有多少人呢？

张宗昌会做诗歌吗？那些在民间广为流传的打油诗是不是他的创作呢？

张宗昌会打仗吗？为什么他被称为“长腿将军”？

张宗昌手下怎么有那么多的白俄毛子兵呢？

张宗昌和溥仪究竟是什么关系？他们二人之间怎么会信函频频呢？

邵飘萍、林白水等著名记者是死于张宗昌之手吗？

张宗昌究竟有多少姨太太呢？

济南车站的的血案含有怎样的惊天内幕？

……

历史本来没有谜，谜乃后人的创造。

尹雪曼说：近些年来，由于戏剧、小说、传记的渲染，对于张宗昌这个人，当然是耳熟能详了。可惜，所听到的有关张宗昌的故事，大都流为概念化。因此，大凡舞台上、银幕上或荧光屏上出现一位光头，满口粗话，不学“有”术的北洋军人，必是张宗昌。就好像京剧舞台上的大白脸，必是曹孟德一样。其实，张宗昌非舞台上那样的粗鲁无文，曹操也并非没有一丁点可资称述的长处。概念化了的小说和戏剧人物，往往不是流于低俗，只能产生一些逗笑的作用外，大概就是无可避免的流于僵化，变得好像无血无肉的不真实[5]。

哥伦布想去印度，结果却发现了美洲，历史跟他开了个玩笑。

借助于戏剧及文学作品，张宗昌已经被脸谱化、概念化了：体健如牛、脑笨如猪、性暴如虎、粗枝大叶、骄奢淫逸、胡作非为，是个如假包换的乡巴佬，土包子戴花的滑稽人物。

真正的张宗昌湮没不闻，消失在历史的黑幕中。

1942 年 9 月 4 日，北平鸭儿胡同的法通寺，寺前广场直通什刹海，人声鼎沸，嘈杂喧天，各色人等不下数千人，一齐从四面八方涌来，参加张宗昌逝世 10 周年祭。当时北平正沦陷于日人铁蹄之下，且张宗昌已死去 10 年，尚有如此盛会，若非其人有足称道者，焉能获致众人自动自发的追念如此[6]？

我们需要反璞归真，重建史实，需要了解历史的底色、对比色……正如福柯在疯癫史研究中说：有必要试着追溯历史上疯癫发展历程的开端，在没有经过皴染和涂抹的历史时间中重走一趟，再度确定眼中之历史。

张宗昌不是别人，他是张宗昌。

**注　释**

1. 苏全有“张宗昌逸事”，《文史精华》2001 年第 6 期，第 60 ~ 61 页。
2. 林语堂“忆狗肉将军”，《爱与刺》，陕西人民出版社 1991 年版，第 172 ~ 175 页。
3. 李敖“从‘我是嫖客’到‘我是鸡巴’”，《李敖作品集》，江西高校出版社 1999 年版，第 255 ~ 256 页。
4. 中直“张宗昌祸鲁记”上，《逸经》第 6 期，1936 年 5 月 20 日。
5. 戚宜君《张宗昌传奇》，（台北）精美出版社 1985 年版。
6. 戚宜君《张宗昌传奇》，第 232 页。

第一章

# 贫寒之家

少年时期，张宗昌的家境相当贫寒，父亲是吹鼓手，母亲被迫改嫁，年少的他仅仅念了一年的书，然后是做放牛娃、放铳手、酒店伙计，还曾提篮小卖。苦水里泡大的张宗昌，就是那苦藤上结出的苦瓜。

# 一、父母亲人

## 1. 掖县祝家村

莱州市位于山东半岛西北部，东经 119°33′～120°18′，北纬 36°59′～37°28′之间。东临招远市，东南与莱西市接壤，南连平度市，西南与昌邑市相望，西、北濒临莱州湾。总面积 1878 平方公里。

莱州地图

历史上的莱州，夏称莱夷地，时称过国。商为莱侯国。周属莱子国。战国时，齐置夜邑。秦属齐郡东境。西汉置掖县，为青州东莱郡治。晋为东莱国治。南北朝时，北魏分青州东部置光州，辖东莱、长广、东牟三郡，掖为州、郡治。隋废郡改光州为莱州，领县九；后又废州复东莱郡。唐复改东莱郡为莱州。宋、元皆沿唐制。明升莱州为府，辖二州五县。清因之。中华民国废府留县，由省直辖。1938 年 3 月，成立抗日民主政府，属胶东行署北海区。1941 年 1 月，析掖县南部置掖南行署。1956 年 3 月，复并入掖县。1988 年 2 月 24 日，撤销掖县建立莱州市，为省辖县级市，由烟台市代管；同年，被国务院列为沿海对外开放城市之一。

莱州市旧称掖县。掖县一名最早见于《战国策》：“（齐襄王）益封安平君（田单）夜邑万户”。《说苑》作掖邑。因掖水（今南阳河）得名。莱州之名始于隋朝。

山东掖县也就是今天的莱州市，在该地路旺镇的辖下，有一个村庄叫祝家村。祝家村是一个普普通通、只有很少人口的小农庄，但在近代中国那里却出了一位名人——张宗昌。

清《掖县全志》，16 卷，魏起鹏编，1893 年刻本

张宗昌祖上何处，今已无从考究，原来本有一家谱，在文革中被作为“四旧”付之一炬。如此区区小事，在那样的年代是太平常了。不过据张宗昌子女的回忆，说是在张宗昌出生时，张家已经落户祝家庄三代了，也就是张的曾祖时期[1]。

至于张家到祝家村的原因，有一种可能是其先祖系祝家村招赘的女婿，以后即世代居住于此[2]。

张家来到祝家村后，与祝姓相处得还颇为融洽，并未发生什么欺生、欺客之类的事情。当地流传着这样一句话：张祝不分。也有人认为，张祝本就是一家，于此可知二姓的亲密程度。

抗战胜利前夕，大约是在 1944 年，张宗昌的一个女儿流落天津，恰逢一老家祝姓之人。见此情形，虽然素不相识，只为张祝不分，毅然解囊相助。月是故乡明，亲是故乡人。

张家与祝家关系和谐，这直接引发张宗昌发迹后在家乡办学、修路，兴善举，也对解放后张家颇受善待起着关键作用。

## 2. 父亲与母亲

张宗昌的父亲叫张锡福，在祝家村是单姓独户，他有弟、妹各一，弟弟早亡，妹妹嫁于朱流（今莱州市东宋镇朱流村）。张本人生得瘦弱，是一个劳动能力不

民国《四续掖县志》，6 卷，刘锦堂纂，1935 年铅印本

强的汉子。

张锡福自幼家贫，只有薄田二亩，破草房两间。从六七岁起，他就随父母做一些简单的田间劳动，期间养成了喜听音乐的习惯。在当年的祝家村，唯一能听到的音乐是偶遇办红白喜丧事的乡间吹鼓乐，每逢此时，幼年的张锡福便会放下一切，跑去定定地听，从头到尾，忘记了吃饭，忘记了一切，为此他没少挨大人的打骂。不知从什么时候起，他学会了吹笛子、吹喇叭等乐器，因此，在他当雇农、短工时，自然而然地在农闲时做吹鼓手，有时也做揽手（又名“大抬杆”，即领头的吹鼓手）。就这样还时常挨饿，全家人只能靠要饭度日为生。

吹鼓手

唢呐，是中国的乐器之王，高亢的声调能够铺排出热闹的场面，悠扬的音韵可以渲染出欢乐或悲哀的气氛，因而成为婚丧寿庆上不可或缺的一环。只是，剃头割脚吹鼓手，这在过去被认为是“下九流”的行当。下九流有许多种说法，民间最为流行的是：一流秤，二流斗，三流屠户，四套狗，五修脚，六剃头，七娼，八唱，九吹手！下九流中秤和斗指的是小买卖，行商坐商，不过是小业主；屠户还包括餐饮业者；套狗指的是环卫工人，包括耍手艺的个体劳动者；修脚、剃头指的是服务行业；娼是妓女；唱是演员，旧时称戏子；吹手是吹鼓手[3]。这些都是最受歧视的底层。张锡福做吹鼓手，于此可知其家境的贫寒。

张锡福一生当中结了两次婚，其前妻是侯氏侯栓妮，后妻是寡居掖县孙古庄的“小潍县”。其中第一次婚变是妻子抛弃了自己，究其原因，一是家里太贫穷了，家徒四壁，经常过的是衣不蔽体、食不裹腹的日子；二是自己有一些不良嗜好，如嗜酒如命、酷喜赌博，往往置养家餬口于不顾，致使本来就十分艰难的生活更是雪上加霜。

侯栓妮对于丈夫不正经干活，经常无米下锅，生活没有着落，十分生气，夫妻二人为此争吵不休，在屡次规劝无效的情况下，竟愤然改嫁而去[4]。

有很多人说张锡福叫张万福[5]或张文福[6]，汉口《民国日报》等还称之为张锡五[7]，这都是不对的。

1928 年，张宗昌败走大连，其父及其继母亦随同前往。不久，张锡福卒于大连，并在当地停灵开吊，张宗昌守孝七七四十九天，吊祭场面，极其阔绰。翌年春，运灵柩回祖籍安葬，其继母跟灵柩返回祝家村。安葬时，由曾跟随张宗昌多年的潘正才[8]，带红枪会员多人，操办丧事。

1928 年 12 月张宗昌给日本政府铁道大臣小川平吉写信称："滦州退守，本拟待时，不料奉方惑于妖言，弃友亲敌，致宗昌势孤援绝，不得不以牺牲为保存之计。迨浮海东来，一身孤寄，讨赤之志，到底不渝……但宗昌东来不久，严父见背，身遭大故，不克趣前聆教，兹特嘱吴光新、庄璟珂二君东渡扶桑，晋谒阁下……"[9]这段话的意思分明是在说：1928 年 9 月，张学良与张宗昌反目，拒绝其入关请求，张宗昌在滦州败逃后，浮海到了大连，不久，其父亲病故，因此特派吴光新、庄璟珂二人前往日本与小川平吉交涉。于此可知，张宗昌的父亲是于 1928 年去世的。

张宗昌之母侯栓妮，娘家在肖古庄（今路旺镇肖韩村）。侯氏年少时家贫，雇农出身。她六七岁即下田劳动，10 岁就做雇农，生就的膀大腰圆，身高达到 1 米 80 左右，一双粗手大脚，为人粗爽义气，不信鬼神，一身的力气，是一个劳动的好手，但却经常挨饿。

在张宗昌 9 岁那年冬天的一日，侯栓妮在风雪交加中讨饭，但一无所获，走着走着，就昏倒在泥里村（属于掖县珍珠镇）边，人事不醒。恰在此时，有一贾姓男子路过，将其救起。此时，张家的人均已经外出讨饭，自身难保，而这个贾姓男子又是一个光棍汉。于是，为报救命之恩，侯栓妮就嫁给了这位贾姓男子。侯氏此举俗称为"跳活槽"。

很多书上在论及侯氏的为人时，多称之为风流之人，其依据主要就是侯氏"跳活槽"[10]。其实，在今天看来，这也不是什么见不得人的事，只要法律手续完备，不是重婚即可。过去的人们论及女子道德修为，讲求的是三从四德，所谓三从，即在家从父，既嫁从夫，夫死从子，这实际上是父为女纲，夫为妻纲，子为母纲的翻版；四德即德、言、容、功，它是服从于三从伦礼原则的道德手段和应具有的才能、风度、仪容的修养，班昭在《女诫》中有详细说明。需要注意的是，对男女伦理道德要求的标准是双重的，单向的。

对于男子，人们的要求就宽松得多。我国古代实行一夫多妻制，皇帝三宫六院七十二妃，这只是民间笼统的概括，具体的在《礼纪·婚仪》篇中有详细规定："古者天子后立六宫、三夫人、九嫔、二十七世妇、八十一御妻，以听天下之内治。"这 121 人成了历代后妃的常数，而宫女的数量是没节制的，走向了一夫万妻制。至于诸侯有 9 个妻子，其中除一位夫人外，另外还分为甲、乙、丙、丁四组侧室。每天晚上除了由夫人陪伴外，另由两个侧室相伴。通常的情况是，50 岁以下的侧室才有和主君共寝的权利，因为还有怀孕的能力；50 岁以上就不可和主君共寝了。夫人（正室）则不受年龄的限制，可一直和丈夫相处，同进同退。大夫有一妻二妾，以三日为一轮；而士族只能有一妻一妾。妻、妾有严格区别，一般情况下，妻子可从晚上一直伴丈夫至次晨，而妾必须在深夜时分等主君睡着后即行离去。周代不仅规定了天子、诸侯及大夫妻妾的数目，而且规定了同房的顺序。以天子为例，具体情况是：一到九日，八十一御妇，每夜轮九人；十日到十二日，二十七世妇，每夜轮九人；十三日轮九嫔；十四日轮三夫人；十五日，皇后。十六日，皇后；十七日，三夫人；十八日，九嫔；十九日到二十一日，二十七世妇，每夜轮九人；二十二日到三十日，八十一御妻，每夜轮九人。

皇帝是特权阶层，皇帝之外的普通男子，也可以等而次之，三妻四妾。不仅如此，男子还狎妓淫荡，销魂断肠，"十年一觉扬州梦，赢得青楼薄幸名"，就是真实的写照。以白居易为例，有诗为证：

"十载春啼变莺舌，三嫌老丑换蛾眉。"

"九烛台前十二妾，主人留醉任欢娱。"

德国著名性学家赫希菲尔德博士于 1931 年来中国调查国人性生活状况时写道：

> 任何人在中国看到一个由 30～50 人组成的大家庭一起用餐的情景都会大吃一惊……由大家庭使我不禁对中国婚姻习俗产生了浓厚兴趣。据推测，在当今的中国，约 30% 的中国男人只有一位妻子；大约 50% 的中国男子（其中许多人是苦力）有两个老婆；约 10% 的男子娶有 3～6 个女人；另有 5% 的人据说有 6 个以上的老婆，有些人竟有 30 多个妻子。据说张宗昌元帅一人就有 80 个妻子……我在香港亲眼看到一个乞丐，除了靠讨饭支助他的妻，还养活着两个妾。

具体到张锡福、侯栓妮二人而言，丈夫再婚，无任何书骂其风流鬼，妻子再嫁，则被誉之为荡妇。这里面说白了，其实就是一个贞操问题。

汉代以后，对女性的限制开始加强，万恶淫为首，"淫"即女子的私通行为成为"七出"中女子被休的重要条款，"夫有再娶之义，妇无二适之文"，贞操观念完全变成了"夫为妻纲"的奴仆。范晔的《后汉书》首创《列女

一夫多妻

传》体例，也反映了对表彰模范妇女意义的自觉意识。“膏不厌鲜，女不厌清”，女性被导向变态的贞节清白。

宋代以后，我国封建社会开始走向衰落，随着程朱理学的传播，对女性的限制近乎疯狂。金莲要小，牌坊要大；饿死事小，失节事大。“存天理、灭人欲”趋于具体化，女性成为这一理念的殉葬品。需要指出的是，宋代以前女性贞操侧重于强调婚后，以确保父系社会的血缘关系，而至宋代，婚前的贞即处女贞变得格外重要。处女贞既是女性求偶要价的资本，又是男子择偶的首要条件。贞操成了束缚女性的枷锁，婚姻变为女性向男性出卖贞操的交易。

明清时期，随着政府的宣传、表彰，贞操观念已深深地在民众心中扎根，并日趋于病态化、宗教化。忠臣不事两国，烈女不更二夫；好马不备双鞍，烈女不嫁二男。贞操观念简直就像中邪魔一般萦绕着妇女而又使她们甘就死地，无怨无悔。即使是在偏僻之地，女性也能“以贞白自砥”[11]。

由于张母侯氏受传统观念的影响而为人们骂了个狗血喷头，所以，许多不实的事也被自然而然地演绎出来了，如她曾出家为尼姑、是跳大神的、亲手杀张父的小妾等等。侯氏身材高大，外表像男子，性格豪迈也像男性，平日里声高心软，爱骂人熊人，骂人的口头禅是“娘了个×”、“驴鸡子进的”，但不打人，骂完后就没事了。她对子孙、家里的佣人从不虐待，反会善意帮助，身边从不用女佣，喜欢自己做活，直到老死。见到年老的佣人，如赵子善，不仅给钱接济，还让人代盖房子两间令其返家养老。总之，她见到穷人常发自内心的同情。

张母侯氏的脚很大，大约有40码，个头也大。身高马大的她，颇有气力，能用单臂轻轻夹起一口袋粮食。在当时的农村，裹脚乃司空见惯、习以为常的事，反而是不裹脚成为人们不能认可的事情，所以张母侯氏因此常常遭到村民的嘲笑，并获“大脚”的绰号。

缠足肇始于南唐李后主，之后，这种以摧残女性身体的办法来满足男性的优越感和享乐欲的风气，随着其合模作用而到了无以复加的地步。关于女性的修美，其目的是为男子服务，为悦己者容。而美的标准是柔，是病态的，正所谓“楚王好细腰，国人多饿死”；“男人强为贵，女以弱为美。”[12]

张母从北京回到山东后，没有回祝家村，而是回她的娘家路旺镇肖韩村，身边由侄子、侄媳妇相伴。此前，王栋是张宗昌给其母配备的御林军军长。

1934年，张母卒于肖韩庄。侯氏的坟地是她生前选在10里外的姚家沟（今莱州市神堂镇冯家村南）。张家虽然败落，侯氏的丧事却很排场。殡葬前20天（死后入殓，棺木密封待葬），即扎棚准备，大碗酒管喝，大块肉尽吃。肖韩庄全村200多户人家，几乎家家出人帮忙。出殡前5天，原直鲁联军中张宗昌的一些老部下，派王琪（张宗昌生前好友）携带部分款项，亲为张母送葬。殡葬日，自肖韩庄至姚家沟，沿途十余里，一里一棚，设路奠。路奠灵棚跨道而设，内放猪头、香箔火纸。灵至，则停灵祭奠。茶奠设于道旁，便于停灵休息。殡葬场面为乡人所罕见。侯氏去世后，其肖韩庄前后两个大院的浮财，由她的娘家侄子侯定柱继承。张宗昌的守节妻室、子女未表示争要，他们认为侯氏是由侯定柱陪伴终老的，所以家产应全部交给他。但侯定柱却不争气，侯氏的

三寸金莲

家财很快被他“作光”了[13]。

### 3. 继父与继母

张宗昌因母亲改嫁、父亲再娶，而有两个父亲、两个母亲。

张宗昌的继父姓贾，他曾在一个风雪交加的冬日里将张的母亲侯栓妮救活，因此成为张的继父。张宗昌后来对他的继父非常之好，有如亲生一般，究其原因，这与贾姓男子的救母之恩、张宗昌的孝敬老人及其贞洁观念淡化、性格外向等有关。张曾说过：“没有贾父就没有我娘。”

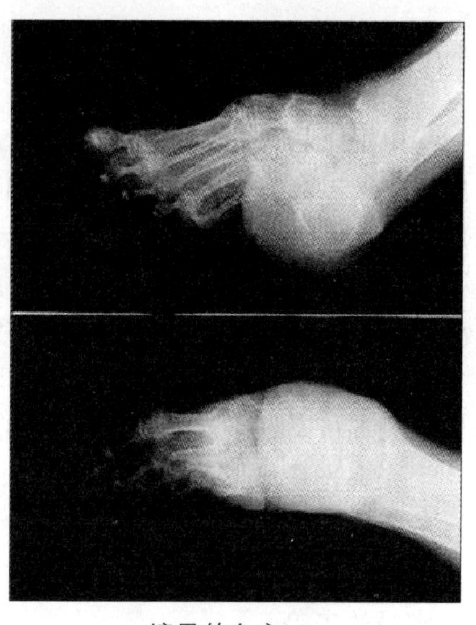

缠足的危害

张宗昌后来接贾、侯二人到身边，善待有如亲生，为其继父在家乡购置了房屋与田地，养老送终。

张宗昌的继母是潍县人，姓徐，人称“小潍县”，后嫁到掖县孙古庄，她在嫁给张锡福之前寡居在家。她为人很老实，循规蹈矩，本分实在，后来家境尽管因张宗昌的缘故大为改善，但她仍过着与平常人一样的生活。平日里缝缝补补，静静地做针线活，对张家的事从来不参与一点意见，只知顺从。

张宗昌的继母后住在张宗光家，未住北京铁狮子胡同。1935 年，徐氏病故于天津张宗光家。徐氏未进铁狮子胡同，实际上为名分上不好处理，她们之间不存在“大奶”、“二奶”的名分，故一个住儿子处，徐氏办完张锡福的丧事后，回过祝家村一次，后将家搬到张宗光处终老。张宗昌认为这是两全其美的办法。

继母对张家的孩子很好，张宗昌被刺身亡后，继母泪流满面，常把见到的孙儿孙女拥到身边，泣不成声。

就事实而言，张宗昌的继父、继母应该都是很实在的传统农民，生活上的艰辛导致张宗昌的母亲离家另婚，这绝不可理解为风流，张母与其继父的结合也不应解释为同居这样的现代术语。至于张父与其继母的婚续，更是衣食谋生的需要。

张宗昌有两父、两母，这不应成为嘲弄的把柄，相反，他理应获得同情，毕竟，同情弱者乃人的天性。

## 4. 姐姐与干弟弟

姐姐张宗光，号淑华，小名嫚儿，很多人将其误写为张大蝉[14]，这是错误的。之所以会有此错，可能是人们将书上写的大婶误写为大蝉而流传下来的[15]。还有书称张宗昌有一妹妹[16]，亦误。

张宗光嫁刘玉通，字子亨，为山东掖县人，早年曾在张宗昌兵工处任职，张下野后隐居在天津终老。此人乃职员，生有二女，后过继二子，均吸毒。长女生有四个孩子，次女生了两个孩子，均有出息，子孙多高级知识分子或国家公务员。张宗光抚养张宗昌的儿子张昭乐，张母十分喜欢张宗光。

张宗光是与张宗昌有联系的家人中间唯一一个未受戏剧、文学嘲弄、贬斥的人物。

侯定柱又名侯鸿柱（或称洪柱），绰号“小穷种”，路旺镇肖韩村人，乃张宗昌的表弟。

张家只有张宗昌一个男孩，张母将娘家弟弟之子即娘家侄子侯定柱过继到张家，成为张宗昌的干弟弟。

1931 年，在北京铁狮子胡同时，定柱随张母来到张家，时年他年方 15 岁。1933 年，也就是侯氏回山东老家前半年多，张母从山东迎来新妇高氏，与定柱完婚。此时张家已经移居到石老娘胡同，他们在此完婚，高氏未去过铁狮子胡同。

高氏个头很高，比定柱高半头，小脚。她嫁来时未见有娘家人陪住，高氏娘家人没有一人去过铁狮子胡同张家老宅。

定柱个不高，大眼睛，是个色鬼。他不读书，好吃懒做，油滑浮躁。常常欺负丫头，抱着就亲，张家的人大多很讨厌他，张宗昌更不喜欢他，但侯氏却喜欢他。

定柱夫妻二人在北京时天天夜里让十太太带他们偷偷去看京戏，张母是不知道的。他们欺骗张母说自己早睡早起，张母却对他们极其溺爱，处处袒护。

大约是在 1934 年，侯定柱随张母回到山东家乡肖韩村（张母的娘家）。他 40 多岁就死了，没有后代，家产因抽大烟等让他挥霍待尽，也就是将张宗昌外祖母家的家产变卖一空，绰号“小穷种”可能与此有关。

侯定柱生前曾虚构了一通张宗昌在北京铁狮子胡同的住宅和生活情况，讲给他的姻亲听，这就是广为流传的《张公馆见闻》[17]，人们大都信以为真，并据为经典。经实地考证及调查发现该文有不实之处。由于该作者未去过铁狮子胡同张公馆，只是耳闻，没有目睹，所以并不可靠。现在的铁狮子胡同仍完好保存，人们只需要进去一观，即可发现与《张公馆见闻》上的描述大相径庭，连布局都不一样。当时张宗昌已经无钱，生活主要依靠张学良每月的接济，即使这样，仍然是不到月底就没有钱了。这与该文的描述也颇多不一致之处，几乎可以说是面目全非[18]。

# 二、青少年时代

## 1. 出世

1882 年 3 月 4 日申时[19]，也就是大清朝光绪九年的正月十五，元宵佳节，在山东掖县祝家村独门单户的张锡福家，人人脸上都洋溢着喜气，原来，是张家主妇侯栓妮生下一个大胖小子。两年前，侯氏曾产下一女婴，也就是后来人们常说的张宗光，而今张家有男有女，儿女双全，夫妻二人自然是欢天喜地。尤其是那个男孩，白白胖胖，生下来足足有十斤来重。这个男孩不是别人，正是后来在北洋军阀时期纵横驰骋、威风八面的张宗昌。

关于张宗昌的出生时间究竟在哪一年？人们的说法不一。有的说是在 1881 年[20]，有的说是在 1882 年[21]。张宗昌的下属李藻麟写了《我的北洋军旅生涯》一书，认为是在 1881 年 2 月 13 日，因为这一天正是农历正月十五[22]；董守义、王加会著有《张宗昌真传》一书，他们说应是在 1882 年 2 月 23 日，也就是农历的正月十五[23]。其实，上述两种说法都是错误的。

张宗昌在 1932 年被刺身亡后，其讣告中说他享年 51 岁，若依此类推，则似乎应该是在 1881 年，但由于张享年 51 岁乃虚岁，传统习惯是孩子在娘肚子里就已经算年龄了，因此，张的出生时间应是 1882 年。至于说 1882 年 2 月 23 日，是月份不对，因为阳历 2 月 23 日，是阴历正月初六，而正月十五应是阳历 3 月 4 日。故此，张宗昌的准确出生日应该是 1882 年 3 月 4 日，农历正月十五。

目前有关张宗昌的书，虽然出版了一些，但关于张的年龄至今都未搞清，再则，张的乳名本来叫“灯官”，但大家几乎一致地认为是叫“田”[24]，等等。这不是史学工作者没有能力，也不是条件不允许，而是我们下工夫不够。

张宗昌出生于农历正月十五，按照当时农村习俗是信奉道教的太上老君，因此正月十五是元宵节、灯节，又称上元节。而农历七月十五是中元节，十月十五是下元节。张宗昌生于正月十五的上元节，当时的民俗又称这一天是天官下界的日子，因此给张宗昌起了个小名叫“官”；又为了区别中元节、下元节，故加一“灯”字，小名叫“灯官”，但大多数人只叫他“官”。张宗昌从未改过名，所以也就没有叫过“田”。

元宵花灯

## 2. 小书生·放牛娃

张家世代贫穷，上学对他们来说是一个奢望，但传统以来就是读书做官，学而优则仕，求学成为改善家境、光宗耀祖的最好选择。所以，到了张宗昌7岁左右时，张家独生子上学的问题就提到了议事日程上来了。

张宗昌幼时对读书十分感兴趣，但因家里一贫如洗，苦于交不起学费，张锡福夫妇二人干着急没有办法。恰在此时，侯氏的弟弟侯大个从关东逃荒归来，打猎赚得几文钱，见此情形，拿了一半钱为张家交了学费。此举为后来侯氏过继侯定柱并包揽定柱一切生活需费的原因，也是张宗昌既讨厌侯定柱在家作怪却又容纳他的根由。

就这样，张锡福夫妇把儿子送进了一家私塾，塾师名祝修德，本村人。塾师见张家的日子艰难，孩子聪明伶俐，又肯学习，曾减过学费。他这一义举，不仅体现了他的高尚人品，也为后来获得的优厚回报，埋下了伏笔。

祝老师给“灯官”起了个名字叫张宗昌。他拈着胡须对张锡福说，宗是宗族、祖宗之意，昌是昌盛，图个吉利，希望你们张家繁荣昌盛。张锡福进一步恳请老师为他的女儿嫚儿起一个名字，老师想了一会儿说：

“那就叫张宗光吧。”

张宗昌记性强，读过的书，听过的事，都能一一记牢。只可惜，读了仅仅一年多，张锡福生了一场大病，再也无力供儿子念书了。尽管在此期间，张宗昌的姑姑对家里予以了接济，但也不能避免辍学的结局。

虽然在私塾学习的时间较短，但张宗昌却不仅认了一些字，所读的书不仅是《三字经》、《百家姓》、《千字文》等启蒙读物，还读过些更深的书，如《四书》等。张宗昌后来能读书、写字，与此时打下的基础有关[25]。

大约在八九岁时，张宗昌就加入了谋生的行列，给地主放过牛，贩卖过鱼虾，当过酒保……酸、苦、辣都尝过，就是不识甜味。

张宗昌发迹后常常说：他自幼不知什么叫枕头，他是长年枕着砖头睡觉的，家中四人只有一床破被，冬天全靠火炕过夜，上面冷，下面热。

学是不能上了，但生活依然艰难。少年时代的张宗昌，经常衣食无着，有时甚至不得不靠乞讨度日，饱尝挨饿受冻之苦。后来张宗昌自己回忆道：每逢初一、十五，过年过节，乡里总有人到村里小庙给土地爷烧香上供，傍晚没人时，他便去偷食供品，一边吃，一边发誓：有朝一日，我张宗昌要是发了财，一定给您老人家修缮庙宇，重塑金身，加倍报偿[26]。

偷食供品只可以解决一时之饥，终究不是久长之计。于是，家里人让他去给人家放牛。

《张宗昌外传》上提到张宗昌丢牛挨打一事。书上说，有一天，张宗昌到野岭上放牛，他将牛缰绳在牛角上一盘，任牛自由自在地啃草，自己则与别的放牛娃斗蛐蛐。不幸的是，张宗昌斗蛐蛐是斗过瘾了，但东家的牛任他漫山遍野地找寻，却不知道跑到哪里去了。

东家本是当地出了名的活阎王。一听说放牛娃丢了牛，一时气炸了肺。他叫人把张宗昌绑在一棵枣树上，紧握皮鞭，劈头盖脑地抽去。抽一鞭子，就是一道血印。一边抽一边骂道：

“你这小兔崽子，赔我的牛！”

张宗昌从小就养成了倔强的性格，他紧锁眉头，闭上眼，咬紧牙关，既不哭，也不告饶。越这样，东家越是狠劲抽。女主人吃斋念佛，心地比较善良。她不忍心丈夫继续打下去，忙向前劝道：

“快别打了，怪可怜的，再打就要出人命了。”

一听“人命”二字，男主人也有些担心。再说，他本人也打累了，便吩咐人给张宗昌松开绳子，推出了门外。

张宗昌几乎是爬回家的。爹娘见儿子全身血肉模糊，非常惊讶。得知是因为丢了牛而遭到毒打的，侯氏嚎啕大哭，一边哭一边大骂：

“天打雷轰的，造孽呀。”

她跳着高，要去找人家算账。张锡福一把拉住她：

“疯啦！给人家丢了牛，人家没让咱赔，就算不错了。挨顿打，有什么要紧？快算了吧。”

一听丈夫说的在理，侯氏才安静下来。张锡福忙去打来烧酒，热了热，用棉花蘸着，给儿子的伤处消毒。每当触到伤处，张宗昌的身子就一颤。侯氏忙间：

“孩子，痛吗?”

张宗昌咬着牙摇摇头。母亲既恨又爱地说：

“真是块橡皮！你说说，好好的放着牛，去斗蛐蛐干吗?!”

在父母的关怀调养下，不到一个月，张宗昌身上的伤就痊愈了[27]。

穷人的性命不如富人家里的一条狗。处在苦难中的人们，忍受饥寒的苦楚、非人般的折磨，承载了太多的不幸。

张宗昌的童年是不幸的。

我国有个成语叫囊中羞涩，其中的“羞”字概括了天下所有穷人的所有心酸。

张宗昌做到直鲁联军总司令时，掌30万大军，衣锦还乡看望老父，专门到小时候因“丢牛事件”鞭打他死去活来的地主家探访，赔偿了20多年前丢失的那头牛钱[28]。

## 3. 放铳手·酒店伙计·提篮小卖

靠山吃山，靠水吃水；近朱者赤，近墨者黑。这话对于张宗昌当铳手来说，是再合适不过了。

张宗昌辍学以后，由于家里的生活十分艰难，所以他是有什么可吃的就吃什么，有什么可干的活就干什么。尽管张家时常是上顿不接下顿，但张宗昌可能是遗传方面的原因，身体发育得极其出众，体魄健壮，身材魁伟，都不像是一个十几岁的孩子。于是，当吹鼓手的父亲时常带着他参加农村里的红白喜事，有时候是敲铙，有时候是担当铳手，而更多的是当扛手——抬棺材。扛手这活本不是孩子干的活，但张宗昌却干下来了。扛手必须具有成人的身高与力气，于此可以想见张宗昌显然继承了母亲侯氏的身高。不过，张宗昌毕竟还是一个未成年人，可以想象到在他的肩上抬起杠来，所承受的压力是如何的沉重。

敲铙一般的小孩子都可以学着做，但当铳手可就不是什么人都可以干的活了。

莱州当地民风习惯，不论是办喜事时迎亲，还是办丧事时出殡，走在最前面的总是几个身强力壮的小伙子装扮成武士的模样，手拿火铳，腰上挂着装火药的葫芦，在队伍前面开道。遇到村落、桥梁等，都要点燃火铳，“咚！

咚！咚！”连放三响。一方面是为了镇妖驱邪，另一方面也可以壮壮声势。

不过，当铳手一般是由成年人来担任，而像张宗昌这样年纪轻轻的小孩，做铳手的就极其少了。因为放铳非常危险，也需要相当的体力。所谓危险，是指放铳时响声震耳欲聋，那种声音，可以传到很远很远的地方，就是大人也多不敢近前，更不用说是孩子。铳里的火药是人工装的，非常的麻烦，所以铳手放完三响后，先要花一定时间装火药，然后尽快地追赶队伍，继续在队伍前面放铳。张宗昌虽然只有十几岁，但身高腿长，胆量过人，完全胜任放铳。再说，放铳既可以得到微薄的收入，来帮补家用，又可以混上一顿饱饭，因此张宗昌觉得这活不错，干起来也是有模有样[29]。

为了维持生计，度日糊口，张宗昌经常打短工，如放牛、当铳手等，其中，当酒店伙计是时间最长的，一干竟是三年。

大约是在张宗昌十三四岁时，经人介绍，他到同乡果村武葆钧开的小黄酒馆当学徒。做学徒，主要目的是学到一技之长，以为将来谋生的手段。所以，学徒的生活十分艰辛，不仅收入很低，有很多时候是点滴皆无。这真是应了一句俗话：吃得苦中苦，方为人上人。

张宗昌的少年生活是不幸的，这不仅是因为他家的贫寒，而且还包括他的运气也很差。放牛时丢了牛，到酒店打工做学徒吧，所遇到的男女掌柜待人又极为苛刻。许多学徒不堪折磨，大多干几个月就纷纷辞职，另谋他途。

不过，张宗昌却与众不同，痛苦不堪的童年生活既让他过早地饱尝了人间的冰凉，又磨练了他的意志，增强、提高了他对恶劣环境的适应能力。

为了生存，张宗昌在酒店学徒期间，吃苦耐劳，任劳任怨，而且眼中有活，做事能迎合主人心意，因此颇得女掌柜三妈妈的喜爱。当时举凡酒店内外，如晨起扫地、倒尿盆、早点到下门板、收拾店铺，都是他一个人。有时人们说：三个伙计不如张宗昌一个。老板娘回道：他饭量也抵三个人。实际上，张宗昌还是常常吃不饱饭的。

在果村酒店里，张宗昌一干就是三年[30]。

塞翁失马，焉知非福。张宗昌后来之所以在军界出人头地，与他少年时期在艰难环境中的历练是密切相关的。这种苦难的生活，从另一种角度来看，又是张宗昌人生中的一笔财富。

我国长期以来占统治地位的农业文明，使得劳动力成为社会中最重要的因素，因此，多子多福等观念耳濡目染，潜移默化，早婚现象也就应运而生，并得以延续下去。女子十五不嫁，男子二十不娶，其父母有罪也。早婚，意味着早生儿子，香火繁衍。新娘子出嫁时，随行的陪嫁箱子里多放有枣、花生等，也是取其谐音：早生贵子。

男大当婚，女大当嫁。张宗昌是老张家的独苗，他的婚事自然为家中大事。恰巧，其父亲锡福有一个同行，就是夏邱镇柳沟村的吹鼓手赵科禄，他答应帮忙，于是由他保媒，与本乡茔里村贾永泉之三女贾氏订婚，后 19 岁才完婚。

张家定了这门亲事，对家里的生活还是有所帮助的。当时为生计所迫，张宗昌每逢农历四、九日（即茔里集日），就赤脚挽着裤腿子，从东宋镇虎头崖挑鱼虾等海物到其岳父村里叫卖，即使这样，仍难度日。张宗昌借赶集之机，时常到未过门的妻子家借贷，但每次借得不过是一瓢高粱面、几把黄豆[31]。只为对张家有此“恩惠”，贾氏到张家后还是很“牛”气的，张宗昌对她也颇为感激。

1916 年，张宗昌在南京任江苏陆军补助教育团团长时，当时贾氏与袁氏随任在南京。一次外出时，按常规本应张宗昌的轿子在前，这次阴错阳差，却是贾氏的轿子在头位，结果被刺客开枪打中身亡，而刺杀的目标——张宗昌因此躲过这次劫难。此案一直未破。

## 注 释

1. 戚宜君所著《张宗昌传奇》一书，称张家是从东北迁居山东的，根本没有事实依据，为子虚乌有之事。
2. 吕伟俊《张宗昌》，（济南）山东人民出版社 1989 年版，第 1 页。
3. 所谓的九流，上九流：一流佛祖二流天，三流皇上四流官，五流阁老六宰相，七进（进士）八举（举人）九解元。中九流：一流秀才二流医，三流丹青（画家）四流皮（皮影），五流弹唱六流金（卜卦算命），七僧八道九棋琴。下九流：一流高台二流吹，三流马戏四流推，五流池子六搓背，七修八配九娼妓。
4. 李藻麟《我的北洋军旅生涯》，（北京）九洲图书出版社 1998 年版，第 80 页。
5. 崔苇、原郁文《混世魔王张宗昌》，（济南）山东文艺出版社 1985 年版，第 3 页。
6. 阎少华、文藻《五毒将军张宗昌》，（哈尔滨）黑龙江人民出版社 1997 年版，第 391 页；李尹：《张宗昌外传》，（北京）中国文联出版社 1999 年版，第 1 页。
7. 吕伟俊《张宗昌》，第 1 页；文斐《我所知道的张宗昌》，（北京）中国文史出版社 2004 年版，第 3 页。
8. 吕伟俊《张宗昌》第 323 页称之为泮正才，系红枪会头领。
9. 杨天石“张宗昌穷途作乱　段祺瑞暗中支持——读小川平吉未刊文书”，《档案与史学》1997 年第 5 期，第 74～75 页。
10. 祝学顺等“吹鼓手的儿子”，编审组《土匪军阀张宗昌》，第 2 页。
11. 苏全有“欧风东渐与近代中国婚姻转型”，《韩山师院学报》2001 年第 4 期，第 56～61 页。
12. 苏全有“欧风东渐与近代中国婚姻转型”，《韩山师院学报》2001 年第 4 期。
13. 祝学顺等“发迹之后”，编审组《土匪军阀张宗昌》，第 198～204 页。
14. 翟野《兽性人生——张宗昌》，（成都）四川人民出版社 1995 年版，第 406 页。

15. 这是张宗昌女儿张春绥的说法。
16. 阎少华、文藻《五毒将军张宗昌》，第 391 页。
17. 高鸣岐“张公馆见闻”，编审组《土匪军阀张宗昌》，第 195 ~ 197 页。
18. 以上论述依据的是张宗昌女儿张春绥的回忆。
19. 地支计时是 15 ~ 17 时为申时，若用天色计时，则叫晡时。
20. 王邗华等编《民国名人罗曼史》，（南京）江苏古籍出版社 1990 年版，第 317 页；崔苇、原郁文《混世魔王张宗昌》，第 3 页；辛培林《军阀列传》，（哈尔滨）黑龙江人民出版社 1993 年版，第 239 页；黄德昭“军阀张宗昌”，山东省政协文史资料委员会《山东文史资料集粹》，（北京）中国文史出版社 1998 年版，第 102 页。
21. 阎少华、文藻《五毒将军张宗昌》，第 391 页；翟野《兽性人生——张宗昌》，第 2 ~ 3 页。
22. 李藻麟《我的北洋军旅生涯》，第 80 页。
23. 董守义、王加会《张宗昌真传》，（沈阳）辽宁古籍出版社 1997 年版，第 1 页。
24. 祝学顺等“吹鼓手的儿子”，编审组《土匪军阀张宗昌》，（北京）中国文史出版社 1991 年版，第 2 页；李藻麟《我的北洋军旅生涯》，第 81 页；董守义、王加会《张宗昌真传》，第 2 页；翟野《兽性人生——张宗昌》，第 3 页；崔苇、原郁文《混世魔王张宗昌》，第 3 页。
25. 以上叙述主要依据张宗昌女儿张春绥的回忆，另参见李藻麟《我的北洋军旅生涯》，第 81 页。其他记载多提到张宗昌胸无点墨，根据后来张宗昌写诗、办学、出版图书等，可知不确。
26. 年少贫儿偷食乃一普遍现象，有一化名绌墨的作者著有散文《梧桐叶落》（见敏思博客）上提道：“有个很著名的军阀叫张宗昌的，他出门闯天下时，他母亲对他说了三句话：第一，出去后不要踩人家的萝卜地；第二，不要在地里偷吃人家的萝卜；母亲最后说，回来时记得带个大萝卜。”看来并非空穴来风、无中生有。
27. 李尹《张宗昌外传》，第 3 ~ 4 页。
28. 赵洄“‘厚黑将军’张宗昌”，《文史春秋》2004 年第 10 期，第 63 ~ 64 页。
29. 戚宜君《张宗昌传奇》，第 35 ~ 36 页；另见董守义、王加会《张宗昌真传》，第 2 ~ 3 页。
30. 李藻麟《我的北洋军旅生涯》，第 81 页。
31. 祝学顺等“吹鼓手的儿子”，编审组《土匪军阀张宗昌》，第 2 ~ 3 页。

第二章

# 游弋于南北之间

成年后的张宗昌，先是闯关东，在东北及俄罗斯打工，且参加了日俄战争，并投身辛亥革命，成为革命军的骑兵团长；然后是归附北洋冯国璋，刺杀陈其美，参加援湘之役对南方作战，转败为胜，又经江西滑铁卢式的失败，最后一无所有。这一切对于张宗昌来说，简直就像是一场梦。

# 一、谋食关东

## 1. 闯关东

张家的苦日子在一天天地打发着，到了张宗昌十五六岁时，在苦水里泡大了的他居然长得像小牛犊一样健壮。膀大腰圆的张宗昌出落得性格外向、粗野、豪爽、张扬，而生活的不幸又使得他心中更多的是愤懑，对人更多的是抗争。这样，打架、斗殴就成了张宗昌的家常便饭。

我国农村家族势力很盛，大家族往往控制着地方的权利，为霸一方。像张宗昌家独门单户，一般是受欺压的对象。张宗昌与人打架，一方面是他的性格所致，另一方面也有抗争的因素。

近代以来我国移民大致形成了三大流向，即华北诸省人口“闯关东”，黄河长江流域各省人口“走西口”，东南沿海各地人口“下南洋”。此外还有太平天国后向江苏、安徽、浙江等省的迁移。

东北地区包括今天的辽宁、吉林、黑龙江三省和内蒙古的一部分。这里地旷人稀，沃野千里。由于这里是清朝统治者的发祥地，康熙、乾隆曾颁布禁止流民移入的法令，致使东三省人口稀少。1850 年时，辽宁人口有 2828100 余人，吉林有 326623 人，黑龙江为 259732 人。鸦片战争以后，华北地区的百姓纷纷离乡背井，去东北谋生，清政府为了开发边疆，巩固边防，从咸丰十年（1860 年）起，对东北地区实行部分开禁。1880 年，为了解决财政困难，清政府进一步采取放荒、免租和补助移民垦荒者等积极措施，鼓励内地人民向关外移民垦荒。一时间，直隶、山东等地的贫苦百姓和流民游食者向东北移民的队伍源源不断，形成了近代移民的高潮。《白山黑水录》对此

闯关东

有生动的描述：

> 由奉天入兴京，道上见夫拥只轮车者，妇女坐其上；有小孩哭者、眠者，夫以后推，弟以前挽，老媪拄杖，少女相依，踉跄道上……前后相望也。由奉天至吉林之逆旅所共寝室者，皆山东移民。

张宗昌家乡的人们和其他地方的老百姓一样，视闯关东为谋生的手段。所以，张宗昌从小就饱受熏陶，他对东北的了解多是来自老辈的介绍。在他看来，关东那可是一个好地方，谁去了谁发财；关东三件宝：人参、貂皮、乌拉草；那里是棒打獐，瓢舀鱼，野雉直往锅里钻；那个地方多的是占山为王的英雄，仗义疏财的大侠……张宗昌哪里经受得了这样的诱惑，关东——已经成为他魂牵梦萦的神往之地。

1897 年，张宗昌沿着老一辈走过的路——闯关东，开始了新的人生[1]。

那一年，胶东一带又遇荒年，民不聊生，生活困苦到了极点，外出逃荒者络绎不绝，有的甚至是举家迁徙逃往东北，张宗昌家里也是艰难异常。当时祝家村共有十几人齐下关东，还有邻村数人同行，是张锡福亲自带着张宗昌和大家一齐共下关东，他们随众人徒步来到烟台。张家父子在福山一带打了三个多月的零工，然后又在船上打零工，一路来到营口，接着辗转到吉林周边的农村打零工。一年半后，张锡福因身体素质差，加以东北气候寒冷，随祝家村的三位老乡回家。事后多年，家人问及张宗昌为什么不随父亲返回家乡，他说：

“我一向不惧怕艰难困苦，出来了，就往下干吧。”

关于张宗昌与何人一起闯关东，记载分歧很大：有随父说，如李藻麟的《我的北洋军旅生涯》，李恒珍等的《我们所知道的张宗昌》；有随母说，如佚名的《张宗昌实录》；亦有结伴乡人说，如吕伟俊的《张宗昌》。由于随母说不合常理，结伴乡人说对于一个十几岁的孩子来说又难以令人相信，而随父说乃张宗昌身边人员的回忆，且符合常理，因此，笔者采信了这一说法。

就这样，张宗昌继续在东北流荡，这期间他打过零工，扛过长活，给老财家放过牧。但都是在农村，除了能填饱肚子外，此时的张宗昌在东北零下几十度的冬天却只穿着破烂棉衣，直到1899年依然如故。

对于这一阶段张宗昌的经历，有的书上说，张是在光绪二十六年即1900年18岁时来到东北，关外的风物让他感到新鲜而刺激，张整日闲逛，不安心正当职业……这不是事实：首先，1900年张宗昌在中东铁路上当筑路工，此时他到东北已经两年多了；其次，张宗昌是为了逃荒活命，赤手空拳，身无分文闯关东，首要任务是填饱肚皮，说他整天闲逛，对一个饥寒交迫的穷人来说，是不可理解的。

19世纪末，帝俄攫取了中东铁路的修筑权后，为了猎取廉价劳动力，在华大批招募筑路工人。此时尚在农村扛活的张宗昌，被一同在农村扛活的同伴告知此事，其中一人叫刘子良，是辽宁省营口一带高坎农村人，刘也是穷人，是张宗昌在福山扛活时结识的好朋友。刘子良后来成为张宗昌的姻亲，也就是张的正夫人袁书娥的堂房娘舅。张宗昌发迹后，刘由于身患重病未随同做官，张宗昌夫妇二人为其在沈阳购买房屋，并给予钱财，让他安心养老。

1899年，张宗昌应招到中东铁路当工人，此次招募的人很多，其中就有刘子良。在这期间，由于张宗昌身材高大，勇于干重活，有股子泼辣劲，以至于工友们都很佩服他，这样，张也逐渐得到俄国人的青睐，并当上了工头。张宗昌待工友们宽厚大度，不吝惜钱财，所以在工人当中很有威信。其间，张宗昌当过装卸工，干过扳道工，一干就是五年多，一直没有离开过铁路。

因为经常与俄国人接触，再加上记忆力惊人，张宗昌能够说一口流利而又发音准确的俄语，认识他的人都是知道的。他的俄语口语水平，用陆军大学毕业、人称多才多智的小诸葛李藻麟的话说：张宗昌的俄语程度可做个好翻译。当然，张宗昌虽然俄语口语流利，词汇量丰富，但只是会说而已，一个俄国字也不认识[2]。

也正是在这一时期的1901年，张宗昌19岁时，向中东铁路局请假，回山东老家与贾氏完婚，没有几日即返回铁路继续做工。张宗昌与贾氏毫无感情，仅是奉父亲之命完成婚事，张往返路程加结婚只用去了很短的时间，由于当时的交通不便利，其中大部分还是在路途中。

## 2. 日俄战争中的张统领

1904年，也就是大清光绪三十年，日俄战争爆发。帝俄久已蓄谋吞并东三省，把东北看做自己的势力范围，它曾乘义和团之变，八国联军攻占北京之际，出兵东北，侵占东三省。日本帝国主义不肯甘拜下风，它对东北也是虎视眈眈，并在英美的支持下发动了这场战争，力图从帝俄手中夺回东三省，置于自己的控制之下，为尔后独自吞并奠定基础。

当时俄军开到东北作战的部队不下30余万，需要大批俄语翻译人员，凡粗通俄语者，无不网罗到军中充当翻译。张宗昌俄语说得相当流利，而且多年来为俄国人办事，自然成为优先招聘的翻译，备受重视和信任。

日俄战争开战后，日军大肆收买东北胡子，利用土匪熟悉当地情况的有利条件，袭击俄军兵站，骚扰俄军后方，使俄军顾此失彼，疲于奔命，屡遭失利，损失严重。因此，俄军也决定效法日本，组织华人武装力量，袭击日本兵站和补给线，扰乱日军后方，以支持前方作战，这支别动队的组织者和领导者，由谁来担任呢？当时，张宗昌正在俄国军队中充当翻译，素为俄国人所赏识和器重，此项重任自然是非他莫属，想当然地落到他的肩上。

张宗昌接受任务后，立即进行筹划。几经考虑，他也认为只有招募胡子队伍担负此项任务最为相宜。因为他们有人有枪，无需花费很大力量去组织，无需花费很多时间去训练，便可立即投入作战，能收立竿见影之效。当时，有人为之介绍一个胡子头王某。为了说服他率部参加对日作战，张宗昌曾孤身一人，冒着生命危险，匹马单枪，深入虎穴，与王某会面。王某见其胆识过人，为人真诚坦率，衷心服膺，于是以这一支胡子队伍为骨干力量的游击队便迅速组成。但遗憾的是，出师不利，投入战斗后，最初几个回合均告失利，大部被歼灭。张宗昌扫兴至极。而俄国军部则对他倍加鼓励，多方给予支持，令其重整旗鼓，再次拥兵买马，并发给枪支弹药，由残存的数百人，逐步扩大到数千人，最后竟发展到号称有两万多人的队伍。俄军还选派军官多人参与队伍训练和营以上单位作战指挥事宜。张宗昌则成为这支队伍的首领，当时的“官衔”称“统领”。张宗昌在参加辛亥革命前，一般袍泽以及与之熟识的人均呼其为“张统领”，实缘于此。张宗昌在这个时期也得到向帝俄军官实地学习军事的机会，尔后之所以颇具军事知识和指挥作战才能，均奠基于此时。

经过一番整顿、扩充与训练，张宗昌所领导的这支队伍，在扰乱日军后方、配合俄军前方作战中，也起到了一定的作用，每次下达的作战任务都能基本完成，因此赢得了俄国军方的信任与好评。

1905 年，也就是大清光绪三十一年，张宗昌虚岁 24 岁。是年，日俄战争以俄国战败而告终。帝俄被迫放弃南满权益，俄军全部撤回俄境。

日俄战争谈判

俄军的命运与被捆绑在俄国战车上的张宗昌息息相关，俄军战败后，张宗昌所部也决定予以解散。遣散办法是每人发饷 3 个月，另外每人加发路费 70 个卢布。当时，每个士兵每月薪饷为 25 个卢布，3 个月薪饷的遣散费为 75 个卢布。张宗昌将款项领到手，3 个月薪饷的遣散费如数照发，而路费一事则只字未提，全部扣发。只此一举，张宗昌便赚得金卢布不下百余万，陡然而成巨富。

彼时，张宗昌年纪既轻，而素性又豪放不羁，喜聚不喜散，因之旧日部属、亲朋友好、各色人等均簇拥周围，每日吃喝玩乐，尽情享受。不仅如此，谁有困难，只要开口，无不满足，成百上千元也在所不惜。总之，他重义气，轻钱财，短短一年多的时间，便在哈尔滨、奉天等地将巨额款项挥霍殆尽。张宗昌自己曾经说过，当时本想衣锦还乡，广置田亩房舍，坐享富家翁生活，无奈每到一处，昔日友好和部属便热忱挽留，只好周旋应酬，谁知糊里糊涂便将钱花光[3]！

在今天看来，重义轻利确实是张宗昌为人的一个方面，这也是他走向个人事业成功的重要原因。君子趋于义，小人趋于利，重义轻利的义利观为历代所倡导，这对张宗昌也产生了不小的影响。

### 3. 在俄罗斯打工

对于张宗昌来说，钱来得容易，去得也快。钱是兔孙，花了再拼。

正当张宗昌无所事事、百无聊赖之际，恰有俄国资本家拟招募华工 5000 人，前往西伯利亚开采金矿，矿址在鄂霍次克海和白令海峡沿岸地方。该地临近北极，气候严寒，人迹罕至，一般老百姓均不愿去此严寒不毛之地。因此，俄国资本家只得在海参崴一带招募工人，而此地多亡命之徒，颇难驾驭。张宗昌在俄国人心目中享有很高威信，在此等人中也颇有威望，因之，张又首当其选，充任总工头，前往西伯利亚淘金。

张宗昌在金矿任总工头时，不仅学得一手颇为出色的淘金技术，而且把自己锻炼成为一个出众的猎手。由于工作需要，他每年必须往来于金矿和海参崴之间达五六次之多。而这些地方地处偏僻，交通不便，冬天只能利用当地土著的雪橇，夏季只能利用当地土著的鱼舟。当地土著俗称鱼皮达子，实即爱斯基摩人。该地原属满洲，其族男人脑后均有发辫一条。每当雪橇奔驰时，发辫飞扬，呈一条直线，滑行速度之快，于此可见一斑。爱斯基摩人素以渔猎为生，擅长捕鱼打猎。张宗昌在其地生活数年，时与他们往来，有时还随他们出猎，射杀猛兽。因此，张宗昌不仅锻炼了枪法，而且还通晓各种兽类习性，成为一个有经验的猎手。

海参崴

其后，金矿因经营不善，颇多亏损，张

海参崴地图

宗昌乃辞去总工头职务，踏上返回家园的征途。张宗昌在金矿担任总工头期间，大约赚得了四五十万卢布，又算是发了一笔大财。此刻，他想无论如何再也不能像上次那样荒唐，转眼间竟然将偌大一笔钱财花得一干二净。吸取了上次的经验教训，他决定尽快返回家乡，不能在各地多事逗留。谁料想，刚刚回到海参崴便被包围，好不容易才得脱身。

张统领发财还乡的消息不胫而走，离开海参崴以后，仍然和上次一样，不管是在哈尔滨、长春，还是在奉天、大连，每到一处，旧日友好蜂拥而至，热情挽留，日日夜夜酬酢不已。当然，在此等人中，也必定有一些生活困难开口求助者，他仍然一如既往，慷慨解囊，从不吝惜。几个月后，总算回到家乡。但是，这次情况并不比上次好多少。因为沿途应酬又把大部钱财花掉，所剩无几，连孝敬父母和馈赠亲友的钱都不够用了，哪里还谈得上买房子买地，广置田亩房舍，富家翁的美梦终成泡影。他不得不再次离乡背井，返回海参崴。据说，他此刻已是一贫如洗，连返程路费都是借贷而来的。此后，他便闲居在海参崴[4]。

20世纪初，海参崴的人口估计约有一二十万，其中华人占3/5，他们大半来自山东省。华人中的富商多是在二三十年前以“高丽背”或小挑子起家的。有名的双合盛号大股东张某，出身寒微，只因他身材魁梧，热心公益，被推为华商总会会长，而他的经济势力以后更伸张到中东路一带。

张宗昌通过同乡介绍到这里的阿列乌斯卡亚大街华商总会，担任了门警中的一名小头目。当时俄罗斯海参崴一带胡匪猖獗，商界深受其害。张宗昌却对胡匪的行动规律、作案特点极为熟悉，故此时胡匪的为害案件屡屡被张侦破，张宗昌也因之受到华商会青睐。当地的一般中小商人、走贩都不时孝敬他，托庇于他的名下。随后他又着手强化与俄国军警的关系，所以不久他就成了海参崴一带中国黑社会中炙手可热的骄子。

张西曼在其回忆文章中说：张宗昌当时在海参崴包捐、包赌，包庇戏园、烟馆，似乎可以使他们免除一切外来的突然威胁和迫害。但是日久弊生，他竟自擅威作福起来，戏园中的好座要酌量留给他，新到的妓女要让他享受初夜权，一切走私和非法生利的小本生意，他可以抽头分红。他的俄国朋友们当然也在这些途径上朋比为奸，平分秋色[5]。

据袁书娥在世时回忆道：张宗昌 28 岁那年，离开海参崴曾去刘子良家，由刘做主将年已 20 岁的侄女袁书娥许配给了张宗昌做“两头大”的妻子。所谓两头大，即两个妻子都属于正室大房之妻。喜事是在奉天办的，张用红轿子娶了相貌端庄秀丽的袁书娥，二人婚后感情十分要好。不久，张宗昌的钱花光了，需要返回海参崴，袁书娥未随同前往，而是由其妹妹陪伴住在奉天，后张的工作稳定下来后，她也去了海参崴。

张宗昌对于被自己看做朋友的人，一向是真心相待。

在海参崴，替张宗昌摇笔杆的人是华商总会的年轻书记孙某。革命党人张西曼借着与孙某的文字之交，同张宗昌逐渐有了交往。

张西曼在海参崴时，常被几个思想进步的俄国朋友邀往山林打猎，或到海边游泳、钓鱼，就借野餐休息的时候偷看“禁书”，彼此纵谈中俄两国的革命理想和事迹。因为山林打猎的机会较多，张宗昌曾好意劝阻他，要严密提防胡匪绑票勒赎的危险。张西曼于是托张宗昌替他代买一把手枪以为防身之用。

一天，张宗昌的部下约张西曼在华商总会的四楼小室中看货。原来是一支勃郎宁式手枪，虽然玲珑可爱，却没有保险机的装备，因而没有成交。那卖枪的见不能成交，将枪插入裤袋内泱泱地下楼。人们刚刚掩门就座，猛听轰然一声，开门一望，见那人倒在三楼扶梯旁抱膝呻吟，过去一问，知系指触扳机被弹穿了右趾。他被张宗昌骂了几句，立刻被送入医院救治。从此，张西曼和张宗昌的关系由于孙某从中牵线看戏、吃饭，日益密切起来[6]。

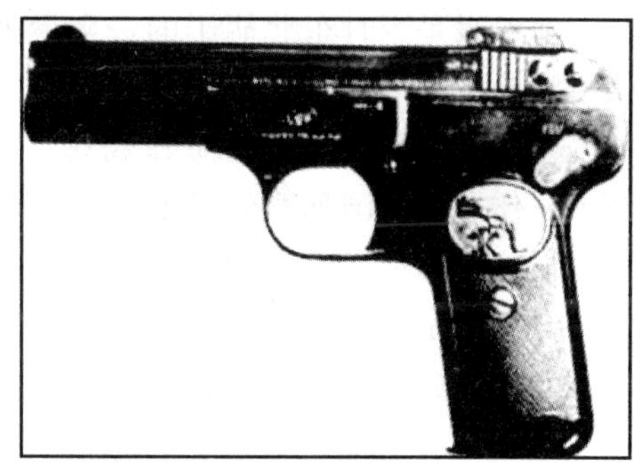

勃郎宁式手枪

张宗昌在俄国的打工阅历，为其日后飞黄腾达奠定了基础[7]。

# 二、投身革命

## 1. 革命党来了

1911年10月10日武昌起义后，俄国报纸不断报道中国革命的消息。不数日，革命党人张西曼的哥哥张仲钧特地从东三省赶来海参崴与弟弟会面，他说："黄兴、宋教仁、陈其美等大批同志在号召全国各地大兴义师，即将在南方成立革命政府，积极准备北伐。可是北伐一事，骑兵不能偏废，应设法由东三省秘密招募马贼南下，以便编练劲旅。唯赵贼（指赵尔巽，时任东三省总督）防范甚严，不易着手。现已派人往南方说明关外困难诸点，并请迅速派员来此地，与弟一同招募。只须一处得手，亦可不误时机……"[8]

革命党在武昌首义后，之所以将目光投向遥远的东北边陲，是有其原因的。当时，上海方面的革命军为光复军。光复军党人大多是浙江人。浙江宁波巨商李征五任上海光复军总司令。其时，革命领导人咸以革命军仓促组成，难敌北洋久经训练之师。素闻东北胡子勇敢善战，遂拟招募一批，以壮军威并制造声势，扩大影响。

海参崴是当时东北胡子的一个聚处。胡子在东北境内作案后，大多逃往俄境海参崴，一方面借以躲避中国官方的追捕，一方面也找到一个寻欢作乐的安乐窝。上海革命军在海参崴找到一个代理人。此人姓胡，叫胡金肇，浙江人，任职于俄国邮船公司账房。他极力到处活动，为革命军招兵买马。

居住在海参崴的胡子虽说不少，但也不是随便任何一个人就能把胡子招来。究竟谁是胡子，不得而知。究竟谁有号召力，能统帅这帮人，也无从知晓。只有找到龙头，才能解决问题。几经询问打听，有人向胡推荐说：此地有一位张大爷，眼皮最杂，在江湖中颇有威望，请他代为招募，事情定能办成。经人介绍，张胡会面。张宗昌闻听此事，喜出望外，认为自己出头露面的日子到来，良机绝对不能错过，遂欣然承诺[9]。

张宗昌与革命党发生联系，除了胡金肇的努力外，张西曼也是关键人物。

当时，张西曼正在密切注意南方革命发展之际，面受了兄长仲钧指示机宜，便想和那北距海参崴一二百里一带的大山中指挥千余人的胡匪首领刘弹子发生联系。最初苦不得线索，后来灵机一动，想起了与自己多有交往的张宗昌。于是，他找机会试探张宗昌介绍和刘结交。

张说："呀！这可不是好玩的！你想在俄国闹革命吗？"他似开玩笑，又似非开玩笑，狡黠地先吓唬张西曼一下。

张西曼闻听此言，连忙恭维道：“老兄侠义结交，神通广大，有日事成，必将重酬。哈哈哈哈，帮忙帮忙！”

张宗昌喜欢戴高帽子，又为利动，最后说：

“试试看吧。”

到了12月初，上海光复以后，黄兴、陈其美密派李征五、臧士新由沪搭轮来海参崴接洽。张西曼将他们安置在华商总会斜对面街口某商店楼上的金角旅馆中。他们的秘密会议总在华商总会四楼的小室里举行。由于张宗昌的牵线，老谋深算的刘弹子知张和俄国军警有关系，误会是张设的陷阱，阴谋诱他下山就捕。后经周密考虑，由张宗昌物色了一个和刘稍有交情的代表一人，上山拜会刘弹子，转达革命政府借重之意。过了几天，刘弹子方面始派人来，表示欢迎他们进山洽谈。张西曼等遂上山与刘弹子会面。

经过几次会谈，进展尚称顺利。随后他们一同下山，抵达海参崴。翌日上午9时，包下一家较偏僻饭馆的三楼，作为会谈茶饭之处。参加会谈的有张宗昌、刘弹子、张西曼、金师爷、李征五、臧士新等。最后达成四条协议：

一、中央革命政府先授刘弹子以骑兵团团长名义，以后如扩充成旅、成师，尽先任刘统率；

二、刘部应先选精锐800人搭轮南下，其余待命补充；

三、为牵制清军后路，应准备编成劲旅，并策动各方友军在东三省各地起义，响应中央革命政府；

四、此间一切南下旅费、遣散恩饷等，均由中央革命政府负责筹拨……

条件达成，双方签字落实后，共同摄影作为物证，随即开筵畅饮，主客各至微醺始散[10]。

## 2. 骑兵团长

张宗昌参加革命，除了胡金肇、张西曼等人的联络之外，他自己也有这方面的倾向。

关于辛亥革命的消息，在当年秋间，不断传到了海参崴，华商方面大受震动。张宗昌长期在华商总会，因此也思乘机组织团体，回国参加活动，以争取胜利果实。遂一方面就商于华商公会，公会主持者考虑之后，表示赞许，说只要你愿意去干，公会也愿意给予可能的协助。另一方面，张在同乡中奔走鼓动，亦得到大多数的同情支援，尤其是一班年轻子弟热血沸腾，多愿随张一试身手，合计约得400人。华商公会将商团原有枪支酌留一部分作为公会保卫，其余慨然捐助，任张带去使用。华商私人家里在日俄战争时期曾购有大小枪支以图自卫者为数亦不少，感于时势的需要、同乡的情谊，亦多半自动捐赠给张，也有自动带枪而追随张的。

对于当时张宗昌招募的情况，李藻麟的说法有所不同，他说，按照上海光复军的要求，张宗昌募得士兵约六七百人，每人自备大枪一条、小枪一支，战马一匹，经过简单班组训练，堪称是一支人强马壮、阵容整齐的队伍。当时担任队长职务的有贾德臣（奉天梨树县人）、王栋（山东掖县人）、史焕如（山东章邱县人）[11]。

最主要的人与枪的问题大致解决，航运方面又发生困难，川资所需，急难措办。幸得俄国邮船上的华人账房苏廷章（李藻麟说叫苏佩堂）、胡金肇等热心帮忙，允为免费搭乘，还免费供给饭食。至此一切就绪，张宗昌率众登上轮船，从海参崴航海向南，通过日本长崎到上海。

在航行中，张宗昌曾对大伙一再讲话说：

“我们初到江南，人情风俗一概生疏，又系去参加革命活动，成败并无一定，但我们只许成功，不许失败。俄国邮船把我们送了来，绝不能再把我们送回去。我们应该认清方向，始终团结在一起，更要有破釜沉舟的坚决和勇敢，方可以打出一条出路来。”

语颇悲壮，听者实有所感动[12]。

张率所部抵达上海时，受到热情隆重的欢迎。上海革命军曾大事宣传，声称东北革命军开抵上海，驻扎闸北，支援光复军，喧嚣一时，引起各界注目。李征五对张十分倚重，任命张为骑兵团长，徐源泉为团副，胡金肇为参谋，以便与各方面接洽联系。部队换发了陆军正式军装，面目一新。当时，上海光复伊始，秩序未定，闸北情况更复杂，张宗昌率所部昼夜巡逻，维持地方治安。也就是在这个时候，蒋介石方自日本归来，在李征五光复军中任参谋，故张、蒋二人早年曾有一面之交[13]。

张宗昌之所以为上海青帮头子李征五所器重，与他投身李的门下有关。二人初次相见，李征五没想到张宗昌会有这么高大的身材，而且虎背熊腰，心里直犯嘀咕。张宗昌却不等寒暄，抢上一步，双膝跪倒在地，“咚！咚！咚！”就是三个响头。而后拱手请求李征五收他做个徒弟。

张宗昌的这一番举动，并非是耍滑头，玩花样，纯然是本性的自然流露。张对父母，对长辈，对他所尊敬的上司，不论什么场合都如此，丝毫不知避什么讳。许多结交张宗昌的达官要人均认为张宗昌“肝胆照人”。这当然难免溢美之辞，不过从中还是可想见张宗昌的憨直作风。

张宗昌走后，李征五心绪难平，深感张宗昌是一条铁打的汉子，外表朴实，内心又不糊涂，而且真的胆识过人，心中已经将其引为心腹。

不久，南北专使在上海议和，清廷于1912年2月12日宣布退位，还政于民。因此，上海方面革命军在民国元年以后均陆续加以整编，重新予以安置。上海革命军与原驻江苏的第九镇残部改编成两个师：第三师和第八师。张宗昌所属骑兵支队改编为骑兵团，隶属第三师。该师随即调到徐州一带剿匪。此后，胡金肇、苏廷章先后脱离轮船业务，依靠张宗昌多年，张念旧甚殷，相待甚厚。

张宗昌担任骑兵团长一职，这里面牵连到刘弹子。

刘弹子到达上海后，团长一席为张宗昌占据，他被编为营长。这令刘十分不满，于是在南下约两月后，他让金师爷手书一封，派专差送给张西曼。信中严厉责备革命党背信弃义，不该和张宗昌串通将他欺骗下山。送信人复面陈：

“咱们老总受此屈辱，万不甘心。张先生，请你想想，那小子是何等样人！莫说老总，连他手下众弟兄也忿忿不平，现正准备分组北上，重返老家。什么革命不革命的，都是你们这些读书人给咱老粗们下的毒饵！张先生，再见，请等着来日算总账吧！”

说罢，他气呼呼地欲夺门而出。

张西曼一把将差人拉转，要他坐下冷静冷静，以温言劝解。待气氛缓和后，复信慰问刘，向他致歉，并承认考虑欠周的过错，一面请他顾全大局，相忍一时，由张发信黄兴、陈其美，务必遵守协议，授刘弹子以骑兵团长名义。又对来人警告，重返原地，再树杏黄一节，根据现在俄方的布置，已万无可能，因俄方码头港口密布缇骑和便衣军警，严防刘之复返……

张西曼的复信和口传，暂时防止了刘的异动。以后刘弹子如失水蛟龙，困于沙滩，郁郁以终[14]。

## 3. 战张勋

1913年3月20日，在袁世凯指使下，宋教仁被刺杀在上海车站。事件爆发后，袁世凯与以孙中山为首的革命党的矛盾激化，为了对付南方革命军队，袁世凯积极准备部署用兵。

袁世凯的作战计划是兵分两路南下：第一军军长段芝贵统率第二师师长王占元、第六师师长李纯两部担任湖北、江西之线，第二路军包括冯国璋、张勋、雷震春等部，由冯国璋统率，沿津浦路南下进攻南京。段、冯二人是袁世凯内定的湖北、江苏都督。

为了讨袁，黄兴在江苏，柏文蔚在安徽，李烈钧在江西，胡汉民在广东军兴，四省相继独立。当第二路冯国璋等部沿津浦路前进，推进至韩庄一带，夹运河与南军形成对峙局面时，南方民军在津浦线前敌布防的部队，即为江苏省第三师。而在第一线抗击冯国璋统率的北洋军的部队便是张宗昌所属的骑兵团。

张宗昌曾乘北军尚未集结完毕，侦知张勋大辫子兵并未设置任何警戒，对定武军突然发动一次夜袭，将“辫帅”大兵一举击溃，大获全胜，南军前线声势一时大振。

是役，张宗昌本人身先士卒，一马当先，抢上山头，建立奇功，但不幸臂部中弹负伤，遂送往南京金陵医院治疗。经过治疗，很快重返前线。通过这次战斗，张宗昌在第三师官兵中享有崇高威信。

张勋

此后不久，由于革命形势恶化，黄兴被迫于7月28日离开南京。第三师师长冷遹得知黄兴出走的消息，也随之弃军出走。两个旅长听说师长走了，随即离开队伍，不知去向。而此时恰值北洋军展开反击，声势颇壮，民军不支，节节败退。

作为讨袁军主力的第三师由于师、旅长不辞而别，群龙无首，人心惶惶。团长、营长等中级军官遂自动召开会议，讨论目前局势，研究对策。但是，当此危急存亡关头，这些中层军官大多面面相觑，一筹莫展，不知所措。

此时，张宗昌已自南京返回军中，他在会上立即抓住时机，挺身而出，向在座中级军官表示，如果大家相信他，他能带领大家找出路，并且毛遂自荐：

“师长走了，不要紧，咱们自己干，如果大家愿意听我的，我来当师长，我能领着你们大家干，而且一定能干好！”

由于过去战绩辉煌，众望所归，张宗昌赢得了第三师官兵的一致拥护，被推选为第三师师长[15]。

是英雄造时势，还是时势造英雄呢？当然是后者。但如果一个人没有英雄的潜质，哪怕绝佳时势也无作用。正所谓：成功只留给有准备的人。张宗昌借助于辛亥革命的天赐良机，由一个生活中的强者，变为军界精英，正是应了时势造英雄这句话。

## 三、归附北洋

### 1. 投身冯国璋

张宗昌参加辛亥革命，不是因为产生了革命思想，准确地说应该是阴错阳差，时势使然。因此，当张宗昌接统第三师时，面对讨袁军的不可收拾之形势，为了保全自己，也为自己的前途，张宗昌决定投靠冯国璋。

张宗昌之所以投冯，说来话长。

冯国璋

冯国璋奉袁世凯之命，统率大军南下镇压二次革命时，为消灭南方民军，他采取两手策略。一方面积极展开进攻，令部队迅速推进；一方面采取怀柔政策，从革命军内部进行分化瓦解工作。当他得知新任第三师师长张宗昌是山东人，便打算派人去游说。

冯国璋所派的说客不是别人，而是李重禄。李重禄是何许人呢？

原来，袁世凯有一个家庭女教师叫周道如，她原籍江苏崇明，随其父澄园老人移居上海，幼承庭训，熟读五经，擅长诗文。冯国璋常出入袁府，见而慕之。当时，袁世凯正为如何笼住冯国璋犯愁，袁克定乃乘机建议道：

“冯华甫（即冯国璋）断弦已久，身边只有一个丫头收房的姨太太，倘能把周老师许配给他做妻子，岂不大佳！”

袁世凯听后拍案叫绝，随将周道如许配给了冯，借此以为笼络之计。

周道如病死后，袁克文曾撰挽联哀悼：

为国披肝胆，为家呕心血，生误于医，一夜悲风腾四海；论文兼师友，论亲逾骨肉，死不能别，九原遗恨付千秋！

于此可知袁克文对其父袁世凯利用周道如把控冯国璋失败的不满。

周道如有一个表叔叫李重禄，也是崇明人，在上海经营小买办商务，为人豪侠，广交游，因得与张宗昌熟识。张亦极表敬爱，言听计从，许为畏友。

李重禄作为张、冯双方之间绝佳的中间人，从中说合。他利用南北地域、乡土观念以及朋友义气的伦理道德，去进行说服工作。李去见张宗昌，在张面前诋毁南方人，力陈南方人如何不可靠，口头上说得好，实际行动不兑现，早晚要上当受骗；同时鼓吹北方人在人际交往中如何朴实可靠，重交情、讲义气。不管是山东，还是河南、河北，都是同乡，北方人应该回到北方去干，才是一条光明大道，并一再申明袁大总统和冯军统热烈欢迎张师长和第三师全体官兵参加政府军。

张宗昌闻听此言，联想眼前实际情况，颇有所感。师长冷遹不就是这样一个不可信赖的人吗？大敌当前，存亡危急关头，竟然临阵脱逃，只顾个人安危，不顾将士死活，怎能和这样的人共事呢？再者，第三师当前是孤军奋战，内无粮草，外无援军，战到最后，也只能是全军覆没。张宗昌瞻前顾后，思之再三，认为也只有投靠北洋政府，才是唯一出路。经过协商，全师高级军官一致同意他的意见，遂与北军达成协议，第三师投归冯国璋[16]。其具体时间，应该是在8月上中旬。

张宗昌裹伤来投北洋军，首先见到张勋，说：

“我是来投死的。”

及见冯后，却又说：

“我是来投生的。”

冯心中明白，张勋则瞪目惊愕[17]。

张宗昌投冯，标志着他正式登上了北洋战车，此时，正值北洋势力的上升期，张宗昌也随之青云直上，如鱼得水。

## 2. 占南京

张宗昌投靠冯国璋后，将光复军残部整编为旅，委朱熙为旅长。他还利用旧日的关系，在徐州周围搜罗了一部分光复军残部和在徐州周围打家劫舍、绑架勒索的褚玉璞匪帮，编组成军，张仍为第三师师长。

张宗昌率领第三师投到冯国璋麾下，遂即掉转枪口，挥师南下，成为冯军的先锋部队。兵锋所向，直指有着秦淮风月、六朝烟雨、歌台舞榭、青楼画舫的南京。

冯率师抵达浦口，受阻于长江南岸诸炮台，不敢强渡。张宗昌自告奋勇，率所部精锐，黑夜偷渡，一举攻占下关幕府山炮台，并将炮栓取下作为信物，连夜送呈冯国璋。冯获悉炮台确已攻陷，随即命令大军在海军刘冠雄部的掩护下，于八卦州渡江。

当张勋和讨袁军血战之际，冯国璋一直按兵未动，隔江观望。直到1913年8月22日冯国璋见张勋部确已占据天保城，恰好张宗昌也夺了炮台，才于下午命令所部准备渡江。冯国璋部署江苏第三师（即张宗昌的部队）主攻神策门，陆军第五师（归前敌司令施从滨指挥）与张宗昌部同时向太平门进击。冯国璋严令各部互相联络，并与张勋部的进攻互相配合。

此次冯国璋率兵南下，有一明显特点，即重在保存实力，南下途中，虽经袁世凯几次电催，也不急于行事，仅在苏北固镇修桥即停兵四五天。此次攻南京城，冯国璋显然也不急于成功，指示所部：

“早迟必定成功，无须太为着急。”

然而袁世凯对于南京久攻不下却十分焦急，担心其他地方再起而响应南京以至牵连大局。张勋经袁世凯催促，又想与冯国璋抢头功，遂命部下拼死攻城。

26日张勋的马队一部突入朝阳门，张即狂喜电京告捷，结果马队入城即遭到预设坑道的拦截，被讨袁军全部歼灭。经此次失败，冯国璋更加谨慎，命令各部首先抢占南京城外要隘，并特别严饬第二军前锋各营，约会海军，联合张军，协同进击，不得轻进[18]。

9月1日，北洋军攻陷了南京城。当天上午12点，张宗昌于幕府山行军司令部给冯国璋发电报告：

一、朝阳门已为张勋部用地雷轰倒，入城者计一团有余，城上红旗遍插。

二、第五师混成二十团已于本日上午11时入太平门。

三、敝师步兵第十二团亦同时入神策门。

四、敝师步兵第十一团现正准备前进，拟俟第十二团入城，占领狮子山开仪风门后，即行率队入仪风门。

五、敝师在前方各部队俟入城后，谨尊军长前此命令，在三牌楼一带实行警戒。

南京城陷落，二次革命遂归于失败。

九朝故都南京，历来就是兵家必争之地。远的不说，单说近代以来大规模的烧杀抢掠竟多达3次以上。为人们所熟知的，一是抗日战争时期日本侵略者制造的惨绝人寰的大屠杀；二是太平天国时代，野蛮的清军将领用3天不封刀的办法鼓励士气，在攻下南京城之后，放纵士兵在3天之内任意地奸淫抢劫，直到第四天发出安民告示之后，这些行为才被“禁止”；还有一次并不为人们所熟知，那就是发生在二次革命中的大劫难。

这次张勋也是采取了3天不封刀的办法，所以他挨到9月4日才进城。在前三天之中，南京又一次地化为人间地狱：雷震春的兽军在南门，张勋的兽军在北门，好像划分势力范围一样，挨家挨户地进行抢劫，上自天花板下至阴沟，都因兽军严密搜查受到破坏，只有搬不动的地皮没有被抢走，甚至有一家被抢好几次，抢光之后又被兽军放火烧掉房屋。

奸淫与抢劫同时进行。不少妇女在秦淮河投水自杀。

在大抢劫过程中，城内大街小巷发现了形形色色的怪现象：有的士兵脱下军衣，把步枪当作扁担来搬走他们的“战利品”，有些强迫人力车替他们搬运，有些则因抢赃物而开枪互击。张勋打了一次胜仗，他的兵士点起名来却少了很多，原来那些打完仗发了横财的老总们，都开小差回到家乡享福去了。

南京市民用罢市运动来抗议辫子军的滔天罪行。张勋认为开门七件事要紧，强迫柴米油盐等店首先开门，其余一概不问。

9月9日，沪宁火车首次恢复通车。南京许多市民又不约而同地举行了一次“避贼运动”，车站上人山人海拥挤不堪，人人都急着要离开这个暗无天日的活地狱，对以后生活如何都来不及作任何打算。原来在3天封刀之后，辫子兵奸淫抢劫仍然没有终止，人们的生命财产仍然得不到丝毫保障[19]。

张宗昌对张勋所部的胡作非为是有不同意见的，他在9月1日攻占南京的当天就于永清寺发电给冯国璋，提请冯与张勋交涉。报告中说：

> 义勇队纪律太坏，该队入下关后，即放火烧房，乘机抢掠。我师入仪风门时，犹向我射击，以为贪功。恳祈军长严饬该司令速加约束，或酌调他处，以保名誉，免遗外人口实。此呈。

张宗昌的担心并不为过，而且他的呈文也起到了作用。南京一亲身经历被劫的顾姓老人回忆道：他当时15岁，为避兵灾，全家人逃到附近的菜地里躲藏，“9月3日下午，被一小股匪兵发现，向我索要‘大花边’（指现金），我没有，一个匪兵指着我说：‘你是革军营长，我在前线见过。’说着就把我推到大树下，正举枪要枪毙时，适冯国璋部奉令出动，制止抢劫，领队人看我是个小孩，叫把我放了”[20]。

北洋军攻陷南京后不久，即当年的12月16日，冯国璋就取代张勋当了江苏省都督，张宗昌所带之部队，最初编为一个师，以后又缩编为一个旅（即七十四旅），委朱熙当了旅长，张宗昌则调任为江苏军官教育团的监理

（即团长）。

江苏军官教育团是冯国璋为训练江苏下级军官而开办的，目的在于加强其私人势力和对江苏军队的控制。张宗昌为监理（团长），赵瑞龙为教育长（赵为湖北人，陆军大学毕业，曾任过旅长），林笃斋（林宪祖之叔）为军需，林宪祖为书记，教官有缪庆善、齐清如、陶鼎、徐森等人，他们多系陆军大学毕业或德、法留学生。学生编成三个区队，由教育长赵瑞龙直辖。训练时间一年半为一期，每期学员120人。第一期学生，是招考的中学毕业生，第二期、第三期则多半是从江苏地方部队下级军官中抽调而来，毕业后大都仍回原部队。教育团讲授的课目，除步兵操典、阵中勤务、战术、兵器学、军制、军纪、筑城测绘外，还有马术、劈刺等。校址在南京城内太平门小营内，原为陆军小学校址。尔后，张宗昌组织自己的基本势力时，其骨干力量除部分来自骑兵团外，大多出自教育团。

张宗昌不常在校，校务由教育长负责。张住在中正街一个侯府内（房舍很多，内有戏台）。张时常举办堂会唱戏，多招学生去看，并有很多闲散旧部拥挤满院。他的日常开支很大，须靠冯国璋的补贴维持。

1917年8月，冯国璋赴北京代理大总统职务，张宗昌亦辞去教育团监理，跟随冯国璋前往北京。江苏督军换上了李纯[21]。

张宗昌自投靠冯国璋以来，服从命令听指挥，出色完成任务，表现出过人才干。特别是对长官忠心耿耿，对同事诚恳宽厚，因此颇得冯国璋的赏识和器重，冯北上就任代理总统时，高级将领得附骥尾寥寥数人，屈指可数，除师景云任总统府军事长，熊炳畸任参谋长外，当属张宗昌之任副官长。冯对张的信任和提携，于此可见一斑。张宗昌也把冯国璋视做平生第一知己，有如良禽择木，欢喜异常。

### 3. 刺杀陈其美

张宗昌在江苏的几年时间里，与他有关系的事件中值得一提的就是1916年刺杀陈其美事件。论及此事，还要从袁世凯说起。

陈其美（1878～1916）字英士，浙江吴兴人。1906年夏弃商赴日本留学，广交革命青年并加入同盟会。1908年后返回上海，从事推翻清政府的活动。上海光复后，任沪军都督，又组织江浙联军攻克南京。在二次革命中被推为上海讨袁军司令，失败后逃亡日本，加入中华革命党，任总务长一职。袁世凯复辟帝制时，他曾策动上海起义未成。

袁世凯对陈其美的才干与能量早有所闻。中华民国建立，袁世凯窃踞临时大总统后，曾想拉拢陈为己所用，任命陈为内阁工商总长，给陈授勋，均为陈婉拒。相反，陈对袁世凯的种种倒行逆施进行了坚决的揭露与斗争。二次革命失败后，许多昔日著名的革命党领导人或变质，或退隐，或远遁海外，只有陈其美等人始终追随孙中山，积极地从事反袁革命活动。陈其美领导与策划了一系列重大反袁革命事件，搞得袁世凯寝食不安。

袁世凯为了使陈其美停止革命活动，再次派人对陈其美进行威胁与利诱。袁派陈其美的一位亲友到上海对陈说袁世凯已专门汇了70万元到上海交通银行，准备给陈其美出洋游历之用。如果陈其美答应，此款随时可取。陈其美回答说：

"现在我们党员正很穷，此款借给党里用很好。"

来人说，这笔款系给你出洋用的，不作别用，如果你不肯，袁世凯便将用这笔钱对付你。总之，这笔钱是为你而用的。这就是说，袁世凯将用70万元的巨款专门对陈其美进行暗杀。

在威胁面前，陈不为所动，说：

"我干我的事，他听他的便。"

袁世凯对陈其美拉拢与威胁不成，就下达了对陈暗杀的指令[22]。

袁世凯通过江苏都督冯国璋，找到辛亥革命时期曾在陈其美部下任过沪军团长的张宗昌，让张派遣密探程国瑞（化名程子安）、朱光明、王甫庭等人到上海策划暗杀陈其美。

英姿飒爽的陈其美

张宗昌虽性格爽朗，可是御下甚严，自有他的交往原则与处世之道。程国瑞曾任张部下，因犯过被开革，挟恨离开张部。后张任冯国璋的副官长，名利两丰，忽动衣锦还乡的念头。张返籍后，登堂拜母，兼拜继父。这还不算，又亲自拜望每一位同乡弟兄的父母，不仅叩头，还分送大洋300、500不等。程国瑞虽然已经离开了张，张却一样去见程母，行礼如仪，而且送了300大洋，程母甚为感动，事后写信给程时，特别称道张宗昌够义气，有孝心，是一个难得的长官。程国瑞因之不仅不怨张，反而怀念张的恩德不已。

北京秘杀令下达后，张宗昌便将这一任务交给了程国瑞[23]。

程国瑞等人来到上海，打听到陈其美正为革命党活动经费困难而苦恼，便想出了一个毒计。他们假意开设一家鸿丰煤矿公司，然后设法收买与陈其美熟悉的李海秋与王介凡，让他们去与陈其美联络，伪称事成后，鸿丰公司将把押矿借款的4/10给陈其美作革命经费。陈其美正苦于无法筹款，未及仔细思考便贸然答应。李、王与陈约定，1916年5月18日到陈其美寓所[24]签字。18日下午，叛徒李海秋以介绍人身份与鸿丰公司的许国霖5人来到陈宅，另外几个凶手暗携枪弹埋伏在附近。约好李海秋出门，凶手即进去行刺。

当李海秋等来到陈其美寓所后，陈招呼来客在客厅就座，准备在合同上签字。忽然李海秋从座位上站起来，说忘了把合同底稿拿来，要立即回去拿，说着拔脚就往外走。李刚刚走出客厅门口，从外边突然闯进两个凶手，举起勃郎宁手枪就向陈其美猛烈射击。陈的头部连中数枪，倒在血泊里，顿时陨命。

刺杀成功后，凶手们逃到马路上，想乘来时雇的出租汽车逃去。但出租汽车司机听到屋内枪声，情知有变，早已逃走。凶手们只得四散而逃，其中，许国霖、宿英武与一担任望风的姓毛的人被法捕房抓获，监禁数年后获释。

以精明干练著称的陈其美，由于一时疏于防范，竟中圈套[25]。

陈其美被刺后，由于当时正处于袁世凯统治时期，许多人不敢公开露面，陈其美的尸体横陈于室内，其状惨不忍睹。蒋介石闻讯后，立即赶到现场，抚尸恸哭。为防不测，又于次日凌晨2时许，将遗体移至蒲石路（今长乐路）新民里119号自己家中，并购置了一口上好的棺木，于20日入棺成殓。1917年，归葬家乡湖州岘山脚下[26]。

陈其美有一口头禅：

“丈夫不怕死，怕在事不成。”

他还题赠壮词：

“死不畏死，生不偷生。男儿大节，光与日争。
道之苟直，不惮鼎烹。渺然一身，万里长城。”

霸气、豪气，跃然纸上。浪尖谷底总风流，概括了他的人格特质[27]。

在刺杀陈其美事件中，刺客程国瑞是一个关键人物。

程国瑞，字子安，山东掖县人。他先于张宗昌到东北海参崴混迹，在那里与张宗昌相识并结拜为兄弟。此后，他一直追随张宗昌走南闯北，颇为忠诚。1916年5月18日，受张宗昌指使，参与了刺杀陈其美的行动，是主要执

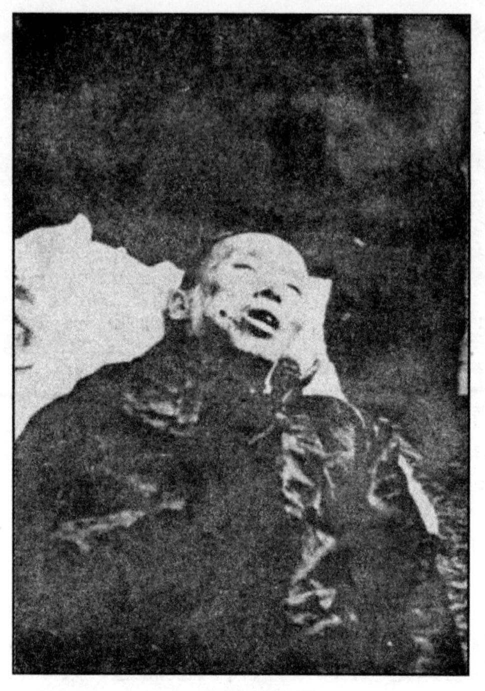

陈其美遗照

行者。张宗昌组建第六混成旅时，任第三团团长。1918 年，张宗昌升为暂编第一师师长，程国瑞仍为第三团团长。1921 年春张宗昌的部队在江西被缴械。张宗昌投靠张作霖落下了脚，程国瑞也找上门来，继续为张效力。张宗昌平定高卢叛乱后，荣升第三旅旅长，程国瑞在其手下任团长。以后，随着张宗昌的势力增大而升迁，由旅长而升为军长，1928 年张宗昌兵败滦州，程国瑞也逃亡。昔日的显赫已成为过去，以后再也没有什么大的作为了。

关于刺杀陈其美事件，袁世凯是主凶，程国瑞是主要执行者，冯国璋、张宗昌也染指其间。这事多年来迄未破案，也无人知底。到了 1923 年奉天陆军五站秋操后，张宗昌部整顿队伍，程国瑞团纪律不好，大家啧有烦言，就是他自己内部的人，也这样议论。王翰鸣向张宗昌说程团军风纪太差，影响整旅的名誉，要张把程撤换。不料张宗昌对王说：

“旁人说程竞武怎样不好，那不去管他。你当参谋长，可不能那样说。你要晓得程竞武和我的关系，我派他打死陈其美，花了 40 万元，一个钱也没有给人家，我觉得对不起他。现在当一个团长，那又有什么呢！”

张亲口谈出这事，人们方才知道程国瑞和张宗昌有这么一段密事[28]。

丁中江著《北洋军阀史话》[29]上称：刺陈赏金不是 40 万，而是 70 万，并征引孙中山为陈所撰祭文：“君总群豪，与贼奋搏。百怪张牙，图君益渴，七十万金，头颅如许，自有史来，莫之或匹。君死之夕，屋欷巷哭。我时抚尸，犹勿瞑目。曾不逾月，贼忽自殂，君倘无知，天胡此怒？含笑九泉，当自兹始。文老幸生，必成君志。”实误。

# 四、援湘之役

## 1. 由副官长到旅长

民国以后，每逢10月10日国庆节，例行阅兵典礼。1917年10月10日，冯国璋和段祺瑞照例偕同在京文武官员，在南苑举行阅兵典礼。张宗昌担任阅兵的向导官，他身穿陆军中将大礼服，胸佩勋章，肩披绶带，骑在高头大洋马上，在阅兵台前来往频驰，为段祺瑞所注目。当时段祺瑞并不认识张宗昌，回顾左右，再三询问此是何人。有人告诉段祺瑞，此人是张宗昌。段遂传谕，礼毕后单独传见张宗昌。自此后，张宗昌和皖系很快地发生了关系。不过，张宗昌作为冯国璋的副官长，其心腹地位并未因与皖系发生关系而产生任何动摇。

1918年，援湘之战爆发，张宗昌出任新编第六混成旅旅长。

北军援湘之役，起于两广“护法”。1917年秋，两广“护法”事起，湖南首先响应，接着湘、粤、桂三省也成立了联军总司令部，谭浩明担任联军总司令，并率军于11月攻占长沙，进军湘、鄂交界的羊楼司，湖南督军傅良佐为南军谭延闿所逐。当时北洋政府代理大总统冯国璋，主张和平解决南北争端，而国务总理段棋瑞，为了保持皖系势力范围，巩固皖系中央政府的威信和地位，则主张用兵平定西南。斗争结果，以段棋瑞为首的主战派获得胜利，决定组织援湘大军。

后依段主张，任命曹锟为攻湘军总司令，张敬尧副之，其直辖的第七师为第一路的战斗序列，司令为吴佩孚，由湖北通城向湖南平江进攻。山东督军张怀芝为湘赣检阅使，做第二路司令，军队计有：施从滨的山东第一师，张宗昌的江苏第六混成旅，上官云相与戴绍九的两个独立团，以及原驻安徽的新安武军12个营[30]，兵分两路向湖南醴陵进发。

当时湘、粤、桂联军的大体部署是：湘军赵恒惕师摆在岳阳，刘建藩部摆在平江[31]，粤军、桂军的马济、韦荣昌、隆裕光等部摆在后面，作总预备队。

张宗昌之所以成为援湘战役中的一员战将，与当时主战派、主和派的矛盾和斗争有关。尽管决定出兵，主战派仍然认为主和派态度暧昧，唯恐其斗争不坚决，中途妥协，因此，国务总理段棋瑞要求总统冯国璋委派其高级幕僚参加援湘大军。在主战派的强烈要求下，冯国璋决定任命其参谋长熊炳琦为第二路参谋长，任命其副官长张宗昌为第六混成旅旅长，参加第二路战斗序列。委派一名亲信幕僚担任高级指挥官，委派一名亲信幕僚担任高级带兵官，借此表明总统支持武力统一湖南。

任命张宗昌为第六混成旅旅长，是冯国璋有意借机扶植张宗昌，当然也是为了培植自己的势力。再则，张宗昌由于性格方面好动不羁，不乐意跟随在冯国璋的身边任副官长，乃又一原因。

张宗昌被任命为江苏第六旅旅长后，第六混成旅怎样组建呢?

为了便于指挥，张宗昌提议抽调其旧部作为核心力量，在此基础上予以扩充，补充一些新生力量。经商得江苏督军李纯同意，由原江苏第七十四混成旅调出步兵一团，再将原稽私营扩编为一个团，另附炮兵、骑兵、辎重兵各一部合编而成。

混成旅的各级干部，有旧日部属，有北京陆大毕业学员，还有南京军官教育团的毕业学生；士兵除自徐州蚌埠等地招募的，还有以前招抚的绿林匪帮数百人。这数百人中，一部是来自丰沛一带的褚玉璞部约300余人，一部是来自东北中俄边境的唐振山部（外号唐老黑）百余人，他们多数带有短枪及杂色步枪。全旅约6000人，枪4000余支，七生五的（炮的口径）克鲁伯山炮4门，机枪20余挺。所有枪炮弹药，粮袜被服装具等，都是由北洋政府直接补充。

第六混成旅辖三个团，第一团团长为贾得臣，第二团团长为王万金，第三团团长为程国瑞；另有工兵连，连长王栋；辎重连，连长曲魁宜[32]；炮兵连，连长姓名失记。旅部当时的参谋长是孟泽甫，副官长是刘美岑，下辖参谋、副官、军法、军械、军医、军需、书记各处，参谋处长与副官处长，由参谋长与副官长兼任，军法处处长为林廉村，军械处处长为张绍祺，军医处处长为姜如心，军需处处长为林笃斋，书记处处长为林宪祖。第六混成旅仓促成军，尚未进行正规训练，就接到随张怀芝参加援湘之役的命令，1918年春即整队陆续进发湖南[33]。

张宗昌在组建第六混成旅时，非常重视军事人才，极力网罗军事干部。他深知打仗需要训练有素的军事人员，需要通晓军事的参谋人员，协助他运筹帷幄。当时，李藻麟正在保定陆军军官学校担任战术教官，经陆军大学同学齐长增介绍，在张宗昌的盛情邀请下，他随军远征湖南。从此，李藻麟结识了张宗昌，有了一段共同工作的经历，为尔后相互信任合作奠定了基础[34]。

## 2. 转败为胜

张宗昌率领的第六混成旅于1918年春自南京整队出发，在下关乘轮船直赴九江，又改乘南浔铁路火车抵江西南昌集结。

张怀芝为表示郑重其事，特派其老师罗自立亲携关防、函件送至南昌。函文称：

效坤旅长吾兄大鉴：

贵旅新关防一方，已颁发到总部，特派罗自立先生亲送南昌，并致贺意。芝等此次奉命攻湘，自唯才疏学浅，深恐不能胜任，幸有吾兄率劲旅襄助，必能攻坚挫锐，所向无敌。古人论为大将，最敬重敌勿怠一语，实为千古将帅必守之典要。唯湖南多山水，语言风俗，大异北方，万望行军列阵，诸多审慎。本部前站联络官已先到南昌，特此奉闻，并颂戎安。

张怀芝[35]

张宗昌部到达南昌后，即从旱路徒步行军，取道上高、宜丰、铁树关进入湖南，再经浏阳至醴陵（张树元所率部队，则沿铁路线经武汉到达湖南），与第二路主力会合。所经地域，有一些系山岳地带，层峦叠障，悬崖峭壁，路途艰险，队伍行进时，攀藤附葛，士兵手脚大多磨破，备尝辛苦。

据张宗昌的亲信祝仞千说：张宗昌在张树元司令部开会时，张树元曾问张宗昌带着多少人马，张宗昌回答说一个旅，张树元很不满意地说，一个旅顶个屁用，不要到前面去，留在后面作预备队好了。因此张宗昌对张树元也很有意见。

3月中旬，吴佩孚率领第一路军占领岳阳后，湘、粤、桂联军发生内哄，湘军沿粤汉铁路南撤，随着谭浩明出走，吴佩孚于3月26日进入长沙。湘、粤、桂联军遂行瓦解，各自行动，粤军回粤，桂军回桂，湘军亦向粤、桂边境退却。

吴佩孚

在南军大撤退的形势下，张怀芝率领的第二路军继续向攸县、茶陵方向前进，直至到达攸县后，始与湘军刘建藩部遭遇。刘建藩自平江撤走时，是全师撤退，但他不甘心这样不战而走，所以两军一经接触，战事即迅趋激烈。

此时，北洋军是施从滨的第一师担任正面战斗，其余部署在两翼作战，张宗昌的第六混成旅负责右翼板桥一线。北兵初到南方，地理很不熟悉。攸县是丘陵地带，到处是沟渠水塘，羊肠小径，兼之松林茂密，茅竹丛架，烟雾迷漫，使人难辨方向。再加当时正是梅雨时节，道路泥泞难行。在攸县正面的第一师经过日夜激战，终被南军突破，向后退却。

右翼张旅正在与敌作战时，忽然发现背后有人抬着棺材自北面上山，并有穿白戴孝之人前后跟随，就没有引起警惕。不料这些人到达山上，竟从棺材内取出机枪，向张旅阵地后方扫射。张旅前后受敌，处境不利，只得率部队分道后退。

在撤退中，张旅第三团团长程国瑞受伤坠水，幸得一副官跳入河中，背负程顺流而下，始安全逃出了射界，向北退下。

由于南军跟踪追击，张旅立脚不住，一日之间，便从攸县退到醴陵，跑了 180 里。入夜旅司令部刚刚进住醴陵城内黄家祠堂，南军又追到城里，将张旅包围。醴陵县城没有城墙，西北是山，不能通行，东南两面是河，仅有木桥数座为主要的通道。大家正在无计可施之际，褚玉璞（时任张旅营长）忽生急智，将作运输用的小驴百头，赶在前面向西北方向突围，张宗昌率领大队跟进，及至冲出重围之后，小驴已一头不剩，而官兵的伤亡却不多。

离开醴陵 10 里左右，张的坐马忽被南军击毙。此马随张多年，张痛惜不愿离去，侍卫贺文良背负张退却。

跑到株洲，稍获休息，夜半又被追击，伤亡很多，无奈又向湖南省城长沙败退。到达长沙后，便驻扎在长沙东郊开元寺。

此时张怀芝率领的其余部队，业已全部溃散，无法收容。曹锟闻讯大怒，命令北洋政府派来督战的执法处长殷洪寿将张等捕获正法，以肃军纪。吓得张怀芝逃往北方。张怀芝本人败逃北窜，路经汉口，被殷洪寿闻悉，欲将其逮捕正法，率队至张怀芝的临时住所，殷进了前门，张得信从后门逃脱，回到北方。

张宗昌没有逃跑，他急忙托好友进京去找冯国璋的亲信，间接地向冯国璋求情，说：

“湖南军事失利，非张宗昌一人之过，当此千钧一发之际，不应自杀将领，使对方称快。况张乃悍将，素极忠实，杀之可惜，何不使其戴罪立功，以观后效，如再无功绩，二罪归一，杀之不晚。”

冯国璋念及张宗昌是自己一向所喜爱的人，急电前方饶过张宗昌死罪，令其重整旗鼓，将功折罪。

湘军刘建藩部追过株洲，仍孤军深入，继续向长沙前进。距长沙约40里有一条小河，湖南督军张敬尧所部的第七师部队、毛家弟兄毛思忠、毛思义一个旅（为张敬尧入湘前收编的土匪队伍），还有张继忠的一个团（均北洋军势力）在此防守。

刘建藩部受阻于长沙以南，与张敬尧部对峙多日，战事无大变化。长沙城内人心极为恐慌，张敬尧见形势紧迫，乃与张宗昌商议，请他组织反攻，张宗昌也愁着北归无善策，遂慨然应允。当时第二路主力部队大多被击溃，只有第六混成旅未受损失，部队完整，士气旺盛。张敬尧补给了张宗昌部服装粮饷，并赠张大旗一杆上绣“苏皖鲁豫四省剿匪总司令”和斗大一个“张”字，此旗为张敬尧在徐州剿匪时所用。因为彼此都姓张，故赠此旗，以壮声势。

张宗昌得到张敬尧的补充后，即选拔奋勇队1200人在前，自己亲自率领到达战地，其余部队随后。

敢死队从长沙小吴门车站出发时，张宗昌向全体官兵讲话说：

“大家还能干起来吗?”

大家应声说：

“能。”

接着张说：

“我张宗昌没有什么报答大家的，容我给大家磕个头吧!”

说罢，立即就地磕头。官兵见状都不知所措。随后在军乐队的乐曲声中一同登车开赴前线。

候至深夜，张抱着大旗身先士卒，偷渡阵地前沿的小河，一举攻入南军阵地，从中央突破，并四面冲击。刘建藩部此时虽然云集南岸，但因事起仓促，虚实不明，竟至全线混乱。

后据俘虏供称，当时有刘部一团长见战事无法支持，即向总指挥刘建藩请示欲行退却。刘认为这个团长惑乱军心，将他就地正法。谁知这个团长有心腹卫士，见团长被杀，乃奋不顾身，乘混乱之机，亦将刘建藩刺杀[36]。一时军中无主，遂至全线崩溃。

张宗昌率部乘胜追击，又经过株州、攸县，直至茶陵以南地区，方才停止。沿途虏获南军官兵及枪炮弹药粮秣被服极多，所有俘虏，均一律释放。随后各部队即分守要隘，休息整顿。

自张宗昌反击开始，短短几天，转败为胜，湘东局势即告稳定。是为湘东大捷。

湘东大捷后，张宗昌总结经验教训，他认为自己之所以能够败中求胜，是由于敢玩命，放大胆。于是他在自己的佩刀上刻了七个大字：“事到万难须放胆。”后来他又制造多把此类战刀，分赠部下。

湘东大捷消息传到北京，总统冯国璋衷心喜悦，因为张宗昌的胜利给自己增添了光彩，提高了自己的威望和影响。

第二路总司令张怀芝听到张宗昌大获全胜的消息，更是喜出望外，施从滨战败后一筹莫展的困境得以解脱。他深深懂得，山东是自己的根据地，长期领兵在外，难免祸起萧墙，发生意外，不如及早撤离湖南，固守家园，才是上策。当前的胜利，是解决问题的最佳时刻，良机不可错过。于是商得北洋政府同意，将新编第六混成旅扩编为中央暂编第一师，任命张宗昌为师长，同时变更第二路建制，撤销第二路总司令一职，设立第二路总指挥一职，同时由北洋政府明令发表张宗昌兼任第二路总指挥。为了继续稳定湘东局势，山东部队潘鸿钧和张克瑶两旅，仍拨归第二路总指挥调遣。

暂编陆军第一师的编制和人事大体如下，师长为张宗昌，参谋长为金寿良，副官长为刘美岑，军械、军医、军需、书记各处人事仍旧。全师编制两个旅，一旅旅长为贾得臣，辖第一、第二两团，第一团团长王万金，第二团团长褚玉璞。第二旅旅长因人事不好安排，未予发表，暂由张宗昌兼理，辖第三、第四两团，第三团团长程国瑞，第四团团长王康福（王原为施从滨部的团长，因山东第一师已溃不成军，故由张宗昌收编）。该师的特种部队计有工兵营，营长王栋；辎重兵营，营长曲魁宜；卫队营，营长陈杰；此外还有炮兵连、骑兵连和雷电连。骑兵连约有战马60匹。雷电连连长为一制雷专家，他能制造踹雷、电雷、抛雷三种，踹雷、电雷约重30磅~80磅，抛雷约与现时军用的手榴弹相同。张部在湖南作战时的用雷，均系雷电连自己制造。

暂编陆军第一师士兵的武器，多为七九套筒或汉阳造的单筒，每枪配备子弹300粒。服装则每年发草黄色单衣两套、夹衣一套、棉衣一套、棉大衣一件、腰皮带一条、风衣（呢装）及雨衣各一件、灰线毯一床（有的不是每年发），鞋子在南方则多穿麻鞋或草鞋。官兵的薪饷大约规定如下，兵6元，中士7~8元，上士16元，司务长约25元，排长36~40元，连长70~80元，外发公费约15元，营长240元，公费约140元，柴价约150元，上校团长400~500元，公费约200元，柴价约200元，少将500~600元，中将600~800元。将校级的每一级又分一至三等，故级别虽同而薪饷仍有差别。全师的武器、弹药、被服、装具、薪饷等，统由北京的陆军部按时拨发，官长的被服、伙食则全归自理[37]。

援湘军事行动正在顺利进行之际，第一路总司令部于是年秋季突然由汉口移驻保定，同时第一路前线部队也在湖南衡阳一带停止前进。因此，第二路也受到牵制，张宗昌决定采取相应行动，暂停湘东军事进攻，以观形势演变，再做考虑。

### 3. 虎落江西

凭借1918年援湘大捷，张宗昌得以荣升师长、第二路总指挥，但是，福兮祸之所倚，祸兮乃福之所伏，随着张宗昌势力的扩大，引起了张敬尧的戒心，怕张宗昌以武力夺取他的湖南地盘，因而也就把毛思忠、毛思义两个旅分别派驻攸县、醴陵一带，借以监视张宗昌部的举动。南北两军脱离接触后，双方相安无事。张宗昌利用时机，着手整顿并加紧训练。

由于同样受到皖系的排挤，张宗昌与吴佩孚这两位在湖南战场上都取得过胜利的虎将走到一起来了，他们不愿再做皖系的走卒、枪手，而为人所利用。1918年，吴佩孚提出罢战主和，张宗昌两度列名其间。

1919年夏初，张敬尧在长沙大举做寿，吴佩孚由衡阳拍来了一个“贺电”，中有“愿率全军来长为督军寿”之语，含义甚为显露，使张敬尧大为震惊。吴张之间的磨擦说明直皖两系的矛盾已经相当尖锐化了。

1920年春，直皖战争已如箭在弦上，一触即发。5月下旬吴佩孚在未通知第二路军的情况下，自衡阳撤兵，北赴直隶京汉铁路沿线，准备对皖系作战，将湖南防地逐次交与湘军赵恒惕部接防，并暗中协助湘军驱逐皖系的张敬尧。当时在湘省北军，多系直系部队，都不愿为张敬尧卖命，纷纷向湖北撤退。

张宗昌在第二路总指挥部得到战报时，衡阳已为南军谭延闿部占领。湖南督军张敬尧所属第七师吴新田旅前往接防时，突遭南军痛击，节节败退。当时，第二路总指挥部设于醴陵，张宗昌闻讯后立即召开军事会议，做出决定，命令驻防在茶陵、安仁等县的部队，迅速向攸县附近集结。集结尚未完毕，衡山又复失守，株洲、湘潭也相继告急。张宗昌揆诸形势，由于侧臂数百里已完全暴露于敌，随时可遭袭击，首尾不能相顾，遂命令向攸县集结的各部队继续向醴陵集中。刚刚集中完毕，长沙即告失守。

张宗昌一面将上述情况电告北洋政府，一面指挥第二路部队经过老关移驻江西萍乡。此举旨在保存实力，避免与南军发生正面冲突。到达萍乡后，张便与赣西镇守使方本仁接洽驻军地点，并一再申明进驻江西是迫不得已，是找一个暂时安身之地。经过协商，山东潘、张两旅暂驻萍乡附近，暂编第一师则移驻江西袁州。

张宗昌的霉运可以说从1919年底就已经开始了。当年的12月28日，张宗昌的后台老板、身任大总统的冯国璋，弃世而去，张一下子成了无根的浮萍，无家的游子。

1920年夏部队移至袁州，适逢伏季，宜春一带发生霍乱症，居民死亡很多，张宗昌的部队也不免波及。

张宗昌率领第二路部队进入江西，必然引起江西督军陈光远及地方驻军将领方本仁等人的疑虑，深恐张借机夺取江西地盘。外界对此也纷纷猜测，有所谣传。这种疑虑和猜测是必然会出现的，张宗昌为了让地方当局放心，不仅竭力口头解释，而且在行动上有所表示，诸如驻军地点悉听地方当局安排，以示并无二心。

陈光远对张宗昌防范甚严。一方面用巨资买得一位踩软索（杂技）的女子（叫富贵儿）赠与张宗昌做妾，以示友好。这位江湖艺人就是张宗昌的第九房姨太太。另一方面便又积极调集军队，准备与张作战。陈光远为老直系人物，张宗昌既不属直系，也不属皖系，在江西深有孤军无援之感。此时北京陆军部对于张宗昌部的军饷，也常留着不发。张到江西后，曾亲赴北京请领多次，虽然东奔西走，到处游说，但由于冯国璋弃世，他得到的只是口头上的同情与支持，问题依然如故。

军中乏食，张宗昌无奈之下只得派人到临近各县县署强迫借粮，因此也与地方有尖锐矛盾。他急中生智，也不管中央与地方当局同意与否，擅自发行军用票，以本路军需处作押。军用票的票面与银元同价，可在市面上自由通用。在驻军的七个县境内，老百姓可以用此票去完粮纳税，不得拒收，违者以军法从事。前后在袁州地区发行了数十万元的军用票，不仅百姓遭殃，就是江西地方当局也遭到了损失。江西督军陈光远向北洋政府请示办法，不得要领，心中虽然非常不满，但也无可奈何，只得容忍默许。

但光靠发行军用票仍不能解决张宗昌全军军饷问题，他驻节袁州属于客军地位，又不能直接向商民征敛，因此张宗昌的军队经常发不出饷，甚至士兵服装应当换季时，也不能换上，冬季穿不上棉服，伏季穿不上单衣，一度军中只是吃盐水泡米饭，连咸菜也没有。

据张宗昌的部下李藻麟说，当时张确无攫取江西地盘的野心，主观上没有这种想法，客观上也没有这样的条件。张宗昌是北洋政府派出的大员，那时他在思想上是依靠中央政府，听从中央政府指挥的。他在平时言谈话语中没有流露出要借机创造个人局面的想法，实际上也 没有这种力量。第二路系由两部分队伍组成，一部分是山东的两个旅，他刚刚接任总指挥，过去与之并无历史渊源，现在也只有一般领导关系。自己的嫡系部队暂编第一师，由第六混成旅改编而成，实际上依然是一旅之众，不过五六千人，既非训练有素，装备又极差，且客居异地，人生地不熟，加之后勤供应没有保证，根本无法单独作战。所以，张宗昌意欲夺取江西地盘之说，纯属无稽之谈。

卧榻之旁，岂容他人酣睡。张宗昌在江西屯扎，对陈光远来说，那是骨鲠于喉，不去之不快。

1920 年冬陈光远已将全省军队调集袁州附近，对张师形成包围态势。当时江西军队有陈光远直辖的一个师和赣东、赣南（吉安）、赣西、赣北（九江）四个镇守使的部队。一个镇守使当时直辖一个旅或至少一个团。这些部队由陈光远之弟陈光逵统一指挥。陈光远复乘张去京期间，从内部瓦解张宗昌部，暗将张部第四团团长王康福买通，率部倒戈出城而去，又送第三团团长褚玉璞金钱数万，要他归附江西，并应允给他编旅。褚被收买后，按兵不动，直至某夜张宗昌发现褚玉璞团使用的口令非师部颁发的口令，始知其不稳。此时张部第一团、工兵营及卫队营也大多士气涣散。张宗昌此时处境虽然极端困难，但他仍无染指江西的想法。

张宗昌自南昌回到袁州（宜春）后，见粮饷匮乏，仅靠一个县供应一个师食用，实在无法维持。待到六七月间，行将断炊，张遂决定将所部疏散到邻近之分宜、新余等县就食。一方面与赣西镇守使方本仁联系洽商并报告督军陈光远，一方面饬令所属各部队准备出发。

江西督军陈光远获悉后，立即于 1921 年 3 月调集部队分数路包围袁州。他派其胞弟陆军第三旅旅长陈光逵为东路纵队司令，由樟树镇出发，向分宜方向警戒；第十二师二十三旅旅长陈宝琮为右翼支队司令，率十二师主力第四十六、四十七两团配合炮兵两连，由南昌进驻万寿宫向高安方向警戒；第四十五团团长李生春为左翼支队司令，由吉安出发向安福方面警戒，赣西镇守使方本仁为西路纵队司令，率江西步一团团长李定魁、省防第四团团长蒋镇国向泸溪方面警戒。

张宗昌所属第一团刚刚到达新余县，便遭到猛烈袭击，张派第四团前往增援，但该团出发后即告失踪，盖已被陈光远所收买。第三团的两个营奉令就食于上高县，正在行军途中。此时，留在袁州的兵力只有一个团和一个营。张宗昌本拟率全部留守部队前往新余县援助第一团，尚未成行，该团即已被击溃。当此危急时刻，何去何从，张宗昌思之再三。如固守袁州，内无存粮，外无援兵，势必全军覆没。如突围北上，尚有随军眷属数百户，难以边战边走；如将眷属留下，恐遭蹂躏。恰在进退两难、举棋难定之际，陈光远为了迅速解决问题，提出缴械投降和平解决办法，按枪支种类和新旧程度给予遣散费。张宗昌瞻前顾后，见大势已去，只有自己出走，后事交给部属全权处理，才是唯一上策。既经决定，便做了周密安排。为了掩人耳目，免遭俘虏，张宗昌化装成普通老百姓，并选择两名江西学生为之掩护，于3月29日秘密从袁州经萍乡、长沙北上返京。临行前声言束身待罪以谢国人，并请陈光远网开一面，对部队从宽处理。

张宗昌秘密出走后，贾德臣、褚玉璞、程国瑞等旅、团级以上军官立即开会研究下一步行动方案。诸将领一致认为缴械投降是当前最为妥善的解决办法，并委托李藻麟为全权代表，负责联系解决缴械遣送等各项事宜。李去萍乡，与赣西镇守使方本仁进行会晤。当时，一方面方与督军陈光远有矛盾，极力敦促李按照投降办法投降，最为有利；另一方面，从萍乡地方角度来看，暂编第一师全部缴械，有秩序地集体遣散撤离江西，使地方安宁得到保证，对地方也极为有利。否则，武力解决，部队溃散，散兵游勇落草为寇，将使地方遭受侵扰。张部决定投降，方也极表欢迎，因此第二次会谈极为顺利，遂与方本仁达成协议：按照陈光远提出的枪支价格标准，边缴枪，边发钱，边遣送。协议签字后，立即付诸实施。4月初，褚玉璞团最后缴械遣送完毕，暂编第一师至此彻底覆灭。

褚玉璞由泸溪撤至袁州，即向陈光逵接洽投诚。陈光逵以褚骁勇，拟收编为团长，而其兄光远不愿，乃发给官兵三个月薪饷，缴械遣散。

陈光远得胜后，督署参谋处开会评判此次作战经过，称：张宗昌之失败有三点原因：一、张宗昌之部队共有步兵四团，分三路作战，兵力太单，故分宜一败，诸路皆退；二、张部一团长为山东旧部改编者，并非张之嫡系，该团长系小站旧人，与陈光远接近，在张宗昌起兵之初，即向陈光远密报，故陈得以从容布置；三、褚玉璞团为张最得力之部队，而置于后方无用之地，若使褚参加分宜作战，其胜败之数尚不可知也[38]。褚有离心倾向，张宗昌回天乏术。

张宗昌自袁州（宜春）秘密出走，并有掩护，历经艰险，方始抵达武汉，然后转乘火车回到北京，住在石老娘胡同。

张宗昌到达北京后，即与陆军部清算军饷，领到一批现款，大约20余万元。恰在这时，张宗昌结识了任曹锟漕河军官教育团教官的许琨。不久曹锟以直鲁豫巡阅使在保定称觞祝寿。张宗昌为了走曹锟的门路，在许琨的劝说、帮助下，趁曹做寿之机，尽其所领军饷铸造八个金寿星，作为礼品，送给曹锟。这八个金寿星摆在保定巡阅使署寿堂里，确实是绚丽夺目，成为惊人的寿礼。曹锟收下礼品后，对张宗昌颇为嘉许，又经许琨奔走，便答应把直皖战争中直军缴获边防军的枪械中，拨给张宗昌一部分，成立一师人的队伍。但是张因为有枪无人，迟迟未去领取，失掉了机会。

20多万元，在当时可不是一个小数。退而求其次，张宗昌完全可以做一个富家翁，但是，张宗昌就是张宗昌，他这个人，做事敢作敢为，义无反顾，颇有破釜沉舟的冒险精神。这在今天也是难能可贵的。一个人的成功与失败，有时候就取决于此。

曹锟

后来这事为吴佩孚知悉，坚决反对。张的愿望落空，甚至要求给一个名义也做不到。许琨曾几次与曹的参谋长熊炳琦商量，皆以吴佩孚不答应而搁浅。

吴佩孚是山东蓬莱人，与张宗昌有同乡之谊，吴在1918年罢战主和，张积极支持，但吴并不领这个情，在张宗昌落难时，落井下石。真可谓是老乡见老乡，背后打黑枪。

许琨本身之所以帮助张宗昌，主要是因为他并不甘心自己在军校教书的状况，而是想领军在战场上打仗，他要借张宗昌来实现自己的愿望。现在希望破灭，他在盛怒下对张宗昌说：

“此地不养爷，自有养爷处。咱们走吧！”

去哪里？张宗昌想起一个人来，他就是奉系张作霖的儿子张学良，于是便将目光投向了奉天，投向了东北。此时的张学良，成了张宗昌眼中的救命稻草。

其时张宗昌只是在给曹锟拜寿时，与奉天代表张学良有一面之缘，并无深交，但在没有办法的情况下，只好走奉天这条路。因此张宗昌同许琨到了奉天，把希望寄托在张作霖身上[39]。

少年时代的张宗昌曾为生计所迫而艰难地闯关东，而今，他在关内又看不到希望的所在了，出关投奔奉张，成了自己唯一的出路。

东北，是张宗昌的第二故乡。

**注　释**

1. 李藻麟在《我的北洋军旅生涯》第81页上说，张宗昌是1896年15岁时闯关东的，这与张宗昌的女儿春绥的回忆不一致，欠准确。
2. 李藻麟《我的北洋军旅生涯》，第82页。

3. 李藻麟《我的北洋军旅生涯》，第83～85页。
4. 李藻麟《我的北洋军旅生涯》，第86～87页。
5. 张西曼“混迹海参崴”，编审组《土匪军阀张宗昌》，第4页。值得提及的是，溥仪在《我的前半生》（北京）群众出版社1964年版，第214页中也说：张宗昌“流落到沙俄的海参崴，给华商总会当门警头目。由于他挥霍不吝和善于逢迎勾结，能和沙俄宪兵警察紧密合作，竟成了海参崴流氓社会的红人，成了包娼、包赌、包庇烟馆的一霸。”
6. 张西曼“混迹海参崴”，编审组《土匪军阀张宗昌》，第5页。
7. 苏全有“早年张宗昌与俄国”，《春秋》2004年第5期，第39～41页。
8. 张西曼“混迹海参崴”，编审组《土匪军阀张宗昌》，第5页。
9. 李藻麟《我的北洋军旅生涯》，第87～88页。
10. 张西曼“混迹海参崴”，编审组《土匪军阀张宗昌》，第5～7页。
11. 李藻麟《我的北洋军旅生涯》，第88页。
12. 林宪祖“投机辛亥革命”，编审组《土匪军阀张宗昌》，第10页。
13. 李藻麟《我的北洋军旅生涯》，第89页。
14. 张西曼“混迹海参崴”，编审组《土匪军阀张宗昌》，第7～8页。
15. 李藻麟《我的北洋军旅生涯》，第89～90页。
16. 李藻麟《我的北洋军旅生涯》，第91～92页。
17. 刘子衡“‘投死’和‘投生’”，编审组《土匪军阀张宗昌》，第13页。
18. 潘荣《教头总统冯国璋》，（长春）吉林文史出版社1995年版，第40～41页。
19. 陶菊隐《北洋军阀统治时期史话》第1册，（北京）三联书店1957年版，第193页。
20. 顾公权“张勋洗劫记”，《江苏文史资料选辑》第7辑，第35～36页。
21. 李恒珍“投冯始末”，编审组《土匪军阀张宗昌》，第19页。
22. 丁中江《北洋军阀史话》第二册，（北京）中国友谊出版公司1992年版，第207页。
23. 李恒珍等“投冯始末”，编审组《土匪军阀张宗昌》，第19页。
24. 上海萨坡赛路（今淡水路）14号，日本人田纯三郎的寓所。
25. 苏全有等“陈其美被刺之谜”，《湖南文史》2003年第3期，第35～36页。
26. 杨国庆“山色湖光烈士坟——陈其美墓”，《民国春秋》1998年第1期，第59～61页。
27. 黄波“说到英雄一“涕然”——陈其美及其时代”，《书屋》2004年第5期，第11～16页。
28. 王翰鸣“疆场效命”，编审组《土匪军阀张宗昌》，第59页；高阳《八大胡同》，（北京）中国友谊出版社1988年版，第149页；王翰鸣“张宗昌兴败纪略”，《文史资料选辑》第41辑，文史资料出版社1963年版，第215页。
29. 丁中江《北洋军阀史话》第二册，第196页。
30. 安武军为北洋政府收编的清室末年的地方部队，计有张勋的定武军，倪嗣冲等人的安武军，这些部队到民初还带有辫子。今天的人们只是知晓张勋的部队是辫子军，而不知道倪嗣冲等人的安武军也是如此。
31. 刘建藩为湘南零陵镇守使，辖有部队20营。
32. 吕伟俊《张宗昌》，第13页上称连长为林泰，存之。
33. 李恒珍“投冯始末”，编审组《土匪军阀张宗昌》，第20页。
34. 李藻麟《我的北洋军旅生涯》，第95～96页。

35. 吕伟俊《张宗昌》，第 14 页。
36. 有说刘建藩是因在慌乱中抢先渡河，失足掉在河中淹死。
37. 刘子衡“‘投死’和‘投生’”，李恒珍“投冯始末”，编审组《土匪军阀张宗昌》，第 15 ~ 16、21 ~ 24 页。
38. 李藻麟《我的北洋军旅生涯》，第 99 ~ 104 页；李恒珍“投冯始末”，吕建之“江西缴械”，编审组《土匪军阀张宗昌》，第 23 ~ 26、31 页。
39. 王翰鸣“投张因由”，编审组《土匪军阀张宗昌》，第 33 页。

# 第三章

# 直奉大战

张宗昌转投奉系张作霖，尽管在第一次直奉战争中奇袭山东以失败而告终，却借平定高、芦之乱青云直上，并在第二次直奉战争中一举击败直军，立下赫赫战功，随后护送卢永祥南下，赶跑齐燮元，控制上海。可谓是一顺百顺，平步青云。

# 一、第一次直奉战争

## 1. 投身奉张

张宗昌在袁州失败后，尽管投曹没有成功，但在曹处得与张学良相识，张学良约他作关外之游，又经好友焦子静[1]、盟兄徐西园多方奔走，为之先容，并作书信介绍，张遂决心出关投靠张作霖。

1922 年 2 月初张宗昌出关之后，在奉天谒见张作霖，双方交谈甚为投机，大有相见恨晚之感。张作霖设宴招待，以张海鹏（山东莱阳人）作陪。

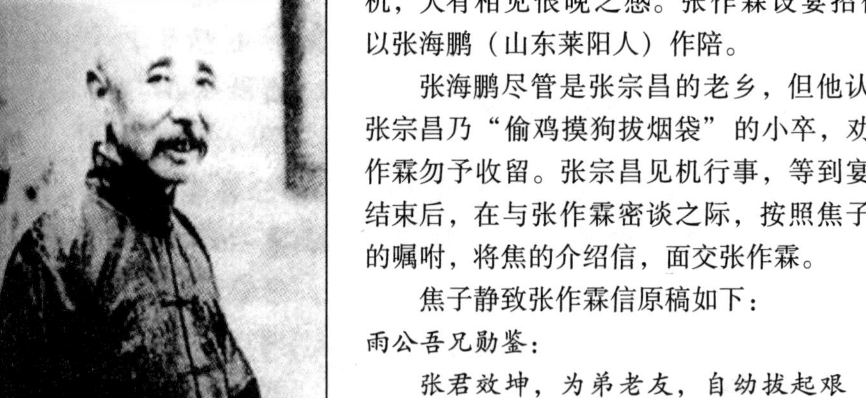

张作霖

张海鹏尽管是张宗昌的老乡，但他认为张宗昌乃“偷鸡摸狗拔烟袋”的小卒，劝张作霖勿予收留。张宗昌见机行事，等到宴席结束后，在与张作霖密谈之际，按照焦子静的嘱咐，将焦的介绍信，面交张作霖。

焦子静致张作霖信原稿如下：

雨公吾兄勋鉴：

张君效坤，为弟老友，自幼拔起艰辛，肝胆照人。自从江西失意归来，困守都门，闻兄正为扩军广延英才，极愿往投麾下，藉资展布，爰为函介，望量才器使，明使以功，必能有所建树，不负委任也。岷公（王永仁之字为岷源）

当代萧何，不仅长于守成，道德学识，遐迩同钦，已嘱效坤面致敬意，专肃敬颂勋绥。

弟焦子静

2月2日

张作霖阅后，大为动容，礼敬有加。张宗昌又说：

“远道来投，敬献礼物，请赐收纳。”

乃抬筐两个，并无扁担，其中寓意为，愿为张作霖的事业效力添一把土，但需付以扁担权柄，才起作用。张作霖是何等聪明的人物，他马上就明白了其中的含义，于是欣然接受，立命副官处妥为保存。副官们不解个中哑谜，私下里觉得甚是可笑，乐不可支。

张宗昌拜会张作霖后，张学良奉命回拜，并奉送2000元供临时花费。紧接着委任张宗昌以高参，并由军需处将张所带随员，按原来军阶，照发饷项。张遂在奉天（沈阳）大北关榆树胡同，安心住下。

在此前后，皖系失意军政人员如张树元、吴光新、马良、梁鸿志等人，纷集奉天，鼓动张作霖对直作战，共同进行扩军活动。他们见张宗昌受到张作霖父子优待，亦均另眼相看，争与结纳[2]。

张宗昌在奉天大北关榆树胡同安顿下来以后，他带来的亲信下属一二百人也分别安置在榆树胡同附近。之后，只要是没事，张作霖就经常让部下陪着张宗昌吃喝玩乐。

赌博在中国由来已久，影响至深。早在魏晋南北朝，社会上的赌风已经盛行，士大夫阶层把赌博当做跻身仙境、自我超脱的手段。中国传统的赌博最常见的是骰子、马吊、牌九、麻将，此外还有纸牌、棋类、斗鸡、斗狗、斗蟋蟀之类。到了近代，由于西方赌具的传入，赌博在形式和内容上都有不少的变化，出现了跑马、赌台、花会等多种赌博方式。传统和新式赌博会合在一起使赌风愈演愈烈。

张宗昌最喜欢的游戏是一种叫作“推牌九”的赌博游戏。有一次，张宗昌手气不佳，竟把身上所带的十几万元输了个一干二净。

张作霖闻听此信，连忙找到张宗昌说：

“听说你昨天夜里大战失利，今天我和你合伙去破他们，怎么样？”

盛情难却，于是张宗昌将昨天的牌友一并召来。大家觉得与张大帅玩牌，这是天大的荣幸，实在难得，于是群情振奋，赌注也下得特别大。不曾想张作霖有好牌时，亮开喊通吃，没好牌时，扣着也喊通吃。老当家的这种玩法，大家都不敢有所表示。直到赢够足足20万元时，张作霖不玩了。除去张宗昌上次输的，还有赢余。牌友输了这么多钱，心中自然不服气，张作霖心知肚明，他回头找了一个机会对大家说：

“效坤乃是条好汉，当世豪杰，是远道来做客的，你们将他所带的一吃而光，让他扫兴，置我的面子于何地？我不亮牌，就是要把你们的不义之财收回来。”

人们闻听此言，这才明白了他的用意。为了留住张宗昌，张作霖着实是下了一番苦心[3]。

良禽择木而栖，良臣择主而侍。张宗昌当此落难之时，能遇到像张作霖这样的明主，心中自然感激不尽。他后来说：

“我平生有两大知己，冯国璋是第一知己，张作霖是第二知己。”[4]

张作霖的知遇之恩，让张宗昌感动得刻骨铭心。他在此后的军旅生涯中，始终对张作霖忠心耿耿，其原因就在于此。

1921 年春，外蒙古库伦（即今乌兰巴托）驻军褚其祥旅及高再田骑兵支队，突遭俄国白党巴龙所部三万余人围攻。褚、高迭向北洋政府告急，而北洋政府无力援救，听之任之。高再田所部系骑兵，突围而出，穿越沙漠，退至内蒙古。而褚其祥步兵旅则被消灭，库伦遂告失守。

与此同时，陕西省内部也发生动乱。

面对这种形势，内阁总理靳云鹏邀集直鲁豫巡阅使曹锟、东三省巡阅使张作霖及两湖巡阅使王占元，在天津召开四巨头会议，商讨对策。会议决定，直军负责解决陕西问题，奉军负责解决外蒙古库伦问题。

天津会议后，张作霖积极组织征蒙事宜。他任命许兰洲为左纵队司令，张宗昌为右纵队司令，各率奉军二至三个旅，在满洲里集中，准备沿克鲁伦河前进，收复库伦。

当部队尚未集结完毕之时，也就是该年农历七月十四日左右，满洲里天气骤然转变，大雪纷飞，一昼夜间，积雪竟厚达二尺有余，气候由夏令突然变为严冬季节。而当时装备简陋 不堪，人马均难以支持。例如当时发给官兵的御寒服装，除一般棉军装即棉裤、棉袄、棉大衣外，特制的御寒装备只有粗毛线编织的长筒袜一双，保护阴部免受冻伤的毛织品一件，此外别无其他。装备如此之差，岂能远征千里之外的库伦，征蒙一事遂告停顿。左纵队司令部撤回齐齐哈尔，右纵队司令部撤至富拉尔基车站，队伍也分次撤回原防。

征蒙一事停止后，张宗昌随之又处于“赋闲”境地。暂编第一师旧部陆续自江西归来；终朝每日，食客盈门。以他一人有限月薪供应众多部下食用，其困窘之状可想而知。断炊之事时有发生。人们曾亲眼见他令人挑拣他自身的上好衣服，成箱地送去典当，以解燃眉之急[5]。

张宗昌花起钱来毫不吝啬，这吸引了许多人聚拢在他的周围。大口喝酒，大口吃肉，大秤分金，这种江湖豪气，使得许多人对他忠心耿耿，死心塌地为他效命。

张宗昌就像一条困在浅水中的蛟龙，有力无处使，他在忍耐中默默地等待机会。

## 2. 奇袭敌后

1922 年，第一次直奉战争爆发。战争伊始之际，张作霖交给张宗昌一项秘密任务。张宗昌旧部大多为徐淮一带的人，因此张作霖委派张宗昌为苏鲁别动队总司令，令其到徐州、海州一带活动，骚扰直军后方，切断津浦铁路，以收两面夹击之效，配合前线作战。张作霖的计划是在全国范围遏制直系，由于山东督办田中玉态度不明朗，因此他派张宗昌率领偏师，逼迫田中玉表态助奉，当时预计此事并不为难[6]。

据北洋政府步军统领衙门侦察长王光宇在 1922 年 2 月 17 日的报告称：

> 今闻张使已派员持信来京邀请张宗昌速为赴奉，有所磋商事项。又闻张宗昌现召集旧部各团营连之官长，以俟到齐，即行陆续赴奉等语。又闻奉张使刻在奉省新招兵四旅，有特委张宗昌为总司令之说[7]。

于此可见，张作霖南下山东，早有预谋。

张宗昌此次山东之战，与日本有关。当时日本的町野大佐曾特赴青岛与当时的日军司令官交涉，其结果乃有张宗昌赴青岛之事。其计划是张在山东招募军队，由日本发给军械装备，以击直军之背[8]。

张宗昌此次南下，还与张树元有关。张树元是山东军务督办，但在直奉战争前为田中玉夺取，张为报复起见，派人到东北与张作霖联系，盼张派人入关，他在鲁南做内应。此事恰符合张作霖发动第二次直奉战争的需要，因此，二人一拍即合，并商定赶走田中玉后，张宗昌为山东军务督办，张树元为山东省省长。

在张树元的帮助下，张宗昌先组成两个先遣军联络站，一个是山东郯城县码头镇的大地主孙爱庭处，负责人为参谋陈杰、张子方等；另一个联络站是江苏邳县四户的大地主王化楼处，方承昌、顾镇、张思孟等人负责，联系对象为当地的驻军和土匪。四户附近的土匪头目有赵成志、张胜久等人，他们已接受了张宗昌的委令，等待张的别动队到达郯城码头镇时，就率领所辖的匪军北进，与地方驻军和张宗昌部会合，听候调遣。

张宗昌委任褚玉璞、程国瑞、王万金为支队司令，分头活动，联系招收旧部，很快就在奉天组成了一支有五六百人的基本出征队伍，并从中选拔军官数十人，先随联络站的人秘密进关，在苏鲁边区为其征集外援，开辟活动基地。

1922 年 4 月初，张宗昌率领部属五六百人由奉天经大连分三批乘日本船到青岛，张本人住在青岛后海涯义丰栈。此时先期函约的人也陆续到青岛，组成了有 1000 多人的便衣别动队。别动队在青岛住了十来天就开始派队出发，首先于 4 月 26 日派出小批从赣榆登陆，大队随后租用了一只日本大船，夜间秘密上船，直达日照县石臼所登陆。由于事前已秘密与临沂地区驻军山东第五旅旅长、张树元的旧部李森取得了谅解，五旅给张的别动队让路，因此别动队得以顺利登陆，并且决定以临沂地区作为前进基地。

张宗昌千余人的别动队在石臼所登陆后，经过两天行军，一路通行无阻，第三天上午九十点钟到达苏鲁边境的约有千余户人家的大兴镇。正在休息吃午饭时，哨兵报告说，东南方发现敌情，江苏省赣榆县县长王佐良（绰号王小辫子）手下的警备队约三四百人，向大兴镇包围前进。

这时，张部离开奉天已 20 余天，直奉战端已开，奉军前线开始败退，直军在取得胜利后，已通令所属各地驻军截击张宗昌的别动队。

县警备队来到大兴镇后，此时张宗昌正在镇内小街子李洪标家睡大觉，卫兵向他报告追兵已到，便急忙起来问：

"敌人有多少人，是何处的队伍?"

得悉仍是赣榆的县警备队，乃集合参谋人员进行研究，决定先将县队击垮再行西进，于是便约着李洪标等观察了镇周围的地形和县队的兵力配集情况。

原来该镇东西是平原，南面紧靠沭河，西、北两面是丘陵地带，县队的火力，也集中在西、北两面，正好堵住张向马头的去路。于是张也作了相应的部署，东南两面因无敌军，只放了少数警戒，主要力量都调在西、北两面，一方面准备应付县队的冲击，一方面也作出击的打算。

县队在北面打了一阵枪未见还枪，乃集中火力从北岭冲了下来，及至接近圩沟时，顿时枪声大作，一阵冲锋枪和手提式机关枪猛烈还击县队，当即就打伤了十几个。正在混乱时，张部的掷弹筒又向县队的总队部打了三发，因而县队秩序大乱，纷向镇北溃退。

张宗昌见县队已败，又令褚玉璞、程国瑞率部追击，近距离交战使县队的长枪已失去作用，而张的短枪队，却像风卷残云一样，一阵就将对方打倒了六七个。县队从来未经过这样的战斗，个个魂飞胆丧，拼命奔逃，向东一气跑了十八里，直到张部离开大兴镇，才收尸回县。

战斗很快结束，别动队无一伤亡。入夜后张部又继续向郯城方向前进。据闻王小辫子在张的别动队离开大兴镇约 50 里的时候，又纠人马进入大兴镇，并追了约 20 里始停止前进。

别动队于次日午到达郯城北约 20 里野外树林里，即停止前进。因在大兴镇突围前，张已得知奉军失败的消息。别动队突围出来后，人心开始慌乱，无法维系，纷纷丢枪星散。

张宗昌的别动队瓦解后，前与联系的山东地方军第五旅李森部虚张声势、避实就虚地表演了一场截击战，张宗昌奇袭敌后的活动至此遂告结束。

张宗昌在别动队星散之后，仅仅带着两名亲信化装由原路经石臼所回青岛，一路上颠沛流离，危机四伏。

由大兴镇到马头镇的路程是 120 华里，过了文家埠天就黑了，在过马岭山的时候，张宗昌同他的队伍失掉了联系，拂晓前才到马头镇迤南的桑庄。随即，张宗昌一行三人潜入该村庄东头一家大宅院躲避。这家宅院的主人姓王，名锡仁，是这个庄子的庄长。天明后，王锡仁发现了张宗昌。他大吃一惊，忙问：

“你们是什么人？为什么到此？”

张宗昌见状，知道也跑不了啦，便以实相告。末了说：

“你要是想请功领赏，即可将我们执送官府，否则请设法掩护，后必有报。”

王锡仁闻听此言，忙致歉意，说：

“将军到此，是本庄的荣幸，请还请不到呢，哪里能去报官？”

原来，王本是孙爱庭大地主的承租佃户（即二地主），拥有田地百多亩和炮楼一座，雇有长工并出租土地，听说张宗昌等是投孙爱庭的，便将其接到烛楼内休息，并以酒饭相待。桑庄离马头镇只有八里路，然此时张身边已无部队，白天不敢公开活动，于是便给孙爱庭写了一封信，派人送往马头镇。吃过早饭后，赴马头镇送信的人带回了孙爱庭的复信，信上写道：

“效坤兄：日来风紧，暂在王家安身勿动，褚、程等已作安置，待有好转，即行告知。阅后投丙[9]。弟庭上。”

张看完了这个信，知道大势已去，只得暂在王家住下。

为了结交张宗昌，王锡仁把自己的儿子唤出来拜张宗昌为义父。张宗昌也见过王母，并拜为义母，张与王就结下了金兰之好。

一晃，张宗昌已经在王家小住了数日。在此期间，孙爱庭等以5000发子弹和10包烟土的代价，收买土匪冒充张宗昌的别动队进入西山区，通过调虎离山，使得临、沂两县东、北部没有了驻军。

得此良机，王锡仁先为张备办平车一辆，上面装有陶器，冒充商贩，于5月4日夜间直向青岛方向进发。

张宗昌身高接近1米9，乃一彪形大汉，又从未当过商贩，所以一言一行，都令人生疑。

一天，张宗昌三人行至莒县南关，受到当地警察盘查，越问越发现他们不像商人，便把他们押送到县署。当时莒县县长为周仁寿，任职已10余年，一经询明详情，即将张请至内宅，设宴款待，并厚赠旅费，派人护送回青岛。

王锡仁、周仁寿二人在张宗昌处于危难之时，施以援手，后来他们都得到了丰厚的回报。

1925年张宗昌督鲁，首将周仁寿升任为临沂道尹，并电临沂县县长护送王锡仁到济南，委为督办公署高级参议，月支薪俸600元，后又委任为莱芜县县长。王子冠英，时甫成年，委充营长，令其招兵买马，用款多少，嘱向七姨太太处支领，勿须公文周折。王锡仁任职不久，即辞职回济南，仍干其挂名差事。其子冠英日与一帮流氓、兵痞鬼混，终张之任，混混了事。

张宗昌回到奉天后，见到迟归的副官徐大同等，说：

“他妈的，我这样一个大个子，都从原路回来了，你们真是不中用。”[10]

张宗昌此次山东之行以失利告终，很重要的原因是事机失密，为山东督办田中玉查悉，一面准备迎击，一面发出通电，请外交部与日本交涉，转令青岛防守司令禁止登岸，在此背景下，张宗昌的失败在所难免[11]。

### 3. 平定高、芦之乱

1922年夏，张宗昌兵败鲁南逃回奉天后，闲居榆树胡同。恰在此时，正遇高士傧、芦永贵在五站地方聚众，准备进攻张作霖的属地哈尔滨。高士傧是前任吉林督军孟恩远的外甥，也是孟部一师长，而芦永贵本是孟的下属，后成为山里一个匪首。因为张作霖撤换了孟恩远，高士傧为向张作霖报复，于是便策动芦永贵一起兴师动众。这事与吴佩孚的活动也有关系，吴的用意是利用高、芦势力，牵制张作霖，行两面夹击之计，以使之腹背受敌。5月26日，高、芦率部在五站宣布独立，然后西进，直冲哈尔滨。

当时正值奉军首战失利，张作霖驻节山海关，整编部队，尚拟对直军背城一战，以求最后胜利。吉林事件发生后，张作霖踌躇再三，既无人可派，也无兵可调。

张宗昌听到这个消息，认为他自己对五站一带的地理人事都很熟悉，便自告奋勇向张作霖表示，愿意前去解决这个乱子。张作霖亦觉得张宗昌花了他好几十万元，让其去打高士傧，为自己出力，也算钱没白花。于是张作霖说：

“你去是可以的，但是我没有队伍给你用!”

张宗昌立即回答说：

“我不要您的队伍，只用我的旧部几百人就行。但是要请大帅给哈尔滨地方当局打一个电报，就说派张宗昌率领四个师到吉林去平乱，命令地方当局准备充足的给养。此外，再由奉天军械库拨给我一门山炮就足够了。”

张作霖闻之欣然，一一点头答应照办，并另发给张宗昌步枪 200 支及短枪若干。

张率领旧部 200 余人，自沈阳出发，经南满铁路到长春，又从长春经中东铁路到哈尔滨，一路招募新兵，为时不久，已有 1000 余人。

张宗昌率部到达哈尔滨后，多方虚张声势，例如令其队伍每天更换番号，故意出出进进，在街上游逛不已，制造大部队云集的种种假象，以扰乱敌人视线。

此时黑龙江督军吴俊升早知高士傧、芦永贵的军事活动，但是还没有派兵前去对付，听说张宗昌来到，知道是为自己出力，随即派人欢迎。他们见面之后，吴对张慰劳有加，并补给铅弹子步枪 300 支，重机枪两三挺，山炮一门及子弹服装给养若干。

张宗昌临时编组成军并稍事整顿之后，即由中东铁路挂车数列，并命士兵拥在车厢门口，做出人多拥挤的模样，各列车上都插上大旗，向东开去。

5 月 27 日，侦知芦永贵已到达九站以西，张宗昌的兵车进至距敌不远的地方，先后下车，分由山中前进，至海林附近，即与高、芦部接触。张下令开始进击，双方战斗未久，遥见敌方有一列火车自东开来，张的炮兵即向火车轰击，头二炮就将敌方火车头击坏。张部接着全线猛烈攻击，右翼进展很快，芦永贵等不知张部的虚实，遇到猛烈攻击便慌了手脚，很快就全部败逃。张宗昌督队追击，虏获人、枪各 1000 余。

高、芦的部下，有些是曾与张宗昌一起在中东路筑路的工友，他们不是山东掖县人就是黄县人，都是张的老乡亲和熟人。一提张的名字，大家都表示欢迎，不愿意和他打仗。

战斗结束以后，继续向东前进，沿途又捉获溃兵约千人，直至五站，始向沈阳发出战报。不久，高、芦等人为部下出卖献给张宗昌，张请准张作霖后于6月5日将其就地枪决。

张作霖见报喜出望外，认为张宗昌并无正式部队，却能迅速勘定战乱，安靖地方，实属难得，不久就发表张为绥宁镇守使兼吉林防军第三混成旅旅长和中东铁路护路军副司令[12]。

张宗昌既然有了名义，便要正式成立部队。部队的各级官长，有他的旧部可以充任，编成基干比较容易，但边地壮丁不多，补充士兵、配置武器则比较困难。对此张宗昌采取了如下措施：

第一，在东北设立招募新兵的机构，大量招募在东北的山东人从军；

第二，派人回山东内地开掘兵源。

客居北京的山东人，有不少人应募从军。

被派回山东内地招兵的是李恒珍，由于当时关内是直系势力范围，不能公开招募，李只得在泰安、宁阳一带暗地进行，并对外说是招募工人去东北开垦荒地。这样每次招得一二十人，就给他们买上车票，送到张的招募机构报到，招募机构的负责人是张的副官长常之英。

恰在此时，山东发生了孙美瑶临城劫车案，鲁南局势，顿趋紧张。当时李已招得120人，并分在三个车站上车。不料票车行抵万德车站，忽有军队上车检查，李还未及下车躲避，即被军队扣留，同车去关外的新兵也被拉下80余名，被分别关进几间房内，着人看守。李随身带的纸币2000余元及大褂、手表也全被搜去。李等被关后的第三天早晨，田中玉的一个参谋问过李的来历以后，对李说：

“招兵不招兵没大关系。你候着吧，我回济南去，明天再来，大概无事。”

第四天该参谋又到万德车站对李说：

“督军（即田中玉）叫我来放你走。”

于是李便带着那些被放出的新兵徒步跑到天津，又由天津坐船到秦皇岛上岸，换车出关而去。

至此，张宗昌的军队人数已超过万人，第三混成旅也正式编成了。该旅辖三个团：第二十八团，团长程国瑞；第四十四团，团长许琨；第五十五团，团长褚玉璞。张手下的中级以上军官绝大部分是张的旧部和陆大、江苏军官教育团的学生，但也有绿林匪首，如褚玉璞、黄凤岐等。士兵的成分则相当复杂，有沙俄军人，有绿林匪帮，有散兵游勇，也有走投无路的饥民。其中，有不少是山东人[13]。

## 4. 白俄毛子

兵源问题解决以后，武器的匮乏日益显现出来。为了解决武器问题，张宗昌只身前往海参崴，去找自己的老朋友、俄国人米罗夫。

张宗昌怎么会与米罗夫相识呢？米罗夫又是何许人呢？

说来话长。早在1920年初，帝俄海军上将高尔察克，在西伯利亚成立的白色政权被红军消灭后，海参崴须德兰斯哥街，又出现了白色的俄国临时政府，自设总统。1922年初，临时政府的总统吉吉里斯克被迫下台，米罗夫依赖其女婿泽列维斯的财势，在日本驻军支持下继任总统。西伯利亚东部边区一带穷途末路的自卫军残余，想利用他供应的饷糈。因此他拉拢了一部分自卫军部队，大量发行巨额票面的西伯利亚币，支付军政各费。是年秋末，日本陆海军被迫撤走，红军从北面攻入海参崴，自卫军残余约万人溃退到中俄边界张宗昌的防地。米罗夫逃匿日本领事馆，密乘日本军舰转往大连。

20世纪20年代初，类似于米罗夫的反苏维埃政权分子都先后被苏联红军击败，纷纷逃往中国。这些人大都是俄国沙皇政府的官吏、军官、地主、商人和他们的家属，中国人对这些被俄国革命者打倒的流亡者一概称之为“白俄”，以区别于俄国红色政权的革命者。这些“白俄”在20世纪20年代逃到中国以后，大都寄居在哈尔滨、沈阳、大连、北京、天津、上海、汉口等大城市，总数约20万人。仅1918～1920年，就有5万白俄进入哈尔滨。

这些来到中国的白俄逃难者，过去大都养尊处优，过着寄生虫的生活，逃到中国以后，无所事事，坐吃山空，所以生活上逐渐陷于窘境。为了活下去，他们中的一些人，年轻妇女便沦为歌女、妓女，20～30年代，哈尔滨、天津、上海都有所谓“俄国窑子”（妓院），这些旧俄贵族小姐便在此操皮肉生涯。至于白俄中的男子，有点文化的便在中国人家里教俄语；有点艺术修养的便在舞厅或餐馆当琴师；一无所长的沙俄男人便在中苏边境一带打家劫舍靠抢掠为生了，米罗夫所率万余沙俄残军，20世纪20年代初便活动在黑龙江五站一带。

张宗昌早年在海参崴，终日在西明斯街（亦称中国街）混日子。西明斯街有宝局三十余处，张不时在宝局里赌博。宝局冬季最盛，在淡月中张就召集同伙包修中东铁路的零星工程。有一次张领下的工资全部输光，工人找张索讨，张无法应付，因和米罗夫认识，遂隐匿在他开设的火柴厂。经米罗夫出头调解并代垫付一部分工资才完事，因此张很感激他。

到了1922年夏张宗昌充奉军第三旅旅长兼绥宁镇守使时，其驻防中俄边界的绥芬河、东宁县一带和米罗夫的管区邻近。为了解决枪支武器，是年秋，张宗昌轻装简从到海参崴拜访米罗夫，米罗夫指定格罗斯大饭店为张住处。米罗夫将餐厅全部包租。邀集临时政府的高级文武官吏设盛筵招待张，一个星期的花费都由米罗夫支付。临别还送给张小甜瓜式手榴弹40箱，还有少数枪弹，张此后成立了一个炸弹团，以王栋为团长。此后，米罗夫还将流窜在当地的白俄军的大量军火廉价卖给了张宗昌[14]。

有一次，张宗昌带领徒手士兵爬山越岭，进行体力锻炼。张在山上遥望，忽然发现远处山沟里躺着一个人，甚感诧异，此地人迹罕至，从何而来，其中定有蹊跷。于是派人去察看究竟是活人还是死人。士兵回来报告说是个活人，而且是一个外国人，不懂中国话，从穿着服装来看像是一个俄国军官。张宗昌会一口流利的俄国话，于是亲自跑下山沟，用俄语与其交谈。

原来此人名叫葛斯特劳夫，第一次世界大战时曾任方面军炮兵司令，当时在俄国革命军的追击下走投无路，因此跑到荒山沟里准备饿死或者让狼吃掉，以了却此生。张宗昌问明情况，当即好言安慰，并用马将其驮回，安排住宿，派人细心照料，请医生为其诊治疾病。经过10余天治疗和休养，葛斯特劳夫逐渐恢复健康。

葛斯特劳夫在镇守使衙署内闲住，见张的队伍非常缺乏枪支弹药，于是向张建议说：

"我国境内三站地方山沟里有一条铁路支线，停有军用物资列车一列，满载枪支弹药，还有大炮若干门，只是没有车头，如果您肯干的话，便可派一个车头将其拉回。但是革命军很快就要到来，要拉就必须赶快去拉。"

张闻讯大喜，立即给中东铁路局打电报要来一辆机车，由葛斯特劳夫带路，将满载大批军械弹药物资的车皮悉数拉回。当时，尚有白俄士兵300余人，呆在该地束手待毙，于是也随同葛斯特劳夫进入中国，来到绥东镇守使驻地。张宗昌乃将此事向张作霖做了报告，并送去大批步枪、机关枪、口径7.7英寸山炮以及弹药。张宗昌自己的队伍也得到了充足的优良装备，并有条件开始进行实弹射击训练。白俄士兵也全部收编，由葛斯特劳夫率领。后来，这支白俄部队发展到1500余人，军官中也有俄籍朝鲜人，如金仲仁曾任哥萨克骑兵旅旅长[15]。

张宗昌建立的这支白俄军团，后来在战场上发挥过重要作用。

张宗昌对白俄官兵极为宠爱，待遇极为优厚。当时一般士兵都吃高粱面，没有菜金。只是吃点咸菜或菜汤，独白俄士兵每天都吃牛肉面包，并供给青菜油料。白俄的军官每餐都是大酒大肉。吃洋餐，更为奢华。因张宗昌对白俄爱如至宝，于是人们都称白俄师为“张宗昌的老毛子队”，白俄官兵亦自认是“张宗昌的老毛子”。白俄兵不会讲中国话，只会说“张宗昌老毛子”几个字。作战期间，友军向白俄兵问口令时，白俄兵只会说“张宗昌的老毛子”。

当时有许多中国人向白俄兵开玩笑问：

“你爸爸是谁？”

白俄兵答道：“我爸爸是张宗昌！”

由此可见白俄兵的脑海中只有张宗昌，只附属于张宗昌一个人[16]。

对此，张宗昌也曾振振有辞地说：

“对于这批亡命域外的白俄人，我有收留并且再造之德，不是爸爸是什么？”

张宗昌的个性、作风，恰好与这些骁勇善战但却纪律荡然的外籍军队不谋而合，因此，张宗昌宠爱白俄军，白俄军也对张宗昌奉若神明，简直就像子民对待天父，命令所至，莫敢不遵，冲锋也好、马踏地雷也好、孤军深入也好，无不敬谨遵行，虽死无怨。

## 5. 整军经武

张宗昌正式编成第三混成旅后，由于人数超编过多，单靠张作霖拨给的粮饷根本不能维持。

张宗昌的白俄毛子兵

绥芬河一带地方虽然十分荒凉，但土地却非常肥沃。因此，很多编外闲散人员，为了谋生便开垦土地，种植鸦片，干起贩毒的营生。靠山吃山，靠水吃水，张部为了解决军费问题，也随之干起种植贩卖鸦片的勾当。

张宗昌到五站地区接任绥宁镇守使以后，接办了原由吴光新开办的“裕宁公司”，这个公司名义上是垦种荒地，但实际上种粮很少，主要是种植大烟（即鸦片）。开始只在五站地区，到张任镇守使时，公司的土地已扩张到六站和七站一带。土地如此之多，当然不能完全由“公司”种植，于是就大量出租，当地的流氓把头和张部2/3以上的军官，都大量承租土地，对农民进行层层剥削。

裕宁公司的开垦政策规定：

（1）领荒者头3年每垧收1元；

（2）熟地每垧年收2元7角5分；

（3）宅基地每号（1亩2分）年租6元；

（4）采伐垦地内林木，每年征山林税1元；

（5）承佃公司熟地除征地税外，每垧交租大豆1石，租一头牛交大豆1石；

（6）自垦地可以自由买卖或典押租赁，现价自由。

至于所种作物，主要是大烟，公司年产大烟28万斤，每斤时值大洋20元，总产值达540万元，按百分之十征税，即有50多万元[17]。裕宁公司的收入，除拿出少部分向地方政府缴税外，大部分补充了张的军饷。公司的负责人是曾在海参崴白俄房地产公司充当收款人的娄和晴，张在山东任督办时曾任娄为东昌府镇守使。

张宗昌除抓屯垦公司外，还自办警团、农会、商会、划街基、卖宅地、收缴地税，统由公司管理，不准地方政府过问。为了扩大饷源，除开禁鸦片外，“官局”、“会局”、烟馆、妓院等云集，使绥芬河地区出现虚假繁荣，喧嚣一时。

张宗昌的势力扩大了，但也引起了张作霖部下许多人的怀疑和妒忌。因此在沈阳，在张作霖周围流传许多对张不利的流言，有的说张部人员杂乱，率多不法之徒，在五站种大烟，开赌局，贩卖毒品，搜刮民财；有的说张部私营商贩，偷税漏税，不务正业；有的说张部兵员不足，当官的都吃空额，是一群乌合之众，毫无战斗力可言；还有的甚至说张有反奉的野心，要调动他，准不听命。这些传说也引起了张作霖的一些怀疑[18]。

事实上，流言蜚语之所以流行，也与张宗昌本人不无关系。每当张宗昌去奉天谒见张作霖述职时，此等公私贩毒人员便蜂拥左右，借以逃避官方检查。天长日久，奉天各方面对张宗昌及其部属啧有烦言，在所难免。

1923 年秋，奉天军事当局决定在怀德县举行秋操，检阅自己的实力，同时也命张宗昌的吉林防军第三混成旅参加这次检阅。当时，谣言甚盛，说张部在演习中成绩不佳时，或者所部人数不足、空额太多时，便就地解除武装，予以遣散或者改编。

张作霖的总参议杨宇霆极力反对张宗昌拥有这样一支军队，每欲伺机把他除掉。张作霖受大家的影响，也说：

“每年花 100 多万，养着这帮队伍种鸦片烟，那太不成话了。这次演习，要是看着他们不行，就把他们解决，遣散好了。”

秋操命令到达五站以后，张宗昌毫不迟疑，即日动员全旅开拔到怀德县（今吉林省属）集中，枪械弹药也随军运到二道沟车站，并造好表册准备接受校阅。

一日，检阅委员李景林、张学良等由张宗昌陪同到二道沟检阅武器，见械弹器材仅铜质电报机就有 500 部之多。张学良问张宗昌：

“你这些东西是哪里来的?”

张宗昌说：

“是白俄军队送的。”

张学良又指指甜瓜式的手榴弹，张宗昌说：

“这是买的，两块哈大洋一个。”

他们检阅以后，部队就在怀德辽阔的原野上开始秋操。首先由李景林举行阅兵典礼，然后开始大规模的野外演习。

演习时，张旅不但人数充足，而且极为精壮，一切操法准确，动作认真，一丝不苟。尤以 80 里急行军演习，在泥泞不堪的雪地上进行，备极艰辛，结果准时到达，分秒不差，而且没有一个人掉队，考核成绩名列前茅。众多疑虑方始冰释，各种烦言也随之销声敛迹。

在演习中，还曾闹过一场小风波，事情虽小，但由此可以看出，张宗昌当时处境岌岌可危，但他能忍辱含垢，委曲求全。

那时庄稼已经收割，地里全是高粱茬子，硬挺在地面上。恰在演习那天又下了大雪，深达数尺。张部士兵在雪地卧倒，既不见高粱根，又泥泞不堪，在这样恶劣条件下演习，有好多人受了伤。张宗昌看到这样，心里大不痛快。休息时，在野地里觅三间独立房子，四无依傍，其中并无居民，张宗昌和王翰鸣等进屋里避风雪。张蹲在炕上，把随身带来的烧酒拿出来喝。他一边喝酒，一边发牢骚，骂道：

“我×，这是哪个龟孙的计划，弄得我们这样。”

正在骂时，郭松龄忽然推门进来，听到张宗昌的牢骚话，就问张说：

“你在骂谁?”

张说：“这是我的口头语，并没有指任何人。”

郭松龄气势汹汹，大发雷霆，指着张宗昌的鼻梁大骂：

“我×你妈！这也是我的口头语！行不行?”

这时张宗昌脸色由红变黑，从炕上一翻身跳下来，大家以为张发了火，要翻脸，要拔手枪打郭。

在此千钧一发、剑拔弩张之时，张宗昌立刻意识到，这是郭松龄故意寻衅，此时此刻，如果小不忍，则将大祸临头。

张宗昌跳下炕来，马上改口对郭说：

“郭二大爷，你×俺妈，你是俺的亲爸爸，还有什么说的?”

于是郭负气走了[19]。

郭走后，张转过头来对王翰鸣说：

“你听我说，我叫他爸爸，反正他不是我爸爸!”

郭松龄和张宗昌打嘴架，闹得彼此不欢，秋操演习完毕，这事为李景林所知。李认为张宗昌受了委屈，于是电请张宗昌到沈阳，安排他和郭松龄见面，为他们讲和，并邀来张学良。李劝他们两人说：

“我们这个团体，内部不要闹意见。我们应该联合起来，同心协力对付直军，更要紧的是打吴佩孚。茂辰（郭松龄字）和效坤（张宗昌字）不要把你们闹别扭的事搁在心上。”

郭松龄

郭向张赔礼，彼此表示歉意，也就不提这事了。李景林又提议，他们四个人结为弟兄，就在李宅郑重叩头，重申盟誓，以打倒吴佩孚为目的[20]。

郭松龄在大庭广众之下故意污辱张宗昌，使其难堪丢人，目的十分明显，如果张不肯忍受，出言不逊，由此闹翻，所部第三旅很可能便被包围缴械，后果不堪设想。但是在这千钧一发之际，张宗昌以一介武夫能保持头脑冷静，没有因小失大，以非凡的克制，忍常人之所不能忍，化险为夷，免遭一次灭顶之祸，实属难能可贵。

秋操终结后，张学良回到沈阳向张作霖汇报了情况，决定将张宗昌的吉林防军第三旅的番号，改为奉天陆军第三混成旅，调到奉天境内的东丰、西丰、西安等县驻防，并予以整补。张宗昌得到命令后，即将部队由怀德开赴新的防地，旅司令部、各特种兵部队、军士讲习所和程国瑞团驻防西丰县，许琨团驻防东丰，褚玉璞团驻防西安。

一切安排就绪后，张宗昌应张作霖之命去沈阳，张作霖详细问明张宗昌部人员、武器、被服、装具等情况后，便将前次张宗昌部四个月的军饷一次发清，又发给一批军装、被服、鞋袜等等，同时还将一些杂色坏枪完全更换了七九、六五步枪，对这个部队进行全面的补充。至此，第三旅的军容大为改观[21]。

## 二、第二次直奉战争

### 1. 朝阳寺事件

1924 年，第二次直奉战争爆发。

第二次直奉战争的导火线是朝阳寺事件。

朝阳寺是当时热河省朝阳县的一个乡镇，与奉天省北票、义县等地相邻。其时，朝阳镇守使龚汉治派有步兵一营驻守该地。1924 年 9 月初，该营突遭奉军包围并被歼灭。镇守使龚汉治当即将事变发生经过电告北洋政府、直军洛阳总部以及驻防在滦县前线的直军第十五师师部。于是，直奉双方均立即采取紧急军事行动，第二次直奉战争的序幕从此揭开。一次军事冲突终于演变成一场大战，由此进而发展到曹、吴覆灭，奉张入主中原。所以朝阳寺事件的影响是巨大的，也是深远的。

直军曹、吴认为是奉张首先发难，挑起战争；而奉张则认为是直军首先动手，发动了这场战争。究竟谁是真正的肇事者，交战双方的首脑人物，无论是曹、吴还是奉张，当时都蒙在鼓里，不明真相。实际上，朝阳寺事件，是张宗昌倡议，褚玉璞响应，二人密谋策划而成的。

张宗昌为什么要发动直奉大战呢？原来，张的部下骨干分子大多为关内人，即使是隶属东北三省籍贯的，也系追随张宗昌多年的老部下，与奉军其他各部队的军官均素少联系。自怀德军事演习后，颇受外界谣传影响，深恐自己的部队遭到意外，人人自危，情绪不安。于是，他们急盼直奉大战再次兴起，奉军急需部队，则方能自保。加之，关内人对东北严寒气候也不适应，急盼打进关内，占得一席之地，确保生存无虞。正是在这种思想情绪和环境条件的支配下，张、褚密谋策划了朝阳寺事件。

事后，张宗昌上报张作霖，声称直军首先发动袭击。奉张本就卧薪尝胆已达两年之久，而今正好借题发挥，一拍即和[22]。于是，直奉之间一场本就不可能避免的大战提前发生了。

9月7日，张作霖邀请各国驻奉天的领事，宣布由于直军在山海关增兵进迫，故决定兴兵入关，请各国领事通知各国侨民离开秦皇岛。

15日，张作霖发布6个军的人事命令，将奉军编为6个军入关攻打直军。第一军的正副军长是姜登选、韩麟春，第二军的正副军长是李景林、张宗昌，第三军的正副军长是张学良、郭松龄，第四军的正副军长是张作相、汲金纯，第五军的正副军长是吴俊升、阚朝玺，第六军的正副军长是许兰洲、吴光新。张作霖自任总司令，杨宇霆为总参谋。奉军当中，李景林、姜登选、韩麟春、张宗昌、郭松龄五人号称“五虎将”[23]。

其部署是：以第一军和第三军组成第一、第三联合军，攻取山海关，在山海关击溃直军主力之后，向京、津一带发动进攻。第二军主要任务是向热河南路发动进攻，其中李景林的第一师在义县集结之后进攻朝阳；张宗昌的第三混成旅在大窑沟附近集结之后向热河方面进攻，配合李景林的部队攻克朝阳之后会师西进，相继占领建平、承德、凌源等地，然后会同第一、第三联军在山海关与直军决战。第四军集结在兴城与绥中一带，作为总预备队。另将一部分约有一个团或至一个旅的兵力在锦州附近集结，听候命令。第五军主力集结在前方运输便利的地点听候调遣，并有部分军队留守在黑龙江各要害地区以巩固后方。第六军以骑兵为主力在彰武集结之后，经阜新、建平向赤峰方面发动进攻，并根据情况，由喜峰口或古北口进入长城，威胁直军侧背。

为配合陆军作战，奉军还派出三个航空兵大队 ，其中两个大队归第一、第三联合军指挥，另一个大队驻扎在义县附近接受第二军指挥。航空兵负责侦察敌情，轰炸直军阵地，并派出海军在葫芦岛等地进行防御[24]。

这次直奉大战，奉系总的作战部署是兵分两大战场和六路前进。东战场，以山海关一线为主战场，该项任务由第一、第三军团担任。而张宗昌所在的第二军团则属于侧击部队，他们在西战场，从总体战争态势上看热河一线为

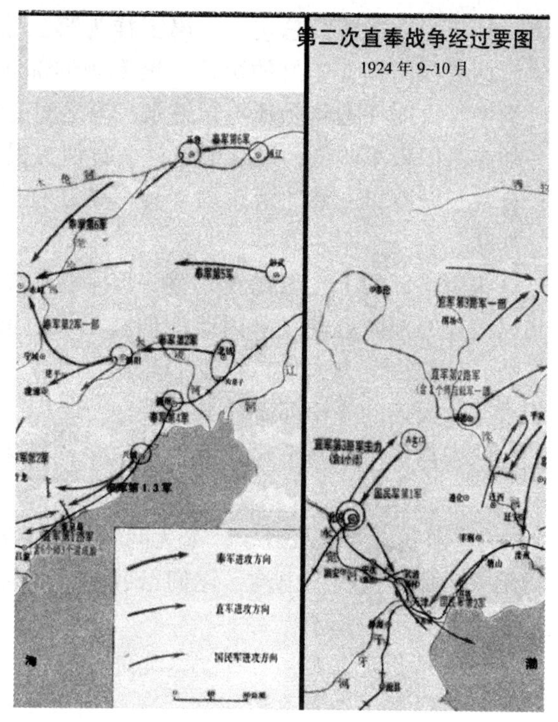


第二次直奉战争形势图

辅战场，张自然也就只能担任辅攻任务。张作霖原本就把奉军的精锐部队集结在山海关，赌注下得很凶，那里也是他的希望所在。不曾想，在侧翼的张宗昌于不经意之中却立下头功，并成就了一番大事业，这是后话。

## 2. 热河血战

第二次直奉战争中，奉军首先发动对直军薄弱防线——热河的进攻。按照奉军的作战部署，进攻热河的行军路线分南、北两路：南路由北镇出发，经朝阳、凌源进入喜峰口。这一路行军路程较长，交通运输比较困难。但从战略上考虑，该路在防守及进攻两方面都具有重要意义。如果直军以重兵出朝阳，形成对锦州的严重威胁，将使奉军在锦州以南陷入绝境。因此，奉方为解除直军对锦州的威胁，并确保山海关方面战争的顺利进行，投入较强的兵力分别集中在义县及距锦州以北数十里的大窑沟二地向朝阳、凌源发动进攻，并将进攻凌源作为初期的战略目标。北路奉军计划由通辽出开鲁，经赤峰南下承德向喜峰口以西各口展开进攻。这一路山路崎岖，荒无人烟，行军艰难，因而奉军以骑兵为主力部队[25]。李景林与张宗昌二人，担负了热河方向的攻击任务。

李景林部与张宗昌部虽合编为一个军，但还是各带各的兵，各打各的仗。李进军热河后，热河都统米振标就跑了。于是李先抢地盘，坐上了热河都统的宝座，而对作战则大为松弛，所以张、李二人在协调作战方面往往是各自为政。

张宗昌的第三混成旅接到开拔命令后，陆续开往大窑沟附近集结待命。当时热河都统米振标率领的部队全是毅军，即所谓外八营，约三四千人。毅军还是清末编成的军队，毫无作战能力。吴佩孚派在热河方面作战的部队，以王怀庆为第二路军总司令，冯玉祥为第三路军总司令。但冯玉祥与张作霖早已达成共同倒曹、吴的协议，冯率领的部队，在古北口一带迟滞不前，待机举事（此时一般将领还不知道张、冯之间的私下交易）。王怀庆直辖的第十三师亦系旧毅军队伍，缺额很多，平时训练很差，军队生活腐化，不堪一击，只有在长城冷口一带的董政国（绰号董二杠子）师，乃西战场直军中最强大的部队，堪与奉军匹敌。

张宗昌部的士气虽比较旺盛，但军官们却有颇多的思想顾虑，主要是怕和冯玉祥的部队打硬仗。因此他们在出发之前，都准备了些日本金票，万一战败，就坐火车去大连，再坐海轮南下回家。当时坐火车须经南满，而南满的火车和大连的海轮都需日本金票。

张宗昌倒不怕冯玉祥，但他对战争的结果也没有必胜的信心。他曾对他的参谋陈杰说过：

“这回我们要是战胜了，毫无问题什么都有；倘若战败回来，奉天不会养活闲人，那时就找个山沟，你们给我起个年号，咱们就给他泡了吧（落草称王的意思）。”[26]

张宗昌此次进兵，大有破釜沉舟、背水一战之气概。

9月15日，张旅各部先后进入热河省境四五十里，热河地方守军部队外八营，毫无战斗力量，一经接触即行退去，张旅进展极为迅速。他们曾预想承德方面必有大部直军应战，届时定有一场恶斗，谁知一路并未遇着劲敌。

先打弱旅毅军，所向披靡，然后再与劲旅交手决胜，这对张部树立信心、决心是有好处的。

9月15日至22日左右，奉军第二军部队先后攻占开鲁、朝阳。拿下朝阳意义重大，杨宇霆欣喜若狂地说：

“一著争先，全盘得势”，“同人等无不额手称庆也”[27]。

朝阳之所以顺利拿下，与吴佩孚的电令有关：如朝阳县敌军势众，我军暂不必与其激战，可守则守，可退则退，宁可牺牲地方，不可牺牲兵力，并耗费子弹[28]。30日奉军攻占凌源，10月上旬到达平泉迤西地区。张宗昌的第三旅西进中，在凌源稍事整顿补充，即向长城冷口方向前进，大约是10月五六日，兵过茶棚，与直军董政国部接触。

茶棚是董师的警戒阵地，其主力在南面约十五六里的玉麟山一带布防。董的西面有陕军阎治堂的第二十师，东面有时全胜的第十四混成旅，在迁安附近还有胡景翼的陕军第一师，兵力颇为雄厚。但是胡景翼与冯玉祥已秘密结合，阎治堂与董政国有分歧，不能合作，时全胜旅则距离较远，故玉麟山战役，只是张宗昌部与董政国部的单打独斗。

从凌源到冷口全是山地，大都在海拔 400 米至 1000 米的高度，岗峦重叠，形势险峻，山间多峡谷，还有青龙河自北向南，穿过玉麟山中部，经冷口以东注入滦河。这条河的下游河床宽约二三百米，而当时的水面只有 30 米左右，水深仅 1 米，可以徒涉。

玉麟山是一条由西北斜向东南的山脉，在青龙河两岸，有两个主峰对峙，都高约七八百米，南主峰的北坡极为陡峭，无法攀登，两峰之间的河谷宽约 200 米，为凌源至冷口必经之道，可以通行大车炮车。董政国师沿着玉麟山一带布防，确是易守难攻。

张宗昌旅在茶棚附近驱逐董部的警戒部队以后，即迅速向玉麟山接近，并发起攻击。张宗昌的攻击部署是：

第一线的部队，以程国瑞的第二十八团居中，在青龙河东岸向玉麟山的北主峰及其以东的董部阵地进攻；右翼为许琨的第四十四团，在青龙河西岸向玉麟山的南主峰及其以西的董部阵地进攻；褚玉璞的第五十五团为总预备队，配置在旅右后方，待机使用。

玉麟山主阵地的战斗一开始就很激烈。张旅进展很慢，经过两三天的鏖战，程国瑞团才在猛烈的炮火掩护下，占领了北主峰，将董师的右翼大部压迫到他的第二道防线。此时张宗昌、程国瑞都在北主峰指挥作战。不久，作为总预备队的褚玉璞团也在右翼加入了战斗，而将右翼许琨团一个营的预备队，作为旅的总预备队，后来这个营也被逐次使用。最后，连留下的一个预备排和护兵、马弁、大车夫等，也在北主峰参加了战斗。如此激战了七八昼夜，双方伤亡都很惨重。但李景林率领的部队却在后方作壁上观，未派一兵一卒增援张旅。

在此紧急关头，张宗昌竟然神奇地得到了直军的军事部署图，并重新部署了自己的军事力量，采取避实就虚的战术[29]，于两天后的上午 11 时，在北主峰后面调许琨团的第二营，绕道对董师的右侧背进行偷袭。部队冒着对方的猛烈射击，跑步涉水，强渡青龙河，攻占了董部警戒部队的阵地，并继续向西推进，当晚进至距董师据守的南主峰十几里附近。次日拂晓，发现董政国部已在夜间向南退却，沿途遗弃战斗物资甚多，仅大车即达千余辆。玉麟山的战斗就这样结束了。此时大约是 10 月 20 日前后。

在这次的进攻战斗中，张旅的炮兵大队发挥了巨大的威力，这个大队是张宗昌在中俄边境五站收编的白俄部队，当时配备有俄造七七口径的山炮、野炮 13 门，七五口径的山炮一门，全旅还有八二迫击炮约 20 门。此外，在奉天出发之前，另将原来的炸弹营扩编为团（以王栋为团长），这对战斗也起了重大作用[30]。

当张宗昌在玉麟山与直军血战时，李景林却满足于自己的热河都统地位，不思进取。21日上午，他致电张作霖、杨宇霆称：

弟以冷口进兵不易，敌有重兵，节节布防，最妙使效坤（即张宗昌）在玉麟关、大石籁子，以三团兵力，与敌对峙，抽褚（指褚玉璞）旅两团协助丁（指丁超）、蔡（指蔡平本）进攻要路沟、干沟镇，入桃林口。马梯队为中央预备队，蔡旅长为总指挥。此处敌人二十三师一旅、时全胜一旅，兵力不大，容易攻退，并且与九门口、石门寨互相联络关顾，不至为绕袭。左翼加入阚（指阚朝玺）旅两团，以为左翼预备队。刀尔镫有效坤与敌对峙。冷口敌人甚注意效坤，不暇兼顾桃林，出其不意，我以四旅攻之，必能操胜算[31]。

李景林本计划让张宗昌在玉麟山与直军对峙，没曾想张宗昌却率先取得突破。

玉麟山血战，两军接连鏖战七八昼夜，枪炮声响成一片，只杀了个昏天黑地。张宗昌在山上前线指挥，司令部设在山下。紧张的时候，连护兵、马弁都派出去作战，司令部里只有王翰鸣参谋长一个人。到了第八天夜里，张宗昌已经处于十分凶险的境地，他从前线给王翰鸣打电话，说：

“我要求你给我派点人增援，哪怕是一连人也是好的。”

还说：

“李景林是你的同学，你能不能跟他说，让他派点人支援我们一下。”

王翰鸣答道：

“你不要这样想，李景林不可能给你添一个人。现在就连赶大车的车夫，我都给你轰上山了。你千万撑持着，不要动，过了今天夜里，明天再想办法。”

次日天亮，邻近友军蔡平本突然派一参谋前来求援。蔡的部队在张部后侧约70里的青龙县，被直军最精锐的时全胜旅包围，已经几天几夜，粮尽弹绝，因此派遣这个参谋持函求援。这一段地处山海关和冷口中间，距奉军嫡系三四方面军也是五六十里。如果时全胜抽出一小部，在张宗昌部队后面放几枪，则张队就会垮下来。王翰鸣看到这种局势比张宗昌要求增援还要严重万分。于是写了一封密信给在前线的褚玉璞，要他火速抽调500人马上就来，对任何人都不能说是什么任务，把前线指挥权暂时交给团副徐源泉。褚来了，王翰鸣告知即刻快速驰赴青龙县，把蔡平本救出来。褚完成了任务。

在这以前，褚玉璞团不遵守司令部指示，犯了错误，所以他这一次遵命唯谨了。原来，在一次战役中，当张宗昌的军队已经把时全胜包围住正要捉捕时，褚未按照命令执行，以致功亏一篑，让时全胜的队伍跑了。张宗昌赶到时，时全胜司令部丢下的饭碗还是热的，因此大骂褚玉璞误了战机。后来开军事会议检讨时，张宗昌对大家说：

“以后我说的话可以不算，但是必须听王参谋长的命令。”

因此这回王翰鸣写信给褚，要他派人救蔡，褚玉璞遵命行事，解了蔡平本之围，奠定了奉军胜利的基础。

褚玉璞驰援救蔡的那天下午 5 时，张宗昌正面之敌董政国部开始退却。王翰鸣在司令部门口，远远望见来了两匹马，一个是褚玉璞，一个是蔡平本，蔡是来致谢的。快到黄昏时，张宗昌从前线山头上下来。蔡见着张，双膝跪下请安，千恩万谢。张宗昌莫名其妙，问：

“老蔡，这是怎么一回事？”

蔡说：

“我在青龙县被围，你派褚团长救了我。怎么，你不知道？”

张宗昌面向蔡对王翰鸣努努嘴，意思是说，这是王翰鸣自作主张，他不知道。蔡闻言感慨万千，拍着张宗昌肩膀说：

“老弟，你有这样好的参谋，等着打胜仗吧！我们那个参谋，叫他来求援，也不晓得他跑到哪里去了。我回去非把他枪毙了不行。”

王翰鸣说：

“老将军不必这样，他也许是回不去，所以你未见着他。”

蔡说：

“明天你们的队伍到哪里，我都跟着你们走。”

从那时起，蔡平本随着张宗昌部越过长城，进了冷口，后来又一起从天津打到上海。

玉麟山这一要隘的突破，对于奉军迂回山海关直军主力的后方，解决全部战斗，造成了极为有利的战争态势。

玉麟山距长城关隘冷口约 200 余里。直军自玉麟山败退后，张宗昌命令部队迅速搜索前进，并在刀尔登民团头子张鹏飞的带领下，绕开直军防地，经过青龙县的马圈子、大仗子，经过数日急行，到达冷口附近。

此时董政国部已抢先在冷口构筑了纵深约七八里路的防御工事，最前面有地雷区，后面有鹿寨、铁丝网，然后是外壕、盖沟等。冷口长城城墙完整，高不可攀，上面有直军防守。冷口南面十里为建昌营，过去是一处防守长城的驻兵之所，后来成了一个较大的村镇。张旅第二营接近冷口董政国师的前沿阵地时，也迅速构筑了简易工事。但张宗昌此次没有采取正面进攻，而是花钱雇用了几个在长城内外放羊的人做向导，派程国瑞率领两个营，趁夜间对方不易察觉之时，从冷口以西爬山越岭偷越长城，迂回到董师背后，袭击了建昌营。这对董师是一个意外的打击，因而又迫使董部退出冷口，溃败南去。

张部跟踪进入冷口后，追击部队先锋已达滦州境内。当天夜间，由于作战行军以来，部队行列极为零乱，虽然敌人退却，整个战局尚未判明。次日早上，王翰鸣出外视察地形，张宗昌问道：

“你一夜未睡，出去做什么了？”

王翰鸣说：

“我去外面视察地形，以防万一。因为军队零乱，假若敌人打枪，就会不可收拾。看好地形，我们可作准备。挨过今夜，明天我们就可以去缴吴佩孚的械了，那时就要大发其财了。”[32]

### 3. 张军长

张宗昌攻下玉麟山，打进冷口，为了直捣山海关方面直军的后方，经昼夜急行军，到了滦州附近。10 月 27 日，张部除留许琨团防守滦河南北两岸，阻止石门寨方面退却之敌而外，其余部队抢占滦州车站，将路轨切断后，便分头截击敌军[33]。

此时车站直军已全部溃逃，张宗昌走进直军的电话室，正遇电话铃响，他摸起耳机就问：

“你是哪里？”

对方答道：

“总指挥部。”

张又问：

“你是谁？”

对方答：

“我是李参谋长。”

张说：

“你是李伯仁吗？”

对方答应：

“是。”

又反问：

“你是谁，现在哪里?”

张答道：

“我是张宗昌，现在滦州车站。”

对方把电话耳机一挂，再问就没人答话了。

原来，李是张在湖南时的一位参谋，即李藻麟。张在江西失败后，李投直系。第二次直奉战争时，李任直军总司令彭寿莘的参谋长，在山海关一线作战。

当时，李藻麟用电话向后方联络情况，不意遇着了张宗昌。

张宗昌攻占滦州，就意味着直军的后路已经被奉军截断，山海关、秦皇岛间的直军处于奉军的包围之中。此时，又传来冯玉祥10月22日班师北京发动政变的消息，使直军顿时混乱，各路纷纷后撤。此时吴佩孚已先期赴天津，军中的高级将领，见军心涣散，四处奔逃，无法制止，也纷纷跑上海军兵舰，逃往天津。

张宗昌在滦州附近收编直军大体完毕后，即挥兵向南追击。11月3日上午7时，张宗昌部猛力进攻芦台，直军张福来部不支，纷纷溃退，至10时退至北塘、塘沽一带[34]。张宗昌部兵过芦台、昌黎、军粮城，直到天津附近，均未遭到大的抵抗。吴佩孚已于11月2日率残部赴塘沽乘华甲轮浮海南下，逃到天津的直军高级将领则均逃入租界避难去了。沿途之上，直军抛弃的武器、弹药、粮秣、被服无数。张部在天津附近略事休息以后，便奉命开到马厂、青县、兴济一带屯扎整编[35]。

当张宗昌的部队控制了天津后，冯玉祥因第二次直奉战争前与段祺瑞、张作霖的联系，便到天津打算与段、张共同讨论全面的局势，但张宗昌既然已经掌控天津，自然不容许其他势力的介入。所以冯到天津后，张宗昌等却准备将冯除掉，冯便跑到意大利租界段祺瑞面前，求段替他说话。段便留他在自己家中，直至后来段到北京组织临时执政府，冯才来京，此时，想收集退下来的军队，已经不可能了[36]。

自向滦州进军以来，张宗昌沿途收集直军投降部队以及散兵游勇，不断扩大自己的队伍，加强自己的实力。嫡系部队董政国、彭寿莘两部大约有六七万人，均由张宗昌收容改编。因此张宗昌的部队，一时膨胀了七八倍以上。于是，张宗昌将褚玉璞、许琨、程国瑞、王栋、毕庶澄等部队，均扩编为三团制的旅，另外，令钟震国、方振武各编一个两团制的旅。钟震国即前在江西掩护张宗昌回归北京的那个青年学生，方振武自民国元年起即追随张宗昌在江苏革命军第三师任职。当时，钟旅称第一梯队，方旅称第二梯队。

张宗昌此次进攻滦州之所以如此一帆风顺，与当时的形势有绝大关系。当时冯玉祥正在运作北京政变，奉系知道滦州为直军后方总站，非常希望出一奇兵将其截断，若能成功，则山海关、秦皇岛一带的直军可迎刃而解，不战自溃。策略定下来后，即派人向直方的第二军胡景翼部示意，恰好在此时，冯玉祥、胡景翼、王承斌、王怀庆等合作推倒曹锟之事形成决议，胡即允可，并决定与冯入京之举同时进行。冯于10月22日晚由古北口兼程回京起事，而胡景翼也于当晚在界岭口（位于昌黎之北）及冷口（位于建昌营附近）放奉军入关。张作霖即命令李景林率马步军1.5万人，由界岭口进攻昌黎；命令张宗昌率马步军2万人，由冷口进窥滦州[37]。

李景林在热河听到张宗昌进入冷口，已达滦州，于是追踪赶上，跑了一天一夜，一气急行军走了400多里，也进了冷口。李景林到滦州时，张学良从山海关也到了滦州。张学良见张宗昌收编了这么多的队伍，大为惊异。张宗昌部在滦州附近收编队伍后，所有中下级军官均升为将校级，因更换肩章，来不及换新成品，都用锡箔纸糊成黄色肩章代替。张学良说：

“长腿（张学良以张宗昌身高腿长，故这样叫他），你真行。升级的事，我们也应该赶快办呀！”

由于张宗昌战功卓著，俘获大批直军，扩充了自己的部队，故而引起其他奉军眼红。特别是张学良，认为他的三四方面军在吴佩孚那里所获有限，比起张宗昌未免相形见绌，因此在懊丧中与郭松龄大起争吵。这样，也改变了郭松龄在五站校阅时鄙视张宗昌的心理。

张宗昌立下战功，张作霖非常兴奋，喜出望外，他打电话说：

“效坤老弟呀！你他妈啦个巴子可真行啊！这一回吴老二真是栽在你的手里了，等我见着了你的面，非得好好地捶你一顿不可！”[38]

王翰鸣对张宗昌说：

“我们寄人篱下，这回总算出头了。”

张宗昌听了，也觉得有些飘飘然[39]。

其时，奉军不仅张宗昌扩充自己的实力，至若李景林、郭松龄等都扩编了四五个旅不等。等到张作霖乘专车抵达天津参加善后会议，见到前方将领时，勃然大怒，痛骂不已：

“你们是要造反呀，不经我的许可，竟敢擅自扩编队伍，他妈啦个巴的都给我解散！可是，张宗昌编的几个旅，我都承认，因为他在作战时肯出力，叫我痛快。他完成任务时，你们还都在山海关各个地方跟敌人顶牛哪！”[40]

由于战功卓著，张宗昌深受张作霖青睐。战斗结束后，张宗昌被提升为第一军军长，所有从征人员也普遍晋升一级。此时张宗昌的军队已超过了10万人。

随着张宗昌的晋升军长，原来的旅司令部也扩编成军司令部，统辖新编成的各部队。军司令部以王翰鸣为参谋长，张到天津时又重邀李藻麟任随军参谋长。参谋长下辖参谋、副官、军需、军法、军医、秘书、书记、军械等八大处，人事无多变更，军需处长仍为祝占俊，秘书处也仍以林宪祖为处长。第一军编成四个步兵旅，三个特种兵团，一个辎重大队，另外还有两个先遣梯队，计有第三旅（旅长褚玉璞）、第二十八旅（旅长程国瑞）、第二十九旅（旅长许琨）、卫队旅（旅长方永昌）、骑兵团（团长吴至臣）、炮兵团（团长林泰）、工兵团（团长毕庶 澄）、辎重大队（大队长李清珍）、先遣第一梯队（司令聂洽耶夫，这个梯队完全由白俄编成）、先遣第二梯队（司令方振武）。全军士兵的总数，由于沿途陆续增加，在很长时间内则没有个确实数目[41]。

在第二次直奉战争中，当张宗昌军初到滦县时，缴获了铁路使用的各种车辆。葛斯特劳夫根据其在俄国的作战经验，仿照军舰形式，在铁道上组建了铁甲列车。

铁甲列车的改装方法是以机车置于列车中间，机车前后各挂上两节客车，作为列车上士兵食宿之用，其中包括炊事用车。前后客车外各挂有带顶棚铁皮车两辆，即俗称之铁闷罐车。铁闷罐车内附以枕木墙一层，在铁皮和枕木墙之间实以砂土，以抵御敌人步枪和机枪之射击。铁闷罐车的两侧构成上下两层枪眼，车上士兵立、跪均可向外射击；铁闷罐车的下方还构有机枪射击掩体，每辆车设有四座掩体。在铁闷罐车外方，更挂以铁皮敞篷车，前后各挂一辆，车上各置陆炮一门，作为射击远方之用。敞篷铁皮车之外，前后还各挂平板车一辆，上置铁轨和枕木以及一应机具，供随时修复遭破坏的铁路使用。各节列车上还装有步话机，以资联系。

当时共建成铁甲列车两列，一列命名“长江号”，一列命名“长城号”，均归葛斯特劳夫指挥，车上士兵均为白俄。

后张宗昌到济南，由白俄技术人员设计，在津浦铁路大厂又建造了“云贵号”、“河南号”等铁甲列车，连同“长城号”、“长江号”一起，正式成立铁甲车队。每列车都安置大炮六门，马克沁机关枪24挺。

中国军队使用铁甲列车作战，实滥觞于此，后各方均仿效组建。

张宗昌率奉军入关南下，沿津浦铁路进攻直鲁两省，其铁甲车队出力不少，为攻击铁路沿线的中坚武力。及张宗昌当了山东督办以后，在济南铁路工厂又制造了许多铁甲列车，增强了张宗昌的力量[42]。

张宗昌由一个闯关东的毛头小伙，一举爬上军长的高位，与其心胸恢弘大量有相当关系。

张宗昌为人不拘小节，不计前嫌。他对上级相对来说忠心耿耿，而对自己的下属，哪怕是曾经做出对不起自己的事，也能宽容谅解。

此前褚玉璞在江西时，曾背叛过张宗昌，后褚到东北投靠他，张仍委以重任，做手下的团长。

张宗昌到天津后，王琦向张宗昌献殷勤说：

“我们应该收拾陈光远，以报江西缴械之仇。把他抓起来，问他要枪，问他要钱。”

张说：

“大丈夫不记前仇，算了吧！这样干，不是叫人家说我们来天津绑票吗？”

张宗昌的恢弘大量，对他延揽人才，扩大势力大有益处，这最突出地表现在李藻麟这件事上。

李藻麟字伯仁，北京市丰台人，是陆军大学第五期毕业生。北洋军援湘时，张宗昌任第一师师长驻扎江西，李藻麟作为张的参谋要员，与张相处甚好。张在南方失败后，李曾去奉天汇报事件处理经过。张宗昌留他襄助援蒙军务。后征蒙一事中途停止，李又返回保定军校任教。第一次直奉战争爆发后，前方急需作战参谋人员，李藻麟奉参谋本部命令，去协助东路司令彭寿莘指挥作战。直军取得胜利后，彭升任第十五师师长，李随之升任师参谋长。第二次直奉战争爆发后，彭升任第一路司令，李藻麟随之升任军参谋长[43]。

直军全线崩溃后，李率领十五师全体官兵，向奉军张学良和郭松龄部投降。两军对垒时，直军坚守山海关阵地，奉军迭次强攻，未能越雷池一步，而且遭受严重损失。但张、郭豁达大度，不计前嫌，特别是郭松龄对其颇表爱才之意，不以俘虏相待，反而敬如上宾，临时委之任其司令部交通处长职务，嘱李暂在后方好好休息，准备委以重任。

当时，李藻麟身着直军军服，出入于奉军司令部，奉军是胜利者，而直军是失败者，精神压力之大可想而知，更何况一个熟人没有，堪称举目无亲，孤独苦闷之情，难以言表。李藻麟想出走，但是身无分文。后来发给他一个月薪饷，他偷偷买了一套便服，暗自换上，又买了一张火车票，便不辞而别，登上去天津的火车，设法转回北京。任命李藻麟为交通处长的消息，通过奉军内部战报，早已在各部队传开，出走的消息也通过同样渠道很快地传出去。

这时，张宗昌已经将天津占领，得知这一消息，立即派了20多人，分成七八个小组，到天津租界内外大小旅馆仔细查询。他分析，李是北京人，家在北京，自山海关出走，一定 回北京。山海关至天津虽已通车，但京津尚未通车。此刻，李藻麟必定呆在天津旅馆等待通车。果不出他所料，李被尔后担任褚玉璞参谋长的翟文林发现了，他立即将其护送至张宗昌的司令部。张宗昌对李藻麟的到来表示热烈欢迎，要李一定回到他的队伍中来，协助他处理军务，至于郭松龄的任命已成过去，不必考虑。谈话时态度既诚恳而又坚决，没有丝毫回旋余地。

李藻麟与张宗昌在援湘之役期间有过一段共事的经历，深感张对自己是十分重视和信任的，无论在作战或处理其他问题方面都能虚心听取他的意见，敢于大胆放手让其工作，也是一位知人善任的长官。当前又百般寻觅，诚心诚意邀请，确实是盛情难却，只好从命。李藻麟要求先回家看望一下，然后再到任。张宗昌唯恐李又借机离去，坚决不允。他提出派李的陆大同学齐长增立即去京代为看望家属。当时，张宗昌的司令部就设在天津站里停放的一列火车上，他把李安置在他的隔壁车厢里，并派他的卫队严密守卫，以防其再次出走。从此，李藻麟再次成为张宗昌的一名助手，特别是一名军事方面的助手，跟随在他左右，直至他遇刺身亡[44]。

张宗昌重用李藻麟，曾引起部下的诸多疑虑，但张却拿出《孙子兵法》中“名君贤将，能以上智为间，必成大功”一语作解释。这不由地让人想起刘备重用诸葛孔明所引起的张飞、关羽等之疑虑，刘备以“如鱼得水”相解释一样。

张宗昌为了创立自己的事业，十分重视人才，并千方百计延揽人才，于此可见一斑。

## 三、下江南

### 1. 护送卢永祥

奉张之所以能在第二次直奉战争中战胜直系，很重要的一点便是张作霖与孙中山、段祺瑞结成三角联盟，共同对直[45]，此外，奉张还私下里收买冯玉祥，从而直接导致直军的后院起火。但是，战争结束后，尽管旧的矛盾暂时消解，而新的矛盾却又显现出来。

1924 年 12 月 7 日，奉系、皖系以及其他派系首脑人物，汇集天津举行善后会议。会上，段祺瑞为了扩大自己的势力范围，增强自己的实力，策划安排了卢永祥出山。在他的努力下，会议指出，直奉战祸，实缘起于苏浙两省为争夺上海护军使地盘而肇其端。江苏督军齐燮元首先发难，大举向浙江进攻，燃起江浙战争之火，实为首恶。因此，与会首脑均力主罢免齐燮元江苏督军职务。同时商定任命前浙江督军卢永祥为苏皖宣抚使，到南京就职，接替齐燮元。

卢永祥在江浙战争失败后，避居天津租界，举行善后会议时，卢以皖系关系，也成为参加善后会议的一员。但卢在会议上表示，自己孤身在津，手无寸铁，赴南京就任，须有兵力护送方为妥善，否则难以成行，无法受命。段祺瑞也只有虚名，并无实力，因此这项艰巨任务自然而然落到了实力雄厚的奉系肩上。

奉系虽然是战胜者，但也存在很多问题，其中最主要的就是下属将领的位置与地盘，如杨宇霆、姜登选、张宗昌等，都必须做出妥善安排，否则会出大纰漏。如李景林此次率军出关，一路上是见官就抢，到热河抢都统，到直隶抢军务督办。张宗昌当时带着七八十来万军队，没有适当地盘，涌到天津来，当然不是一个办法。因此奉天军事当局，策划让张宗昌去打直系的齐燮元，借此南下，扩大领土，以便安插一些想做督军、省长的人[46]。

因此，当天津会议上有人提出由奉军担负护送卢永祥南下就职任务时，张作霖慨然允诺，遂派张宗昌为镇威军第一军军长，并以所部组成镇威第一军，以武力护送卢永祥到南京就任苏皖宣抚使。张宗昌的名分也发生了改变，即由奉军镇威军第一军军长改为宣抚军第一军军长，名义上归卢永祥节制。这时，离张宗昌到天津还不足 10 天。指令下达后，张宗昌按照战时编制，率领所部陆续出发南下。

张宗昌接受护送卢永祥到南京就任苏皖宣抚使的任务后，立即进行全面而认真的研究与分析。他认为，在大军到南京的道路上，有两只拦路的老虎：一是山东督军郑士琦，二是徐州镇守使陈调元。如果武力解决，虽然没有什么问题，但会花费时间与精力，等到一路打到南京，自己已经是筋疲力尽，而齐燮元则以逸待劳，胜败不可预料。因此，张宗昌认为，一战三分低，不战而屈人之兵，善之善者也。自己应该亲赴济南，会见山东督军郑士琦，拟请郑督鼎力支持，协助解决两个问题，争取和平进军南京。

第一个问题是解决所部与山东省的宿怨问题。张宗昌考虑到，率部护送卢永祥赴南京就职时，必须通过山东省境，而所部官兵与山东省向有宿怨，迄今尚未解决。1922 年第一次直奉战争期间，张宗昌受命率部数百人到徐海一带活动时，在郯城所属大兴镇附近散失，部属被俘者甚多，除团长王万金在济南因出言不逊被枪决外，其余如团长马建章等 10 余人仍在济南监狱看押。张宗昌深恐所部过境时有所骚扰，主客皆有不便，故拟亲赴济南会见山东督军郑士琦，解释前嫌，并请求将马建章等人释放出狱，由自己带走，借以消除宿怨。

张宗昌亲赴济南要解决的第二个问题是，拟请郑士琦居间邀请徐州镇守使陈调元到济南晤面。陈调元与张宗昌其实是多年的好朋友。1913 年，张宗昌率江苏第三师投归冯国璋，冯委任其参议陈调元充任张部参谋长。到南京后，张宗昌调任军官教育团监理，陈调元任宪兵司令，同时兼任教育团教官。二人不仅同事多年，而且私交甚笃。张宗昌是爱花钱、爱交朋友的人，他与陈调元相契，结为金兰之好，不分彼此，还为陈出资娶了当时上海名妓花四宝做姨太太。但此时彼此立场不同，且陈部有一师之众，又驻守在韩庄、徐州一带，首当其冲。因此，张宗昌拟请陈调元到济南会面，以便说明当前形势，请陈暂时将所部移驻砀山、丰、沛等地，避开徐州，使张部顺利南下，而不致发生冲突，影响彼此之间的友谊。

张宗昌与郑士琦虽系熟人，但终究是一般关系，并无深交厚谊。因此，他邀请吴光新同赴济南，协助进行一切。吴绰号大吴三，系段祺瑞内弟、亲信，而郑系段祺瑞实力派人物，吴在张、郑之间确能起到桥梁作用。由此可见，张宗昌筹划军事护送卢永祥上任一事，是经过一番深思熟虑的，步调稳健，周密扎实，点滴不漏，堪称煞费苦心[47]。

1924 年底，张宗昌在吴光新的陪同下，到达济南谒见郑士琦。会谈一开始，张即向郑郑重申明：

"1922 年四五月间我率部通过山东省境赴徐海一带活动，系奉东三省长官张作霖大帅之命，事前既不便申告，因而惊动地方，实在抱歉，恳请谅解。"

郑士琦答道：

"我当时不明真相，为安定地方起见，不得不出兵，实是迫于无奈。至于处置王万金一事，系当时省长熊炳琦力主，与我等无关。"

郑士琦话中提到的熊炳琦在曹锟任直鲁豫巡阅使时，曾任参谋长，后任山东省省长。此时，因直系彻底失败，已经去职。

张宗昌接着又说：

"王万金的事就不提了，不过目前济南监狱还看押有 10 多人，如其个人并无重大不法情由，请督军法外施仁，予以释放。"

郑士琦慨然允诺。宾主之间的会谈在融洽的气氛中进行着，双方均坦诚相见，郑对奉军假途伐虢的担心渐渐化去。再说，此时已经不是奉军借道的问题了，而是宣抚军过境，卢永祥与自己同属于皖系，还有段祺瑞的命令在先，郑以“武装中立”名义进行抵抗已经不现实了。12 月 10 日，郑士琦宣布取消中立。

张宗昌乘此机会，随即又恳请郑督代为邀请陈调元来济南晤商一切。郑亦欣然应允，当即拍电，邀请陈来济南晤面。

陈调元接到郑士琦邀请电，立即复电同意到济南会晤。

陈的防地在徐州，与奉军打起仗来站在最前沿，但是，如果与山东联合起来，前线地位就让给山东而处于第二位了。这时恰逢郑士琦来电，陈当然不肯错过这个机会，但又害怕落入别人的圈套，便与部下相约：如果两天后他没有回徐州，就是在济南被扣留，为了全军利益，大家应该执行原定的抵抗奉军的计划，不必考虑他个人的安危。

等到他抵达济南车站，一眼望去就发现张宗昌与吴光新在车站迎接他。陈与张宗昌、吴光新等本系多年好友，因此在济南会谈时，一切均在友好气氛中进行。双方就当前国内局势交换了看法，均趋一致。此时，齐燮元已通电下野，乘船赴沪，局势趋向明朗化，陈调元万无孤军迎战之理，遂允诺张宗昌的要求。于是，陈调元借口奉天大军压境，难以抵御，将所部暂时移驻砀山等地，以便张部进驻徐州。张宗昌向陈调元保证：陈的地位不受任何影响。山东方面，郑士琦也允诺，在张宗昌所部通过鲁境时，各主要车站均派员照料，并供应茶水。会商结束后，陈本人随同张、吴去天津、北京小住，分别会见了张作霖和段祺瑞，并许以江苏军务会办职。陈得到好处，回徐州后部署一切，所部迅速移驻砀山、丰、沛一带，让出徐州。张宗昌旋即命令所属镇威第一军，在不发一枪一弹的情况下，浩浩荡荡，陆续开入徐州，其先头部队王栋旅直趋浦口，许琨旅屯驻蚌埠。

徐州既已易主，南京门户洞开。

徐州四通八达，自古以来就是兵家必争之地。张宗昌不费吹灰之力，不战而拿下徐州，江苏门户洞开，直接处在奉军的兵锋之下。张军不仅可以通行无阻，直接进到长江北岸，并且还可以把徐州作为后方基地，将所有军用粮秣、弹药、被服、装具等等都积存于此，免除了后顾之忧。这对张宗昌大军的顺利南下，是个极有利的条件。当时津浦线上每一列车的载重量，以 700 吨为准，可载部队 2000 人（约一团的兵力），张军各部队的火车，一列一列地直接开到长江北岸，没有遇到抵抗。驻在南京的齐燮元，没有料到北军之来如此神速，由于作战准备不足，已陷于措手不及。张军在浦口下火车后，迅即抢上轮渡或帆船，在浦口东西一线，迅速渡过长江，直逼南京城下。斯时正是1925年元旦过后。

张军随即开始强渡长江。南京挹江门、仪凤门外的下关及煤炭港一带虽有齐军防守，但因部署未定，官兵的战斗意志不坚，一经接触，不久即退，溃不成军。有的穿城而过，有的绕城而走，偌大城池并未固守，所有狮子山、雨花台的要塞炮台，都成了哑巴，一声不响，守军都逃跑了。张军冲进城里，各处搜索，除了一些零星未及逃走的溃兵外，城内城外都无部队进行抵抗。经侦知齐军已全部沿沪宁铁路向东退去，张军迅即跟踪追击，仅留许琨率所部留守南京[48]。

1925年1月11日，卢永祥由徐州到了南京。

九朝故都南京对张宗昌来说并不陌生，早在1913年二次革命期间，张宗昌作为冯国璋的江苏第三师师长，就率大军与张勋等合力攻城，而且第一个攻入神策门。这一次则与上次大不一样，作为一军之长，张宗昌根本不必像过去那样冲锋陷阵，身先士卒，而只需坐镇后方，运筹帷幄。人世沧桑，瞬息万变，张宗昌由一员骁勇战将，一变而为一方诸侯，成为拥有10万大军的军阀后起之秀，这一切似乎来得太快了。

## 2. 会战齐瞎子

张宗昌是随卢永祥一起过长江到南京的，在过江前他召开了一次军事会议，下令屯驻浦口的王栋旅以及第一军司令部直属各部官长士兵一概不准擅离浦口车站。他在会上说：

“我于明日寅时陪同卢宣抚使就职后，便过江回浦口，然后立即开车回徐州。”

会后，张宗昌私下对李藻麟说：

“卢接过大印，举行酒宴时，我喝两盅酒，道过喜后就回来，送卢上任的事，咱们就算完成了，可以回去交差了。”

不曾想风云突变，到了11日晚11时许，张宗昌令李藻麟立即过江到南京，说有要事相商。见面后，张说：

“齐燮元已发动进攻，需马上研究一下应变办法。”

待应急措施和执行步骤商定后，已午夜1时，即12日清晨1时，张宗昌又星夜渡江返回浦口，立即在司令部专车上召开紧急军事会议。会上，张宗昌首先发言说明了当前事态突变的情况。他说：

“齐燮元已经在上海发动进攻，目前正向镇江一带进击。这个消息是从晚11点收到的通电中知道的。卢宣抚使对我说：‘我知道你的队伍没过江，如果你坚持不过江的话，那么，咱们就不如一块回天津去，好在我还没就职。’原定12日寅时即清晨4时举行的就职典礼，此刻还差几个小时。”

张宗昌沉思了一会儿，接着又说：

“我一再考虑，我们不过江，完不成任务，怎么向长官交待呢？齐瞎子真是瞎干（齐燮元是斗鸡眼，绰号齐瞎子），要是晚干一两天，我们已经离开浦口，他再发动，那又是另一个局面了。目前，别无其他办法，我们只好出兵勉为其难了！”

齐燮元

在张宗昌看来，送卢永祥上任，系奉长官张作霖之命，是不得已而为之。如果为保卢永祥上任而大动干戈，使自己的实力蒙受重大损失，是得不偿失的，为他人做嫁衣裳，绝非心甘情愿。因此，他决定大军不过江，一旦卢永祥接过大印，宣布就职，便立即班师，向张作霖复命。此刻，齐燮元既已有所行动，只好付之一战。

齐燮元是在错误的时间发动了一场错误的战争，同时这也给张宗昌出了一道难题。为了保存实力，张自然是不愿意与齐火并，但他一惯对上司忠心，这导致他义无反顾地投身到与齐燮元的战争中去。

张宗昌随后马上召开紧急军事会议，讲话完毕，即下达作战命令：

王栋旅立即乘夜渡江，进驻南京朝阳门一带；司令部各处以及直属部队亦立即过江，进驻南京城内并下关一带；电调白俄聂洽耶夫师以及许琨、程国瑞、毕庶澄、褚玉璞、方振武各旅迅速南下。

兵马未动，粮草先行。为此，必须首先解决交通问题。于是，张宗昌命令交通处长胡文通等召集津浦和沪宁两铁路局工程技术人员，就浦口和下关两站在长江两岸船脚，利用民船构成船桥，引渡津浦路的机车和各种车辆过江。原来，齐燮元从南京撤往上海时，将沪宁路所有机车和各种车辆全部调走，此时只能从江北抽调机车和车辆，以解决交通运输问题。

首先渡江成功者为“长城号”和“长江号”两列铁甲列车。其具体办法是，将铁轨接至江岸，将木船连锁在一起，铺以铁轨，使之与岸边铁轨接通。

一辆机车拖两三节车皮，登上民船，运到对岸。再将船上铁轨与对岸延长到江边的铁轨稳固接通，机车拖着车皮徐徐下船登陆。此后，津浦路客车采取轮渡办法，实滥觞于此举。

为了便于军事运输，成立沪宁铁路军事管理局，任命周至诚为局长，专司军运。因为当时沪宁铁路局在上海，已经无法指挥营运，不得不另行设立机构，嗣后客运和商运仍由沪宁铁路局全权负责管理。

后勤问题解决的同时，战争已经全面展开。兵锋所向，直指镇江。

1925 年 1 月 13 日，许琨旅到达下关，然后沿沪宁铁路向高资前进，攻取镇江；白俄聂洽耶夫师乘民船沿江前进，在金山寺附近登陆，袭取镇江侧背；王栋旅经由朝阳门通向丹阳大道，攻取丹阳，切断镇江后路。其余程国瑞、方振武等部到达下关后，立即随同前进，听候命令。

次日，许琨旅到达高资附近时，齐燮元部队已在高资一带占领阵地。15 日拂晓，许琨旅开始向齐军阵地发起进攻。张宗昌率幕僚乘铁甲列车赶至前线督战，时白俄聂洽耶夫师已在金山寺附近登陆袭取镇江。聂师有白俄士兵上千人，勇敢善战，战斗力极强。聂洽耶夫不懂中国话，下达命令时，由参谋长李藻麟将军用地图铺开，用红蓝铅笔将敌军布防情况和自己进攻路线标出，他便能对战斗形势一目了然，领会指挥意图，执行任务，准确无误。因为他是帝俄时代受过正规军事教育、担任过指挥官的高级军官，军事素质极佳。该师奉令乘民船 10 余条在金山寺附近登陆时，遭到齐燮元所部第六师第二十四团迎击。二十四团系由丹阳调来，原拟增援高资，恰巧与聂师遭遇，战斗颇为激烈，双方伤亡较大。聂师由于展开强攻，死伤达 300 余人。延及是日午后 1 时，增援部队方振武旅一个团赶到前线，随即奉令加入许琨旅右翼。全线发动猛攻，齐军大溃。许旅连续追击，迅速推进到镇江郊外。时天色已近黄昏，据报镇江城内已大乱，如继续攻击，势将于黑夜中在居民稠密的城区发生一场混战。为了避免军民出现重大伤亡，李藻麟取得张宗昌同意，决定暂停进攻，就地构筑临时防线过夜。次日拂晓，继续发起攻击，旋即攻入镇江商埠，并全部占领之。在占领镇江的同时，丹阳方面王栋旅一枪未放即予轻取，于此可知齐军士气大为低落，闻风溃败，一泻千里。据了解，在镇江、丹阳一带，齐军部署总兵力共计 1 万余人，由于人心惶惶，士气不振，因此一触即败。

镇江战役结束后，随即部署追击，张宗昌下令许琨旅和王栋旅沿铁路向常州追击前进。程国瑞旅、毕庶澄旅、褚玉璞旅、方振武旅均跟随前进。

张宗昌委派娄和晴为镇江防守司令。娄系山东人，海参崴高等俄文学堂毕业，后又毕业于南京陆军军官教育团，曾任营长、团长、高级副官等职。新编滕殿英旅亦留驻镇江，受娄指挥，办理地方善后事宜。白俄聂洽耶夫师因伤亡过重，也暂留镇江休整。

1月17日午后3时，张宗昌率领镇威军第一军总部进驻常州（武进县），时前锋部队已越过戚墅堰一带。

齐燮元为了对付奉军，调集3万人马，主力在无锡惠山和车站以及青阳镇和江阴县城等处占领阵地。张宗昌据此制定了无锡作战计划如下：

命令王栋旅在沪宁路以南地区直攻惠山齐军阵地，许琨旅沿沪宁路直攻无锡车站，程国瑞旅向青阳镇一带进攻，许、程两旅中间地区派方振武第二梯队协助许旅进攻无锡车站，褚玉璞旅开赴宜兴，以防备孙传芳军突然袭击。各地队伍，通通限定于24日拂晓开始进攻。24日为农历正月初一，选择这一天进攻，也是为了出其不意，发动一次突然袭击。下达攻击令的同时，限定各路队伍必须在26日即农历正月初三午后4时达成任务。作战要点是“速战速决”。

此前数日无锡阴雨连绵，至24日更转为雪。各路队伍准时开始行动，首先迅速将齐军前沿队伍扫除净尽。25日拂晓开始向齐军阵地展开猛攻。当时，齐燮元亲自到无锡坐镇，张宗昌也亲临惠山前线督战。战况颇为激烈。当天乌云密布，自远处眺望惠山，一缕缕硝烟形成的火线清晰可辨。队伍自山脚逐步向上推进，至午后4时达于山巅，惠山为王旅攻占。26日午后5时，齐军大溃，镇威第一军进占无锡。

齐燮元见大势已去，看到无锡车站停有两列火车，随即登上其中一列，准备逃走。时车站秩序大乱，溃兵纷纷抢登列车。两列火车又复争先抢行，致使车头相撞，双双倾翻在地，列车无法开动，齐燮元不得不立即下车，换了羊皮袍便服涉水逃走，其状狼狈不堪。

齐军自接战以来，军心涣散，风纪败坏，已经无法维持，无锡市商界曾暗派代表，请张宗昌迅速出兵攻占无锡。孙传芳为了声援齐燮元，曾派有一营人进驻无锡。孙得知齐军士气不振，必定要失败，乃密令该营迅速撤离无锡。此举也颇影响齐军士气[49]。

孙传芳这次助战，是其贯用的乘人之危、收渔人之利的故计重演，助战是假，借机拓展地盘是真。此前与齐合作时，他原拟驱张宗昌后掌握沪埠，另以兵力助齐进展。而在与齐共占上海后，齐却先行下手，上海各机关尽委其部属占据。孙传芳对此很不满意。这次联手对奉，孙传芳抱有同样的目的。但是，他见奉军来势凶猛，齐部战力不支，便以避免“中央之打伐”为借口，置齐军于不顾，自己拔脚跑了。

孙传芳跳出“三界”后，置同盟者不顾的态度更加明显了。25 日，孙传芳以联合苏、皖、赣、闽等省一致“拥护中央”为条件，电请段祺瑞政府制止张宗昌向宜兴一带进兵，并将卢永祥及奉军调出江苏。

孙传芳

孙传芳撤出战场后，奉军分三路大军向齐燮元进攻，齐军大败。齐逃到上海通电下野，所部交与孙传芳接收。卢永祥命宫邦铎收编第六师、第十九师两师败兵。但大部队已被孙传芳收编。卢在这次战役中除了得到一个空官名和收编了极少数部队外，没有得到什么好处，便宜几乎全让奉军占光了。孙传芳在这一战中，既占了上海地盘，又收编了两个师的兵力，实力大增。可以说，自奉军南下以来，孙传芳抱定两个目的：占领地盘、扩充实力。到齐燮元败走后，他的部队人数增加了 1 万多[50]。

张宗昌指挥战斗，喜欢亲临前线督战，在枪林弹雨中随同部队冲锋前进，与士兵一样出生入死，顽强战斗。

攻打惠山时，有一次他从后面跃身到前面一块坑洼地中，趴伏在地上。坑前是一片开阔地，没有任何遮掩，敌人居高临下，极易发现目标，处境十分危险。李藻麟此时恰在附近的一棵大树后面，见状便高声喊道：

“军长，那个地方太危险，赶快上墙头后面去！”

张宗昌闻声，随即纵身鱼跃到临近的墙头后面。此刻，又有一个营长随之跳入坑中，同样趴伏在地上，但是当他刚一抬头，一颗子弹便击中头部，当场阵亡。张宗昌若不及时躲开，恐难幸免。在战斗关键时刻，张宗昌经常置生死于度外，出没于火线，于此可见一斑。

不仅张宗昌有此奇遇，他的参谋长李藻麟也曾逢凶化吉。1 月 18 日午后 3 时，张宗昌派李乘铁甲列车由常州经戚墅堰到洛社一带侦察敌情。洛社原有齐军一部，当即发生战斗，相互猛烈射击，齐军不支撤退，遂将洛社占领。

在攻占洛社时，由于铁甲列车推进速度较决，闯入敌占区，李藻麟曾险遭不测。为侦察敌情，李乘坐的车厢挂在列车的最后，当列车徐徐驶入车站时，突然枪声大作，李藻麟闻声立即离坐而起，两手扶桌侧身向窗外探视，恰恰就在这一刹那，一颗子弹从另一侧车窗射入，命中他座位的靠背。如果李藻麟没离开座位或者离得稍迟一些，子弹就会击中其胸部。大概此时敌人早已发现目标并瞄准目标。

张宗昌在无锡视察前线时，还曾发生这样一桩趣事。

正当他沿铁路线行进时，躺在路旁的一个齐军士兵，突然抬起身来冲张宗昌破口大骂：

“张宗昌，我×你妈，我×你奶奶……”

张闻言立即走过去，冲这个士兵说：

“你骂我干什么，我也是奉长官的命令来打仗的，不是我要打你们的。”

这个士兵回答说：

“俺受伤了，难受极了，俺骂你，你一生气，给俺一枪，把俺打死，省得受罪了！”

张宗昌一听，就哈哈大笑起来，立刻好言安慰，伸手从口袋里掏出一叠钞票，亲自塞到那个伤兵手里，并且让副官叫担架把这伤兵抬到战地医院去治疗，并且一再叮嘱不准任何人搜他腰包，否则严惩不贷。这个士兵万万没想到，此一骂不但没死，反而得到治疗和上百元的奖赏。

张宗昌是个大老粗，他也确实大度。

张宗昌视察前线时，虽然无锡已经攻克，但战斗尚未完全结束，战线纵横交错，齐军残余部队尚有未撤退者，情况异常混乱。张宗昌视察到车站附近旅馆休息时，突然接到报告说，有一股敌军残余部队闯过车站，朝旅馆方向窜来，情况十分危急。卫队长祝祥本闻讯，手持手提式机关枪一挺，单枪匹马迎上前去，大吼一声，这一股齐军见状误以为已陷入包围圈，竟然吓得乖乖缴械投降。祝祥本一举俘虏敌军500余人[51]。

此次无锡会战，奉军取得了决定性的胜利。齐军欲退不能，逃脱无路，当场被俘者万余人，缴获山、陆炮数十门，步枪机枪无数。齐军在无锡遗下的粮秣、弹药、服装等军用物资，到处堆积，其军政人员和家属，乱逃乱窜，他们开来的火车七八列，都停在站上，行李物品衣箱包裹，尽行抛弃。张军四处搜索，清理战场以后，又向苏州前进。

张军左翼到达江阴，占领要塞炮台以后，又沿长江南岸向东推进。所到之处，并无抵抗，文职官员大多弃职而走，地方部队亦多闻风远逃。各处进展极速。前锋推进过了苏州，又分兵沿太湖东岸南下，进抵松江、奉贤、嘉兴、嘉善一带，方才停止。正面军队此时亦过了昆山，前进到沪滨。至此，齐燮元的残部已是走投无路，大都缴械投降或弃械逃走；其高级人员均化装避入上海外国租界。

驻守江阴的齐军陈旅，是最后一个堡垒，见主力部队已被消灭，大势已去，败局已定，遂向毕庶澄投降，自动开城并解除武装。至此，军事行动全面结束。张宗昌在沪郑重宣布军事行动停止，不再前进。齐燮元于到沪后第三天，微服乘船去日本。至此，张宗昌与齐燮元之战宣告结束。

当时上海四周及租界的交通道口，都有外国军队守卫，检查出入。张部为避免发生外交事故，停止前进，分驻租界以外地区，搜索清查，稍事休息，军司令部设在闸北车站附近。至此，奉军南下的战争，即告结束。

在此次战争中，齐燮元的将领中投降张宗昌的，计有炮兵司令王恩贵、王桂林等多人，被张收编的齐部军队约2万余人。由于部队的扩大，程国瑞、许琨、褚玉璞、方永昌、杜凤举、王栋等张宗昌的一干大将到达上海不久，即先后被张临时提拔为军长[52]。

## 3. 上海滩的日日夜夜

1月28日早9时，张宗昌乘专车抵达上海站。上海各界人士到站欢迎，辛亥革命爆发时的上海光复军总司令李征五也率子侄二人莅站迎接。张宗昌对老长官李征五执礼甚恭。先行军礼，再脱帽行鞠躬礼，然后快步上前，用双手热烈与李握手，并一再说：

“怎敢劳您老大驾光临!”

张宗昌在上海一共做了三件事：一是视察驻军，二是解决军饷问题，三是与孙传芳息兵罢战。

到达上海之次日早晨8时，张宗昌即携卫队及随从人员，自闸北经江湾蕴藻浜、张华浜、吴淞口，到达南石塘炮台巡察。

炮台上的人员多数还是旧有的官兵，他们在炮台上多年，对使用旗语、灯语、信号、标识等技术极为熟练，能预知潮汐的涨落，预测风暴的大小，并有管理海口内江船舶出入的经验。张宗昌来到台上，勉励他们好好在炮台上任职，并宣布照规定发给薪饷，然后又叫他们试放大炮，炮的威力极大，台前小树多被弹风拔走。炮台对封锁海口、轰击外来敌舰有重要作用，因此，张宗昌首先视察炮台驻军。

张宗昌进驻上海后，自然少不了与李征五往来，李征五时任缉私统领，他给张介绍了上海青帮头子黄金荣、杜月笙和一些当时的上海知名人士，并使与之交往。黄、杜等也都想利用张的实力，因此趋炎附势，极尽欢迎之能事。张经常住在黄金荣家，聚赌玩乐，日夜不息，过着花天酒地的生活。

黄金荣（中）

杜月笙

张啸林的绰号也叫“张大帅”，有人借机开玩笑说有两个张大帅。张宗昌呵呵大笑，他竟来了个颇为可人的幽默，他说：

“你是张大帅，我是张小帅。”

张啸林不好意思，满脸通红地说：

“大帅不要开玩笑。”

“真的嘛！”张宗昌嚷起来，“不信你问，我的号叫效坤，我手底下的人都喊我‘效帅’，你们上海人说‘效帅’，可不就是‘小帅’吗？”

于是，举座哄堂。

但是，杜月笙翌日回家以后说起这件事，他说：

“别看张宗昌外貌像个粗人，他的肚皮里还不简单。”

黄金荣、杜月笙、李征五等有一天向张献策说：

“你现在拥有10多万军队，目前就已经编成了五六个军，薪饷开支很大，仅靠奉天按照原来编制发给的经费，差额太大，开支远远不足，你应当设法解决这个困难。我们在上海可以想办法帮帮你的忙，给你筹划一部分经费来源。”

在得到张的同意后，黄、杜、李等就在黄金荣家里，代替张宗昌发出请帖，邀请大批当时经营毒品的烟贩赴宴。经过研究，双方签订了由张宗昌派军队保护毒品进口，烟商预付酬金300万元的合同，各执一份。以后大烟进入上海港口，即由张宗昌派军保护，负责安全卸运[53]。

此前在宜兴军事会议上，曾讨论到既已占领江苏，必须拿下浙江，攻占浙江，安徽自然不战而下。待这种局势造成后，张作霖和杨宇霆绝不可能把三个省的地盘全部拿去，张宗昌至少也可分到一杯羹。主意打定后，褚玉璞等部军驻宜兴，布置阵地，一旦接到张宗昌的命令，即从宜兴直扑杭州。一切部署均已妥帖，单单等候上海消息。可是许久没有动静，使褚与王翰鸣如坠五里雾中，就在宜兴搁浅起来，转年3月才奉命撤回徐州。

原来，张宗昌到了上海，旧地重游。兼以胜利者的姿态，出现在上海人士面前，天天花天酒地，大有乐不思蜀的样子。其时，孙传芳以五省盟主自居，并未住在杭州，他于2月3日赶往上海。为了和缓张宗昌对他的攻势，经由吴光新的拉拢，在妓院吃花酒、赌博，与张结为兰谱兄弟，彼此化干戈为玉帛，免去用兵，并签订“江浙条约”如下：

上海永不驻军，孙传芳将上海兵工厂交出，3日内撤退上海附近的军队，孙军退至松江，奉军退至昆山。

在常州、无锡、宜兴一带候命前进的张部，已久无消息，不明究竟，曾由王翰鸣按照原作战计划，致电上海向张宗昌请示戎机，连续三次，均无复电。张宗昌不但不打孙传芳，反而把王的电报给孙看，并说：

“我的参谋长要打你。”

孙说：

“你可以通知他　声。”

张说：

“我才不告诉他呢，让他闷闷吧！”[54]

张宗昌此举，有他自己的考虑，他不愿充当炮灰，着眼点还是拿到一块属于自己的地盘，占地称王。他表面上在上海游玩，实际却冷眼旁观，静观变化。

不久张宗昌离开上海，留在上海的部队，仅有王栋和他所属的一个旅，专负上海的贩毒进口护运之责。同时还在闸北组织了个东北陆军第一军驻上海办公处，即军务处，任命前北洋陆军第十一师师长李奎元为处长，专门负责与毒贩商洽双方合同规定的护运筹款等具体事务。张宗昌委任的上海警察厅厅长常之英（原为张的副官长）也是这个办公处的负责人之一。

与此同时，张宗昌还设置了一个军需机构，名叫军实处，内设秘书、军需、司法等科。它的任务就是包运烟土，美其名为军实。张自任处长，委袁致和代，处理一切事物。

张部护送鸦片烟是不分时间的，可以说是随到随去。有时候军队在半夜集合，匆匆出发，以便迅速将上岸货物运入租界。军实处内警戒的情形如临大敌。在处内住宿的人员，以东北人占多数，夜晚睡在床上，虽然脱去衣服，却在腰间挂着盒子枪。因为在松江、上海之间，就有孙传芳的军队驻防，恐怕他们听说烟土运到，前来抢劫，不得不防。

在军实处内还附设一个看守所。每天军实、军务两处侦骑四出，遇着了烟土贩子，便抓来押在看守所里，由司法科审讯，一直到交纳了罚款，才能释放出去。如果有抗拒的人，军实处可任意把他处决，更无其他司法机关敢于过问。

张宗昌离沪后，留在上海负责护毒筹款的主持人李奎元、王栋、常之英等，为了抢劫鸦片，闹了一场火并杀人的丑剧。

原来按照合同行事的第一批进口烟土的船只到了上海，王栋即派军队以护船为名，上船检查，李奎元也派卫队到码头监督。其时，王栋的官兵看见船上有如此之多值钱的烟土，认为是发财的好机会，当即纷纷动手乱抢。李奎元带去的官兵，也不甘落后，于是你争我夺，烟土尽被抢劫一空。

那些烟商看到这个情况，立刻去找黄金荣、杜月笙等人电告张宗昌，要求履行合同规定。张宗昌知道后，大发脾气，马上就派当时的济南警察厅厅长袁致和和新发表的第三军军长程国瑞火速赴上海调查真相，全权处理。

5 月 29 日袁、程二人到达上海后，先找李奎元了解情况，后又派人通知王栋到办公处，研究如何处理这个案件。王栋得到通知，带了一个步兵连乘汽车来到办公处。他们见面以后，李、王互相推卸责任，争论不休，竟至大骂起来。李奎元当即以自卫手枪向王栋开枪，王栋的亲随也动了手，双方部队乱打一气。调解人袁致和也被李奎元一枪击伤，程国瑞自以为会武术，身轻腿快，从五层楼跳楼而走，把腿跌伤了。李奎元打袁致和的时候被袁的亲随打死[55]，李奎元的部队也被王栋的部队给缴了械。

袁、程二人看到这个案件越闹越大，无法在上海就地解决，就将王栋押解济南，请张宗昌亲自发落。因为王栋是张宗昌的老部下，为张出过不少力，只在军法处押了几个月，就释放起用了。烟商的损失也不了了之[56]。

## 注　释

1. 同盟会会员，是陕西响应武昌起义的领导人。

2. 刘子衡“投靠奉张”，编审组《土匪军阀张宗昌》，第 34 ~ 35 页。

3. “张雨亭将军草莽轶闻”，见《张老帅与张少帅》，（台湾）传记文学出版社 1984 年版；董守义、王加会《张宗昌真传》，第 36 ~ 37 页。

4. 李藻麟《我的北洋军旅生涯》，第 104 页。
5. 李藻麟《我的北洋军旅生涯》，第 105 ~ 106 页。
6. 来新夏《北洋军阀》四，上海：上海人民出版社 1993 年版，第 16 页。
7. 来新夏《北洋军阀》四，第 558 ~ 559 页。
8. 来新夏《北洋军阀》四，第 150 页。
9. 投丙即用火烧掉的意思。
10. 李恒珍等“奉张麾下”，编审组《土匪军阀张宗昌》，第 36 ~ 40 页；郑亦桥“第一次直奉战争中张宗昌率苏鲁别动队入鲁”，山东省政协文史资料委员会编《山东文史资料集粹》，第 200 ~ 203 页。
11. 来新夏《北洋军阀》四，第 34 页。
12. 李藻麟《我的北洋军旅生涯》，第 107 ~ 108 页。
13. 李恒珍等“奉张麾下”，编审组《土匪军阀张宗昌》，第 40 ~ 43 页。
14. 董守义、王加会《张宗昌真传》，第 44 ~ 45 页。
15. 李藻麟《我的北洋军旅生涯》，第 109 ~ 110 页。
16. 牟中珩“‘老毛子队’”，编审组《土匪军阀张宗昌》，第 72 ~ 73 页。
17. 关羽飞“清末民初东宁县屯垦公司土地开发探讨”，《北方文物》2004 年第 4 期，第 90 页。
18. 李恒珍等“奉张麾下”，编审组《土匪军阀张宗昌》，第 43 页。
19. 李藻麟《我的北洋军旅生涯》第 111 ~ 112 页上的记载不同：当时张宗昌立刻向郭松龄深深鞠了一躬，一再道歉说：“大哥，我错了，今后我一定改！”存之。
20. 王翰鸣“张宗昌兴败纪略”，《文史资料选辑》第 41 辑，第 213 ~ 214 页。王翰鸣“疆场效命”，编审组《土匪军阀张宗昌》，第 57 ~ 58 页；董守义、王加会《张宗昌真传》，第 48 ~ 49 页。
21. 李藻麟《我的北洋军旅生涯》，第 110 ~ 111 页；李恒珍等“奉张麾下”，编审组《土匪军阀张宗昌》，第 43 ~ 44 页。
22. 李藻麟《我的北洋军旅生涯》，第 43 ~ 45、112 ~ 113 页。
23. 章伯锋、李宗一《北洋军阀》第 5 卷，（武汉）武汉出版社 1990 年版，第 277 ~ 278 页。
24. 刘立勤、李涛《奉军》，（太原）山西人民出版社 1999 年版，第 157 ~ 158 页。
25. 郭剑林主编《民初北洋三大内战纪实》，（天津）南开大学出版社 2003 年版，第 300 页。
26. 刘秉荣“‘神灵’不佑张宗昌”（《民国春秋》1995 年第 5 期，第 47 ~ 49 页）上是这么说的：这回我们战胜了，什么问题都没有。若战败了回来，奉天不会养活闲人，那时就找个山沟，你们给我起个年号，咱们给他泡了吧（落草称王之意）！稍有出入。
27. 辽宁省档案馆编《奉系军阀密信》，（北京）中华书局 1985 年版，第 174 页。
28. 来新夏《北洋军阀》四，第 571 页。
29. 郭剑林主编《民初北洋三大内战纪实》，第 304 页。此图为罗扬烈派程镕送来，罗曾任江汉关监督，与张宗昌交谊甚厚，当年张在湘东大败，罗就伸过援手，此次为助张成功，他又将自己在直系要人中周旋所得的机密地图，派张之旧部程镕化装成茶商携来。事见吕伟俊著《张宗昌》第 37 页。
30. 李恒珍等“奉张麾下”，编审组《土匪军阀张宗昌》，第 45 ~ 47 页。
31. 章伯锋、李宗一《北洋军阀》第 4 卷，（武汉）武汉出版社 1990 年版，第 944 ~ 945 页。来新夏

《北洋军阀》四，第776页。

32. 王翰鸣“疆场效命”，编审组《土匪军阀张宗昌》，第61～62页。
33. 张宗昌是28日完全占据滦州的（无聊子）“北京政变记”，荣孟源、章伯锋《近代稗海》第5辑，（成都）四川人民出版社1985年版，第395页；章伯锋、李宗一《北洋军阀》第4卷，第909页）。
34. 章伯锋、李宗一《北洋军阀》第4卷，第909～910页。
35. 李恒珍等“奉张麾下”，编审组《土匪军阀张宗昌》，第48页。
36. 章伯锋、李宗一《北洋军阀》第4卷，第914页。
37. 来新夏《北洋军阀》四，第285～286页。
38. 戚宜君《张宗昌传奇》，第115页。
39. 王翰鸣“疆场效命”，编审组《土匪军阀张宗昌》，第63页。
40. 李藻麟《我的北洋军旅生涯》，第115页。
41. 李恒珍等“奉张麾下”，编审组《土匪军阀张宗昌》，第49页。
42. 李藻麟《我的北洋军旅生涯》，第115～116页。
43. 王翰鸣“疆场效命”，编审组《土匪军阀张宗昌》，第63～64页。
44. 李藻麟《我的北洋军旅生涯》，第117～118页。
45. 苏全有《孙中山与三角联盟》，河北人民出版社1998年版；苏全有“孙中山与粤皖奉三角联盟辨析”，《贵州文史丛刊》2004年第1期，第1～6页。
46. 张作霖在直奉战后曾有以张宗昌督苏、李景林督鲁、张学良督直的打算（古蓨孙“乙丑军阀变乱纪实”，荣孟源、章伯锋《近代稗海》第5辑，第486页）。
47. 李藻麟《我的北洋军旅生涯》，第119～122页。
48. 李恒珍等“奉张麾下”，编审组《土匪军阀张宗昌》，第50～51页。
49. 李藻麟《我的北洋军旅生涯》，第123～128页。
50. 邵维国《五省联帅孙传芳》，（哈尔滨）黑龙江人民出版社1997年版，第139页。
51. 李藻麟《我的北洋军旅生涯》，第129～130页。
52. 李恒珍等“奉张麾下”，编审组《土匪军阀张宗昌》，第52～53页。
53. 李恒珍等“奉张麾下”，编审组《土匪军阀张宗昌》，第53～54页。
54. 王翰鸣“疆场效命”，编审组《土匪军阀张宗昌》，第65页；王翰鸣“张宗昌兴败纪略”，《文史资料选辑》第41辑，第222页。
55. 萧禀原“上海军实处”（编审组：《土匪军阀张宗昌》，第67～68页）称：李奎元是被袁致和的随从从楼上摔下去以致肝脑涂地，立时身死的。
56. 李恒珍等“奉张麾下”，萧禀原“上海军实处”，编审组《土匪军阀张宗昌》，第55、67～68页。

第四章

# 夺取山东地盘

有了庞大的军队，又占领山东地盘，成为军务善后督办，此后的三年，乃张宗昌一生当中春风得意的三年。尽管在初期，张宗昌曾遭到孙传芳、国民军的猛烈攻击，结果都是有惊无险，被他见招拆招地一一化解。

# 一、山东军务督办

## 1. 张督办

当张宗昌在江南战场上大显身手之际，在中原的河南，又发生了胡憨大战。张宗昌忙里偷闲，也插了一杠。他打着援胡讨憨的旗号，企图染指河南，结果没有成功。

原来，在第二次直奉战争结束后，胡景翼作为冯玉祥国民军派系的重要成员，被任命为河南军务督办，孙岳为省长。而原来镇嵩军第三师、后被编为中央陆军第三十五师师长的憨玉崑，被段祺瑞委任为陕甘豫剿匪副司令，于1924年12月19日在洛阳设立了司令部，收容吴佩孚的残余势力，想与胡争夺豫督。

1925年初，胡、憨在豫西对峙，刘镇华留柴云升守陕，亲带张治公等赴豫援憨，目的是想赶走胡景翼，让憨督豫。从元月双方在禹县接触起，胡憨大战的序幕就已经拉开了。

河南问题关系国民军的生死存亡。为了加强国民军在河南的实力，2月20日，孙岳忍痛与李景林签下协定，答应让出自己的防地——保定、大名，移住河南，李景林同意按月接济孙岳军饷24万元作为让地的条件。此时段政府命令孙岳以检阅军队为名，到河南调解胡、憨之争。23日，孙岳到郑州邀请胡、憨两人前来举行和平谈判。24日段政府命令胡、憨两军各退50里，派孙岳监视退兵，并拟在两军之间建立缓冲地带，即派孙军进驻以隔离胡、憨两军。但是段所希望的停战是无法实现的，当这位“调人”到郑州的时候，胡、憨两军已在禹县、许昌一带开火。25日刘镇华到洛阳指挥作战，胡也到郑州督师，并通电揭露刘镇华侵占河南的野心。

胡、憨两军从2月下旬到3月上旬打了半个多月，双方在黑石关前展开了猛烈的争夺战，巩县兵工厂几度易手。这位绿林出身的师长，经常冒着生命危险在火线上督战，他的敌人都称赞他是个顽强可怕的对手。但是，由于樊锺秀出兵攻击后路，他所吸收的杂牌军发生内讧，而刘镇华带来的援军又不得力，他才不能支持，3月7日放弃巩县向洛阳退走。9日，岳维峻部占领洛阳，刘、憨两人分向陕州、洛宁两路退走。19日，憨军副司令张治公忽又联合豫西红枪会在新安、洛阳之间发动了一次疯狂的反攻，冲进龙门和洛阳车站，一时火光冲天，喊声四起，洛阳形势陷于混乱。此时国民军第三军也投入了战斗，孙岳、岳维峻、樊锺秀等都在前线指挥，憨军终于不敌退走。此后他们因弹尽援绝无力反攻，憨玉崑退往嵩县，4月2日服毒自杀[1]。

当胡、憨两军未分胜负之际，张宗昌于3月6日在徐州打来一个电报，愿意派兵西进“援胡讨憨”。这个消息使胡大为吃惊，因此攻下洛阳后，3月10日他就匆忙赶回开封布防，并谢绝奉军来援。由于豫西战争迅速解决，国民军第二、第三两军可以集中力量来应付一切事变，张宗昌明“援”暗夺的计划才未实现[2]。

1925年3月，北洋政府任命张宗昌为苏鲁皖豫四省剿匪督办，督办公署设在徐州。

张宗昌接到命令后，陆续将军队撤往徐州，留下的王栋旅暂驻上海、镇江一带。经过一个多月的时间，第一军主力部队由京沪一带陆续移驻到苏北徐州一带。张宗昌也随即在徐州就任四省剿匪督办。张就职后，立即督饬有关人员从速草拟“苏鲁皖豫四省剿匪督办公署编制办法”，积极安排各项有关事宜，务使纳入正轨。

奉系由于夺取河南的计划失败，又把眼光投射到山东地盘上，张作霖根据“鲁人治鲁”的原则和津浦线划作奉系势力范围的成约，提出了张宗昌督鲁的要求。山东督军郑士琦属于皖系，张作霖公然向皖系开刀，使段祺瑞感到极大的痛苦。郑士琦为了保住自己的位置，指使鲁军将领通电表示态度，反对更换本省长官。

当时山东省议会的议员在此问题上有不同的派系，王鸿一的民智社，因与山东当局关系密切，支持郑士琦，他们曾派人到京进行拥郑活动；而济社首脑、省议会副议长杜尚则主张“鲁人治鲁”，拥护张宗昌。张宗昌还曾派祝祥本等到济南接洽杜尚，进行拥张活动。

为了达到目的，奉系对段祺瑞不断施加压力，段鉴于奉系对山东地盘志在必得，只得从全局考虑，采取“挖肉医疮”的办法，于4月22日拟就命令以孙岳为豫督，岳维峻为河南省长，调任郑士琦为皖督，王揖唐专任安徽省长，而以张宗昌继任鲁督。24日，张宗昌督鲁令发布。

命令发表后，鲁军将领又一次通电反对易督，郑士琦也电辞皖督以示不满。郑之所以如此，是因为他手中尚掌握着一个师零13个混成旅及两个独立团。其中，陆军第五师师长孙宗先，下辖两个步兵旅四个团，另有炮兵、骑兵各一团，工兵、辎重兵各一营；此外，陆军第47混成旅，旅长施从滨，下辖两个步兵团及骑兵、炮兵、工兵、机关枪各一营；陆军第20混成旅，旅长吴长植；山东陆军第2混成旅，旅长张怀斌；山东陆军第3混成旅，旅长吴秀文；山东陆军第4混成旅，旅长张建功；山东第5混成旅，旅长李森；山东陆军第6混成旅，旅长张培荣；山东第7混成旅，旅长胡聘三；补充旅，旅长马士贵；山东陆军第1混成团，团长梁世昌；山东陆军步兵第1团，团长任居建。这些部队当中，胡聘三是嫡系部队，坚定支持郑士琦。总体上说，上述军队当时对郑多表面上持支持立场。

郑士琦的对抗态度，使段祺瑞十分着急，他急忙派张树元到山东，劝郑接受调职命令。此时山东南北都有奉军，鲁军无力抵抗，郑只得表示服从，准备率领第五师及第七旅胡翊儒、第四十七旅施从滨等部到皖就职。不料皖军在夹沟布防，阻止鲁军南调，郑无法走马上任。

张宗昌等不及郑离开山东，便于5月初接任鲁督。他一朝权在手，便把令来行，表示第五师既系国军，又为山东所养之兵，不能由私人带走。他亲自向该师官兵作了恳切的训话，说明本人是山东人，对于第五师一视同仁，绝不加以歧视。同时施从滨也受他的影响不愿调走。而张宗昌部奉军褚玉璞、许琨、程国瑞、毕庶澄等旅源源开来，鲁军在监视下也只能听命于新任长官，而不是郑士琦所能指挥的了。

奉系军阀毫不留情地拿皖系开刀，把段所仅存的一点点武力基础摧残殆尽，段只能气在心头而不敢表示反抗。但是问题还不止于此。5月26日，王揖唐被皖军索饷逼走，段还催促郑士琦先行到皖就职，调兵问题留待下一步解决，可是张作霖早已安排了另外一套计划，即使郑士琦愿意做赤手空拳的皖督，也不是他所能允许的。原来张宗昌被任为鲁督后，张作霖即保荐姜登选继任苏、皖、鲁三省“剿匪”总司令，为下一步侵占安徽地盘做好准备。现在他就毫不客气地保荐姜为皖督了。至此，段也忍无可忍，决心以离去来力争，并且忿忿地说：

“安徽是我的家乡，我都管不了，我还留在北京干什么！”

这些话传到张作霖的耳朵里，而此时他还不便把段逼下台，才把皖督问题暂时地搁下来[3]。

北洋政府明令发表任命张宗昌为山东省军务善后督办后，即4月25日，恰值张宗昌生母侯太夫人寿诞之期，真可谓是双喜临门，各方贺客如云，山东省高级将领及政务首脑均至徐州祝寿，并表达了欢迎新任督办到鲁赴任的态度。

段祺瑞

北京段祺瑞执政府任命张宗昌为山东省军务善后督办的命令发表后，山东督军郑士琦未公开表示异议。其所以如此，究其原因大致有三方面：

其一是因为郑属段系，而段当时名义上主持北洋政府，理应维护段的威信和面子；

其二是当时奉系势力强大，李景林占据直隶，张宗昌占据徐州，江苏和安徽也均纳入奉系势力范围，山东已成孤岛，绝无反抗之理；

其三，张宗昌虽属奉系，但非嫡系，且为鲁人，恐较奉系嫡系人士治鲁较为有利，即所谓的两害取其轻。

山东地方将领大多数表示拥护，以施从滨为代表，立即去徐州为张母祝寿，并迎张赴鲁履任。少数将领持反对态度，曹州镇守使署参谋长吕秀文和第七混成旅旅长胡翊儒均有所行动。

吕秀文乘镇守使徐燕珊去省城报告工作，联络年轻军官沈克等驱逐徐燕珊，宣布割据曹州。张宗昌进驻山东，派褚玉璞旅自兖州经济宁直趋曹州，吕秀文无力抗拒，旋即率残部约两个营退往河南。第二次直奉战争刚刚结束时，直隶、河南、安徽等省均处于混乱状态，吕秀文企图混水摸鱼，称霸一方。

第七混成旅旅长胡翊儒占据德州，破坏铁路，表示反对张宗昌接管山东。段祺瑞为解救胡部，曾要求张宗昌准许胡部开往河南。张宗昌同意将驻防德州的第七旅调往安徽，据称已将该旅欠饷及开拔费发下，定于5月18日运输南下。25日忽又宣布第七旅官兵拒绝调皖，自愿解甲归田，因此已在禹城、平原予以解散。实则该旅仅领到开拔费两万元，21 日登车南下时，张宗昌派程国瑞预先埋伏军队勒令缴械，就地予以改编，任命张建功为旅长，并将旅长胡翊儒扣留，解往济南待审。随后张宗昌又派毕庶澄旅到曹州，将山东补充旅马士贵部解散了[4]。

1925 年 5 月 3 日，张宗昌所属各部队开始由徐州一带北上：褚玉璞旅进驻兖州，并令该旅一部移驻济宁；许琨、方振武、钟震国等旅进驻济南；程国瑞旅进驻禹城一带；毕庶澄旅进驻胶济路潍县、坊子一带。张宗昌 5 月 6 日[5] 到达济南，翌日举行就职典礼。

当时的督办公署就是现在的珍珠泉大院，历代统治者多在此建立官邸，金末元初曾为山东行上书省兼兵马都元帅张荣府邸，明朝天顺二年为明英宗朱祁镇之子朱建麟的德王府，清康熙五年，抚台周有德在此院建全省首府衙门山东省巡抚部院。辛亥革命后改为省民政长署、督都府、巡按使署。后韩复榘执政时，这里是山东省政府和第三路军总指挥部。现为省人大常委会办公处所在（部分辟为公园）。

此时督署大门外和大堂前都高搭彩坊，悬挂着当时的五色国旗和大红彩绸，大堂铺设地毯红毡。从大门到大堂警戒森严，卫士胸戴大红花，荷枪实弹，分列两旁。大堂正中设置一个大书案，围铺大红布，并有军乐队准备奏乐。参加祝贺的有督办公署和省长公署的文武官员，有驻济的各外国领事，各县的代表和地方士绅。张宗昌到达时，乐队奏乐，由督署旧有人员迎入大堂，再由省长龚积柄将印信放在大堂的书案上，张向上鞠躬，接过印盒，检视已毕，即交与预先派定的监印人员收下。来宾们有的脱帽，有的拱手为礼，向张宗昌表示祝贺。

就职典礼结束后，张宗昌当即一面电告北京执政府及奉张两处，并通电各方；一面派员接收原督军公署，并委王翰鸣为山东军务善后督办公署参谋长。

张随即召集全体人员训话：

（一）随军人员，劳苦功高，从今得到安身之处，应当倍加振奋，为山东地方多谋福利；

（二）原有职员，过去全有一定成绩，今后仍应安心工作；

（三）对商民要爱护，要公买公卖，不得仗势欺人[6]。

张宗昌来济南履任督办后不久，时值济南大旱，民不聊生。为了稳定民心，刚到任的张宗昌亲率一干人马从督办公署（现珍珠泉大院）步行来到芙蓉街中段的龙神庙，烧香祈雨，并发誓说，老天爷要是再不下雨就要架上大炮炮轰老天爷：

“玉皇爷爷本姓张，不该难为俺张宗昌，三天之内不下雨，先扒了龙王庙，再用大炮轰他娘。”

说来也巧，过了几天果真下起了大雨。一些“老济南”曾撰文说，张宗昌真曾下令部下向老天开炮，而且“一时炮声隆隆，响彻济南”。

此后，张宗昌多次祈雨。1926 年 6 月 1 日，《申报》载：自张宗昌 5 月 19 日回省后，因祈雨“下令断宰”，“济南人因此已十余日未知肉味”；张宗昌“率军政长官，日日徒步赴城内龙神庙祈雨”。6 月 11 日，《申报》载：因久旱不雨，张宗昌把省城的龙神像锁押，并到庙里“解马弁皮带，将神像痛打一顿，谓再不下雨，即将拆庙砸神。”他还派人运大宗木柴到千佛山山顶，并亲自到山顶令卫兵点火以祈雨[7]。

张宗昌做了鲁督后，还在济南召开追悼会纪念甲子（1924 年）阵亡将士。会场高搭松坊，上嵌“追悼会”三大字，左右有两辕门，四周围以席棚，正中为祭堂，中供阵亡将士的灵位，并有纸扎大船四只，参与盂兰会时，送往大明湖内焚烧。数十僧人在内设坛诵经。第五师四十七旅、二十八旅、二十九旅、卫队旅、炮兵第二团、工兵第二团等各师长、团长以下军官，全部参加追悼会。场内各员均带素花，以资标志。

张宗昌督鲁，以及杨宇霆督苏、姜登选督皖，对后来郭松龄倒戈产生了连带影响。

原来，李景林、张宗昌、韩麟春和张学良四人事先是有盟约的，这次打仗人家都不许抢地盘，可是，仗打完了，李景林头一个到了天津，把人家赶跑，他自己当了天津市主席。然后杨宇霆当了江苏省主席，姜登选当了安徽省主席，张宗昌去了山东。郭松龄那时就很难过，张学良劝他不要这样，不要计较。他说：

“你是大帅的儿子，我是什么？我算倒霉，谁让我给你当部下？”

张学良感觉他的情绪很大。看见人家都阔得很，一下都发了，他不服。看见张宗昌、李景林一下子都扩编了五六个军，一个中校参谋，一下子当了军长，郭就愤愤不平。

张学良在口述自传中曾说：

自己一生只有两个长官，一个是自己的父亲张作霖，一个是蒋介石。张作霖有雄才，蒋介石没有雄才，但有大略。如果这两个人结合起来，就不一般了。

张学良说自己的父亲张作霖只有雄才，没有大略，指的就是这事[9]。

## 2. 巧送郑士琦·礼送龚积柄

当张宗昌督鲁之命发表后，山东督办郑士琦虽然未公开反对，但就是拖着不走，大有恋栈之意，暗中还积极备战，看来要打仗。郑士琦在山东的势力，有原北洋第五镇改成的陆军第五师（师长孙宗先），另外还有 13 个混成旅。张宗昌驻在徐州大不耐烦，他叫部将许琨率领两个旅，由枣庄插入山东，准备以武力进取。

王翰鸣对此事很着急，于是趁张宗昌为其母亲做寿时，前往见张。席间坐满了客人，其中有山东来走消息的人。张把王拉到旁边说：

“我已开进枣庄两个旅，从后门给郑士琦插进去。”

王问张：

“你的山东督办命令，不是已经发表了吗？”

张说：

“发表了。”

王说：

“你赶快打个电话给许，要他停止前进待命。”

张说：

“为什么？”

王说：

“我们打得不错，一直打到上海。现在可不能打，若打，你的督办就飞了！”

张说：

“怎么呢？”

王说：

“郑士琦是段的合肥同乡，山东是皖系的一点根苗。你要一响枪，段就有话说。到那时，段张谈判，以不能糜烂地方为理由，设法把你调走，你的督办就当不成了。”

张说：

“人家要打，我们又怎样呢？”

王说：

“山东虽然有 13 个旅，其中第七混成旅旅长胡聘三是郑的台柱。他和我同学，我知道他就不愿意打，我们可以设法和平进入山东。”

于是张宗昌改变主意，把事交与王去处理，并对王说：

“咱们公事公办，人家要是把你枪毙了，我可不能管。”

随后又问：

“你要带多少队伍同去?”

王说：

“不要带队伍，我一个人去。”

当时山东来穿线的人为原第五镇管带、时任郑士琦副官长的陈泽普。因此王翰鸣邀同陈泽普一起去济南，并带了工兵团团长王砥周同行，就在做寿那天夜里挂车离徐北上。

车到济南已经半夜，他们在车站附近旅馆住下。次早王一人去督办公署拜会郑士琦。因彼此素不相识，不好开口就说正题，王只好绕弯子说：

“我来此地，人地生疏，请督办给我帮忙。我们军队来到这里，怕扰乱地方，请督办通知副官处派几个副官，给我们找找房子。”

郑问：

“你们来多少队伍?”

王说：

“我们先来两旅，随后全来。”

郑说：

“好吧。”

王翰鸣即辞归旅馆。晚间陈泽普来送信说，郑士琦的专车已经生火，果然当天夜里就走了。

第二天山东省长龚积柄持名片请王谈话。龚说：

“郑督办走时，把印交给我，我现将印交给参谋长好了。”

王说：

“可以。”

王翰鸣即赴督署，先把站岗的撤换，由督署至车站均换成工兵团的自己人，然后他对督署原任的职员们说：

“你们安心各守岗位，明天张督办就来了。”

事情办妥后，王回旅馆打电报给张宗昌，要他来济南走马上任。第二天，张就来了。在张未来以前，王又去访省长龚积柄说：

“明天张督办来，应当举行个交接仪式，行一个接印典礼，这事最好你准备一下。”

龚表示遵命而行。

张宗昌接任山东军务督办后，过了几天，对省长问题有点发愁。原来，龚积柄由于不是张的嫡系，自然不能占着省长的宝座。本来，对手握大权的张督办来说，免了就算了，但因为龚积柄在张主鲁后尽心尽力，这让张无话可说，所以一句话就免了确实有些于心不忍。

于是，张宗昌让人把王翰鸣叫来，问他有何高见？

王说：

“这个问题好办，叫龚辞职好了。”

张说：

“替龚想个名义。”

接着又说：

“山东有黄河，给他个黄河督办。你去征求龚的意见，看他怎么说？”

王翰鸣临走时，张又把他追回，说：

“不能就这样去。”

于是提笔写了一个条子，给龚5万元。

王翰鸣去见龚，龚说：

“参谋长给我帮帮忙，我不敢贸然辞职。如果要我辞职，我就辞。”

王说：

“你辛苦了多少年，休息休息也好。黄河督办这个差使，不知意下如何？”

龚说：

“治河我从来没有干过，请万勿勉强。”

王拿出张宗昌批的条子给龚，龚说：

“给我这么多钱，实在不敢当。”

谦让一阵也就收下了。

第二天龚辞职，随后转回天津去了。

龚积柄去职后，张宗昌以山东军务督办自兼省长，身兼两任，自非久长之计，其实，在张心中，早已准备下省长人选。前在奉天为张作霖祝寿时，就将他所崇敬的罗扬烈向张作霖提出，并说明罗在二次直奉战争中所起的作用，张作霖表示同意。张初就鲁督，即赴北京面见罗扬烈，敦请出长鲁政。当时罗正在协和医院疗养，一再逊谢力辞，张屡次派员携厚礼相候。及罗病笃，张又亲自来看望，罗以三子罗毅及旧仆吕遇鸣、刘遇庆相托。罗病逝，张派专员经办丧葬，备极隆重，并将罗所嘱吕、刘二人带回济南，作为亲随，待之甚厚。

不久政务厅长田桂凤提出辞呈，张派他的秘书长林宪祖接任。林是张当团长时的书记官，他以秘书长而任厅长，未能满意，目的在当省长。又过了好几个月，林总是请假不上班，与张大闹别扭。

有一天张宗昌在办公室，用大墨海练习写字，王翰鸣在他对面阅公文。张不说话，只是一个劲地写，忽然把笔猛地一丢，溅了一身墨水，自言自语地说：

“他妈的非要，我非不给。请假，请假！”

王翰鸣这才明白张不乐意的原因，便问他：

“督办，你打算把省长给谁？”

张不答话，王继续说：

“你不能久兼，将来如果老将（指张作霖）为你派来一个人，那对于你就太不方便了。我看林稚芗（即林宪祖）最为适合，他究竟是自己人，不是如同你兼一样吗？你不给林，又给谁呢？”

经过王翰鸣这样一说，张宗昌终于电请北京，保林宪祖为山东省长[10]。1926年4月13日，林宪祖出任代理省长，1928年3月20日正式担当省长。

省长林宪祖，与张宗昌同乡，在张初任旅长时，林即相随，为人精敏稳练，极得张之信任和倚重。在林任省长后始终仍兼督署秘书长，一手掌握督署、省府内部大权，遇事无何掣肘。林的父亲名芗如，清末曾在河南做官，与河南政界人物关系较密。因此林任用县长，除欢迎张宗昌督鲁的山东省议会议长孙传典、副议长杜尚各推荐县长10人和张的亲信人物外，多数是河南的旧官僚，但也不像韩复榘那样，随便派自己的马弁去当县长。

张宗昌督鲁局面稳定后，还进行了行政区划改革。1925年10月22日，张宗昌将济南道、济宁道、东临道、胶东道四道改为11道，即：济南道辖历城等10县，东昌道辖聊城等12县，泰安道辖泰安等7县，武定道辖惠民等10县，德临道辖德县等10县，淄青道辖益都等9县，莱胶道辖胶县等9县，东海道辖福山等10县，兖济道（即济宁道）辖济宁等10县，琅琊道辖临沂等9县，曹濮道辖菏泽等11县。

### 3. 督府要员

政务厅长毛振鹗，属于学究式官僚，他在其任内所做的事较突出的是1927年8月1日召开的“乡老会议”。这是因为张宗昌受传统思想影响，规定议员们只许领薪，不许开会。但民意他还是了解的，于是乃举办乡老会议。乡老的资格是年高的士绅，每县选送10人来省，由政务厅负责招待，生活供应非常丰富，除每天吃酒席外，还约请名伶演戏娱宾。会议主要内容为倡导孝忠，反对赤化，并要求乡老检举贪官污吏。会议多由张宗昌亲自主持，并陪坐席。会议一月结束，每人赠藤手杖一根作纪念。依据乡老意见，山东各地县长以齐东县长为首，被撤换达9人之多。此外，张部团长张思孟驻扎曲阜，骄横不法，被乡老检举，张宗昌表示，在圣人的老家这样胡闹，那还了得！当即派人持令驰赴曲阜，将张团长就地正法。

当然，毛振翾身为政务厅厅长，另有贪污的妙法：他向每县各推荐一个亲友，只要30元薪金，而不到差办事，实则有名无人，全省百余县，每月就可得到3000余元，三年之中累财10万以上，竟无人发觉。

财政厅长杜尚之所以能出长财政，与其欢迎张督鲁有功有关。在其任内，他巧立名目，施行新税（如货物税），以充军需。当杜尚拟出筹款捐税名目，请张决定时，张说：

“反正我们拿到手里的是‘天杠’（赌牌九的术语，张以比喻大权在手），能吃通庄，只说要钱筹饷就行了，不必这么啰嗦。”

当时山东有军队十几万，军需数额甚大，都要从税收中出，这在全国是一个普遍的现象。

财政厅所规定的奖惩办法，主要是在限期内，如额数解清者，以金额三成作为出力人员的奖金，连续（滚捐是一期接一期地征下去）如期完成着，除照给奖金外，并酌情予以保升。逾限不能征齐解清者，分别惩处，严重者县长撤任查办。各县长既怕受处分，又有利可图，征解均甚踊跃，甚或在银行付息借巨款先行解缴，然后再向当地商民勒派，以图得奖励。因借款利息小于奖金很多，虽付息金，仍然有余，并可借得保举，以故如此。

实业厅长张栋铭是一个政客，他之所以出任此职，与其迎张宗昌督鲁有功有关。

教育厅厅长王寿彭，本是前清状元。王寿彭是1903年中状元的，正当王沉浸在夺魁的喜悦之中时，一股不和谐的声音却悄然传来，有人说，王氏的状元得之“偶然”，“老佛爷”的心血来潮是王氏高中的主要原因。有人描述得几近传奇，有板有眼：考官们初拟一甲一名为旗人左霈，然其姓犯“旁门左道”之忌，不配为“元”；又拟取贵州遵义的杨兆麟，而“杨”姓不显，亦不配为“元”。后来才拟定为王寿彭。还有人说，光绪二十九年（1903年），乃慈禧庆贺70大寿之年（实为69岁，按“不过正寿”之俗，70寿辰，69岁过）。进士名单上，王氏的名字引起了主考官的兴趣，“王”、“寿”、“彭”三字，字字吉祥，分明应了“王者寿如彭祖”之意。“老佛爷”凌驾于皇帝之上，是当然的“王者”。“彭祖”则是传说中的寿星，姓篯名铿，颛顼玄孙，生于夏代，至殷末已有约800岁。殷王以为大夫，然其托病，不问政事。因曾被封于彭城，故有“彭祖”之称。旧时，人们以彭祖为长寿的象征[11]。主考官认为，“老佛爷”正操办寿事，倘见到考生王寿彭的名字，定然欣喜，何不将王氏列一甲一名，以讨“老佛爷”欢欣。于是，将王寿彭的名字置于参加殿试的70名考生之首，呈于慈禧面前。慈禧一见“王寿彭”的名字，果然心花怒放，立即点为状元。大多人对此信以为真，但也有人付之一笑，不以为然。应该说，“偶然”之说似有穿凿附会之嫌。王寿彭是经过一道道科考程序才选入进士行列并进入一甲的。进入一甲，选为状元的几率已经很高，故王氏中状元并不“偶然”。何况那慈禧，虽颐指气使，但通晓文墨，而且维护清王朝统治的宗旨十分明确，断不会以一个人的名字凶吉而昏庸到连选拔人才的大事也随心所欲。更况“偶然”之说，正史并无记载。所谓“偶然”，大概产生于某些人对巧合事件的臆测，更有可能产生于失落者的文人相轻。然“偶然”之说愈传愈广，沸沸扬扬，几乎尽人皆知，王氏有口难辩。恼忿之余，他公开写打油诗辩诬：

有人说我是偶然，我说偶然亦甚难。
世上纵有偶然事，岂能偶然又偶然！

王寿彭当状元是不是偶然姑且不论，问题在于张宗昌对此十分看重，他的传统思想比较严重，遂把这位状元公请来当教育厅长。王就职时，张亲自向全厅人员讲话：

“我张宗昌是个老粗，各位不要瞧不起我，我现在特请王状元来当教育厅长，帮助办好山东的教育事业……”

王办学提倡尊孔，各学校一律添读经书，农村则号召大办私塾。又刻印十三经全部，字大纸好，分红、蓝二色，印刷若干部，除分存图书馆、大学校外，并赠其知交、僚属。卷首序文系张宗昌署名。同时，创办山东大学，由王兼任校长。

警察厅长袁致和谣传与张宗昌有郎舅关系，实际上不是，而是袁自认家门硬攀上的。他负责济南治安工作，在战争时，又兼戒严司令，大权在握，生杀立判。其枪毙和迫害的人，为数不少，如济南第一师范学校校长王祝晨、曲阜二师校长范炳宸、印花税处主任秦仲云等，甚至审判厅厅长张志，也因嫌被捕，严刑拷讯，妄加“通敌有据”罪名，判处死刑。

烟酒公卖局长吴宝彝，擅于逢迎，以精通嫖经法门，大受张的赏识，张每外出办公，吴必相随，人们称之为行营秘书。吴喜藏汉玉，绰号“汉玉大王”。他在职3年，积资至200多万元。

禁烟局长姜寰，因张部军队日益扩大，原有赋税，不足应付，于是以

“寓禁于征”的名义，许可各县公开种植鸦片，并公开贩运，以筹得巨款。

山东省银行行长蒋邦彦，滥发钞票，印制军用票发行各处，对山东危害最大，他发财也最多，据说达5000万元。蒋把款存入日本正金银行，不料日本人心狠手辣，竟在大连买通了他的佣人，用电线将蒋勒死，该行以无本人签字为理由，拒绝付款，5000万元的山东民膏，遂为日本人一口吞没。两个佣人也被日本警察署杀害灭口。

印刷局长毛希蒙，承印山东省银行钞票和军用票。省钞是在张宗昌失败后才不兑现，军用票则在当时就打折扣。其折扣行市，是以军事情况为转移的，最高达到七折，最少的为一折。当时规定缴纳税款，准掺军用票三成。因此，各税务机关在收款时，利用商民不明规定，尽量少收或不收军用票。解款时则以折扣买来军用票抵缴三成现金，又为经手人员开了一个贪污的门路。

济南市政厅督办唐柯三，为对张献媚，曾拆估衣市街马路，修筑义威路、义威桥。

山东印花税处长洪梦松，脱离财政部，自制税票，创办济南、青岛、烟台等地办事处。在印制税票时与山东省印刷局和林宪祖联合舞弊，加价虚报，共制票额400万元，多报印价10万元[12]。

张宗昌统治山东时期，吏治是比较混乱的，此中有两方面的原因，正如省长林宪祖在1926年5月30日所电称：

> 民国以来，时事多故，法纪陵夷。政局既呈风雨飘摇之象，吏治遂有江河日下之概。以山东一省而论，服官最久，于地方情形最熟者，本不乏人，一旦手操政柄，宜若可以收驾轻就熟之效，而其服官愈久，益工贪权固位，地方情形愈熟，适于以因缘为奸之机，又或唯唯诺诺，无所建白，谬托于老成持重，实不过坐啸画诺，以巧于趋避为能事，以粉饰太平为得计，虽非之无据，刺之无证，而敷衍塞责，暮气已深，万事既有丛脞之虞，政治安有刷新之象？至于少年新进，不谙政体，鲁莽灭裂，忽作忽辍，更比比皆是，无足深论。自张总司令兼省长以来，一时纪纲肃然，迨至战端一开，吏治更不暇讲求，不肖者竟不免故态复萌[13]。

于此可知，历史的惯性和战争是山东吏治腐败混乱的两大主要原因。

# 二、交战小孙郎

## 1. 孙传芳起兵

1925年8月29日，北洋政府在张作霖的压迫下，任命杨宇霆为江苏督办，姜登选为安徽督办。奉军取得上海、江苏和安徽的地盘后，趾高气扬，目空一切，张作霖就曾表示：

“他妈的！三五年内我不打人，绝没有人敢打我。”[14]

奉系高层的骄横，直接导致奉军军纪更加败坏，敲诈勒索，奸淫妇女，无恶不作，弄得怨声载道，引起了当地士绅和广大人民的强烈不满。

奉军的节节南下和步步紧逼，其咄咄逼人的气势已经引起各方的严重不安。

西南四省正在共商联防同盟组织，以防奉军深入，因奉张的步步吞食而节节退却的冯玉祥也以“因许加盟，共为十四省区”亲笔信联系吴佩孚。孙传芳见此，觉得自己的机会来了。

促使孙传芳痛下决心发动反奉战争，还有内情。

9月初，段祺瑞的心腹、皖系军阀徐树铮从英国给他发来一份电报，说奉张已与某国签订了一个合同，以沿海的渔业权为抵押，向该国借款以购置新式武器，准备在第二年的春天发动侵浙占闽的战争。此时从北方来浙的原保定军官学校校长蒋方震也带给孙传芳一个消息，说杨宇霆督苏、姜登选督皖只是奉系占领东南各省的第一步，等到所定军械到手后即取浙江、福建两省，其时间大约在次年3月实施[15]。孙传芳认为与奉军开战势不可免，与其坐等奉系准备充分后前来进攻，不如乘其立足未稳，先下手为强，因此积极联络各省的地方军阀，欲联手对奉系一战。

10月7日，在上海人民强烈反对英、日、美三国所派司法调查委员到沪对沪案重查的呼声中，孙传芳在杭州召开了秘密会议，与直系和有关各省代表讨论出兵攻奉的问题。参加会议的有福建督办周荫人、赣南镇守使邓如琢、皖南镇守使王普、江苏第四师师长陈调元、湖北督办萧耀南及下台军阀齐燮元、马联甲的代表。会议决定成立皖、赣、苏、闽、浙五省联盟，组成五省联军，推孙传芳为总司令，树“拥段反奉”旗帜。联军号称20个师，20个混成旅和9个步兵旅。孙传芳还请吴佩孚出山，共图大举。

谁来打第一枪呢？如果按着地理位置，应该由苏军首先发动，因为，苏军与奉军同居一省。但是，陈调元、白宝山等怕敌不过奉军，不敢首先发难，于是孙传芳自告奋勇，率先起兵。会议结束后，孙军以国庆阅兵为名开始向松江、长兴集中。

张作霖闻讯，急召关内奉系四督直隶李景林、山东张宗昌、江苏杨宇霆、安徽姜登选，于双十节前赶回沈阳，讨论应付孙传芳的问题。但是时间已经来不及了，孙军分为五路，以浙军第一师师长陈仪为第一路司令，北军第四师师长谢鸿勋为第二路司令，担任由沪杭线进攻上海；北军第二师师长卢香亭为第四路司令，浙军第二师师长周凤歧为第五路司令，担任由长兴进攻苏州；孙自己兼任第三路司令，担任居中策应，另派孟昭月为杭州戒严司令，留守后方。10月11日，孙传芳发表通电，反对上海压迫工人运动和听任各国派员来沪进行司法调查，他学了以前吴佩孚的榜样，抓住“爱国爱民”的题目来作为进攻对方的口实，以骗取人民的同情与支持[16]。

孙传芳的突然起兵，使得号称小诸葛的江苏军务督办杨宇霆狼狈北撤。

1925年9月中旬，杨宇霆作为江苏军务督办进入南京，即“雷厉风行”，企图一举扫除江苏非奉系部队。杨比较能干，但气量狭小，他因与江苏帮办陈调元旧日有隙，就处处刁难，使之难堪。杨到南京就职时，陈调元与江苏的绅商过江到车站欢迎。杨宇霆对他们毫不寒暄，却盛气凌人地说：

“江苏弄得太糟，军不像军，政不像政，全不如奉天。他本人不想来，雨亭硬让他来。”

杨就职后，江苏各师长都重新加委。陈调元（时任江苏帮办兼江苏第四师师长）、白宝山（时任海州护军使兼江苏第一师师长）、马玉山（时任淮阴护军使兼江苏第三师师长）、郑俊彦（时任中央陆军第十师师长）等来谢委时，杨对他们未说一句客气话，还仿效张作霖的口吻说：

“你们好好地干吧。”

这些师长出门就骂：

“什么东西。”

杨平日见着他们，总是说：

杨宇霆

“你们军队的质量太差，需要好好整顿。”

因此，陈等感到惴惴不安。

江苏大绅士冯煦欢迎杨宇霆时，杨说：

“江苏民风太坏啦!”

冯煦当即说：

“民风坏不坏与我无关，我是来欢迎督办的呀!”

前文提及的杨宇霆与陈调元有隙，实缘于二人之间的一段过节：

杨宇霆自1915年任张作霖的参谋长后，成为奉天第一红人，张对他言听计从。后来杨宇霆因与徐树铮合谋在天津杀陆建章，并暗地里编了六个混成旅，引起张的怀疑和不快，把徐树铮的奉系副司令撤职，杨宇霆也因此离开奉天，在北京做寓公。时徐树铮回徐州给他的母亲办丧事，徐州镇守使陈调元为了讨徐树铮的欢喜，以地方官的身份，亲自替徐家大办丧事，料理一切。杨宇霆去徐州吊唁时，陈调元没有特别招待他，仅以普通客人之礼待之，因而杨对陈颇不高兴。直皖战后，张作霖又起用杨宇霆，任东三省巡阅使署总参议。第二次奉直战争后，奉皖二系重修旧好。陈调元向张作霖献媚，愿把他的军队编入东北军，由南京来电请领编入东北军的番号。杨宇霆气量狭小，竟用张作霖名义复电批驳陈的要求，使陈扫兴。陈调元又来电请领军用乘车证，军务处拟好复电准予发给，称呼陈为“帮办”，杨宇霆用笔把“帮办”两字勾去，改称“师长”。军务处处长尹凤鸣说：

“陈是帮办。”

杨宇霆说：

“你不必管，什么帮办。”

这又使陈不快[17]。

陈调元后来说：

“别人称雨亭还可，他配吗？到督署门口，他的车子径直而入，我俩却只准在门外下车。我小名也是帮办，这种态度让人何以忍受！所以我才派人与各方联系共同驱杨。”[18]

孙传芳起兵后，杨宇霆作为奉系前方第一要员，见局势难以收拾，乃决定遵照张作霖“应相机撤回徐州待命”的命令，对孙军采取不抵抗的方针，退兵十分迅速，借以保全实力。10月18日，丹阳附近陵口尚有未及撤退的邢士廉部，与孙军前锋小有接触，即向镇江退走。此时，苏军大将陈调元留在南京未走。18日深夜，杨宇霆召集军事会议，表示本人随时可走，陈即站起身来说：

“督办的话说得对，我们今天就来替督办送行。”

杨也强笑地说：

“好，让我洗一个澡，马上就走。”

不料这个澡足足洗了一个钟头还没有出来，陈大个子不由得起了疑心，推开门一看，才知道这位“小诸葛”已经借水道溜出了南京城，渡江乘车逃走了。陈冷笑了一声：

“这个精灵鬼休想逃出老子的手掌心。”

即电令浦口、花旗营一带苏军将杨所乘专车截留下来。照例，一切紧急军电都是从尾译到头的，因为结论都在煞尾，不料花旗营苏军的电务员换了一位生手，他从头译到尾，当电报译完的时候，果然有一列专车驶到，专车是被截留下来了，可是前面有一辆压道车早已飞一般驶过去，而那位堂堂督办却正坐在压道车中[19]。

杨宇霆乘专车由浦口抵达济南，下车后至督办公署与张宗昌晤谈。杨向张首先说明，此次事变所采取的应急措施是怕牵动奉天，影响北方根据地的安全，故而迅速将江南奉军悉数撤回。继而又进一步说明他此次到济南的目的：

“江南的奉军各部队都是徒步行军，长途跋涉，极为辛苦，更何况后面还有追兵，难免惊慌失措，造成损失。所以，我到这里来，是请你迅速出兵，而且还要请你亲自出马，统帅大军到徐州坐镇，借你的威望，以便使北撤的奉军得以安心，有所依靠。”

张宗昌当即表态说：

“我去是可以的，但自从到山东以后，我的第一军各部队，如褚玉璞、许琨、毕庶澄等部，都已编为三旅制的军，有的还没有编好，有的虽然已经编好，但是刚开始训练。即使硬要拉出去，各部队仓促出发，饷项服装和枪支弹药都有待补充，我哪能就走呢?”

杨宇霆毫不迟疑地说：

“不行，你非立刻就走不可；如果你不走，我也不离开济南。你所说的事情，叫参谋长替你办，准能比你自己办的还好。你一定要赶快到徐州，接应大军至为重要!”

形势所迫，张宗昌不得不答应出兵，而且也不得不亲自出马。于是又深入研究了一下出兵办法。张宗昌以第一军部队正在扩编整训，立即出发确有困难，决定动用山东原有地方部队。办法商定后，为了让杨宇霆放心，立即将孙宗先、施从滨等地方部队将领召来，当着杨宇霆的面，说明目前的局势和决定采取的对策，并正式下达了任务。杨见山东出兵一事得到具体落实，方才乘车离开济南北上。张宗昌也随即动身，带领祝祥本卫队旅，乘铁甲列车先行驰赴徐州[20]。

在杨宇霆拼命北逃时，安徽军务督办姜登选与杨宇霆不同，当孙传芳将起兵之时，孙派他的参谋对姜说：

“杨宇霆图谋打我，您知道吗?”

后孙传芳又写信说：

“我已获有确证，非我凌人，人已凌我，万难再行隐忍。不过，我绝不进犯安徽。”

杨宇霆撤退北上，狼狈不堪，姜登选十分不满，他说：

“我与麟阁（杨宇霆字麟阁）结交有年，今始识其无能。将两师萃于一处，据险结阵，犹堪一决雌雄；不幸而败，再退不迟，何至惊惶若此，弃师而逃。”[21]

姜登选最初到安徽时，仅仅携带一营军队。当时安徽当地驻军有四旅，有三旅响应孙传芳，仅马祥斌一旅拥护姜。姜通电主张和平解决，声嘶力竭，但终归无效。

孙传芳发动反奉战争后，张作霖以奉军主力部队均散关内，深恐东北根据地空虚，为敌人所乘，因此下令火速撤军。当然，此举也是为了避免驻扎在苏、皖两省奉军由于势单力孤而遭受重大损失。下达给各部队的撤退命令可以说急如星火，但对地方大员的去留则有所疏忽。为此，姜登选对张作霖大为不满。他认为自己担任安徽军务善后督办一职，既经张亲自推荐，又经北京执政府明令发表，而现在突然撤军，对自己如何安排却只字不提，这明明是眼睛里只有你的兵，而没有他这个将；并进而把此事看成是张作霖非但轻视自己，甚而是抛弃自己。因此，姜登选愤愤不平，竟然命令在安徽的奉军悉数撤退回奉，姜本人则负气不肯出走，坚守在蚌埠。

张宗昌到达徐州，闻知姜登选尚在蚌埠，随即带领卫队300人，乘铁甲列车抵达蚌埠，时姜尚呆在督办公署。见面后，姜向张大发牢骚：

“我这个督办也是他（指张作霖）保的，队伍也是他命令开来的。今天，江南出了事，杨宇霆拔腿就走，奉天的电报像雪片似地飞来，只知道催他的队伍火速撤退，可是对我这个督办何去何从，却只字不提，任何指示没有。我是地方大员，能自由行动吗？只好等今晚上被俘做阶下囚好了。我身边的卫队，早已经把他们装车打发回去了。”

张宗昌弄清原因，立即好言劝慰：

“大哥不要负气，该走就走，我今天就是特意来接大哥到山东去!”

于是死拉硬拽，才把姜登选拖出督办公署，连同其参谋长等幕僚一起登上铁甲列车返回徐州。在车上，张、姜二人促膝谈心。张说：

“要干，就得自己干，不能仰仗别人；如果自己不想干，那就拉倒算了。”

姜表示完全同意张的看法，并决心今后要走自己的路。

姜登选临行之时，召集绅商各界开会说：

“就职以来，时才 20 余日，出纳各款，均有簿记，登载，用之于皖，不私一文；即本人俸给，亦一无所取。”

随后将安徽督办军务事宜印信面交马祥斌，委其代行职权。

到达徐州后，张宗昌拨款 20 万元，赠给姜登选，作为组织部属培植力量之用。谈及张作霖周围的人，张宗昌提醒姜登选，要特别警惕郭鬼子（郭松龄）。

在徐州，张宗昌还对姜登选说：

“军事非吾所长，愿举山东各军听公指挥。”

姜婉辞谢绝，私下对僚属言道：

“此等军队平时漫无纪律，岂吾辈所能指挥。此处非久留之地，及朝宜速去。”

姜登选随即离开徐州北上，到天津稍事逗留，旋即赴奉向张作霖报告安徽方面撤退情况。途经滦州时，恰值郭松龄倒戈发难，姜登选不幸遇害[22]。

在沪宁线上，奉军损失惨重：第 8 师全部被俘，第 20 师大部溃散，只有奉军第 20 师第 44 旅旅长刘翼飞，率部在从上海撤退途中与浙军进行了几个小时的抵抗。由于孤立无援，刘被迫化装成和尚方得以逃生。当他逃回奉天见张作霖时，杨宇霆亦在座。张对刘说：

“你回来了，好极啦！听说你化装当和尚了。他妈的！在江南只有你跟孙传芳打了八个钟头的仗，别人他爹妈少给他做个胆，一枪没放，全投降了！现在我又给你编一个甲种旅，是三团制，士兵正在招募，就在东山嘴子营房驻防，勤加训练吧！”[23]

## 2. 张家军力战孙家军

1925 年 9 月，也就是与孙传芳交手之前，张宗昌部辖东北陆军 6. 5 万人，原山东陆军 2. 8 万人，共计 9. 3 万人。

| 东北陆军第二师师长 | 张宗昌 | 驻济南 |
|---|---|---|
| 第三旅旅长 | 褚玉濮 | 驻曹州 |

第二十八旅旅长程国瑞　　　驻济南武定
第二十九旅旅长许　琨　　　驻济南
第三十二旅旅长毕庶澄　　　驻邹县滕县临城
卫队旅旅长　　方永昌　　　驻滕县兖州
补充旅旅长　　姚　霁　　　驻徐州
第一梯队队长　聂洽耶夫　　驻泰安济南
第二梯队队长　方振武　　　驻济南和津
备补第一梯队团团长　　　　孙殿英　驻徐州

附山东原有军队：

第五师师长　　孙宗先　　　驻济南
第九旅旅长　　张培勋　　　驻济南辛庄
第十旅旅长　　王西园　　　驻青岛
中央第二十混成旅旅长　　　吴长植　驻曹州（兼曹州镇守使）
中央第四十七混成旅旅长　　施从滨　驻胶东
山东第二混成旅旅长　　　　张怀斌　驻烟台（烟台镇守使）
山东第四混成旅旅长　　　　张建功　驻东昌
山东陆军第五十五旅旅长　　徐源泉　驻临沂
山东第六混成旅旅长　　　　张培荣　驻兖州（兼兖州镇守使）

张家军尽管人数很多，但由于主力部队正在整顿，地方部队与张宗昌关系不密切，且战斗力不强，这就为战争的失败埋下了伏笔。

为了准备与孙传芳的五省联军一决雌雄，张宗昌在山东已调集了 6 万精兵，前往徐州。在此之前，为整军经武，张宗昌在济南进行了大规模阅兵。他还令警厅传谕全埠商民，自 9 日起到 11 日止，昼则悬旗，夜则挂红灯，以庆贺国庆[24]。

为使在徐州大战中，确保山东的安全，张宗昌命在苏、豫、皖各省与山东交界的地方，增加电线电话，保证通讯联络，备军事之用。

张宗昌以督署令形式，命铁路局准备火车 30 列，做运兵徐州之用。第一军卫队旅长方永昌已奉命首先开拔。粮秣处向各面粉厂定购面粉 12 万袋。新城兵工厂增加工人 1300 多名，增开夜班，制造更多的枪炮子弹。

张作霖已正式委任张宗昌为直、鲁、皖、苏防御总司令。

10 月 24 日，张宗昌亲自赴徐州布防，与姜登选洽商防御计划。同行者有第五师师长孙宗先、军务帮办施从滨。第一军卫队旅旅长方永昌带卫队旅全旅，共分 6 列车运载，随张宗昌南下。另外，二十八旅、二十九旅也将随后陆续开到。

在此之前的22日，浙军一师四混成旅、苏军两混成旅已全部运输到津浦路，向前方推进，前锋已抵蚌埠。孙传芳的行营专列也已开到。张宗昌在凤阳、蚌埠之间设置了三道防线。他调第二旅开抵宿县，他本人则亲临徐州指挥[25]。

为了强化对孙作战，张宗昌与施从滨、孙宗先效法三国桃园三结义誓盟，施长，孙次，张排三，俨然刘、关、张三兄弟。张宗昌自豪地说：

“有咱兄弟三人守此，哪怕孙郎百万兵!”

张宗昌还许诺，战胜孙传芳后，施从滨督安徽，孙宗先督江苏。

与此同时，五省联军的另一路军队渡江北上。孙传芳的浙军已经渡江3万人，聚集在乌衣镇、滁县路站附近。等苏军马玉仁师、白宝山师渡过五河以后，会师进攻凤阳。

现在滁州的浙军约有5万人，卢香亭、谢鸿勋、陈调元的主力部队，预备攻蚌埠。

另在张八岭的奉军因所处地势不利，且人数也很少，接战不利，即向临淮关撤退。浙军修复明光站附近之假桥后，前锋已抵近临淮关。之后，大军集中临淮关，继续向蚌埠逼进。奉军继续撤退，23日联军占领蚌埠。这时，皖军与联军汇合，孙传芳命令工程队尽快修路，以备大军向徐州前进之用。

各路兵马到齐后，孙传芳下令向徐州方向推进。这时突然收到白宝山海州告急的求援电报，孙传芳只得派师援助海州。原来在10月26日，山东军队盛传苏军白宝山师将由海州乘船袭击青岛，进攻奉军后背。张宗昌决定先发制人，他于当日派第三十二旅旅长兼海军司令毕庶澄，由青岛率领海圻、华甲、豫楚、永翔四舰，载海军陆战队3000多人和邢士廉退到青岛北面的3000人，向前进发，进攻海州，从侧面进攻孙传芳。

张军另外用运输舰两艘，运送军火给养，随后开往海州湾。

奉军占领海州后，又进取清江浦，苏军马玉仁部战败。张军准备趁机再从运河南下取镇江，抄袭孙传芳后路，使他腹背受敌，陷于进退维谷的境地。

白宝山在海州危急时，一日内向孙传芳发六次十万火急的电报，请求援助。孙传芳决定派闽军第二十四旅的步兵、炮兵800人先往援救，又飞调驻六合的苏军第三师刘明汉旅全部调往江浦应援。孙传芳还觉兵力不够，怕不抵张军，又命令苏军抽调四个混成旅由郑俊彦率领前往参战，并责成白宝山、马玉仁、陈调元务必夺回海州。孙传芳派的这些军队赶到海州后，即与奉军展开了激烈的大战[26]。

孙传芳采取围魏救赵的策略，派卢香亭为前敌总指挥加紧进攻徐州，以牵动前线的奉军。兵锋所向，直指蚌埠。

张宗昌、施从滨等在张作霖那里领到大批饷银、给养。特别是张宗昌，给白俄领了一批活牛活羊，还有大宗白兰地洋酒、大炮台香烟等名贵东西，专门供应这一大批白俄军享受之用。

白俄军的军纪很坏，每占领一地之后，白俄兵手执伏特加或白兰地酒瓶，边歌边饮，招摇过市，或殴打行人，或调笑妇女。20 年代，中国妇女特别是农村妇女，大都缠小脚，“老毛子”一来，她们纷纷逃难，但因脚小，步履艰难，常被俄兵捉获，“从则淫之，拒则杀之”，所以老百姓对白俄兵恨之入骨，一听说“老毛子”来了，便逃避一空。

施从滨部经过数日整顿补给后，就由兖州、泰安防地，先后开到蚌埠附近。但施军布防尚未就绪，而孙传芳的谢鸿勋师和卢香亭师两路大军取钳形攻势，把蚌埠的西南东三面包围，连夜向市区施军猛冲。施部本是缺少训练的老弱残兵，又兼军饷积欠不发，兵无斗志，一遇谢、卢两军夹攻，便纷纷败退。蚌埠便被谢鸿勋占领了。

张宗昌的白俄军，由济南沿津浦线东侧，掩护施从滨向南急进。白俄军一路奸淫烧杀，无恶不作。当施部进入蚌埠时，白俄军处在蚌埠以北地区，致使施军孤立无援。

孙军占领蚌埠后，便立命李俊义旅马葆珩团驰赴津浦东侧迎击白俄军。马团官兵一路胜利，便有轻敌急功的念头。先头尖兵因过于突出，一遇白俄军，全部 50 多人完全被大队白俄毛子包围杀死。残忍像野兽一般的白俄军甚至对孙军士兵挖眼睛、割鼻耳、取心肝以取乐。卢香亭大队开到，立即展开激烈冲杀。大部白俄军赤膊作战，一手拿着白兰地酒瓶，一手拿着上好刺刀的步枪，一面狂饮，一面冲杀，凶猛如同野兽一样，把马葆珩团几乎击溃，副团长、营长多被打死，士兵伤亡甚众。马团急命步兵全线撤退，将全团机关枪和大炮集中火力猛烈轰击，当即打死打伤白俄军 800 多名，他们才酒醒，弃枪逃窜。可是他们都穿着长大皮靴，个子又大，跑得不快，又被活捉了 300 多名。因为马团前锋曾被他们残杀，前线士兵为了给被杀官兵报仇，也以暴易暴，把被俘的白俄毛子，有的吊在树上活活烧死，有的吊在车站当活靶子打。等到旅、团长赶到时，才制止了这种野蛮的行为。

至于铁甲车上的白俄部队，在战斗中拼命用机炮扫射，待时间已久，弹尽援绝，欲进无路，欲退不能。他们本能自己修理铁路，因被包围，亦无法下车进行。当时的铁甲车司令俄人车柯夫自认部属全非中国人，平时纪律极坏，强奸妇女，无恶不作，参加中国的内战，如果被俘定难活命。于是把人集中一起，连女眷在内，共七八十人，浇上洋油点上火，一阵浓烟起处，这伙白俄毛子全数火葬在铁甲车之上[27]。

施从滨部撤出蚌埠后，仍在蚌埠以北坐着铁甲车督战，希图挽救失败的局面。不料谢鸿勋师上官云相团，已绕到固镇桥以北，把铁轨拆掉，断艳了施军的归路。固镇以南卢香亭师马葆珩团，趁消灭白俄军的余威，向施军猛攻。此时施军遭到孙军腹背夹击，同时又悉白俄军已被消灭，感到孤军被围，形势紧急，就下令铁甲车开足马力向北速进。铁甲车到固镇桥时，施从滨见长达一里的铁桥面上，挤满了向北逃窜的自己的部队，他不忍在自己部队的身上碾过去，又命铁甲车往南开。没有开十几里远，见大部孙军冲杀前来，又急命铁甲车往北行驶。到固镇桥时桥面仍是挤满着部队，争先恐后向北逃窜。此时由北向南截击的上官云相团正包围张军缴械，固镇以南的马葆珩团，又已紧追前来。在生死关头，施不顾自己部队的生命，命铁甲车开足马力，在自己部队身上冲过桥去，桥上1000多人立刻化成肉饼，冲下河去也不计其数。当时血肉横飞的惨状以及惊叫惨呼之声，真是无法形容。还有许多带着上中校肩章的军官的下肢已经被碾掉，但还能说话，要求过桥官兵快给他一枪，免得痛苦。真是惨极了！孙军随军文职人员等过桥时，目睹此种满桥血肉狼藉情况，都吓得不敢过桥，有的竟痛哭失声。

施从滨渡过固镇桥后，满以为可逃过此大劫难。哪知铁轨已经被拆掉，铁甲车立即倾倒路旁，他和随从人员全部被俘。那时施已是须发皆白的70高龄老人，着陆军上将服装，他还很自然地对孙军说：

“你们辛苦了。”

当由谢鸿勋派一营长把他送往蚌埠总司令部（谢还写一报告给孙传芳，并要求优待施从滨）。施见孙传芳时还行了军礼。孙在烟床上动也没动，便笑着说：

“施老，你好，你不是来当安徽督办吗？你马上去上任吧！”

就命人把施拖出去枪杀了。

事后孙部里许多军官，都对孙擅杀战俘表示不满。据孙自己对亲信说，他杀施是给邓如琢、陈调元等一个眼色看。内部将领都认为此次战争，是出人意料的顺利，很轻易就占领了上海、江苏、安徽，致使孙传芳得意忘形，儿戏般地枪杀了施从滨[28]。

杨文恺著《孙传芳反奉联奉始末》[29]对孙传芳杀施从滨的记载是这样的：

孙传芳命令卫队团长李宝章将施从滨押解到蚌埠，交军法处长陈锡璋审讯。施直认不讳，孙传芳决定立即斩决。时已午夜，幕僚杨文恺对孙说：

“我们打内战，对待俘虏，不宜杀戮，不如把施押送南京监禁。”

孙不听，拍着桌子对杨说：

“你我要是被他们俘虏，还不是被杀嘛！”

杨又劝孙冷静考虑，不可操之过急，并言道：

“杀也可以，何必今夜，明天再问一次，杀也不迟。”

孙声色俱厉地说：

“是你当家，还是我当家呢？”

杨见孙主意已定，难以挽回，无语而退。孙即命令李宝章把施从滨由军法处押出来。施亦自知必死，他说：

“就在这里执行吧。”

李宝章终于把施押到车站南边的旷野，执行斩决，身首分在两处掩埋。

杨文恺的记载可以作为孙传芳杀施从滨的情节补充。

李藻麟著《我的北洋军旅生涯》[30]上记载，称施从滨被杀另有隐情：当时传说，施被俘后，孙传芳立即电告吴佩孚，吴回电就地枪决，施遂被害。吴之杀施，缘于第二次直奉战争。当直奉两军正在山海关一带酣战不已时，冯玉祥突然倒戈，致使吴佩孚陷入首尾不能相顾的绝境。其实，直军在江苏尚有六个旅的兵力，吴佩孚把起死回生的希望完全寄托在这部分兵力上。他打算利用津浦路把六个旅迅速运至京津前线，同冯玉祥国民军决一雌雄，但唯一顾虑就是怕山东方面破坏铁路，阻挡直军北上。不料山东果然表示反对直军假道山东，一线希望终成泡影。吴佩孚手无援兵，一筹莫展，最后不得不将大军弃置于山海关，只身乘船离津南下，致使直军全线崩溃，一败涂地。山东方面之所以坚决反吴，据说施从滨主张最力。因此，吴将施恨之入骨，遂有杀施之举。此说系奉方当时猜测谣传之辞，并无实在根据，姑且志之，尚有待知情者揭露事实真相。

施剑翘

孙传芳杀害施从滨，过于狂妄，他万万没有想到，10 年后，当他放下屠刀念经唱佛时，施家后人施谷兰改名施剑翘，为报父仇，也将他杀了。

孙传芳墓

施剑翘是施从滨从他哥哥“施从云”那里过继来的。施从滨被孙传芳枪杀后，尸首也没得到善终。尸首被分解，暴尸3日，悬首7日！施从滨的被杀，激怒施剑翘，她立志为父报仇。

起初，施剑翘把报仇的希望寄托在她的叔兄施中诚及几位弟弟身上。施中诚早年丧父，是由施从滨夫妇抚养成人的。施从滨被杀时，他刚从保定军官学校毕业。施剑翘是个有心计的女孩子。她知道，要报仇就得让施中诚和几个弟弟到军队中去当军官，手中有了军权，就好办了。施中诚刚好毕业，施剑翘立即带他去见张宗昌。张宗昌是施从滨的上司，他在施剑翘的恳求之下，给了施中诚一个团长职位，并出资送她的几位弟弟去日本士官学校学习，为杀孙传芳准备条件。转眼几年过去了，施中诚当上了烟台警备司令。但是，他只顾吃喝玩乐，将报仇的事抛到了九霄云外。施剑翘多次劝说无效，十分痛心。恰巧这个时候。施剑翘认识了阎锡山的中校参谋施靖公。施靖公得知施剑翘的事情后主动表示要为施剑翘报仇。报仇心切的施剑翘信以为真，便以身相许。然而，施靖公的目的只是为了得到施剑翘，报仇之事不过是说说而已。施靖公得到施剑翘后，就一反原来的态度，再也不提报仇的事。

两次依赖别人为父报仇，两次失败被人欺骗。施剑翘最终下定了决心，要亲自为父报仇。

施剑翘并不认识孙传芳，而且也只是听说他在天津。因此，她要做的第一件事是找到孙传芳。孙传芳一生作恶多端，而且又经常进行不可见人的勾当。因此，他的行动格外隐蔽，从不肯轻易露面。施剑翘要找到他实在不是一件容易事。经过多番查找，施剑翘弄清了孙传芳的住处和相貌。

一天，施剑翘在孙宅门口摆了个小摊，想在他走出大门时开枪射击。可是，她刚坐下，两个看门的卫兵就把她赶走了。以后的几个月里。施剑翘一直都找不到下手的机会。很快就到了施从滨被杀10周年的忌日，焦躁苦闷的施剑翘来到日租界的观音寺给亡父烧纸念经。当班的和尚念完经后便要下楼休息，施剑翘却跪在地上痛哭失声。当班和尚觉得奇怪，便劝道：

“女施主，你已为亡灵烧纸诵经，为何还这般伤心?”

施剑翘抽泣着说：

“烧纸念经不过是尽儿女一点心意罢了。其实还不是迷信吗!”

和尚有点不快，说：

“女施主，这就错了，如果是迷信？那靳云鹏、孙传芳这些名人，不也信佛吗?”

一听到孙传芳三个字，施剑翘停止抽泣，装作不信。上前问道：

“我怎么从未听说过?”

“贫僧怎会欺骗施主。前年，他们两人在东南角租了块地，创了个佛教居士林。靳云鹏是林长，孙传芳是理事长。”

和尚越说越来劲。施剑翘无意中得知了孙传芳的行踪，大喜过望。于是，她化名为董慧也加入了这个居士林。

1933年，靳云鹏联合孙传芳出头，向天津市富绅李颂臣说妥，将坐落在东南城角草厂庵的清修禅院（原为李氏宗祠），改名为天津佛教居士林，由靳任林长，孙任副林长。新居士林成立之后，规定每星期日居士们来林念经，由富明法师主讲。靳云鹏、孙传芳这两个曾经显赫一时的人物亲自领拜，在佛教居士中发生了很大的号召力，辗转相告，信徒纷纷而来，陆续参加活动的多达3000多人。

1935年11月13日正是讲经日，靳云鹏与孙传芳皆应到林领拜。这一天下雨，孙传芳的妻子不愿孙冒雨外出，曾一再劝阻，但孙事前与靳云鹏约好在林会面，所以冒雨赶来，靳却反而因雨爽约未到[31]。居士林的男女居士们在礼佛听讲时，是男东女西分坐的，男居士行列之首座是靳云鹏，女居士行列之首座是孙传芳。主讲人富明法师坐在正中座上，面对男女居士讲经说法。

下午，在天津草厂庵清修禅院的大殿佛堂里，居士林的男女居士们正襟危坐，参禅听经。大殿之上，孙传芳身披和尚们常穿的黑海青，在一旁全神贯注地倾听着讲解。

施剑翘事先打听明白，做好了准备。她原以为孙传芳可能因为雨天不去听经了，便空手前往观察，果然未见孙到来。后来她正与别人谈话时，忽然见孙身披袈裟走进佛堂入座。施剑翘租了一辆小汽车赶回家，取出手枪、传单等物，返回居士林。她本来坐在后面，离孙还远，于是故意提高声音说：

"后面的炉子烤得我太热了。"

一位居士说：

"你不会到前一排去吗？"

她答应一声：

"好！"

上前几步，就到了孙传芳的右后方，她掏出手枪，照准孙传芳的耳后，打了一枪。孙立即倒在太师椅的扶手上，剑翘又向孙的后脑和背后打了两枪，脑浆已流出来。剑翘打完三枪，从大衣里掏出预先准备好的几十张卡片。那时，大殿上的人都慌忙四下乱跑，她把卡片撒在院子里，并且大声说：

"我是施剑翘，为父报仇，打死孙传芳，一人做事一人当，决不牵连任何人。你们可以带我到警察局去自首！"

当时，和尚和居士们都吓得发抖，无人应声。剑翘自己到电话室打电话给警察局。警察来后，剑翘告诉他们孙传芳是她打死的，并掏出手枪，交给警察，要求带自己去自首。说完便将手中的油印传单扔散出去，传单上有诗一首：

父仇不敢片时忘，更痛萱堂两鬓霜。
纵怕重伤慈母意，时机不许再延长。
不堪回首十年前，物自依然景自迁。
常到林中非拜佛，剑翘求死不求仙。

施剑翘得随心愿后，豪迈地赋绝命诗一首：

得报亲仇恨已消，芳兰总有一时凋。
从今拜别萱堂去，一点灵犀上九霄。

施剑翘被带到警察局，经过简单讯问，次日转到法院，拘留在看守所。初审承认她是自首，判有期徒刑10年，二审鉴于她是为父报仇，情有可悯，改判有期徒刑7年，三审维持二审原判。

施剑翘被关进监狱后，曾受到典狱长虐待，不许和家属见面。施剑翘连急带感冒，病了，监狱里的医生、看守主任和她自己一连写了三张呈文，请求让她享受病人的待遇，典狱长不许。施剑翘气极了，写了一封信，请她的律师胡学骞来会见她，要求把她的呈文转交法院。过了几天，法院院长邓哲熙亲到监狱看她。她向邓面陈在监狱里受虐待情况，请求对她的生命安全予以注意。邓说，你安心养病，我们会处理好这问题的。又过了些天，在冯玉祥等人的活动下，南京政府鉴于全国舆论对施剑翘的同情和支持，于 1936 年 10 月 14 日对她做出特赦的决定。

施剑翘出狱后，招待过一次新闻记者，见过一次宋哲元。事后她了解到冯玉祥、李烈钧等几位老先生非常同情她，尤其是冯玉祥，在辛亥革命时期滦州起义时，是她的四叔施从云烈士的伙伴。她才明白她的特赦问题，是与这几位老先生的支持分不开的。

施剑翘杀孙之事，蓝衣社成员、安徽人张克瑶和施从滨的侄子、南京军官教导队团长施仲达一直在身后关注着，并为其提供线索和行刺用的枪支、子弹，施剑翘的《告国人书》也是施仲达与其弟仲杰（冯玉祥的副官）等人共同商量写出的。施剑翘被捕后，于法庭上谎称，手枪是从一个退伍军官手里买来的。其实，这种勃郎宁手枪在当时是很先进的，绝非一般人所能得到，只有执行特殊任务的人才能拥有。施剑翘在杀孙后，第一个行动不是去自首，而是去打电话。她拿着电话听筒大叫："我成功了！我成功了！"她在法庭上说是向其堂嫂报告，但这只是一面之词，未必可信，也许这是施向她的幕后指使者报功的一个信号[32]。

马葆珩著《孙传芳五省联军的形成与消灭》[33]称，杀孙传芳事件背后有蒋介石的影子：

孙传芳的部队被北伐军收编后，孙本人逃出关外，由于寄人篱下的日子不好过，于是他便派人用高官、金钱方法来拉拢旧属，但两次运动都以失败而告终。蒋介石本来就对孙传芳不放心，此时得知他运动部队，与自己为敌，便通过陈调元部队的师长施忠诚（施从滨的侄子，应为施中诚之误），唆使施剑翘（施从滨的侄女）以替父报仇名义刺死孙传芳。听说施剑翘得了一批款子，经过准备后，便混进居士林念佛打坐。因此，摸清了孙等都是哪些日子去，经常坐在什么地位，她也就经常坐在孙的背后，准备伺机动手。在刺孙的那天，是靳云鹗[34]先到居士林，再打电话约孙。孙到后，先在客室吃了些茶才去打坐。刚坐下，施剑翘就在他身后开枪把他打死。当时施也吓得晕了过去。传说施剑翘刺孙后，立即亲到警局去自首，是与事实不太相符的。

马葆珩的叙述多有与事实不符的，但他提到案件背后有蒋介石的因素，则值得重视。总体上分析可以知道，施剑翘刺孙事件绝不是一个单纯的个人行为，当无疑问。

施剑翘被放不久，抗日战争爆发，她先后辗转到长沙、重庆等地，筹措慰劳品，办从云小学，做了不少有益于国家、人民的工作。1952 年她因病移居北京。病愈后又居五台山光明寺村，并以居士身份在碧山寺修行。1957 年为北京市政协委员会特邀委员，1973 年病逝。

11 月 11 日，张宗昌在济南听说施从滨被杀的消息，三兄弟痛失兄长，痛心疾首，发誓报仇，并追赠施为上将。

## 3. 放弃徐州

孙传芳军于 11 月 7 日追击奉军到夹沟附近。浙军陈仪部得到当地向导的引路，先占领桃山，然后前后两面夹攻。张军激烈地抵抗，但在腹背受敌的情况下，力战不支，纷纷向徐州大道溃退。夹沟完全被孙军占领。

江苏海州方面，苏军分两路进攻：一路即退驻大伊山之白宝山军，从西进攻；一路即在清江浦方面的郑俊彦、马玉仁各军，从东进攻。在清江浦方面，张军连日来虽然激烈抵抗，双方一进一退，形成拉锯之势；而大伊山方面，苏军步步紧逼，最后经过一天一夜的激战，孙钵传部逃走，白宝山军重新占领海州。

7 日，张作霖命令张宗昌主动放弃徐州，孙传芳督率五省联军于 8 日占领徐州。

奉军为什么要主动放弃徐州呢？原来这是由于形势所迫，不得已而做出的决策。

早在江浙战争刚开始时，冯玉祥与孙传芳就订有密约，约定双方同时举兵攻奉。所以，国民军重要将领、河南督办岳维峻就动员全部力量积极准备对奉开火。10 月 28 日，为阻止吴佩孚借道河南，他对外宣布“保境安民”，对内则电令孙岳、徐永昌做好战斗准备，一致动员，把部队往河南东部调动，目标指向山东。这就使张宗昌势必首尾不能兼顾，即在徐州布重兵，又在后方山东宣布戒严。另外，冯玉祥也在京畿附近不断增加兵力，以对付奉军；而豫军靳云鹗部沿陇海路东下，节节逼近奉军。所以，奉军不断处于南北夹击之中。于是，张作霖采纳“小诸葛”杨宇霆的建议，把津浦路以南的部队全速撤退到德州以北，跳出冯玉祥与孙传芳的夹攻，集中于京奉路及天津附近，与东北形成前后应援之势。所以，张作霖命令张宗昌放弃徐州，迅速北撤。

另外，就南方而言，张宗昌已招架不住孙传芳的两路进攻，早就节节败退：

西路，孙传芳的联军在夹沟战役中，分三路进攻，张军伤亡很多，其余全部投降缴械，致使张宗昌实力大伤，在徐州城里的新编第一军及第五军，听到夹沟失败的消息，军心极度动摇。士兵们已不服从军令，四处大肆劫掠，使徐州秩序一片大混乱。

东路，苏军已收复海州，邢士廉、毕庶澄不断败退。苏军从东路直逼徐州。

在这种危急的形势下，张宗昌已疲于应付。正好张作霖的撤退令已下，张宗昌借坡下驴，急忙命令部队退出了徐州，北撤进入鲁南临城、枣庄、韩庄、台儿庄一带；张宗昌还命令东路的邢士廉、许琨、毕庶澄等部由海州、宿迁退回郯城、台儿庄。

当然，此次张宗昌放弃徐州并非一无所获。由于徐州连年天灾人祸，民众视当兵为谋生的一条出路，当时津榆、津沪两方面的驻军，在徐州征兵，招募了许多，随张宗昌而去的不计其数[35]。

民众之所以随张宗昌而去，除了天灾之外，与当时农村经济的破败、民众社会的极端困苦有关，某种意义上可以说，当兵就是为了解决生计问题。军阀为稳定自己的统治，一方面搜刮民众，另一方面对自己的部队则尽量给以优厚的待遇。所以，当兵能获取相对其他行业更高的收入，一般士兵的最低月饷为5.4元，广东地区的士兵达12元，而同时期手工业工人一般月薪仅5元，商店工人3元，农村雇工平时为3元。如果在军队里能混个小官，收入就更高了，班长月饷是9元3角，排长是25元9角。民国初年四川一带士兵的月薪大约银二两五钱，一年共30两，可买5850斤黄谷，足以养活四口之家。一份调查资料显示：华东某地一个旅里农民或无业人员占总人数的87.3%，有73%的士兵认为他们的家庭是贫苦的，有68%的人把钱寄回去养家。彭德怀在自述里讲他的祖母、父亲和弟弟都是靠他当兵的月饷6元钱来维持生活。可见，民初当兵不失为一种较好的职业选择，它一方面解决了自己的生计，同时尽了自己对家人的责任和孝道。许多士兵都承担着供养父母、妻儿的任务，出于生存的本能，加上当兵又不需要特殊的技能，这就使越穷的人越想当兵[36]。

张宗昌部离开后，孙传芳联军于11月8日进驻徐州，部队达15万人。徐州被收复后，标志着孙传芳的东南五省领域完整无缺地从奉系手中夺回。

这时，岳维峻由开封来徐州，要求孙传芳继续派兵北进，支援国民第二军攻打山东。孙传芳正在筹组浙、闽、苏、皖、赣五省联军，未允所请，屯兵不进。吴佩孚也派高恩洪携款5万元由汉口来徐州慰劳孙军。此时孙与吴已有分庭抗礼之意，对于吴之慰劳，淡然视之。

孙传芳在徐州子房山，大开庆功宴会，预先从绍兴运来醇酒10坛，山珍海味齐备，各方代表和孙军少将以上人员都来参加。此时孙传芳已是意态骄盈，不可一世了[37]。

张宗昌军之败，首先是由于军心涣散。军心涣散原因，第一是压饷，兵士有从入伍起从未见饷银的，故其从军兴趣，完全丧失。第二在派别不同，孙宗先第五师，施从滨第四十七旅，皆与张宗昌部不合。孙宗先军在驻扎地，时常向民众宣言："大家不要害怕，我们不抢掠，不向你们要给养，也不打仗，我们非奉军，乃山东第五师。"施从滨在战争最吃紧时，其部下下级军官，即有异动，全军被人缴械。第三，兵士多土著，张宗昌之部下，在徐招募者甚多，兵士皆苏、皖、鲁、豫四省边地土著，在军中颇为失望，均欲回家，因而无心作战[38]。

从外部环境看，鉴于国民军与奉军的紧张关系，张作霖做出了同时应付国民军和孙传芳的两方面战略部署：张作霖命令张学良、郭松龄担任京、津防务，控制南北两面；命吴俊升等任西北防务；常荫槐为京奉路军运输司令；命汤玉麟担任沈榆段路防；命张作相率部赴济南，为张宗昌的后援；韩麟春赴皖，应援姜登选；命李景林担任直隶省防务，杨宇霆为总参谋，运筹调度一切。又分八路布防：张作相任八路军总司令兼第一路总司令；李景林为第二路；张宗昌为第三路；姜登选为第四路；杨宇霆为第五路；郭松龄为第六路；韩麟春为第七路；张学良为第八路，兼总指挥；杨宇霆为八路总参议。

奉军驻直隶监视国民军的兵力为：

第一师，师长李景林，驻天津；

　　第一旅，旅长王宾；

　　第二旅，旅长胡毓坤；

　　第三旅，旅长窦联芬；

　　第二混成旅，旅长马瑞云，驻保定；

　　第三混成旅，旅长张宪，驻顺德；

第四师，师长张学良，驻芦台；

　　第十九旅，旅长霁云；

　　第二十七旅，旅长宋九龄；

第五师，师长赵恩臻，驻滦州；

第十二旅，旅长孙旭昌；

第三十三旅，旅长范沛江；

第六师，师长郭松龄，驻马厂；

第二旅，旅长刘伟；

第三十四旅，旅长陶经武；

第十师，师长齐恩铭，驻秦皇岛；

第十六旅，旅长温瓒玉；

第三十七旅，旅长张林；

第十二师，师长裴春生，驻军粮城；

第四旅，旅长李壬文；

第十三骑兵师，师长张九卿，驻蓟州；

第三旅，旅长苏锡麟；

第六旅，旅长武汉卿；

第三十混成旅，旅长齐占元，驻军粮城[39]。

张作霖用这样强大的兵力来监视冯玉祥，他对孙传芳作战的兵力受到极大的削弱。这就为孙传芳顺利占领徐州创造了有利条件，而张宗昌的失败也就变得自然而然了。

## 三、山东保卫战

### 1. 后院失火

张宗昌在江苏与孙传芳的会战中失利，不仅使奉系失去了江苏、安徽与上海地盘，而且使自己的后方山东也岌岌可危。据报济南谣言甚盛，原省议长潘复等人，由于前线战败，借机大肆活动。人们普遍认为张宗昌在山东可能站不住脚了，于是策划筹建社会治安维持会之类的机构，窥伺时机，企图阴谋取而代之。

张宗昌见此情形，忙向李藻麟询问有何良策，以资应付。李建议说：

“我们战败，省城出现谣言，在所难免。督办不如赶快回济南坐镇，以安定后方人心，纵有宵小图谋不轨，一见督办回来，也必定烟消云散。至于前方的事，您可把褚玉璞调来，我们两个人来办好了。”

李藻麟又就当前局势提出自己的几点看法，请张考虑：

第一，孙传芳到了徐州，把中国财富最富足的省份江苏省拿到手，必定心满意足，绝不会再画蛇添足地进攻山东。这一点是完全可以断定的。

第二，如此说来，山东就可以太平无事了吗？不然。河南方面的陕军和直军残部，见山东打了败仗，无不跃跃欲试，想夺取山东地盘。他们打山东，绝对不会假道徐州，而是必定直趋曹州，经过巨野，直接向济宁、兖州一带进攻，所以我们目前所在的韩庄以及临城、邹县、滕县等地，必要时就一定要放弃。

第三，此次施从滨战败，损失不过两个混成旅，但是影响很大。原来驻扎在山东的各部队听说战败，没有一个不是惊魂落魄的；就连我们自己的嫡系部队，也都难免有些气馁。况且，河南的陕军一向以“人多枪少”著称于世，战场上一来就是一大片，我们的兵刚刚打了败仗，士气不振，见到这种场面，必定会有些心惊胆战。针对这种情况，我们必须慎重选择有利地形进行作战。山连山、山套山的地带，最为符合我们的要求。这样的地方，敌人虽多，而我们的官兵不能窥其全貌；我军虽少，也不会暴露无遗，让敌人一目了然。济宁、兖州一带地形简单，不能满足我们的要求；只有泰安以北，即东岳泰山一带，地形极其复杂，选择这样地点作战，最为相宜，可以出奇制胜。

张宗昌听完李藻麟的话，沉思了半晌说：

“叫你这么轻描谈写地一划，我的山东省要放弃一半，那还得了！”

李藻麟又进一步阐述他的意见：

“您如果不肯放弃这些地方，一定要守省边境线，也不是不可以，但是如果一旦失败，则全省都要拱手让人。问题的关键在于能不能打胜仗，如果能打胜仗，虽然放弃若干地方，照样可以收回；如果不能打胜仗，您就是想守住省边境线，能守得住吗？”

这番话终于打通张宗昌的思想，张欣然采纳了上述建议。他斩钉截铁地说：

“好，现在就完全照你的意思办好了！”

于是立即通知褚玉璞来开会，张宗昌做了具体部署，随即乘司令部专车离开韩庄，返回济南坐镇，并在泰安以北界首一带布置兵力，以应付来犯之敌[40]。

第二次直奉战后，国民军第二军胡景翼得到了河南的地盘。胡死后，由其部将岳维峻继掌军民两政。岳的野心很大，知道国民一军冯玉祥正在计划驱逐奉系的直隶督办李景林，他也想夺取张宗昌的山东地盘。

在孙传芳攻下徐州时，岳曾到徐州请孙继续北进，支援国民二军攻打山东，孙因急需南返，未予同意。同时吴佩孚自天津逃到湖北后，由孙传芳和萧耀南等拥戴，宣布出任14省讨贼（指奉系张作霖）联军总司令，曾要求岳维峻准许靳云鹗假道河南以协助孙传芳进攻山东。因此，山东当时成了几方面争夺的对象，但是岳维峻企图独得山东，决定单独下手。岳维峻当时的考虑是河南军队众多，必须战领山东，但这却开罪于孙传芳，后来孙不援助国民军，与岳维峻有关[41]。于是，1925年10月中旬便军分两路向山东发起进攻，一路由田维勤、王为蔚、陈文钊等师假道徐州附近进攻鲁南，一路以李纪才为总指挥，率领国民二军主力，由河南归德进攻鲁西。11月，战事展开。

战事从鲁南开始，张宗昌曾偕同褚玉璞亲赴前线指挥，战事颇为激烈，不久临城遂告失守。此时吴佩孚对河南野心未死，仍派靳云鹗为豫东讨贼军第一路司令。靳到徐州后，见田维勤、王为蔚、陈文钊三师原为自己部属，现虽隶属国民二军，但人事并无变动，故不久这些部队就同意由靳收回，听其指挥，仍继续对张宗昌作战。

因张宗昌的大部军队都集中到鲁南一带，李纪才率领的鲁西一路豫军，进展极迅速。自曹州向济宁、兖州攻入，间道疾驰，来势凶猛，沿途驻军多被打垮，不多几日，已攻到泰安附近。此时张宗昌急派褚玉璞为总指挥，率军三四万人，在界首车站（泰安北）以南以西地区与豫军交战。张部左翼依泰山山系，右翼布防到肥城一带，战线延长近20里，在铁路两旁构筑工事，组成火网，并有铁甲车在前扫射。李纪才部积极发动攻势，前赴后继，经过四五日激战，双方伤亡惨重。

张军的顽强阻击，使李纪才军的凶猛攻势得以遏制，战争陷入胶着状态。

此时李纪才见正面进攻不能奏效，乃于12月初派其第一梯队司令吴长善率领约三个步兵团和二个骑兵团迂回泰安以东，取道大津口、牛栏口、高而庄等山路，向济南奇袭。

与此同时，早就想做山东督办的靳云鹗，也从济宁前线抽出一团兵力，带领原系张宗昌的部属、后投靠自己的邓天一、周棣安等直扑济南而来。当时济南附近并未设防，留守部队只有程国瑞的黄凤岐师和驻党家庄的郭敬臣一个旅，而且郭旅因枪械兵员不足，没有什么战斗力。

说来也巧，当豫军沿山路疾进之时，适有自泰安逃回的县长，因为县城失守，恐怕获罪，正在山中徘徊，忽见敌军大至，他就抢先来到济南，向张宗昌报告。

张得知此紧急情况，即调集济南所有部队，由程国瑞、黄凤岐等率领，向南方堵击，并在千佛山、白马山一带派队布防。

当晚9时，吴长善、靳云鹗两部的前卫部队已到达八里洼。此时张军在东西两面，依山设防，中间地带构筑了简易掩体，豫军一到，即予迎击。豫军原以为可以一举攻占，故攻势极为猛烈，但多次冲击，均被击退。他们正面攻击不成，又向守军的两翼阵地进攻，两翼阵地虽仍然不动，但情况已相当紧急。

据军需总监祝彻千说，在此千钧一发的紧要关头，张宗昌的高级幕僚林宪祖省长和当时的济南道尹刘升科等，都劝张退至黄河北岸，以观动静，免得临时来不及撤离。但祝彻千则表示反对，并愿率运输兵出战。祝的主张得到了张的同意。

于是祝率三个团的运输兵经右翼白马山阵地绕道仲宫，迂回到左翼敌军阵地背后，向敌军发起攻击。时在夜间12点钟左右，一阵迫击炮即将进攻千佛山阵地的靳云鹗部打乱，约经两小时的战斗，靳部即全部溃散，一部分向东方逃去，一部分就地被俘。靳云鹗、邓天一、周棣安等人，也被祝彻千的运输兵俘获。

进攻白马山阵地的吴长善部，见东线溃败，也迅即向白马山以南方向退去。济南守军见豫军溃败南退，迅起跟踪追击，一直追过泰安城，严重地打击了豫军对鲁作战的计划，靳云鹗想当山东军务督办的美梦也破灭了。

靳云鹗被张宗昌的军队俘虏后，由于他与祝彻千早就是老相识，所以被当场认出。祝对他也不客气，绑解督署交给了张宗昌。

靳云鹗兄弟二人，他排行第二，其兄为靳云鹏，曾充北洋国务总理。

张宗昌一见靳云鹗的面就说：

“二爷，你这是怎么啦？怎么还绑着！”随即命人松绑看座。

张宗昌在请靳吃饭的时候，当着众人的面对靳说：

“如果二爷要我这个座位（指山东督办），我可以让你，何必带兵来呢？”

随后张宗昌召集督署和省署的上层人物，在督署大堂即现在的珍珠泉大厅举办庆祝八里洼战役胜利的集会。会上张又当着众人的面对靳开玩笑说：

“实在对不起二爷，竟然叫我们的一个军需把你捉住了。”靳当时羞得面红耳赤，无地自容。

住了3天，张宗昌就把靳放走了，走前张给了他一大笔钱，还问靳，部队的粮饷有无困难，靳答军粮不足。张当即对军需总监祝彻千说：

“装一车面粉给二爷送去。”祝立即命军需处派运输兵装运面粉共1200余袋。靳为了表示谢意，还当场拿出1万元钱给运输兵。

张宗昌之所以放走靳云鹗并一直未加宣布，一是因为张和靳云鹏是好朋友，不便加害其弟，二是为了利用靳以对付豫军。

张宗昌的为人就是这样，不管是多大的事，只要一见面，低头求饶，就立刻化为乌有[42]。

## 2. 媾和阴谋

1925年河南军队进攻山东，对张宗昌来说其实是再危险不过了。这一方面是由于敌人的多方威胁，另一方面是自己内部差一点发生哗变。

张宗昌派往前线指挥战斗的是大将第六军军长褚玉璞，参谋长李藻麟也随军前往。但当他们到了前线后，褚玉璞的部下却主动与敌人接触，图谋媾和。更为严重的是，褚玉璞又很快被卷入其中。褚的部下各高级将领有意驱张捧褚，即驱逐张宗昌，捧褚玉璞任山东军务善后督办。他们还在李藻麟的专车四周布满岗哨，手持盒子枪的士兵将其团团围住。

第二天傍晚，褚玉璞的副官突然出现，说军长褚玉璞有事情，请参谋长去商量。

李藻麟怀着不安的心情走进褚玉璞的办公室，一看便放了心，一块石头才算落了地。第六军的将领坐满一屋子，褚玉璞坐在办公桌前，面向墙壁背冲门，只听他一面哭，一面骂：

“我他妈的现在肩章也黄了，小名也叫军长了，这都是人家姓张的把我拉拔起来的，我不能跟人家掏黑心窝子。你们今天官都大了，翅膀都硬了，都算是长成了。你们爱怎么办就怎么办吧！”

副官走过去告诉他参谋长来了。他一听李来了，立刻转身站起来。只见他泪流满面，神情显得十分难过的样子。李想要说话，还没来得及张口，褚玉璞便抢先说道：

“伯仁（李字伯仁），你来了，好极了，今天得咱们自己干了，人家官都大了，指不上了。你来指挥，我上前线去干！”

说着，从怀里把他下达命令使用的图章掏出来，硬塞在李的手里。紧接着又下命令说：

“贾小五（卫队团长），把卫队给我预备好了，跟着我上去！把各处处长都给我叫来，我当面告诉他们听李参谋长指挥！”

接着又冲李说：

“伯仁，你下命令吧，我去干！”

李藻麟赶忙劝慰了一番：

“都是多年老弟兄了，何必这么急。”

此时，第六军将领一个个呆若木鸡，不知所措。为了缓和气氛，给这些人一个台阶下，李向他们说：

“军长马上就要出发了，你们诸位也赶紧回去准备作战吧！”

这些军官才一个个低着头默默地走出去。

褚玉璞安排妥当后，立刻离开司令部去前线。李也随即下达了拂晓进攻的命令，同时给褚玉璞写了一封信，让他把前线安置好以后，仍旧赶紧回来坐阵。

李藻麟将下达攻击令诸事处理完毕，刚刚回到自己车上，第六军主要将领谢雨田等10余人便气势汹汹地走来，吓得李的马弁想把车厢门锁上，李藻麟厉声斥责不能这样做，赶紧把他们请上车来。谢雨田首先开口说：

“参谋长，我们是来问这次战事到底怎么办，现在已经到了11月，天气这么冷，队伍还不发棉衣，弟兄们没有棉袄，也没有棉裤；枪支弹药补充不上，粮食给养也供应不足……”

总之，提了一大堆困难问题，意思是说仗没办法打下去了。李藻麟当即好言安慰他们，对他们的难处表示完全理解，对他们的意见表示完全支持，并表示一定设法解决当前的这场战事。李藻麟向第六军诸将领诚恳表态说：

“你们诸位的来意，我都明白了。但是有些话，你们不好说，因为你们都是带兵官。大家都知道，军人要讲服从，明知前面是火坑，长官让我们跳，我们就得跳。可是，我和你们不一样了，我可以替你们去说，因为我是参谋长，我是管出主意的，出不好没关系，可以再出。你们诸位的来意，我回去跟督办说，而我一个人的力量也嫌太小，还需要联合几个人一起去说。这样一酝酿就得三五天，跟督办说好，我再回来办，来回耽误，就得十来天的工夫。在这十来天里，如果我们让敌人打垮了，那什么好办法也不管用了，就得听敌人的了；反过来，如果我们把敌人打垮了，敌人就得服服帖帖地听我们的了，我们的目的就能实现。”

谢雨田等人听了这番话，表示完全同意：

“好吧，那就这样办，前边由我们负责。”

李藻麟为了叫他们放心，再次强调：

“后边由我负责！”

李藻麟又一再叮嘱他们一定要狠打，把敌人打懵头，敌人才能听我们的，否则只有我们听人家的了。临别时，李同诸将领一一握手，让他们准备拂晓攻击事宜。

谢雨田诸将领返回前线后不久，枪声大作，第六军部队向直军阵地展开猛攻。在战斗中，褚玉璞身受重伤。

李藻麟随即用铁路电话通知济南车站，令车站转告督办公署，速与界首通话，有要事联系。电话来了，是副官李德禄说话。他说督办正在睡觉，李叫他赶紧把督办叫醒，亲自来接电话。当张宗昌获悉褚玉璞身受重伤的消息，半晌没说出话来。李藻麟又重复了一遍，他才问要紧不要紧。李说完褚的情况，向他报告界首前线正在激战中，情况异常紧急，必须赶紧就近从程国瑞旅派一个团到界首支援作战。此时，程本人恰巧正在收听军用电话，立刻在电话中插话说，他马上命令全团跑步出发，保证两个小时准时到达。李藻麟又向张建议，徐源泉是第六军的老人，现在省城没什么事，可否赶快派徐来代理第六军军长，张立即同意，答应马上就下命令。

经过两小时急行军，程旅开来一个团，紧接着全旅开到。于是，李藻麟立即部署反攻。一般作战攻击多安排在拂晓时刻，此次为了出其不意，攻其不备，决定正午 12 点向汤山挺进。在山东部队的突然猛烈攻击下，敌军全线动摇，节节败退，最后不得不撤退到兖州。

关于第六军将领在作战中擅自与敌人媾和，企图驱张捧褚一事，李藻麟没有向张宗昌报告，也没有向任何局外人透露一丝情况。张宗昌始终蒙在鼓里，对此事一无所知。

李藻麟之所以这样做，基于三点考虑：

首先，如果一报告，张宗昌必定要查明真相，追究责任，严惩肇事者，杀七个宰八个，在所难免。一个团体刚刚兴起，就闹内哄，自相杀戮，人人自危，岂不是很快就会分崩离析，彻底垮台。

第二，如果一报告，势必置褚玉璞于非常难堪的境地，一边是老长官，一边是老部下，而自己又是局内人，何去何从，左右为难。而褚玉璞本人在这次事件中处在被动地位，最终又采纳了李的意见，以义气为重，不顾个人安危，堪称是赤胆忠心，李藻麟无论如何不能让他进退两难。褚玉璞总算对得起李藻麟，李藻麟决不能做对不起他的事。

第三，如果一报告，也对不起这些闹事的将领，因为他们毕竟做到了听从劝告，服从命令，狠狠打击了敌人。岂能狡兔死，走狗烹，置彼等于死地呢。李不提这件事，褚玉璞本人更不会去说，瞒过张宗昌是不成问题的。

事实也正是如此。张宗昌在其任山东省军务善后督办三年里，始终不知道刚刚有了地盘，主力军便险些发生叛变，而且是发生在他认为最可靠的人和最可靠的军队身上。

此次事件便如此平平安安地掩盖过去，主谋者之一旅长袁振清不久便病故，据说是由于终朝每日担惊害怕事情暴露和追究责任而吓死的。

直到1931年，张宗昌从日本回到大连，由于偶然一句话，他才发现这个问题。彼时，李藻麟也正在大连。有一天，他打电话把李藻麟叫去，突然问李藻麟那年在界首打仗，到底发生了什么问题。李藻麟问他这话从何说起。原来，那次事件主谋者之一，即后来在褚玉璞的部队中任军长的谢雨田，那天去看望张宗昌。张告诉谢说李参谋长来了。谢随便露了一句：

"是李伯仁李参谋长吗，那年在界首打仗，我们还给他站过岗呢!"

但只此一句，往下什么也没再说。张一听便知道话里有文章，谢既不肯再说，也就不便再问。待谢走后，立刻把李藻麟叫去，定要问个明白。李藻麟想事情早已成为过去，现在大家都下台了，褚玉璞也死了，一切都无所谓了，何况连肇事者本人都不讳言，没必要再隐瞒；更何况张宗昌已经问到头上，李藻麟只得把事件经过原原本本说了一遍。张宗昌听完，沉思了一会儿说：

"我他妈的当了三年督办，糊里糊涂，还不知道怎么当的呢?!"[43]

## 3. 张志之死

张志，字易吾，四川人，曾往日本学习法政，后出任山东省高等审判厅厅长。张宗昌之所以杀张志，原因极为复杂。

中国人乡土观念很重，乡谊是人们联系彼此关系的重要纽带。

张宗昌督鲁之前，山东属皖系控制区，军政大权均为安徽人所掌握。督军郑士琦、省长龚积柄、军务帮办兼第五师师长孙宗先、第四十七混成旅旅长兼济南镇守使施从滨都为安徽人。此外，皖人任中层军政要职的，更是比比皆是。

就山东省各地方势力而言，大体可分为鲁东派和鲁西派。鲁东派即所谓章邱派，以张子衡等人为其领袖，其势力多散布在金融工商界，省议会议长宋传典、副议长杜友堂各有部分议员，倾向于鲁东派。鲁西派即所谓曹州派，以夏朴斋等人为其领袖，其势力多散布于行政、教育界以及省议会，省议会副议长张公制接近鲁西派。两派势力争权夺利，勾心斗角，各逞其能，无所不用其极。曹州派与当局者皖系结合甚力，原山东督军郑士琦成为曹州派的有力靠山。曹州派自然因势得利，处处占得上风。章邱派当然不肯甘拜下风，处心积虑，想扭转乾坤。

第二次直奉战后，奉系大获全胜，入主中原。且奉系大将鲁人张宗昌统率大军奉令假道山东，南下攻占江苏，声势甚壮。章邱派审时度势，认为机会难得，正好为我所用。议长宋传典、副议长杜友堂等人，大造舆论，利用省议会名义，欢迎奉张入关，甚至到天津、北京进行活动，拜见张作霖，并暗通款曲，切望张宗昌主鲁，以慰鲁人治鲁之望。

张宗昌入主山东，鲁西派即曹州派失去依托，不甘受挫，伺机行动，企图恢复往日得心应手的局面。张宗昌在江苏战场上被孙传芳战败，山东震动很大，他们认为时机成熟，为实现其计划，交结曹州镇守使吴长植等，并暗通河南督军岳维峻所属李纪才部，共同攻打张宗昌。吴长植率军沿山中小路秘密行军，企图偷袭济南，一举占领之。为了配合军事行动，夏朴斋四处活动，于1925年11月8日成立治安维持会，主要成员有张志、何宗莲、孟乐川、柴勤唐、朱桂山等人，并建议张宗昌息兵退位，以保山东免遭兵燹。夏曾往见韩虔古，促韩速离济南，以免与张一起罹难。此外，他还伙同政客潘复到督署访代理督办职务的王翰鸣。潘复以半开玩笑的口吻试探说：

“你是督署参谋长，代理督办，又是预备军长；你看你身兼三要职，怎么满街都是溃兵，这成什么样子。我们组织一个维持会来维持地方秩序吧。”

潘说这话的意思，意味着张宗昌就要完蛋，顿时使王想到其中定有文章，可能潘、夏是在配合靳云鹗，用政治军事压力企图夺取山东政权。王揣知他们不怀好意，就嗔怪夏朴斋说：

“我还有权，能杀人呢！”

于是这席不得劲的谈话就中断了。

潘、夏走后，王翰鸣派军需处长祝仞千立刻到前线，把潘、夏来意告张，并要张回济坐镇。第二天张回到济南，他还是同潘复赌钱喝酒，不谈此事，也未问王经过。

夏朴斋等人往见督办公署参谋长王翰鸣，其目的是要求命青岛胶澳护军使张怀斌（张怀芝的弟弟）率山东陆军第二混成旅来济南维持治安，失败后他们就直接和张怀斌联系。他们准备在张宗昌战事失利的时候，拥护张怀斌为山东军务督办，夏朴斋为山东省长。

夏朴斋等人的这些活动，很快即为张宗昌的亲信、财政厅长杜尚和军需总监祝仞千得知。二人觉得情况严重，必须立即报告张宗昌。这时张正在前方指挥作战，祝便乘军需专车亲赴前线，向张报告了详细情况，并要张回济处理。张听了祝的报告，也认为情况不妙，于是立即乘祝的军需专车回到济南。

在张回济南的前一天午后，张怀斌果率两连卫兵到达济南。警察厅长袁致和当夜派便衣包围了张怀斌在旺觉寺街的住宅。张宗昌回济后，张怀斌立即往见说明来意，说了住宅被围的情况，并请示如何办理。张宗昌对此未作具体表示，只略安慰了几句。张怀斌见不便再问，住了一天就回青岛去了。

战事结束后，张宗昌的一些乡戚旧属又旧事重提，说维持会的计划是夏朴斋一人策动的，并说夏朴斋通敌有据，应当枪毙。于是张宗昌便决定于当天晚上12时派人去东流水夏宅逮捕夏朴斋。不料这个决定为督、省两公署的教育顾问日本人丰田孤寒所知，丰田与夏是朋友，交谊甚厚，于当日下午5点钟到东流水告诉夏朴斋赶快离开济南，让夏全家五口带些随身行李，先雇车出城到小纬二路丰田的寓所。在丰田家里夏全家人换上了日本和服，由丰田领着他们到火车站搭乘当晚9点钟去青岛的火车，在青亦未停留，跟着又搭上轮船逃到日本去了。

及至张宗昌夜间派人去夏宅捕人，发现该宅已空无一人。此时有人说夏朴斋与张志是儿女亲家，张志又是维持会的同谋者，夏朴斋全家很可能已经避往张宅。张又派人到南新街张志家，没有发现夏朴斋，即将张志抓到督署。张宗昌问夏的去处，张志说不知道，张宗昌说：

“夏朴斋通敌，你们都是知道的，拉出去枪毙！”

12月5日，张志被张宗昌杀害[44]。

张志之所以被杀，还有其他原因：

一是张志与张宗昌作对，二人矛盾很深；二是山东高等检察厅长邱任元和济南戒严司令袁致和勾结构陷[45]。

### 4. 孙殿英投诚

1925年从河南过来的军队并不都是来打张宗昌的，也有来投诚的，这支部队的首领不是别人，而是孙殿英。

孙殿英（1928年）

孙殿英，1889年生，名魁元，一般人都叫他孙老殿，因为他脸上出过天花，所以也叫他孙麻子。他是河南永城人，幼年丧父，其母对他溺爱娇惯，以至性格调皮捣蛋。

孙殿英善赌博，而且还以此来与人交际。他曾说：

“赌博这个玩意儿，并不是什么坏事。我可以从赌博中看出每个人的性情，可以针对每个人的性情结交许多朋友，这些朋友，帮了我很多的忙，至少也不至于说我的坏话。我是一个粗人，没有真才实学，如果连着点子办法也没有，我还凭啥混呢？”

东陵大盗孙殿英

孙殿英投靠张宗昌就是一大赌博。孙听说豫西某县县长曹元度与张宗昌有旧，立即托他引见，以表达请求收编的强烈愿望。经曹的吹嘘和牵线，张宗昌接受了孙的要求。1925 年秋，孙率部由豫西穿过豫中，经过安徽亳州，折而向北，复经过豫东，直奔山东[46]。

等到与河南军之战结束后，张宗昌便着手解决孙殿英所部收编问题。

孙殿英见到张宗昌后，张宗昌予以接见，当时在座的还有李藻麟等。孙首先向张表示竭诚投效之意。张询问了孙部的情况。据介绍，所部共有 9 个团，一个团多者上千余人，少者近千人或数百人不等。总计大约有 1 万余人。最后，张宗昌表态说：

“先让李参谋长去看一看你的队伍，然后我们再谈整编的具体问题。”

李藻麟在孙殿英的陪同下乘车到达济宁，视察了他的队伍。从表面一看，就能看出这支部队纯属乌合之众，杂乱无序，毫无组织纪律可言。时值隆冬季节，部众大多单衣单裤，有少数穿棉衣的，也是长短不一，五颜六色，有的竟然身着花花绿绿的年轻妇女小棉袄，显然是抢来的。再看枪支，全然是一堆破烂货，什么年代的都有，什么型号的都有。盒子枪柄上都系着大红大绿的绸子条，土匪气十足。李藻麟问孙殿英：

“有的士兵穿着花红柳绿的衣裳是怎么回事？”

孙说：“当队伍向山东进发，途经亳州时，曾发生兵变，大肆抢掠，地方受害很大。”

视察回来，李藻麟向张宗昌报告了孙部情况，并提出建议：这支队伍毫无纪律可言，纯属一群蝗虫，走到哪儿吃到哪儿，坑害老百姓，不彻底整顿，打不了仗，无法使用。至于枪支武器，绝大部分破烂不堪，必须重新更换补充，否则连弹药供应都难以解决。张宗昌遂令孙殿英克期整顿。

孙殿英接受指示后，由于所部一些大头目不听指挥，整顿一事颇感棘手，无能为力，拖延达两个月之久，未能完成任务。因此，张宗昌秘密召见孙殿英，询问他究竟有没有办法，如果孙本人实在没有办法，则可代其整顿。队伍整顿好以后，仍交孙自行统率。如果不同意代为整顿，则限期撤离山东，否则以武力解决。孙殿英当即表示同意代为整顿。张宗昌又进一步询问所部带兵官有几个能听指挥。孙将其队伍中的大头目一一加以介绍，9个团长中只有两个能听他指挥，其余都不听，想怎么干就怎么干，他约束不了。从孙殿英介绍的情况来看，这些桀骜不驯的大头目，都是一些杀人不眨眼的魔王，罪行累累，不予根除，不仅当前的整编工作无法进行，而且后患无穷。代孙整编一事既经决定，张宗昌乃与褚玉璞秘密商定解决办法。此时，褚的伤势已经痊愈。不久前在泰安作战时，虽然一枪击中其心口窝，堪称命中要害，但是子弹是从他心脏与肺、胃三者之间的空隙中穿过，并未伤及内脏，经过治疗，很快康复。

整编工作选择在阴历腊月三十除夕晚上开始。由褚玉璞出头露面，以欢度新春佳节、辞旧岁迎新年为名，大摆酒席，宴请孙部众头目。褚玉璞带头劝酒，猜拳痛饮，然后又押宝聚赌，呼么喝六，正值兴高采烈之际，一声令下，出其不意，将不服从孙殿英指挥的七个大头目一一捆绑，押至后院，立即枪决。与此同时，派兵将孙部包围，全部缴械。一举镇住孙部全体官兵，没有一个敢反抗命令的。

孙部缴械后，张宗昌令李藻麟负责进行整编和训练工作。按照张的指示，将孙部编成一个师。首先选择比较合格的军官，挑选精壮的士兵，数量不足，招募了部分新兵予以补充。老弱病残和闲杂人员则给资予以遣散，最后编成了一个满一万人的整编师。由孙殿英任师长，留下的两个听孙指挥的大头目分任旅长。原有破旧枪支一律予以更换，并且补充了一批新枪。为了避免误会和猜疑，将所有收缴的破烂枪支一律归还孙殿英。张宗昌之所以决定这样做，是为了向孙表明，自己绝对不是想要这些枪，而是诚心诚意帮助他建立一支有战斗力的正规化队伍。改编完了，随即下达训练计划，责成师长孙殿英负责认真贯彻执行，由总部参谋处负责监督检查执行情况。

总之，孙殿英对这次整顿和改编工作是非常满意的，对张宗昌也非常感激。他把张宗昌看作是自己的恩人，认为自己是张一手提携起来的，念念不忘知遇之恩。张宗昌下台流亡日本时，孙还曾资助巨额款项，以接济其生活。事实上也正是如此，孙殿英自1925年投到张宗昌麾下，直到1947年覆灭，在军事舞台上活动了20多个春秋，其基本力量的形成，实奠基于此时。孙殿英得到张宗昌的收编与扶植，是他一生中的一个重要转折点[47]。

此后，以东陵盗墓著名的孙殿英先后参加了军阀内战、热河抗战，后于1943年做了汉奸，抗战结束后投诚蒋介石。1947年5月1日解放军占领汤阴后，孙殿英的全部士兵被缴械，孙殿英的第三纵队全军覆灭，东陵大盗孙殿英被俘。解放军共毙、伤、俘孙殿英部 9100 余人。由于孙殿英几十年的恶习，使他染上了烟后痢，难以治愈，但解放军仍找来医生为他医治，他在生命垂危之际，拉着前来看望他的人的手说：

“我过去做了许多坏事，对不起民众，对不起共产党。共产党宽宏大量，不计怨仇，比蒋介石不知好多少倍啊！”

1947 年 9 月 30 日，以率军盗抢东陵而闻名的孙殿英病重医治无效，带着对自己一生的忏悔离开了人世。

## 5. 联络吴佩孚

对于张宗昌来说，1925 年与河南军之战所取得的胜利，只是缓解了山东的紧张局面，根本问题并未解决，那么，下一步应该怎么办呢？张宗昌经过慎重的考虑，决定采取联络吴佩孚以抵抗国民军的方针，放走靳云鹗就是其中的重要一环。

张宗昌打败李纪才后，秘密派人到吴佩孚那里说：

“国民军攻直隶，直隶最后必归国民军，若再把山东打下来，则直、鲁、豫、陕、甘和热、察、绥三特别区，联成一片，势不可当。这样，奉张和宗昌固然不幸，然而于您有什么好处，直系该得什么后果呢？”

接着又说：

“张督办誓愿尽弃前嫌，质子修好，通力合作，以把冯玉祥打下去。”

吴当时很动容，言道：

“以子为质，大可不必。”

随后吴急电靳云鹗说：

“鲁省关系重要，可相机办理。”

靳乃沟通旧部陈文钊、旧直军王为蔚和田维勤等部反岳维峻而附己。陈、王、田部乃李纪才恃以攻鲁的主干，变起萧墙，李纪才不得不退保曹州，以固河南门户。山东的危险已除，张宗昌和靳云鹗遂由敌成友。由于张宗昌、靳云鹗的周旋，张作霖和吴佩孚之间，也就日见接近。1926 年 1 月 5 日，张作霖电吴表示谅解，并派张景惠与吴联系。他们商定的条件大致如下：

甲、双方共同以冯玉祥为敌，合力消灭冯和国民军；

乙、事成后奉军出关，关外地盘由张作霖主持，吴不过问；

丙、以直、鲁归吴，以三特别区归张宗昌和李景林；

丁、以后中央政府和陕、甘、豫地盘听吴主持，奉张绝不过问[48]。

白云苍狗，变幻莫测，曾几何时，张作霖由瞧不起吴佩孚，进而成为冤家对头，如今又因为时移势易而握手言欢了。

吴佩孚在第二次直奉战争之后，卧薪尝胆，依靠湖北为基地，东山再起。

吴坐镇查家墩司令部时，手下有兵的大将是陈嘉漠、靳云鹗、寇英杰。吴以陈留守武汉，后来继萧耀南为鄂督，派靳云鹗率军出山东，派寇英杰率军攻河南。河南是吴的大本营，吴总想回到洛阳，恢复当年虎视洛阳的声势。而张宗昌放走靳云鹗后，吴佩孚一意专攻河南。

吴对豫用兵宣称系救豫乱，出师十旅，先发队为贾方兴、贺国光、孙建业、宋大霈、余荫森、陈德磷六旅。寇英杰为总司令。

可是寇英杰力量薄弱，他于1926年1月26日奉令开拔北上，在信阳遇上了陕军第二师蒋世杰的部队。蒋世杰是国民二军中一个怪人，他骨瘦如柴，讲话不多，酷嗜鸦片烟，他的部队也和他们的师长一样，都是双枪将，一手持步枪，一手不离烟枪，信阳城外有大炮声怒吼如雷，蒋世杰横陈在烟榻上，呼云吐雾，指挥军士死守信阳。有时蒋世杰到战壕中，就和士官在壕沟中吹上几口，然后扣动机枪；有时枪弹落在烟枪旁边，蒋世杰从容不迫地要士兵搬动一个位置，真有“烟卧沙场君莫笑，古来争战几人回”的气概。

岳维峻最怕吴佩孚回师河南，他于1月18日赴郑州会商豫陕防务。吴的进军是由光州、武胜关、紫荆关三路窥豫。

信阳在蒋世杰的坚守下，使吴师不能北上，吴师既然不能越武胜关，吴再起后的声威和前途都受到了极大的阻碍。所以信阳之战成为吴再起后的试金石，吴日日望捷报而捷报不至，在查家墩暴跳如雷，几次想御驾亲征，都被部下阻止，于是他严限寇军三日攻下信阳，三日之后再限五日，五日之后再限七日，虽寇军向蒋军猛攻，蒋军则吸烟放枪，坚守如常。

恰在此前，张宗昌抛出了橄榄枝，于是吴顺水推舟，叫靳云鹗率军由山东回师河南，夹击岳家军（岳维峻）。临行前，张宗昌还给巨款做军饷。

靳回师后果然身手不凡，2月28日靳部高汝桐攻入开封，3月2日克郑州，5日下洛阳，一路势如破竹，吴的声誉赖以挽回。

靳云鹗于3月2日晚赴郑州，岳军大部退彰德、卫辉、顺德一带，小部退郑西、荥阳。靳军西路由王维城率领占领洛阳，岳率残部向陕州溃退。北路靳军由王为蔚统率，5日晚占新乡，6日过卫辉，7日晨占彰德，北向直隶进迫，准备和直鲁联军会师保（定）、大（名）。豫南岳军自明港、驻马店两役战败后，精锐丧失，郾城、许昌均无大战即告溃败。岳维峻恐受包围，弃郑州向巩县、虎牢一带溃退，残部三万余欲打通洛阳大道回陕，故寇军北上并无阻力，3月1日占许昌，2日晚入新郑。4日寇英杰抵郑州与靳云鹗会晤，决定分路追岳军[49]。

张宗昌与吴佩孚联合，对双方来说都是最佳选择。吴佩孚借助与张的联合，得以占领河南，故地重游；而张宗昌与吴合作，也可解除来自河南的双重危险，后顾之忧一去，他就可以挥师北上了。

## 注　释

1. 张显明《民国奇人樊钟秀》，（郑州）中州古籍出版社 1999 年版，第 168 ~ 171 页。
2. 陶菊隐《北洋军阀统治时期史话》第 7 册，（北京）三联书店 1959 年版，第 135 ~ 138 页。
3. 陶菊隐《北洋军阀统治时期史话》第 7 册，第 138 ~ 141 页。
4. 李藻麟《我的北洋军旅生涯》，第 132 ~ 133 页。
5. 也有记载说是 5 日。
6. 李恒珍等“张宗昌督鲁与直鲁联军”，刘子衡“督署面面观”，编审组《土匪军阀张宗昌》，第 121、141 页。
7. 董传岭“近代山东地区的祈雨活动”，《广西社会科学》2005 年第 9 期，第 111 ~ 114 页。
8. 古蓨孙“乙丑军阀变乱纪实”，荣孟源、章伯锋《近代稗海》第 5 辑，第 496 ~ 497 页。
9. “张学良口述自传”，《南方周末》2001 年 12 月 7 日。
10. 王翰鸣“督鲁前后”，编审组《土匪军阀张宗昌》，第 108 ~ 110 页。
11. 见《神仙传》与《列仙传》。
12. 刘子衡“督署面面观”，编审组《土匪军阀张宗昌》，第 141 ~ 146 页。
13. 《晨报》1926 年 5 月 31 日。
14. 刘翼飞“杨宇霆督苏被逐记”，《文史资料选辑》第 35 辑，（北京）文史资料出版社 1963 年版，第 113 页。
15. 李泰棻《国民军史稿》，（台湾）文海出版社 1930 年版，第 252 ~ 253 页。
16. 邵维国“五省联帅孙传芳”，第 164 ~ 165 页；陶菊隐《北洋军阀统治时期史话》第 7 册，第 200 ~ 201 页。
17. 周大文“杨宇霆督苏纪略”，《文史资料选辑》第 18 辑，（北京）中华书局 1961 年版，第 203 ~ 205 页。
18. 刘翼飞“杨宇霆督苏被逐记”，《文史资料选辑》第 35 辑，第 118 页。
19. 陶菊隐《北洋军阀统治时期史话》第 7 册，第 202 页。
20. 李藻麟《我的北洋军旅生涯》，第 135 ~ 136 页。
21. 邢赞亭“孙传芳驱奉”，《文史资料选辑》第 8 辑，（北京）中华书局 1960 年版，第 133 ~ 134 页；中国社会科学院近代史研究所中华民国史组编《中华民国史资料丛稿·大事记》第 11 辑，（北京）中华书局 1978 年版，第 178 页。
22. 邢赞亭“孙传芳驱奉”，《文史资料选辑》第 8 辑，第 133 ~ 134 页；李藻麟《我的北洋军旅生涯》，第 136 ~ 137 页。郭松龄杀害姜登选的原因及过程，可参见邢赞亭“姜登选之死”，《文史资料选辑》第 8 辑，第 134 ~ 136 页。
23. 刘翼飞“杨宇霆督苏被逐记”，《文史资料选辑》第 35 辑，第 117 页。
24. 古蓨孙“乙丑军阀变乱纪实”，荣孟源、章伯锋《近代稗海》第 5 辑，第 505 页。

25. 古蓨孙“乙丑军阀变乱纪实”，荣孟源、章伯锋《近代稗海》第5辑，第517~518页。
26. 古蓨孙“乙丑军阀变乱纪实”，荣孟源、章伯锋《近代稗海》第5辑，第532~533页。
27. 李恒珍等“张宗昌督鲁与直鲁联军”，编审组《土匪军阀张宗昌》，第125页。
28. 马葆珩“孙传芳五省联军的形成与消灭”，《文史资料选辑》第18辑，第172~173页；邵维国《五省联帅孙传芳》，第175~183页。
29. 《文史资料选辑》第35辑，第106~107页。
30. 李藻麟《我的北洋军旅生涯》，第142页。
31. 谭志清“关于‘孙传芳五省联军的形成与消灭’的订正”（《文史资料选辑》第23辑，北京：中华书局1962年版，第250页）一文，认为当时靳云鹏也在场，实误。
32. 苏华“冯玉祥为赦免施剑翘而奔走”，《民国春秋》2000年第6期，第20~23页。
33. 《文史资料选辑》第18辑，第201页。
34. 是靳云鹏之误，见谭志清“关于‘孙传芳五省联军的形成与消灭’的订正”，《文史资料选辑》第23辑，第249页。
35. 波多野乾一编《现代支那之记录》，北京燕尘社1926年版，第80页。
36. 李岱恩“中国早期现代化与民初军阀割据”，《西南师范大学学报》1997年第6期，第108~111页；张欣、李永福“论军阀时期军队士兵的职业化”，《台州学院学报》2005年第4期，第37~40页。
37. 杨文恺“孙传芳反奉联奉始末”，《文史资料选辑》第35辑，第107页。
38. 丁中江《北洋军阀史话》第四册，第268页。
39. 古蓨孙“乙丑军阀变乱纪实”，荣孟源、章伯锋《近代稗海》第5辑，第520~521页。
40. 李藻麟《我的北洋军旅生涯》，第144~146页。
41. 来新夏《北洋军阀》四，第386~387页。
42. 李恒珍等“张宗昌督鲁与直鲁联军”，编审组《土匪军阀张宗昌》，第126~128页。
43. 李藻麟《我的北洋军旅生涯》，第155~163页。
44. 李藻麟《我的北洋军旅生涯》，第148~149页；李恒珍等“张宗昌督鲁与直鲁联军”，编审组《土匪军阀张宗昌》，第129~130页。
45. 吕伟俊《张宗昌》，第222页。
46. 张述孔“流氓军阀孙殿英”，《文史资料选辑》第7辑，（北京）中华书局1960年版，第138~144页。
47. 李藻麟《我的北洋军旅生涯》，第163~166页。
48. 孟星魁“直系军阀大联合的酝酿和失败经过”，《文史资料选辑》第35辑，第99~100页；来新夏《北洋军阀》四，第390~391页。
49. 丁中江《北洋军阀史话》第四册，第340~341页。

第五章

# 督鲁面面观

办山东大学，刻印十三经，也杀过报人；既修路，安装电话，开办银行，造福乡里，亦刮地三尺，强征重税；此外还整军经武……督鲁三年，说复杂是头绪纷繁，说简单是其影响的两重性。

# 一、文化活动

张宗昌重文轻武，平日里最敬重文人和文官，他在做山东督办时，文官进见，他必送到屏门，但对于友属武官，便丝毫不客气，最多点点头而已。

在督鲁期间的文化活动主要有筹建山东大学、刻印十三经、祭孔、书法与绘画及胡信之被杀事件等。

## 1. 山东大学

张宗昌就任山东省督办后，当他了解到偌大的山东省尚无一所公立大学，虽然正值戎马倥偬，百事待举，而财政又严重困难之际，仍然立即指示筹建山东大学，随之拨款，并克期完成。

1926 年 5 月，山东大学的筹建工作开始运作，具体负责执行的是任教育厅长的王寿彭[1]。王在原有的六个专门学校：法政专门学校、商业专门学校、农业专门学校、工业专门学校、医学专门学校、矿业专门学校及四个中学高中部的基础上，成立了山东大学及附属高中。8 月 5 日王寿彭到职视事，启用校钤，挂出校牌，省立山东大学正式成立。9 月 5 日举行开学典礼，逊清状元王寿彭应聘出任第一任校长，并在会上发表了“读圣贤书、做圣贤事”的训词，随即正式上课。

张宗昌和代理省长林宪祖向教育部陈述了成立山东大学的理由：

> “教育为国家根本事业，齐鲁为圣贤桑梓之邦，乃自停办科举，兴办学校，将及三十年，而最高学府，尚敷缺如，不得谓非憾事。因于十五年（1926 年）五月间训令教育厅长王寿彭赶速筹备，务期早日观成。……总期养成优美学风，造就高尚人才。管理训练，尤

以尊德性，明人伦，拒邪说为依归。”[2]

山东大学校本部设在济南趵突泉街工业专门学校原址，校长王寿彭下设总务、教务、会计三课，各设课长一人。学校有五科十三系，各科设学长，各系设主任。科系名称如下：

文科　　中国哲学系、国文系

法科　　法律学系、政治经济学系、商学系

农科　　农学系、林学系、蚕学系

工科　　机械学系、机织学系、应用化学系、采矿学系

医科　　医学系

各科并设有大学预科，另外附属高中。高中文科设于济南北园医专原址，高中理科设于济南东关山水沟矿专原址。

山东大学共计学生 1086 人。学生入学资格，与教育部规定大体相符。仅预科一年级投考资格为初中毕业生，与教育部规定专收旧制中学或旧制师范毕业者不同。文科中国哲学与国文系则收同等学历者，理由是“吾国文学义理深邃，自非学有根柢，经史诸子研求有素，不足以资深造。招生资格，不得不稍事变通，当经限定科目，严加试验，合格录取，只求程度相当，不以毕业资格为限。”

师资队伍方面，山大全校共有教师 330 余人，其中教授约 200 人，在全国高等学校中，亦可称得上阵容齐整，人才聚集。教授中一部分是科举出身的经史学者，如清末翰林陈舸庭、举人丛禾生、秀才祁蕴璞等等。他们主要在文学院，担任全校经学、古文学、古史学的必修或选修课程。一部分为从英、日、德取得学位的回国留学生，如留学英国取得博士学位的张徽五、王慈伯等人，留学德国取得博士学位的张东里、于复先、周瑞廷、高汉符等人，留学日本取得大学毕业证书的卞东寅、房金錡等人。他们主要在法、工、农、医各院系担任自然科学课程。在教学计划中除开设专业课程外，经学、数学、英日语为必修课程，并开设古文学、古史学、世界史、逻辑学等为选修课。教材一部分选用国内已出版的大学教科书，一部分靠教师编写。教师中多数学有专长，抱有“教育救国、科学救国”的思想，又因才得其用，故教学态度认真，较能联系实际，肯于探索，提高水平。学生中多数受到五四运动新思潮的影响，思想开放，勇于接受新事物，勤奋向上，故学习风气较浓厚。省立山东大学，初步树立起了重视教学、重视研究的好风气，也充满着科学、民主和进步的生机。

1927 年 6 月，在省立山东大学创建一周年时，校长王寿彭因思想陈旧、

因循陋规，受到校内的强烈责难，乃拂袖而去。为此学校多数教授积极建议聘请曾在张之洞身边做过幕僚和担任过清末外务部左丞的洋务派名人辜鸿铭接任校长。1928 年 4 月底，张宗昌已内定辜鸿铭为山东大学校长，他也有意前往执掌。但当时辜鸿铭已是病情危急，不久即去世。由于校长一职暂悬，且又待遇优厚，在张宗昌集团内部引起激烈争夺，相互攻讦。满城风雨，张宗昌在盛怒之下，拍案大骂，训斥周围，“山东大学的校长，谁也不给，由我自兼”。为此济南曾流传：“齐鲁文明之邦，目不识丁当校长，孔圣九泉哀叹，荒唐，荒唐。”大家引为笑谈。1928 年 4 月蒋介石领导的北伐军进抵泰安，省立山东大学教师和学生大部分散去，学校无人负责，经费无着，随即停办，并于 1929 年为另一所山东大学所接收[3]。至于王寿彭，作为张氏政权的要员，随着北伐军的进逼，他紧步张宗昌后尘，惶惶然逃往天津，寓居意大利租界。1929 年 7 月于天津病逝，时年 56 岁。

大学之外，张宗昌另准各县增设学校，并称之为“教育改进”，所设学校主要有乐陵师范讲习所、德县师范讲习所、阳谷师范讲习所、文登辛旺第二小学、栖霞私立崇实小学、牟平公立富文学校、郯城长城街私立小学、招远第二区第一小学、栖霞亭口区士林小学、海阳香山公立小学、泰安崇礼区立小学、莒县大庙区立小学、德平县立女子小学、掖县县立第七小学、益都县立刘镇小学、齐东县立第五小学[4]。

在此前后，张宗昌还选派了一些学生出国留学，培养高级人才[5]。

张宗昌本系一介武夫，幼小失学，没念过几天书，但在他掌握地方大权后，上台伊始就能如此重视教育，在短短的几个月中便把一所大学建立起来，亦属难能可贵。这当然也与他的经历有关。民国初年，他曾主持南京军官教育团工作。教育工作实践使他懂得，要想干一番事业，要想缔造一个政治局面，没有一大批人才辅佐是办不到的。必须创办学校，必须培养人才。

### 2. 刻印十三经

张宗昌公余之暇，延请韩虔谷讲授经史知识。韩系河北省高阳县人，曾肄业于保定莲池书院，据称是桐城吴汝伦弟子，有诗集刻印问世。民国初年，张、韩相识于南京。张对韩的学识颇为景仰，故至督鲁后，延为上宾，将督署最后排九间大房作为韩的居室，以便随时可去请教。韩虔谷既是张的老师，也是智囊人物。在政务和教育方面，张宗昌经常去请教，征求韩的意见，往往是言听计从。例如在韩的引导下，张乃有重刻十三经之举。

“十三经”之名始于宋代。先秦时期有所谓“四经”，即《诗经》、《书经》、《礼经》、《乐经》。汉代有“五经”：《诗》、《书》、《易》、《礼》、《春秋》。唐代有“九经”，即在五经之外再加《周礼》、《仪礼》、《公羊传》、《谷梁传》，后又加《孝经》、《论语》、《尔雅》，合为“十二经”。至宋再加《孟子》，遂为“十三经”，成为天下士子研究学问的根本。

十三经

王寿彭以为，私人收藏的经书芜杂不一，瑕瑜互见，均难臻上乘，特地通过各种关系，借到了清宫的“殿本十三经”，用上乘棉丝纸精印而成，分送达官显贵。另以木光纸平印，大量、无价配给山东省各级学校。

张宗昌请陶湘主持刻印的《影刊唐开成石经》

王寿彭由于担任教育厅长，且还要兼管山东大学的开办，经纬万端，故而忙得焦头烂额，于是，他便邀请当时正投闲置散的杨度帮忙。杨度曾是一位呼风唤雨的著名文人兼政客，最善于见风使舵，此次跟着张宗昌跑南闯北，是想借张宗昌的势力，攫取北洋政府中教育总长的位置，张宗昌也曾认真的向段政府推荐过，因见拒于杨宇霆而没有成功。

由于有杨度的援手，“十三经”的重刊，在内容、印刷、装帧等各方面均十分考究。书库上印有张宗昌的亲笔序文一篇，其实是由杨度撰写好了，张宗昌摹临下来，然后按样雕版精印而成的。

鸠工镂版竣工后，先后印刷300套。首

批50套为红字，第二批50套为蓝字，第三批200套为黑字。这套十三经取材善本，字体秀丽，纸张考究，印刷精美，装帧典雅，风格古朴，具有收藏价值。

张宗昌督鲁时增刊的这部“十三经”，可称得上是民国时期的印刷精品，连当时的京沪地区都认为十分难得，各地亦纷纷索取，视为珍本。张宗昌的所谓“墨迹”也因“十三经”的流传而保存下来。这是他做梦也想不到的。

日本注重汉族传统文化，虽在抗日战争期间，仍对张宗昌留下的“十三经”不遗余力搜罗，如今在日本尚能看到整套山东省教育厅印刷的“十三经”。国内虽有零星收藏，但已难窥其全貌了[6]。

十三经之外，张宗昌还请陶湘主持刻印了《影刊唐开成石经》。

该书刊于民国十五年（1926年），是陶湘以“皕忍堂”的名义，代张宗昌影刻的。该书尽管卷帙浩繁，但全书从摹写刊版到纸墨印刷，直至开本装潢，每一个环节都一丝不苟，俱臻上乘。该书系由北京琉璃厂文楷斋雕印。此书有初之红印本，难得。但后来的墨印本也十分精良，罗纹纸精制，亦觉不错。

### 3. 祭孔

张宗昌对孔子十分的推崇，他曾说：

“俺山东是孔圣人之邦，尽管别的地方人不敬孔圣人，不读圣贤书，要把线装书抛到茅厕里去，俺山东可万万不可行。尊孔读经为第一要义，人人照着孔圣人的道理去办事，包准没错。”

张宗昌所任用的教育厅长王寿彭，也极力主张尊孔重教，二人在尊孔一事上达到了十分默契的程度。

王寿彭曾举行过一次盛大的祭孔典礼，张宗昌为主祭人，事先由王寿彭等遵古制，预作安排。于1925年8月上丁日前三天，张经姚村去曲阜。事先由曲阜县长汪乃驹命人清除道路，从孔庙、孔林到姚村车站，全用黄土铺地（这是当年专制皇帝祭天时的办法）前往迎接。张进城的行列是：一为乐队，二为骑兵（一色黄马），三为步兵，四为炮兵，五为卫队，服装都焕然一新，最后为张宗昌所乘汽车，连陪祭人员陈焕章、王祝晨等共六辆。张在大批军警的保护下，先赴衍圣公府拜会，即下榻于该府忠恕堂。如礼举行斋戒，先一日并举行演礼，也参观了神庖、神厨等处。届期，礼行如仪后，张宗昌在奎文阁讲话，题为“孝佛为仁之本”。讲稿系王寿彭预拟。张说：

“我张宗昌小的时候，是个穷人，又是个粗人，长大之后闯关东，闯到今天，倒成了武人。我今天同许多文武官员来到孔老夫子的家乡，恭恭敬敬地祭这位老圣人。祭祀的礼节，我本来不懂，前天来到后，先请司礼官讲解了祭孔的礼仪，参观了庙堂礼器，叫我心里更加敬佩。我的祝辞和讲稿，全是王状元作的。已经印出来，准备每人发给你们一张，希望大家回去好好地念念，好好地想想，将来就好好地做去。咱们大家要一同向孔夫子学习，才配来祭孔老夫子，这些年有人要打倒孔家店，我看打不倒。现在我拨一笔款重修孔庙寝殿，修完这里，再修奎文阁。打的让他们打，修的咱们还是修。陈焕章会长（孔教会会长）在外国还参加重修孔庙，并且亲自运过大梁呢。”

行礼时，张宗昌穿上将礼服，行跪拜礼。张与孔德成之父孔令贻为仁兄弟，故张初到孔府，即由孔德成之母陶蕉云偕其生母王宝翠携孔会见。祭礼告成，陶等又设筵招待，详谈家事。孔令贻原配孙氏无出早死，陶亦无子，为纳其使女宝翠王氏，生遗腹子德成，以宗法利害关系，经常发生矛盾。陶备述往事，拟恳张为复仇。张说家族众多，应以和睦为主，并说：

“我在山东还不知能待多长时间，不要再给你留下后患。”

张宗昌返回济南后，两家就常常来往。

祭孔在今天依然延续着传统

祭孔同时，张派毕庶澄前往邹县代祭亚圣孟子。由毕在亚圣殿主祭，邹县名流刘昭汉、马幼龙等陪祭，祭礼隆重。祭毕，毕亲书“母教一人”四字，刻石立碑[7]。

1926 年 9 月 21 日，张宗昌又到曲阜祭孔；1928 年 2 月 27 日凌晨，他因军政事急，而改在济南文庙祭祀。

## 4. 书法与绘画

张宗昌在督鲁期间，曾拜师学习文化，他的老师不是别人，正是状元公王寿彭。

当上山东省军务督办后，张宗昌深知马上得天下，马下治天下的道理，他让状元公王寿彭教他《春秋》、《论语》以及书法，并另请老师教画国画山水人物。去过张宗昌家的人大都看到过他无事时多在书房练毛笔字，读古书，作画。张的毛笔字在其读私塾时就有基础，后来越写越好。他的亲笔书画都曾赠送过人，受赠者有梅兰芳、程砚秋等，不知今尚在否。张宗昌的好学还表现在其时常看子女的教科书，不是偶尔看一眼，而是这次看过，下次还要接着看，儿女宁乐、春亭是他的老师。

云岚松翠（张宗昌作品）

张宗昌平时的日常用语，还是很合乎他的身份的。他很注意仪表，绝不像有些人臆造的那样张口闭口“他妈的”[8]。

一位穷乡僻壤的穷孩子，不曾想在长大后步步高升，官星似火，居然做了山东督办，而且已经年愈不惑，公务繁忙异常，尚能抽空向学，虚心求教，其用心之精诚，酬庸之阔绰，实已到了常人难以企及的地步，令人感佩。

有许多取笑张宗昌的传言，多是拿他是文盲说事。有一测字故事，最具典型意义。

张宗昌在山东做督办的时候，济南有个有点名气的测字先生。这位先生经历众多的人情事故，其测字水平自是不低。

张宗昌知道后很是不服，于是便叫上随从去看看具体情况。

张宗昌来到测字先生门前，随从大喝一声，皮鞭一抽，围观人等均散开，张宗昌迈步走到算命先生面前。对测字先生说：

“喂，我来测个字。”

测字先生抬头一看：呦，狗肉将军，这可惹不起。那得恭维着点，要不然头掉了都不知道怎么掉的。便恭恭敬敬地问：

“请您写个字吧！”

张宗昌一个纯正的文盲，你想他能认识几个字呀，憋了半天想不起要写什么来了。一抬头，看到测字先生的那个招牌了。上面写的是：大不同。那意思就是说这测字先生水平高，大不相同。跟什么刘半仙、陈铁嘴之类的有异曲同工之妙。

张宗昌一看，就那一撇一捺挺好写的，于是就顺着那个大字在后面写了个“人”字。

张宗昌一写完，那测字先生就喊起来了：

“哎呀，原来是大人来了呀！”

张宗昌很纳闷：

“你怎么知道我是大人？”

测字先生道：

“您看，您在大旁边写了个人？那不是大人是什么？”

张宗昌很乐：

“呵呵，好好，有水平。”

张宗昌冲那随从一摆手：

“来，你也来测一个。”

那随从也不认识字，怎么办，他也顺着张宗昌写。拿起来笔就写。他可不敢在那招牌上写，因为张宗昌已经写过了，他在自己的手心里写了个“人”。

测字先生一看：

“呵呵，对不起了，我说了你也不要不爱听，您哪，是手下人。”

张宗昌乐坏了：

“说说，为什么是手下人？”

测字先生道：

“您看呀，他在自己的手上写了个人字，他不能老将自己的手托着吧，怎么个他也得放下，所以就是手下人了。”

张宗昌乐呵呵地给了测字先生50大洋，回家了。回到家后，还是不大信。心里想：

“这小子哪里会这么灵？”

张宗昌的姨太太过来了，听说这事儿后就说：

“你个笨蛋，你这么大的官，全济南谁不认识你呀？”

张宗昌一听，也对。他叫他的副官：

“来，给我从牢里提个死刑犯出来。”

副官真会办事，不一会人就带到了，张宗昌对那犯人说：

“我说哥们儿，我这里有一件事儿，你做好了，你的死罪能免了，做不好，我连你老婆一起杀了。”

那哥们儿说了：

“禀大人，我没有老婆！”

张宗昌一听：

“什么？没老婆？你老婆呢？”

那哥们儿说了：

“我不务正业，谁愿意跟呀。好容易有一个，还他妈的跑了，听说是跑到一个卖狗肉的家里当老婆去了。”

张宗昌一摆手：

“你只要办好这件事，我给你娶10个老婆。听着，明天呀，你到一个测字先生那里去，你测个人字，看看他会说你是干什么的。”

第二天，这哥们儿，准时到测字先生那里去了。张宗昌也跟着呀，到了地儿以后，手下的随从一顿鞭子又把围观人等赶跑了。这哥们儿就进去了。算命先生问：

“大爷测什么字？写下来吧。”

这哥们也是文盲一个。他哪里会写字，说道：

“不写了，我说吧，就测个人字。”

测字的一听：

“呵呵，敢情是来找茬的呀。”

测字先生说：

“我说了你可别不爱听，你呀，是个犯罪的，是个犯人。”

哥们儿一听就愣了，还真是灵。张宗昌一听就乐了：

“哈哈，说，为什么说他是犯人?”

测字先生道：

“你看呀，他说要测个‘人’字，从他口里说什么来的，口里面一个人字，不是‘囚’吗？所以他是犯人。”

张宗昌这一次打点了500个大元。心里一直说：

“灵，还真是灵。”

回到家后，就将他姨太太抱腿上了，说：

“那个测字先生还真是灵，这一次又让他给整对了。”

姨太太不服，说：

“我就不信了还，明天我去，我也不让他猜我干啥的，因为明眼人一看就看出来了，我让他猜猜我姓啥。”

张宗昌一听，这法子好，因为旧社会那个年代，很少有人注意到女人姓什么，所以，张宗昌的老婆姓什么还真是个秘密。

第二天，二人就到测字先生这里来了。

姨太太对测字先生说：

“我就测个‘人’字。”

测字先生一见张宗昌第三次来了，还带个女的，不用问呀，是姨太太呀，冲口就说要测人字。测字先生客气了一下说：

“您是要测人字?”

姨太太说：

“不错，我就是要测个人字。我也不让你测我是干什么的，我让你测我姓什么?”

测字先生说道：

“您哪，姓吴。”

姨太太很奇怪，就问：

“你怎么知道我姓吴?”

测字先生说：

“您看，您来了后说一个人，刚才又说了一个‘人’，前后说了两个人。又是从您的口里说出来的。口下面两个人，那还不是吴吗?”

于是张宗昌和姨太太这次打点了5000块大洋。

这样的笑谈、传言，其结果自然是造就了一个文盲形象。

张宗昌不是文盲，有诗为证，他曾出了一本诗集《效坤诗钞》，存诗200余首，尽管都是打油诗。

其一，“笑刘邦”

听说项羽力拔山，吓得刘邦就要窜。
不是俺家小张良，奶奶早已回沛县。

注：“奶奶”就是“奶奶的”。

其二，“俺也写个大风歌”

大炮开兮轰他娘，威加海内兮回家乡。
数英雄兮张宗昌，安得巨鲸兮吞扶桑。

注：“扶桑”指日本，这首诗很有气势，张宗昌对日本侵略者满怀憎恨，爱国之心昭然。不过，最后一句的另一版本是：拼死拼活兮当皇上。

其三，“游泰山”

远看泰山黑糊糊，上头细来下头粗。
如把泰山倒过来，下头细来上头粗。

注：这首诗蕴涵了张宗昌要改变自己命运的内在诉求。另有版本说不是泰山而是华山，华山也不是西岳华山，而是济南郊区的一座小山。

其四，“天上闪电”

忽见天上一火链，好像玉皇要抽烟。
如果玉皇不抽烟，为何又是一火链。

注：这首诗较为诙谐。

其五，“游蓬莱阁”

好个蓬莱阁，他妈真不错。
神仙能到的，俺也坐一坐。
靠窗摆下酒，对海唱高歌。
来来猜几拳，舅子怕喝多！

注：这首诗的格调比前几首要差一些。

这数首诗流传很广，引为笑谈。率直的抒写，令人读后不禁为之莞尔而难以忘怀。

张宗昌写这些东西，是为了抒发心中的感情和表现自己有文采，每首都切合自己的身份，都真实地表现了他的内心世界。

## 5. 胡信之被杀

胡信之是青岛《公民报》的总编辑，是一个新闻界人士。他被张宗昌杀害，其主要原因是他与青岛商会会长隋石卿之间的严重过节造成的。

1925年上海“五卅”惨案后，全国各地立即风起云涌地掀起了反帝爱国运动，青岛民众也发起抵制英日货，并募捐援助上海罢工工人。那时青岛商会会长隋石卿及一般商董因个人利益关系，尽管赞成抵制洋货，但只愿抵制，不愿意焚烧。对此学生、工人不答应，全市数千学生包围商会，打算强迫隋石卿等接受焚烧日货的决议，并成立纠查团，挨家清查各商号的日货，声言查出后要悉数予以烧毁（实际并未烧过）。这样就和隋石卿等结下了深仇。学生中活动最力的是李葶、许诗可，都是青岛职业学校的学生。那时青岛市民的思想觉悟多未提高，看到这两个学生太出风头，就视之为危险分子，而青岛《公民报》总编辑胡信之（北京人）却把他们视为有骨气的优秀爱国青年，经常与之联系，不断在报纸上加以鼓励，又尽量发表有关爱国运动的新闻。胡信之除与学生联系外，也不断联系工人，这样就遭到日本纱厂资本家及隋石卿等的忌恨。

恰在此时，也就是该年旧历七月间，张宗昌回乡祭祖，路过青岛，住在青岛大饭店（太平路31号）。随行的有八太太、十太太，子女数人，以及丫鬟、马弁、刘怀周等。当天，隋石卿以地方团体的名义，在青岛著名的鲁菜馆——鸿宾楼设宴招待张宗昌。自张宗昌以下随从数十人，都应邀前来，一夜花去银洋上千元。数天后，也就是张宗昌离开青岛之后，胡信之在报纸上把隋石卿大骂一顿，说：

“隋石卿对爱国运动及援助上海罢工工人吝啬异常，对献媚当道则又这么铺张浪费，实属丧心病狂。”

当然这样责骂隋石卿，就牵扯到张宗昌。隋石卿借机在一旁怂恿，令张十分恼火。所以，就在报纸发表后的当天晚上，有人劝胡信之逃走，避避风头。胡说：

“我是赤脚的，不怕穿鞋的，他能把我怎么样？”

这是胡被捕杀的第一个原因。

该年夏季淮河流域遭到水灾，两岸数百万人民流离失所，无家可归，全国发起了募捐救灾运动。那时青岛首富是“烟土大王”刘子山，他拥有巨资，而对救灾只捐了数百元，且对募捐的人们大肆讽刺，引起了一般市民的愤恨，胶澳电气公司职员余哲文对之尤感不满，就画了一张漫画，一盏油灯台，下面有一个老鼠正要爬上去，旁边写着：

“老刘、老刘，快来舔油！”

此画投到《公民报》副刊，胡信之即予登载。

这张漫画在报上一登，触怒了刘子山。于是，隋石卿与刘子山秘密到济南，通过刘怀周打通袁致和，共用去大洋 4 万余元，由袁致和上书报告，刘怀周呈递进言，以胡信之鼓动学生、工人在青岛闹事等等罪名抓捕杀之。这是胡被捕杀的第二个原因。

隋石卿、刘子山以及袁、刘的鼓惑，使张宗昌信以为真，决定捕杀胡信之。具体执行逮捕任务的，是随张宗昌同来青岛的山东省警务厅长袁致和。

逮捕胡信之是在黎明之前，《公民报》尚未结束工作，军警突入，即将胡绑走。同时又逮捕了该报社长刘祖谦。当时并把报社仔细搜查了一遍，接着把报社内所有的人都驱逐出去，随即把该报社封闭。

胡信之被逮捕到青岛警察所三天后被杀[10]。

胡信之有一女儿，立志为父亲报仇。张宗昌被刺后，她大造舆论，据说骂张之文不下百篇。

## 二、经济活动

张宗昌督鲁期间在经济方面的活动主要有开办银行、安装电话、发展商业、兴修水利及公路、盐案清欠及征收税金等。

### 1. 发展经济

**开办银行：**

张宗昌就任山东省军务善后督办，历时三年，在这短短的三年中，他面临的最大困难，就是财政拮据，无法支付庞大的军事和行政开支。过去，许多武将对财政经济问题一无所知，因而束手无策，无法摆脱经济困境，导致迅速垮台。而张宗昌则胸有成竹，刚一到任，首先立即着手创办山东省银行，并决定发行山东省军用钞票。

山东省银行总经理是第一军总参议蒋邦彦，常运衡为副总经理，资本定为 1000 万元，章程规定政府拨给 1/4，于 1925 年 9 月 5 日在济南二马路原企业银行旧址正式开业。银行的主要职能是发行钞票、代理省库，并为张宗昌筹措军费。该行在济南设总管理处、发行部等，发行部下设青岛发行分库、烟台发行分库、天津发行分库，并相继在济南、烟台、天津、北京、上海、南京、徐州、大连、汉口、保定等城市设立分行，在石家庄设代理店，利用这些省外机构，为发行山东省银行钞票创造条件。

为了维护山东省银行的地位，张宗昌在开业之初曾致电交通部：

“本省筹办之省银行，业已开幕。查胶济铁路，全线均在鲁境，与鲁省金融关系至切，所有从前存款及嗣后收入，除按中日协定应存正金银行之款外，务请特饬路局悉数拨存省行。”

“山东省银行，乃省政府所立，基金巩固，发行钞票，当然一律疏通，不得稍有阻碍。路局关系交通，出入尤巨，应即尽先通用，以利金融。除函津浦、胶济两路局外，电请查照。”[11]

该行开业后，即发行1元、5元、10元三种钞票，不久，50、100元钞票及2角、5角的辅币券亦陆续发行，该行在省外各城市发行的钞票都印有当地的地名，主要在当地流通。省银行的钞票是强制发行的，1925年9月13日山东宪兵司令部布告，纳税、纳粮等一律以山东省银行钞票为准，通用现洋，其他纸币概不收用。是年9月22日，山东省长公署又通令宣布，省内发行钞票，集中于山东省银行，除中国、交通二银行外，取缔其他各银行发行权，因此，一般商业银行钞票都退出市场，山东省银行的钞票占据统治地位。

该行的钞票，不仅在省内大量流通，而且在苏、皖、京、津等地也大量发行，据1927年6月统计，共发行省钞2300余万元，其中省内发行1300万元，省外发行1000余万元[12]。

张宗昌深深懂得，为了使军用钞票取信于商民，能在市场和社会上广为流通，必须有足够数量的硬通货做后盾。因此，在山东省银行正式开张营业之日，他汇集了700万银元现款，陈列在大庭广众之下，任人参观。在硬通货面前，向山东省工商界和各界人士宣布，银行将发行山东省军用钞票，纸币钞票即以银元做后盾，纸币一元可兑换银元一元，使广大民众对军用钞票产生信任感，为其在市面流通创造有利条件，及时解决了财政困难问题。

当然，后来随着战争的连绵不断，通货膨胀问题还是不可避免地出现了[13]。1927年12月督省两署下令收款均按市价折收，致使其价格急剧下跌。1928年1月财政厅公布的省钞牌价，跌落至3折、2折。张宗昌退出山东后，省钞已无人接受，形同废纸，山东省银行也倒闭了。

**安电话：**

1926年，张宗昌为了军事上的便利和巩固其统治地位，授意山东省电政监督汤德年呈请北京交通部批准，由部派陆、陶二委员来鲁，创设济青长途电话。

当时国内长途电话设备，稀若晨星，此次兴修长话，在华北各省实为创举。

这两对紫铜话线，装在电杆横木南端的一对称为南线，专供军用。装在电杆横木北端的一对称为北线，通入青岛至济南沿途10余电报局，为民用。同年12月1日开始营业，曾免费3天。

当时规定通话时间相当宽裕，即每次通话时间为5分钟，价格也不是太昂贵，如青岛通话每次1元，济南通话每次1元1角，较电报按字收费要便利得多。

不过，由于济青电报线兴修于前清末年，电杆腐朽不堪，风雨浸蚀倾折漏电等弊病很多，大小障阻几乎每天都有。当时南线若有障碍，照例借用北线，因而民用机会较少。

那时使用紫铜线安装电话及循环式电路设备，是采用先进国家经验，且司机人员十之八九为鲁区土著电报练习生。报话技术均极熟练，文化业务水平也有相当功底。如果当时有关电话的硬件设施能够完善一些的话，那么山东的电话业务倒是可以取得相当大的成绩[14]。

**发展商业及兴修水利、公路：**

张宗昌在1926年曾铸造金币20万枚，由于当时我国的货币中有银元、银毫、铜元、镍币，还没有铸金币的，所以，尽管张宗昌所造金币流通不广，但在我国货币史上却是非常重要的一件事。最初，李鸿章任直隶总督时，曾在天津创立造币厂，一天能铸银元200万枚。张宗昌督鲁后，控制了天津造币厂，并视之为财源。当时，张宗昌派李厚祚为监督，任援道为总办，筹备开工铸造银元。李建议道：

“若以山东金矿所产黄金拿来铸造金币的话，每年可铸值10元的金币400万枚。”

张宗昌听罢大喜，立即同意，并派人到意大利聘请雕刻师，精心雕刻，悉心铸造。这种金币正面是嘉禾，刻篆文“中华民国金币”及“中华民国十五年山东省制造”字样，背面是大龙图案，式样非常美观，比英国的金镑还要漂亮。可惜多数被日本人掠去，我国民间很少见到[15]。

为了繁荣市场，张宗昌倡议兴建济南劝业场，为商贾创造良好的营业场所。他还决定将济南市以北、泺口以南地区开辟为商埠，扩大济南市的工商业区，为工商业投资创造了条件。

黄河水患历来给山东省经济和群众生活带来深重灾难。张宗昌到任之初，更立即亲自察看堤防工程，决定对黄河大堤济南段进行全面加固，兴修水利，防患于未然。大堤加固后，又将大堤开辟成为公路，发展交通事业。例如利津至荷泽段，曾兴办长途汽车运输事业，便利商旅往来。

## 2. 鲁大公司

张宗昌对日本人一向非常厌恶，特别是对山东的日本势力的客观存在心生痛恨。在他的影响下，山东军队在日本人控制的胶济路上行车时，沿途过站遇到日本铁路值勤人员及日本妇女时，往往大扮鬼脸，或以猥亵动作肆意侮慢，日本人受到侮辱，也无可奈何。

鲁大公司事件发生在张宗昌任山东督办时期，该公司尽管乃一地方企业，但该事件却惊动了中央政府，也惊动了虎视眈眈的大日本帝国。山东发生的事情，还需要到皇城根下去听结果。

1923 年成立的鲁大公司其性质乃中日合办的矿业公司，主要开发淄川、坊子、金岭镇三矿。名义上是中日合办，实际上是日本一手操纵公司，只是有华人的股份在其中。

根据我国矿业条例的相关规定，鲁大公司每年应缴纳矿区税 60 万元，矿产税则纳煤价的千分之五，但日本人拒绝缴纳此数目，后几经交涉，最后鲁大公司每年只缴纳矿区税 5 万元，矿产税 5.3 万元，合计只区区 10 万余元，形同白占。张宗昌觉得这太便宜了日本人，于是决定加征矿区税 49 万元，矿产税 28 万元，合计 77 万元。

日本人闻讯后大吃一惊，他们没想到张宗昌会来这一手。因为这时他们正与张宗昌就公司华人股份省有一事交涉，日方也准备让步，张非但不领情，且又节外生枝。于是乃电告日本驻中国公使芳泽出面干涉此事。

芳泽出面干涉此事时，张宗昌正在天津，芳泽于是马上电告日本驻天津总领事，要他向张提出抗议，同时又向北洋政府外交部发出警告，鲁大公司的顾问、日本海军中将坂西也亲赴济南面见张宗昌。张宗昌没想到日本人竟动用外交手段，故而委婉解释道：

“本人不了解详情，待回济南再做商议。”

中国外交部将鲁大公司之事例行公事般的转告农商部，让该部出面劝阻张宗昌不要把事情搞大。

张宗昌自认为手握重兵，在山东想要办的事没有办不成的，于是他在 1925 年 9 月 8 日将鲁大公司华方股份省有化的决定正式通告鲁大公司，并声言，如果不服从，即以武力解决，派兵接收。12 日，又下令通告公司的华人各股东，速将股票全部上交省署。

一向在中国横行霸道惯了的日本人，此番见张宗昌来真格的，也不能不顾及他手中的 10 万军队，况且他们对张宗昌的履历、脾气也知道几分，一旦惹翻了张，于己实属不利。最后做出让步：反对华方股份省有，但张宗昌个人可以入股。

日本的这一态度在江户总领事与胶澳商埠局总办赵琪的谈判中表露了出来。江户说：

“日本朝野期待着奉天派，尤期待着张宗昌的成功。倘按今天的情况发展下去，就会降低奉系的声望，而且有可能挫伤我们日中之间的圆满密切关系，对此张宗昌先生必须充分注意。凡同日本有利害关系的事项均应预先得到日本方面的谅解，才是最好的办法。作为日本方面，也会通过各种途径予以相当的援助。”

这里所说的援助，就是指张宗昌个人可以入股。

当此事正在交涉时，又突然冒出加征矿税，鲁大公司的日本人乃求助于本国政府。

这样芳泽公使便两次具文向中国外交部提出警告，并威胁说，酿成重大事态等其一切后果应由中国政府一方完全负担：

“日本政府提醒中国政府如何维持具有特殊性质的鲁大公司地位问题应以深切的考虑，同时希望立即采取适当的措施以裁减该公司的过大负担。”“倘若山东政府为前记的不正当措施而采取强行手段的话，我公使馆会相信那样就愈会酿成重大事态，而且无须赘述，其一切后果应由中国政府一方全部承担。”

北洋政府为日本外交压力所屈服，张宗昌的幕僚也认为不要为区区几十万元把事情搞大，弄到最后难以收拾，张宗昌似乎也意识到，现在所面对的是日本政府而不仅仅是鲁大公司，为免事态扩大，便做出让步：加征矿税问题可以不了了之。剩下的事情就是华方股份省有及张宗昌入股二事。

由于日本政府动用了外交手段，对张宗昌施加强大压力，张经过斟酌，为顾全大局，便屈从日方意见，收回省有成命，只从收买华方股份方面去考虑。

后来，由于问题的复杂，加之鲁大公司华人股东反对十分强烈，张宗昌本人一直忙于战争，收购股份一事始终没有结果，直至张兵败离开济南，此事不了了之，张也就一直没有入股鲁大公司。

鲁大公司事件可以说是张宗昌与日本人打交道的一个缩影。山东是日本的势力范围，日本在山东享有特殊权益，但张宗昌对日本人一向不存好感，对待日本人也并没给其特殊的优待，但每当张宗昌触犯日本的利益时常常遭到不仅是当事者的反对，而且还有日本政府的抗议和威胁，以及北洋政府的压力，最后总是以让步或屈服作为结局[16]。

### 3. 盐案

盐是一种特殊的商品，自古以来它就实行官卖，是历朝历代政府的重要税源。张宗昌也不例外。

前清慈禧当政时，山东藩司存盐款海防费 140 万两，盐商借用。年息仅 1.2 厘。武昌起义推倒清廷后，就未再缴利息，盐运司的案卷，也被盐商勾结官府，私行销毁，企图赖掉这笔欠款。不过，其中有一个盐商，也就是北园的安子荣，为人多谋，利用与藩司主管人有私交，偷将该项案卷抽出，作为敲诈同伙盐商的把柄。初期，大家还对他敷衍，多少给他些钱，但安欲壑难填，勒索无厌，盐商以该款系前清旧案，案宗已经销毁，不足为虑，就对安不再客气，安非常恼怒。

张宗昌督鲁后，安子荣为报私仇，将该卷献与张宗昌，历陈此项海防费拖欠情况，并涉及到盐商的种种弊端。张正以军需孔急，多方筹款，闻言大喜，携安同游大明湖，详议追索欠款、整顿盐税之计。一面成立财经整理委员会，以安子荣为主任，一面由盐运使出面召集盐商——东纲公所负责人李仲侯、张竹明、姜振清、李效先等开会。先摆筵席请入座吃酒，席间提出此案，希望大家协商缴款，以充军需。各盐商以营业不振，经济困难，无力缴纳巨款来搪塞。张宗昌见软的不起作用，就亲自讲话，表明态度：

“各位只要同心协力帮助清缴欠款，支援军事需用，就是我的好朋友，大家有什么困难问题，我一定帮助大家解决。如果违抗不交，我可不会客气，一定把你们装上轮船，开足马力，撞沉到海里去喂王八，好叫你们痛痛快快喝够了盐水。何况盐务弊病，我全部了然心中。今天长话短说吧，我不管什么海防费不海防费，咱们要办的就是盐商登记。登记费 1000 万元，少缴了不行。你们留在这里好好地考虑三天，看你们想吃哪一种酒席吧！”

大家先前还想以拖来应付，这时看到军警警戒甚严，认为张宗昌说得出来，就做得出来，只得舍财顾命。遂多方托人向张疏通，由 800 万降到 600 万、400 万，最后以 300 万结案。此款系由鼎新、鼎利、鼎福等大盐商出面，向各银行、银号凑借。

张得此款后，除军用外，还办了个“山东盐警训练所”，共办两期[17]。

### 4. 税金

张宗昌任山东军务督办以前，山东每年的军费开支，共为 565 万元，其中陆军第五师占135万元，陆军第四十七混成旅占65万元，其余为其他各部队的军费。此外督办公署军需军费60万元。

张宗昌督鲁的第一年，军队增加到了十四五万人，月需薪饷、战费高达1000万元以上。到了1926年张宗昌第二次南下江南战败齐燮元之后，各省军人集济南，纷纷要求成立队伍，这样无限制的扩编，山东军队陆续发展到32个军的番号。于是军队一连欠饷五六个月的情况已成惯例。所以，张宗昌统治时期山东赋税增加与军费开支庞大有关。

山东军费开支的来源一方面依靠张作霖的接济，另一方面则靠当地的税收。

在张宗昌督鲁之前，山东的田赋向例为每田银一两，连同花杂各费，作银元2元2角征收。张宗昌督鲁后，一开始就增加一倍，每田赋银一两征4元4角。后又每年征收两季，每赋银一两，两次共征8元8角。

山东烟酒税，原为全年60万元。张到鲁后，也加倍征收，再加烟酒特捐全年50万元，共增至200余万元。津浦、胶济两路的货捐，每年每路收入，原额不过100万元，至时每路货捐各加为300万元，共计600万元。房捐税、印花税、验契税、落地税、产销税、登记税、烟酒牌照税、禁烟特税、司法罚金、临时特别大宗捐款等名目繁多的苛捐杂税，收入也大为可观。

为了解决军政开支，张宗昌还同意下属的意见，就是滥发各种纸币，以增收入。当时的财政厅长杜尚每年发行金库券一次，约500万元。自1925年至1927年共发了三次，计1500万元；山东公债局总办张肇拴发行的善后公债，达2000万元；山东省银行总理蒋邦彦发行的省银行钞票及以后发行的军用票，则漫无限制，就是当时的银行人员也不知道发行的确数。此外还发行了一次甲子战役（即第二次直奉战争中张宗昌第一次南下的战役）抚恤奖券。

发行这么多纸币，但代理收付全省款项的省银行却规定：收款要现洋，付款全给纸币。这样，纸币充满市面，而银行却装满了银元。偏远的地方，现银一元涨至京钱八吊以上，省钞及军用票则更不值钱。当时以纸币换现洋，价额相差极大。初期省钞一元价值七八角至五六角，军用票一元价值四五角至二三角。后来省钞一元跌价到三角六分，地方公债一元折价一角五分，军用票则跌到一角，几成废纸。大量发行纸币的结果，导致了金融的严重混乱，物价暴涨，二是倾家荡产，营业倒闭者，不可胜计[18]。

张宗昌督鲁时期山东人民的生活是困苦的。“饥寒好悲伤，无地又无房，遭匪劫，受兵荒，黎民活遭殃。家无隔夜米，谋食也无方，饿得实难挨，只好吃谷糠。都只为那，山东出了张宗昌。”[19]这段歌谣是对张宗昌督鲁时期兵匪交结、百姓悲惨生活的真实写照。

袁世凯死后军阀混战局面的形成，使得人民生活困苦、社会动荡不可避免。

人民生活困苦的重要表征之一就是移民。张宗昌统治时期，山东移民的主要方向是东北。

1925 年，山东人移民东北三省人数为 40 多万，比上一年多了 1.6 万人；1926 年移民人数为 53.5 万；1927 年为 84 万人；1928 年过了百万大关。

总的说来，张宗昌统治时期山东人移民东北的原因，之一是为了改善生活条件，再就是战争因素。战争对人们去留意愿的决定作用远比经济影响大的多，它一旦发生，就以其特有的突发性与巨大的破坏性成为人口外流的主要动因，这可从移民主要来自战争地区看出[20]。至于移民的特点，主要是由个人的暂时、定期迁徙，即季节性的、候鸟式迁徙，一改而为家庭定居迁徙，移民与迁入地的关系发生变化，认同感明显增强[21]。

张宗昌在督鲁期间的经济活动，可分两方面看，一方面是推动了地方经济发展，另一方面，也极大地摧残了当地经济，给人民生活带来灾难性痛苦。总体看来，对经济的破坏性要远远大于建设性。

## 三、军事活动

张宗昌督鲁期间的军事活动主要有强化白俄毛子武装，建立旗兵团、空军、少年兵，督察军纪及整顿渤海舰队等。

### 1. 白俄毛子

白俄兵在 1925 年与孙传芳作战时，吃了大亏，退回山东后，张宗昌将剩余残部连同陆续招募的白俄兵共 2000 多人，扩编为一师，名为第六十五师，升聂洽耶夫（也翻译为聂卡耶夫）为中将师长。因人数相差太远，另行招募中国兵千余人，由督署上校参谋赵亨宝升充旅长，为与白俄旅区别，称为中国旅。

对于张宗昌收容白俄用于中国内战的行径，前苏联驻华大使加拉罕曾多次向北洋政府外交部提出抗议，说这支反苏的白党军队，不但助长中国内乱，而且影响了中苏人民的友谊，请北洋政府饬令张宗昌立即停止招募白党，并从速解除白俄部队武装，立即遣散，以敦睦中苏友谊。由于苏俄政府的抗议，张宗昌此前已将白俄兵改称入籍军。

这一时期，张宗昌和白俄军的联系，溥仪及一些他身边的满清遗老起了相当的作用。米罗夫，也就是溥仪在他的回忆录《我的前半生》中所提到的谢米诺夫，原是沙俄的一个将军，被苏军击溃之后，率残部逃到满蒙边境一带，满清遗老（特别是郑孝胥）认为这个人有利用价值，溥仪便在他身上花了大量金钱。在郑孝胥的活动下，终于把白俄军队和张宗昌撮合在一起。米罗夫本就和张宗昌有相当的交往，因此，张宗昌很轻易地接纳了米罗夫提供的外国炮灰，扩大了白俄军队。张宗昌的部队过去驻扎在黑龙江绥芬河、东宁一带时，本来就收留了一些白俄人，经过满清遗老的撮合，张宗昌部队的白俄人数不断扩充。

溥仪本人在1925年于张园和米罗夫（谢米诺夫）会了面，米亦表示“矢忠清室”。溥仪在其回忆录《我的前半生》中坦白：

> “谢米诺夫和多不端有个计划与我有莫大关系，是要使用他们在满蒙的党羽和军队，夺取满蒙地区建立起‘反赤’根据地，由我在那里就位统治。为了供应谢米诺夫活动费，我专为他立了一个银行存折，由郑孝胥经手，随时给他支用。存款数字大约第一次是一万元。”

值得注意的是，溥仪在其回忆录《我的前半生》中公开了致张宗昌的一封信，该信透露张宗昌在1928年被北伐军击败后仍然和白俄有联系。这封信称：

> “悉卿安抵旅顺，并闻与前俄谢米诺夫将军订彼此互相之约，始终讨赤，志不稍挫，闻之差慰。……谢米诺夫怀抱忠义与卿相同，彼此提挈呼应，以奏敷功。”

得到溥仪支持的张宗昌在1928年还与米罗夫签订了一项《中俄讨赤军事协定》，内容如下：

> 第一条　大中华民国政府代表张（以下简称甲方）与大俄国远东政府代表谢（以下简称乙方）因讨赤宗旨相同，故特定攻守同盟之密约。
>
> 第二条　甲方之计划，愿扫除中国之赤党。乙方之计划，期扫除俄国之赤党。甲乙两方各本以上之计划，克期实行。
>
> 第三条　为实行讨赤起见，最所需要者：（一）饷项，（二）军械，（三）兵力。甲乙两方各视其能力之所及，互相援助。借用之饷械，无论何方，先行记账，俟发展时设法陆续拨还。若借用兵士，其饷项抚恤等项，届时另行规定。

第四条　如甲方发展，而乙方尚未收成效或中途失败时，甲方对于乙方同人应尽力援助或设法聘用。乙方对于甲方亦然。

第五条　双方订约以后，为贯彻攻守同盟之宗旨起见，有与双方中之一方为敌或为友者，须经甲乙双方之公同认定。甲方不得与乙方国内之他方面另订他约，乙方对于甲方亦然。

第六条　双方之军事计划有互相之利害关系时，得设立联合军总司令部。其组织及办事章程另定之。

第七条　本约自签字之日有效。其他未尽事宜，随时商定[22]。

企图搞复辟的溥仪后来在回忆录中总结说：

“谢米诺夫究竟拿去了多少钱，我已经无法计算，只记得直到‘九一八’事变前二三个月，还要去了八百元”，“这些人在我身边真正的绝迹，已经是接近‘九一八’事变的时候，也就是在北方军阀全换上青天白日旗之后……这时我对他们已经真正放弃幻想……我已经把希望放在别处去了。”[23]

溥仪在这里所谓的新“希望”就是，趁“九一八”事变之机更进一步投入日本军国主义的怀抱，完成自己的复辟大业。

溥仪的目的虽然没有达到，但张宗昌却极大地扩充了白俄军。白俄士兵薪饷很高，加上多数嗜酒吸烟，领饷后即尽情吃喝，米罗夫投其所好，即成立入籍军合作社。由白俄商人杜鲁汗从天津购运烟、酒、罐头以及日常用品，专供白俄官兵选购。因为运输便利且不交纳运费和捐税，获利很大，米罗夫得以从中分肥。

聂洽耶夫认为六十五师以白俄官兵为多，大利所在，就不经米罗夫同意，设立了六十五师合作社，派白俄霍金到天津采购大量烟酒等物，由入籍军天津办事处洽备40吨车皮两辆，运回济南。结果全被米罗夫扣留没收。从此，两人的矛盾激化。

1927年夏，聂洽耶夫率白俄兵配合张宗昌部队，在陇海路和冯玉祥部作战右腿受伤，医治未愈，将右腿自膝盖以下截去。米罗夫借机商经张宗昌同意，免去其六十五师师长职务，派亲信白俄少将马可列耶夫由团长兼旅长再兼师长，同时将中国旅旅长赵亨宝免职，以徐某接任，从此米罗夫完全控制了六十五师。

张宗昌在聂洽耶夫受伤以后，除赠与一笔巨金外，并在青岛购置楼房一所赠聂养老。

1926年春成立一六五旅时，以赵亨宝为旅长。赵亨宝原系六十五师铁甲车队队长，系山东黄县人，北京俄文专修馆毕业。在该旅成立不久，六十五师师长聂洽耶夫作战负伤，将腿锯断了，因离师过久，张宗昌乃令赵宝亨兼代六十五师师长职务。

张宗昌对白俄毛子十分疼爱。1926年秋，张宗昌到济南张庄去检阅六十五师，在检阅白俄兵卧倒射击动作时，有一个白俄兵在卧倒时腿一用力，将裤子挣裂露出腿肉来。张宗昌见白俄兵的军服破旧极为痛惜，大骂直鲁联军总司令部参谋长李藻麟，斥责李参谋长对白俄师在军需方面未能充分补给，使白俄兵的军服破旧不堪。张宗昌拿起阅兵台上点名用的铜墨盒就向李参谋长掷去，并当场大骂赵亨宝说：

“你看看！你将我的老毛子弄成什么样子啦，他妈×！”

张宗昌除了在兵员上对白俄毛子予以补充外，还在武器方面进行改进。

1926年初，经白俄工程人员设计，由津浦路大厂用机车客车及载重40吨的货车，外加7分厚钢板，重新改制泰山号、山东号、云贵号、河南号铁甲车4列。鉴于前次失败的经验，每列车由8节车厢组成：第一节系材料车，用平板货车不装甲，专载钢轨，枕木和一切修路器材，预备铁路被破坏时立即修复；第二节系炮台车，用货车装甲，共分三层，下层安设重炮，中层安设山炮，上层安设迫击炮及重机关枪；第三节系机枪车，亦用货车装甲，在车厢两旁挖射击口数处，第四节为火车头，第五节系官长乘坐车附餐车，用头等客车装甲；六七八三节和前一二三节相同。第八节后，另挂铁闷子车一节，由中国步兵两排驻守，作为掩护部队。泰山号的炮台车两节，在车底铺上平铁板后，又筑一市尺厚的铁筋水泥，车厢两旁又加筑铁筋水泥夹壁。因此车身过重，车轴上均加弹簧设备，车过桥或拐弯时行驶速度较慢。各列车都无门窗设备，二至七节直接通行，车身涂防护色油漆。每列车都有白俄官兵百余人，前白俄炮兵团长马来见充少将司令，聂里为上校参谋长。因马来见不满意米罗夫的专横，米罗夫改派车克夫继任司令。每二列车配备三八式

张宗昌的白俄军装甲车

野炮7门，迫击炮2门，重机枪24挺；有大队长1人，炮兵队长、机关枪队队长、工程队长、掩护队队长各1人，均由白俄充任。司令车克夫，原任自卫军的参谋，没有作战经验，因为对米罗夫唯命是听，才被重用。1927年夏，率四列铁甲车在陇海路归德附近与冯玉祥部队作战，大败而逃，泰山号、河南号均被截获。车克夫只带山东号、云贵号逃回山东。不久又由津浦路大厂改装两列补充，仍名泰山号、河南号，米罗夫只将车克夫记大过一次完事。

白俄军除了拥有铁甲部队外，还有一些其他组织：独立工兵团、骑兵团、骑兵卫队、飞机队、电影队、军士学校、济南炸弹工厂、济南皮件厂、济南第二兵工厂等。

入籍军（即白俄军）帮办司令部直辖白俄工兵一团，以马可列耶夫为少将团长。名为独立工兵团，实共俄兵百余人。又招募白俄技术人员四五十人，增设技术营一营，专管修路、架桥、电讯设施以及爆破事项。

独立骑兵团团长为彼得格布司基上校，共有白俄骑兵300人左右，住在济南城西。

白俄骑兵卫队100余人，均系哈萨克骑兵，住在督办公署内，在张宗昌和米罗夫指挥作战时负护卫责任。队长为大那依夫。

白俄兵连续作战，辗转各地，奸淫抢掠，无恶不作，有人请米罗夫加派宪兵严加约束，米罗夫说：

“只要能打仗就行啦，你不要说俄国兵不好！”

张宗昌建立了飞机队，派米罗夫找人驾驶，米罗夫电哈尔滨招兵处聘到白俄安得里求克（又名安得秀），充飞机队上校队长。飞行员及投弹射击手，均由白俄充任，一律按入籍军少校待遇，并规定每次参加作战时酌给津贴。得胜时，米罗夫还另外向张宗昌要奖金。

电影队队长为哥鲁司，共有白俄技术人员10余人，住在督办公署内。专事摄制白俄同张宗昌部队配合作战的战地影片及张宗昌阅兵、出师、督战以及其母过生日等影片。队长哥鲁司常在张左右，张一高兴随时随地令其摄制各种影片。制成的各种影片，常在督署放映招待来宾和亲友，并不卖票。一切花费统由米罗夫向张报领。

1926年初，米罗夫在济南城里大布政司街山西会馆旧址，创立入籍军军士学校。在哈尔滨招收白俄官商子弟中20岁左右的青年，共百余人。因人数较少，又在张宗昌的学兵团内，挑选中国青年约60人，加入该校上课。虽不分科，但有步骑炮工辎五科教官分别讲课，讲义均系俄文。中俄籍学生一律月饷14元，外加每日菜金2角。服装亦较其他士兵为优。米罗夫自兼校长，达拉斯夫为上校副校长。聘有炮兵少将得尔那伯力斯克等白俄教官20余人，官阶最低为少校级，讲课均用俄语。另有白俄东正教神父于赫得尔，每星期同米罗夫和入籍军帮办司令部参谋长米海罗夫，到校上政治课各一至二次。所讲的主要内容，均系反对共产，消灭赤化，驱逐穷党，恢复祖国之类的话。校内设有陈列室，陈列着各种拆开的大小枪炮零件，向学生们讲授如何拆卸、装配、使用等技术，以及名称、规格、效能等项，还经常由各科教官带领学生到城南千佛山实地演习。

有人问米罗夫：

“这个学校才有100多人，有什么用，是不是还要扩充入籍军?”

米笑着说：

“我办这个学校不是为了替你们中国人打仗的。张宗昌得有今天，是我帮助他的力量，从进关到现在，俄国人替他打仗死的已经不少了！有一天我率兵恢复祖国，张宗昌能不帮我的忙吗?军事学校有中俄两国学生，就表明我和张的军事合作，将来的用处是很大的。”

该校学生原定三年修业期满，再招第二期，并宣布毕业生以少尉军官任用。及张败退，学生逃散，即行关闭。

1925年秋，米罗夫在济南商埠纬五路北头，一家空闲大货栈内，改建济南炸弹工厂。派白俄豆格盖司为工程师兼厂长，雇用白俄技术人员六七人，白俄工人约60人。技术人员按校尉待遇，工人技术高者月薪亦在百元以上，一般工人月薪40元左右。以生产小甜瓜式手榴弹为主，嗣后还制造飞机投掷的大型炸弹和枪射小炸弹。所有设备和需要的材料，均向张宗昌直接报领，张如数批交督署军械处购发，或由米罗夫派中校副官王祖廷领款自购。所产炸弹除白俄兵使用外，张部亦向该厂领用，但须经米罗夫批准。最初使用硝酸棉花炸药，爆炸效果尚好，以后偷工减料，掺用做爆竹的土药，扔出不炸，领用的部队常有退货。

同年春季，米罗夫主要为适应白俄兵需要，在济南西门外北坛，建筑厂房设立济南皮件厂。先派上校秘书兼翻译王桂林兼任厂长，不久米罗夫改派其次子沃得尼格来继任，购有各种缝纫机100多架，招募白俄工人百余人。并由天津旧德租界大沽路同发成货栈采购进口和国产熟皮原料，分别制造军官用的大皮靴和胶底帆布面的士兵用皮靴，以及各种皮鞋、皮带、马鞍、挽具、炮衣、机关枪套等等。工人的待遇和炸弹工厂相同。

济南洛口附近新城镇，原有济南修械所扩建的济南兵工厂。米罗夫接管德州兵工厂时，将该厂制造枪支子弹的机器拆运到济，在新城镇另建济南第二兵工厂。先由哈尔滨聘到军火制造专家白俄巴什杰维什充工程师兼厂长。1927年夏季，米罗夫改派其长子瓦西里接任厂长，试制新式掷弹筒，一直没有投入生产，枪支子弹也没有制造出来。“五三”惨案后该厂被日本军队完全破坏。

此外，米罗夫还办有俄文报纸一份：《俄国人应走的道路》。该报销路不广，为期很短。

张宗昌下台后，米罗夫也随之失势。后来他在大连开了一个俄餐馆维持生计，第二次世界大战之后被苏联政府捉去处以绞刑[24]。

张宗昌招用白俄军，引起了章太炎的不满。太炎在北伐前夕本来支持黎元洪联合奉系打击吴佩孚，后来见奉军的张宗昌部用白俄军队打中国人，即以为是“叛国之罪”，旋转而联吴反奉[25]。所以，在今天看来，张宗昌用白俄军直接导致舆论界对他的排斥。

## 2. 旗兵团

旗兵团是指山东青州旗兵团而言，青州即今天的益都。为什么叫旗兵团呢？因这个团的官兵，完全是由清朝遗留下的“青州旗兵驻防兵营”的官兵编组而成。

辛亥革命后，清廷虽然退位，但是由于历任山东军政大员，大都是清朝旧臣或间接与清朝有关系，对清朝封建皇帝还有所崇拜。因此，对这支清朝皇族武装，多予以照顾，不但未予编遣，反而增加赋税维持他们。这是旗兵所以能原封未动存留下来的主要原因。

张宗昌出任山东军务督办后，这时青州驻防营的副都统是吴延年。有一天，张宗昌突然要传见他，吴得信非常恐慌，他知道张宗昌正在力图扩军，认为这一次旗营大概保不住了。待到吴延年见到张宗昌时，出乎意料之外的，张对吴很客气，不但不要吴的军队，而且还要吴把青州旗兵驻防营改编为旗兵团，并委吴延年为团长，全团官佐由吴在旗营内自行选拔报委，张不派人参加，粮饷服装，按张的部队同等待遇。吴当时对张非常感激，极口称谢。

张宗昌之所以如此对待旗兵团，是有原因的。满清末代皇帝溥仪在其回忆录《我的前半生》中记载，1924年，他被冯玉祥赶出了紫禁城之后，住在北府里。一直企图搞复辟的溥仪，这时与张宗昌秘密会过面。张宗昌曾向溥仪写过效忠信“矢忠清室”，并且多次向溥仪要钱搞军队。溥仪后来回忆：“我已不记得给他们拿了多少钱……”1925年，青州的前清原驻防旗兵由于生活困难，被张宗昌收编为一个旗兵团，这应该是张宗昌对溥仪某种效忠的表现。

吴延年接受了张宗昌委任的旗兵团团长后，即回益都进行改编。青州旗兵驻防营的名额原来是2400多人，但是自辛亥革命以后，经费不足，兵员逐减，青壮年又多外出谋生，当时实际上官兵只有1000人左右。按编制一团三营，一营三连，团部另有直属的机枪连和迫击炮连，共11个连，每连按116人计算，除团部外，应有1276人。吴当时把直属机枪连、迫击炮连都并入营连数内（9个连报11个连），成立了三个营。第一营营长汪季五（吴延年的妻弟），第二营营长李焕章（张宗昌的旧部），第三营营长李振西。至于武器装备，由于清朝末年训练新军，对青州驻防营的枪械装备都比较充足，编成三个营是足够用的。这个旗兵团虽然名义上由张宗昌改编了，实际上不但全团官兵是清一色的满汉旗人，连教育训练等等张宗昌也概未过问，他们仍然保持着皇族武装的本色。

1928年春，北伐军进至鲁南，张宗昌调旗兵团第一营营长汪季五、第二营营长李焕章率两营官兵参加前线作战，两个营全部被击溃。日军占据济南后，向蒋介石提出了胶济铁路沿线30华里内，不准驻中国政府军政人员的条件，山东省政府跑到了泰安。这时吴延年的旗兵团团部和李振西的第三营官兵，仍驻在青州北城。北城距胶济铁路益都车站不过半华里，当在日军范围之内，吴延年这个清朝皇族武装的代表人物，就率领官兵投靠了益都车站的日本侵略军，当上了汉奸队长[26]。

### 3. 空军

与枪炮轮船相比，我国的航空业发展得十分缓慢。

1926年，张宗昌将由东北所带来的名叫飞豹队的航空队扩充为山东航空司令部，下设三个队即飞豹队、飞雁队、飞雕队。以前飞豹队队长、南苑航空学校第一期毕业的赵翔陆为少将司令。航空司令部外，另有山东航空处，赵天豪为少将处长，并设有航空学校，赵兼校长。

1926年孙传芳被北伐军打败，求救于张作霖，张乘机南进，扩大地盘，令张宗昌部队过江到上海南京一带，山东航空司令部及三个队随同南下协同其作战。赵翔陆率飞豹及飞雁队空勤地勤人员到南京驻扎。飞雕队由队长袁佩纶指挥驻扎徐州。飞豹、飞雁两队所用飞机有张宗昌入关时所带的法造“布列盖十四式型”飞机两架，有法造“高得隆”飞机三四架；飞雕队仅有“高得隆”飞机两架，英造“爱佛炉”飞机三架。张宗昌军由上海及南京溃败后，飞豹、飞雕两队所有人员及飞机均被俘虏，被北伐军改编留用。飞雕队在徐州有时仅练习二三次，别无活动。

当张宗昌到徐州收容由上海南京溃退的官兵时，飞雕队驾机欢迎，张宗昌犒赏洋3000元。随后张宗昌派尹升日接收航空司令部及飞雕队，将司令部及飞雕队解散。不久改编为山东航空司令部，下设两个队为飞龙队、飞虎队。

1927年张宗昌买到德国“容克”飞机6架，这批飞机由济南某公司经理陆某经手，每架约五六万银元，均用现银元付款。

早期的飞机

有一次，航空司令尹升日因克扣官兵钱40余万元，银元20余万元，引发公愤，遂告到张宗昌处。经查属实，张宗昌遂将尹扣压，并撤其职，召回已到直隶航空司令部当参事的聂恒裕为司令，令两队出发到济宁和徐州两地，飞龙队驻济宁，担任侦察河南开封及其以南地区之敌情，飞虎队驻徐州，担任侦察安徽合肥东至海边一带之敌情。

1927年下半年，直鲁联军节节失败，所有山东、直隶航空部队均退到山东兖州、泰安一带，后退至德州、天津，后又退至昌黎县。这时，山东航空人员仅行动能自由，但不准进入机场，所有飞机均被奉军监视[27]。

## 4. 少年兵

张宗昌任山东省军务督办后，在济南办了两个军事学校：直鲁联军将校实施学校、幼年学兵队。

1926年，张宗昌在辛庄营园阅兵，见有不少身材短小、年龄不足的兵员，就亲自走下检阅台查看，然后发下命令，让年龄不足17岁的全部站出来，并命令值星官与各连连长亲自逐列察看，结果查出了近60名。遂令第一军参谋长将这批孩子带回督办公署听候处理。

第二天他亲自查看并问明了情况，考虑处理办法。有人向他建议说：

"现时招兵困难，怕完不成募兵任务，在年龄上难以严格。既已招到了，如再遣散也是损失。东北张大帅不是办了一个东北讲武堂吗？人家也有学兵队，不就是给少帅（张学良）培养本钱吗？督办已经有了将校实施学校，大少爷、二少爷都不小了，何不利用这60名不及龄的兵员成立一个少年或幼年学兵队，让两位少爷带着，将来也是他二人的一份资本啊。"

张宗昌不这么看，他认为这些孩子年龄太小，怕接受不了标准训练，还不如将孤儿院学乐舞的30多名孤儿调来，共凑100人，编在军乐队之下，让他们学军乐以备扩充军队之用。于是就把这60名兵员安排在督办公署后面，院后街东头的八旗会馆里头，每天上午让军乐队队长教乐谱练吹号，下午带到督办公署里边出操学术科。

每天上午前面导以军乐队，后边学兵以整齐步伐踏着乐曲前进。路程是由院后街西行，经后宰门、芙蓉街绕到督办公署门前，换正步走，进入督办公署，列队出操。只要张宗昌有工夫，一定出来看操，偶尔也讲几句话。下午5点又列队回八旗会馆，但路线却与来时不同，是出督署大门之后往东走，到舜井街北口，再绕道县西巷而归，路上仍然是军乐不停，步伐整齐，因而引起市民的很大注意。

过了数月，学兵队扩充成两个队，每队三排，九班，每班18人，共162人。两队共六排十八班，324人。以不满15岁的张宗昌的二少爷张宁乐为团长，挂中校衔，骑小川马，经常在团看操、看训练。不久又成立了第三、第四两队，共四个队648人，号称第一团，仍以张宁乐为团长。接着又成立了第五、六、七、八队，号称第二团，团址仍在南营。就将南营里头的八座楼房全部占用了。并改以张宗昌的大儿子十五六岁的张济乐为第二团长，仍以二儿子张宁乐为第一团长。团辖三营，营辖三连，连辖三排。

此后，营房大加修整，除楼房全面刷新以外，连操场、院墙、营门也都全面修整得整齐、洁净，俨然成为一座军事学校。由于张宗昌有办江苏军官教育的经验，所以这个学兵团从营房的安排、教学的组织，颇具规模。学术两科也相当正规，教官全是从直鲁联军将校实施学校择优调用或令督办公署参谋处人员兼任。国文教学则由山东大学和各中学调聘，英文教员全是由尚实英文学社招聘的。此二团之武器装备除轻重武器、步枪、轻重机枪、迫击炮外，还有两尊高射炮和两部德国制造的电台。教无线电的是一个德国工程师，当时的待遇是每月工资1000元。

这个学兵团的待遇是伙食实报实销，每人每月发零用2元，因而学生们个个吃得又胖又壮，军服全是用日本进口高级卡叽布料，皮靴头、皮腰带、皮背包、毛军毯，样样讲究。用的枪全是捷克式马枪，装备整齐。加上宁乐、济乐两位团长以及营长、教育处长等校级军官穿的全是毛呢军装，高筒马靴，显得非常威武。有时张宗昌亲到南营校阅讲话，有时调去督办公署看操。凡有较大规模的阅兵也都让这两个团参加。济乐、宁乐两个小将骑马在前，马弁卫兵左扈右从，学兵们服装整洁，昂首挺胸，步伐整齐。尤其是每逢外出必以管乐为先导，很能引起市民的注意和青少年的羡慕。

时至张宗昌将要垮台之前，又将团名改为义威军幼年模范第一、第二团，以张济乐为第一团长，张宁乐为第二团长。1928 年，这两个团的任务是，一个团留守训练新兵，一个团随张宗昌外出或驻在督办公署作为守卫，外守卫是卫队旅。

张宗昌为这两个团花钱不计多少，对这两团士兵视若掌上明珠，十分爱惜。所以始终不曾出过战，也没有过任何伤亡。即使是当时在济南管军队最绝的“宪兵队”、“军警执法队”，对这两个号称少爷兵的团也不敢妄施厉害。直到北伐军进攻济南之前，这两个团才过黄河，经德州，在沧州附近被冲散了[28]。

## 5. 督察军纪

山东省会济南在 19 世纪 20 年代有很多妓院、赌场、烟馆，特别是暗娼为数更多。这些地方经常遭受当兵的滋扰敲诈。张宗昌为了整理军纪，探访秘密情况，设有军警稽查处，白天黑夜，沿街巡查。

军警稽查处每队的编制，是一个带队的，前面两个扛枪的，中间四个背大刀的，后面一对红黑军棍，最后是一个捧大令的。绿色令箭，上写“山东督办张”。在任何地方遇到军纪不整或闹事的官兵，可以就地惩戒。这个以毒攻毒的办法，看来确实起一定的作用。

军警稽查处的职责是弹压军警，但其中也有一些不肖之徒，借手中的权力谋求私利，他们为那些下流场所提供保护，因此一年三节都有贡献。有了贡献，就可以平安地开张营业了。

济南的舞台戏院，都设有军警监席。稽查处大令一进门，台上的戏无论演到什么地方，必须马上停演，然后吹唢呐迎接大令。等到大令放好，官兵坐下，香烟茶水送来后，方能开演。走的时候，也要奏乐欢送。这是表示军令如山，见令如见人，是对张督办的崇敬。在街上遇到大令，如果穿的是军衣，一定要举手敬礼，不然，大令就有惩处之权。所以出来游逛，很多人穿便衣，以避免许多麻烦[29]。

### 6. 渤海舰队

第二次直奉战争后，当时渤海舰队拥有海圻、海琛、肇和3艘巡洋舰和楚豫、永翔两艘炮舰及同安一艘鱼雷艇，是一支实力坚强的正式海军，东北海军根本不能望其项背，更谈不到与之抗衡了。当吴佩孚败退到武汉时，渤海舰队不得不蛰居于山东青岛，成为无根之本，这就为东北海军瓦解和吞并造成了机会。

渤海舰队归附张宗昌后，张属下一个军长毕庶澄，是个争夺名位的野心家，对渤海舰队官兵多方拉拢。温树德被调任北京军事部海军署署长，张宗昌就委毕庶澄兼渤海舰队司令。后毕转任上海护军使，打算把舰队带到上海去，不料消息泄露，又因与褚玉璞生隙，褚借口其在苏皖战役中未战先逃，密告于张宗昌，张便将毕处决了，又以海圻舰长吴志馨为渤海舰队司令。

不久，渤海舰队的海圻主力舰驶至旅顺口入日本船厂修理。时东北海防舰队的镇海军舰也在修理，两舰隔坞相望，时通款曲。沈鸿烈认为此乃大好机会，密派凌霄、黄绪虞等驻旅顺主持，阴谋取得海圻。经多方诱惑，陈说利害，海圻舰长袁方乔（山东荣城人）、协长张衍学（山东烟台人）和航海大副上尉曹蓝亭（山东荣城人）及军士长等，鉴于渤海舰队连年交换主管，内部混乱，经费又难，于舰只修好刚出旅顺口时，即通电归附东北，正式编入东北海防舰队，驻泊于长山列岛东北海军的根据地。张宗昌闻讯，虽提异议，但张作霖仍在世，亦不敢过于争议，不了了之。

海圻编入东北海防舰队后，派凌霄常驻舰上，以冯涛为副舰长，原有员兵悉多调拨他舰。1927年3月14日，北洋海军杨树庄率领的舰队，已在上海加入国民革命军。沈鸿烈时以东北海军前敌总指挥名义驻青岛，为了显示力量，消除张宗昌对他谋夺海圻的不满，命凌霄率领海圻、镇海两舰，秘密南下吴淞口，炮击海筹，并夺得江利炮舰，驶回烟台，增强了东北海防舰队的实力，又取得张宗昌的信任，遂进一步开始着手兼并渤海舰队。

沈鸿烈先向张作霖建议，在青岛成立海军联合舰队，推举张宗昌为联合舰队司令，沈任副总司令，辖领东北海防舰队和渤海舰队。以渤海舰队为海防第一舰队，委凌霄为少将舰队长。把原来东北海防舰队及海圻、江利两舰编为海防第二舰队，以袁方乔为少将舰队长，驻泊长山岛。

凌霄只带一两个幕僚就到渤海舰队的肇和军舰，升起少将旗接任。当时镇海舰在四号码头补充煤炭，江利在青岛附近海域抛锚，威海军舰在小青岛附近抛锚，海琛在前海，肇和、永翔、楚豫、同安等舰均在青岛后海。凌霄

海圻号

到肇和军舰后即被软禁，海琛也在夜间私自行动，集中到后海，并禁止镇海驶离码头。海面戒严，前后海不通，形势十分紧张。原来，渤海舰队由吴志馨任司令后，这时蒋介石已回国就任国民革命军总司令，1928 年 4 月开始进行第二期北伐。时吴志馨暗派代表向蒋联系，被控下狱。张宗昌把吴扣压在济南，当张从济南撤退时，把吴处决了。

当吴在押时，渤海舰队全军无主，几不成军，众推李国堂任司令，但为时甚短。军士长孙勇、王文泰等，挟制长官，愈为猖獗。在此情况下，沈鸿烈乃联合青岛防守司令祝祥本向济南张宗昌请示办法，张决定亲赴青岛处理，旋即带卫队到青。这些卫队多是东北海军葫芦岛系统的学生和学兵伪装成的，随张同登肇和舰，集合全体官兵听训时，这些卫队就分别占据了炮位和火药库。张宗昌讲话很简单，首先问：

“我是总司令，你们服从我不?”

回答说：

“服从。”

张就说：

“既然服从，我命令你们集合到岸上去候改编。”

训示完毕，即令全体员兵立时整队离舰，后至指定的华甲运输舰集合。肇和、海琛两舰既解决，即由沈鸿烈接管。大舰既定，小舰自失凭藉，渤海

肇和号

舰队遂悉为东北海军所吞并。不久，张宗昌无暇兼顾，乃决定将渤海舰队归并给东北海军统一领导。

渤海舰队被解决后，东北海军进入了全盛时期[30]。

张宗昌在督鲁期间的军事活动，完全服务于军事，并在实践中形成了自己的特色。

# 四、家乡活动

## 1. 造福乡里

张宗昌对自己的家乡有很深厚的感情，他在发迹后为家乡办过几件善事。

其一是办学。

张宗昌在祝家村创办的学校叫昌武学校，校址在祝家村西偏后，坐北朝南。北屋五间，南屋四间外有大门一间（大门在东南角上），东西两厢各三间。门上的对联红底黑字，上书“才育三全”，下书“人树百年”，门上方“昌武学校”四个字是张宗昌的亲笔。迎门照壁上画有“三军开泰”。

学校分初级班与高级班，初级班的教室在北屋，几个年级在一起；高级班在南屋。东厢房是教师住宿兼办公室，西厢房是学生宿舍。有个堂役为师生做饭。

学校校长叫綦洪音，原是祝家村私塾先生，张宗昌之子奉乐就启蒙于他。綦洪音很受祝家村校董的赏识，特别是很得张宗昌之父张锡福的欢心。所以，张宗昌办学就聘綦为校长，月薪为50块现大洋，并由綦免费聘请教师。应聘教师有清朝秀才王宝景等。学生大都是当地村庄的农户子弟，总数有100多。后来还有昌邑、平度、招远县人。学生上学不缴学费。住宿生自带面，每日三餐由堂役做好。师生分餐。学生们自己花钱，统一制作灰色的校服，衣服的袖口、裤缝和圆顶大盖帽都压着红线。有统一活动时，都穿校服。

学校规定，学生进校先要向校长表示，守校规，不贪玩，勤习作，敬师长，爱同学，不迟到，不早退；上课时，要细听，衣整齐，讲卫生；住宿生，夜不出；走路时，排好队，谁违犯，必严刑。这些让学生都背熟。学校除了校长管理秩序，还有训育。负责训育的是李化庆，经常手持藤棍，在教室、校院到处巡视，发现顽皮者，先打几棍，再叫到东厢房训话。

课本是商务印书馆出的共和国文、算术、修身、历史、地理、尺牍等。高级班除国文、算术外还有世界地理、历史、古文、英语、手工等。

学校建成后，张宗昌阅边回家时，视察了学校，并给每个学生发了一块银元，让学生买笔墨纸张，并鼓励学生好好上学。

其二是修路。

张宗昌当上山东督办后，曾在掖县城里和祝家村修过路。掖城内，从县府门前至南关，从小十字路口至西关，从县府前至北关等三条路，均由长0.54米，宽0.31米的石块砌成；祝家村从“督办府”前至村东头的大街中间，用长石条铺了两行，可供马车通行。至今这两部分路，仍保存着一些遗迹。

另外，张宗昌对烟潍公路（烟台到潍县）的修建，起了至关重要的作用。

第三是修庙。

张宗昌当年在家生活困窘时，曾在其姑母村附近的“优游山”上庙宇里许过愿：待出头之日，一定重塑金身。后来当了山东督办返乡省亲时，曾把“优游山”的庙宇整修一新。

其四是修泉子。

在祝家村东头，原有一个泉源，水浅而甜，全村人多在那里吃水。1928年，张宗昌出钱，委托其金库主任祝宝兴，把泉子重新整修，砌成井形。井口呈六角状，围绕井口的北、东、南三面筑上了理石栏杆。东面栏杆的中央树一石碑。石碑上首刻小楷：

“义威上将军山东督办兼直隶军政全权张宗昌提倡阖村人重修。”

中间刻大字“古有泉”。

下首刻小楷：中华民国十七年立。敬修人祝宝兴。

五是祝家村的官多。

张宗昌发迹特别是当了山东督办以后，乡亲们为谋生计找他，基本上是有求必应，安排差事。事实上，不仅仅是祝家庄，就是整个掖县都多得恩惠。当地百姓流传着不少顺口溜，如“会说掖县话，便把洋刀挎”[31]；“会讲掖县腔，能把师长当”。意思是，只要是投奔他的同乡，都有官做。只要是掖县人找，基本上给个官当。

张宗昌曾出资帮助同村的祝祥鑑与张济乐一起到日本早稻田大学留学。祝祥鑑生于1910年或1911年，后安家于青岛市，他对张宗昌在日本的情况比较了解。祝在日本学的是步兵科，张济乐学的是炮兵科。

祝光清的爷爷在张宗昌的手下做金库主任。

对于街坊，张宗昌更是如此。当时，祝家村140余户，在张宗昌部队里光是连长以上的官，就有60多人。难怪当时邻村人讥讽说：

"祝家村的官，多起驴（比驴多）!"[32]

当然，这并不是说张宗昌就对外来人才不予重用，张还是有自己的原则的。

在张的卫队旅中，旅长祝祥本是掖县人，在卫队旅中，掖县籍的下级军官很多，掖县同乡团体抱的很紧。而中上级军官除三个团长是张宗昌过去的老伙伴外，多数则是东北讲武堂出身的青年军官，这些人对三个老粗团长都看不起，但又无法挤掉。因此，便常拿来自掖县的下级军官出气，有时指桑骂槐，比鸡骂狗。而这些掖县籍下级军官无缘无故地挨了骂，就跑到卫队旅旅长祝祥本面前诉冤。祝祥本一方面尽量安慰这些掖县同乡，另一方面，因为张宗昌对东北讲武堂系统的人很器重，又不得不进行笼络。三个大老粗团长也知道东北来的这批军官看不起他们，就常常在张宗昌面前说坏话，可是张宗昌不听，反而对着东北来的这些青年军官说：

"三个团长是草包，不要理他。"

王玉珂是村里的干部，他说他代表祝家村的村民欢迎张宗昌的后代回家乡看一看，以便回忆回忆往事，祭祀祖坟，人身安全、吃住等保证没问题，请取消后顾之忧。他还情义浓浓地对人说：

"我真想念这些人（指张宗昌的后人），只是身体不好不能去他们那里玩，希望他们有机会到家里玩玩。"

祝家村的村民对张宗昌家是没有敌意的，反而有好印象。这与张宗昌造福乡里有关[33]。

### 2. 东巡过潍记

1925 年夏，张宗昌由济南专车东巡，先到青岛，改乘海轮到烟台，再沿烟潍公路回原籍掖县省亲，经过潍县回济南。消息传出，潍县县长曹蕴健乃召集绅商丁叔言、潘同科等，会商筹备欢迎事宜。大家认为督办过潍，欢迎务要隆重，应设立代办处供应一切，用款由绅商负担，公推毛寄尘为代办处长。陈润生供职的教育局被列为招待所，共设立招待所 13 处。通令各中小学提前放暑假，校舍占用。丁叔言为了讨张宗昌的青睐，自愿将住宅内的十笏园作督办行辕，立即叫木工、瓦工、油漆工动工，将亭台楼榭修理得焕然一新。闻督办随从人多，唯恐不周。新制木床数百张，新褥新被数百套，蚊帐、凉席、痰盂、便壶、洗漱用具一应俱全。十笏园内砚香楼作督办寝室，十笏草堂作督办会客厅。厅内都是楠木家具，陈列着彝鼎古玩，张挂着名人字画。叫电灯公司把园内遍安电灯，荷花池内每枝花朵装上彩色小电灯泡，到夜晚，照耀如同白昼，五光十色，富丽辉煌。寝室格外阔绰，梳妆台上摆设香水脂粉之类，还有搪瓷女便器等。可说是办事周到，无微不至。

每一招待所设一菜馆，都是潍县上等馆子，有厨师 2 人听差，就地出菜。

每一招待所有茶汤壶一把，听差供水。香烟有 50 支装大前门、三炮台、白金龙，还有 10 支装普通烟。茶叶有大方、龙井、时雨、寿眉等。酒类有白兰地、啤酒、白干以及汽水。

张宗昌光临之日，县长曹蕴健带领各绅士及商会会长潘同科及各学校机关团体多人，齐到汽车站恭候大驾。代办处备好了一乘绿呢八抬亮轿。等候多时，才见先头部队都是白俄兵，乘大卡车，一辆接一辆呜呜而到。随后是扈从卫队，军装整齐鲜明，武器各式都有。随从官吏一一下车，有的西服革履，有的青纱马褂、白纱大衫，还有身穿呢军服佩武装带，两旁雁行站定，张宗昌从车内走下，卫兵武弁随后边。县长曹蕴健及欢迎人等都在一旁打躬，张宗昌含笑点头，卫兵牵过一匹白色大马，鞍鞴簇新，张宗昌把鞍踏镫一跃而上。骑兵前护后卫，一路上黄土铺街，禁绝行人。驻潍山东第五师十旅二十团团长王登科也来迎驾，并派军队沿途警备。兵士单行散开，列街两旁，双手端枪，面壁而立，约有两营之众。到了十笏园门，张宗昌看到欢迎盛况，喜不自禁，洋洋自得。那乘八抬大轿，抬来抬去，结果没用。

民国时期的潍县

张宗昌下榻于十笏园。次日，地方人士即开欢迎大会，在胡家牌坊路南陈十一宅厅房院内，这里设备不亚于十笏园。

参加欢迎会的，有城乡绅商人士、地方驻军官长、县长以及各机关团体等人。张宗昌坐首席上，身穿军服，足登高筒皮靴。陪座的有白俄顾问、秘书长林宪祖等。席后张宗昌对大家讲话，他说：

“宗昌来鲁，本鲁人治鲁之义，首要整饬官纪，对得起山东父老，将来做的好坏，不能定论，待宗昌离鲁，你们就知我做怎样了。”

张宗昌这次过潍，欢迎招待费花了两万余元。他对潍县这样盛情，很是满意。曾允费用由省府拨还。后来善后，就把置办之物，悉数折价变卖。

张宗昌此次过潍，解决了一件事，原来，1916 年，居正部尹锡武等军队在潍，次年冬改编调省，曾索一笔开拔费，当时绅士丁毓庚以个人名义，息借 13 家钱庄巨款，后来丁食言，说应归绅商分担，绅商都不赞成，多年未决，虽有收据，钱庄也无可奈何。13 家内有中兴福钱庄，财东即刘守堃家。他和张宗昌既是结盟，众钱庄都怂恿他向督办控诉丁毓庚。结果张宗昌立委道尹周仁寿办理，务要解决。后来打了折扣，由丁毓庚之子丁叔言偿还了事。13 家钱庄的老板们对张宗昌感德不尽[34]。

### 3. 府第

张宗昌在原籍的府第，包括祖宅、督办府、后大院、家庙及杂院。

张家祖宅在祝家村西头的大街以北，原为三间草房。张发迹后曾回过几次乡，返乡期间，大兴土木翻修祖宅，将三间草房改建为一套三进头（每进三间）瓦房。同时，又购买房基，另建二个新居（即后来的“督办府”）。

这中间还发生过一起“换房不成”的事件。

在张宗昌的祖宅与新居中间，有祝学义等几户百姓居住。张宗昌为使自己的住宅连成一片，找人说合，情愿多出钱、给好房换这块地方。其中

张宗昌祖宅大门

张宗昌祖宅全貌

多数住户已经同意，唯有祝学义死不从命。他说：

“祖上留下的产业，我绝不更换！”

有人给张宗昌出主意，让张盖套新房再贴上 40 亩地，不愁祝学义不换。张宗昌在其杂院北边，迅速盖起一套南屋、北屋各五间，并带东西厢房的四合院，又托祝学义的至交寇立兴去陈述利害，竭力撮合。当日一直谈到深夜。祝学义迫于寇的情面，勉强应承回家考虑，次日再作答复。第二天天还不明祝学义就叫开寇立兴的门，对寇说：

“那个事还是拉倒吧，我今天外出办事，马上就走。”

当即动身上了济南。祝学义的住宅和张宗昌宅基长度一样，又处在要害位置上，祝学义一走，使换房之事不了了之。

督办府是张家新居，在其祖宅以西，相距约 30 米，面积一亩有余。三进头（每进五间）。临街第一进为门房（即大门带平房，今祝家村村民委员会办公室）。高大的门楼，双层黑漆大门。张宗昌当上山东督办后，大门上悬一蓝底竖匾，上书“督办府”三个金字。

第二进为五间大厅，四层台阶，上面是一仰一俯的灰瓦，前后是明柱出厦，大厅门两旁有两尊用白大理石雕刻的石狮子，连底座有 1.5 米高。厅内陈设讲究。张父庆寿、平日招待宾客都在这里。大厅前面东西各有三间出厦的厢房，作为仓库使用。

第三进是上下两层各五间的楼房，作为住宿用。楼前，东西各有四间厢房。西厢房作厨房，东厢房住佣人。新居建成后，张锡福与其续妻“小潍县”在此居住。

后大院坐落在督办府后，隔街相对。面积15亩左右，四周是围墙。北围墙的东西两端各有一堡，以备瞭望。南围墙正中是后大院的大门，与督办府的后角门斜对相通。大门内靠南围墙，左右各有一排平房，专为张宗昌回家所带的士兵居住。士兵房的北面有一操场，为士兵操练、游戏所用。操场往北是东西两个院。西院是大红门，门上有块红底的匣，上书“儒将传家”四个金字。东院的门很别致，是由假山构成的。西院内盖中式三进头房子（每进九间）。每进房子前面，东西都有廊房，东侧的廊房南北贯通。廊房中间是花坛。这群房子通称为“西大厅”，平日不住人，遇有喜庆活动时，招待贵宾居住。梅兰芳、马连良等为张宗昌之父庆寿唱戏时，就住在西大厅。东院的主体工程是南北相对的两幢西式楼房，都是畸形楼（不规则）。南楼连同地下室共两层。楼内十分宽敞。解放后，掖县第九区区立小学曾设于此楼内。六个班的教室，教职工住宿、办公都在里边。六个班的师生在楼中央的小礼堂集会，还绰绰有余。楼的东南角，向上为圆锥形，高出一层（人称“锥子楼”）楼的地面以上部分，高约10余米。北楼与南楼相对，连同地下室为三层，在西南角上也有高出一层的圆锥体（锥体比南楼高），地上部分，高约20余米。从潍坊到掖县，过了沙河镇，遥遥可见锥子楼。楼内设有浴池，装上暖气，并陈设了沙发等物。两楼中间偏南一点有一坐东西向的假山，中间有一圆门可以通行。假山上，左右有雕塑的鹿和仙鹤（联“六合同春”之意），中间有一条张口的腾龙。假山北边有一半圆形水池，池北有一眼机井。院内栽有各种奇花异草，系小花园。后大院内各处铺设地下管道，使用自来水。在村西头路南，专盖了发电室，安装了发电机，埋设了地下电线。楼房、大厅及其他建筑物都安上了电灯（有的还安装了电话）。一发电，假山上各种动物的眼睛一闪一闪地发光。那条龙的口里还不停地往水池里吐水。

家庙（即张氏祠堂）坐落在督办府右侧偏后约30米处，坐北向南，仿北京太和殿的模式。主体工程是五间大殿。殿内中间的一块白色大理石上，雕刻着盘龙。殿内一层层的木案上，放着张氏祖先的牌位。殿前是东西廊房，对着大殿中门是家庙大门，门外竖着一对10多米高的带斗旗杆。旗杆南面有一个七八米高的木牌坊。牌坊斗拱、挑樵仿济南督办公署前的牌坊，只是小点而已。

家庙工程由济南私人建筑工程公司“元盛泰”承包。工程于1925年冬破土动工。数九隆冬，点燃松柴化冻施工。掖县东部山区的石匠多被雇来，前后经过一年的时间才完工。工程结束后，“元盛泰”的经理，为酬谢张宗昌军需处金库主任祝宝兴的帮忙（施工期间，“元盛泰”每次要款，祝宝兴一是不给军用票子，给现大洋，二是及时付，不压款），让祝宝兴在祝家村要了块地皮，由“元盛泰”从济南拉来主建筑材料，盖了一套一高二低的状元府式房子，奉送给祝宝兴。

杂院在家庙左侧，共两排房屋，每排五间。南排为长工屋和牲口屋，后排是账房。是时，张家有地100多亩，雇用长工10余名。

1928年秋，张宗昌与刘珍年在胶东打仗，韩复榘派任英琪带一个师助刘珍年。任部路过祝家村时，张家大院遭到抢劫。1932年张宗昌被刺身亡后，张家大院日益败落，只剩下张府的一个空架子[35]。剩下的土地、房产，后来村里发动贫下中农去分果实，由于祝家村里绝大多数人家曾沾过张宗昌家的光，不忍去分，所以政府部门以刘家刘开珍为首，又发动了贾刘趟、朱、丁、河堐等18个村的贫下中农来分割张家的建筑和家私，张家的住宅留给了祝家村，原昌武学校房屋拆后改建为祝家村联中。张家原来的房产在祝家村西，占地约20多亩，有三合土围墙，后多被拆了变卖，也就是充公了。现在尚存有一座完整的督军府门楼和5间南厢房、3间西厢房，其他楼房均已拆掉，但房基与培基还存两米多高，残缺的三合土围墙部分还在[36]。

## 4. 孝敬父母

张宗昌对他的父亲张锡福十分孝敬，这在当地是出了名的。

张锡福的生日是农历的正月初九，张督鲁后每年都为其父庆寿，其中最隆重的是在1927年。这年，张宗昌借后大院、家庙落成之机，大张旗鼓地为父庆寿。

刚过正月初三，送礼的就接踵而来。大院内设有若干伞架子，取名“万名伞”。东至牟平、荣成，西至昌邑、潍县。府官、州官、县官以及商会会长等都纷纷送礼。有送“帐子”的，亦有送“旗”的，均把写有姓名的布条挂在“万名伞”上。“帐子”与“旗”的下边，都有两个小带子，上书赠者姓名，计有千余。

正月初九日这天，张府更为热闹。前来庆寿的宾客络绎不绝，四里八乡看光景的人山人海。村西道旁席棚内设来宾登记处。来宾按地位高低、礼物轻重、关系亲疏，分发红布符号，分别等级，入“福”、“禄”、“寿”、“禧”

四种筵席。这一天，只要和祝家村沾点亲戚有点关系的，皆可领到一个符号，入席吃饭。

张宗昌于正月初八夜间由济南乘火车，初九上午到达潍坊后，换乘随火车拉来的汽车，由护兵护送回家。一进家乡境地，地方官宦及商贾等在10华里外（张宗昌督鲁后专门修了一条由祝家村直通烟潍路10余华里的公路）迎接。沿途围观百姓不计其数。张宗昌在祝家村西几百步处下车，步行进入"督办府"，主持为父庆寿。

督办府大厅正中挂一大"寿"字，前面设有香案，两旁摆满寿桃等物。厅前东西各设一台吹鼓手，院内后边有军乐队。庆寿开始，中西乐同奏，鞭炮齐鸣。大门外东西各架一挺水压重机枪，两侧各有一排士兵持枪肃立。拜寿时，张锡福端坐在大厅中央，张宗昌礼拜后，地方官宦及商会会长等均脱帽三鞠躬，本村及外村亲友乡绅等，则磕头跪拜。张宗昌侍立厅外，频频还礼，以示答谢。

庆寿仪式结束，设在祝家村内的三台戏同时开台。村里唱戏的是普通戏班，有外地来的"永福班"、"永和班"，还有本县东宋的一个小戏班，人们争相观看。另外在后大院二进大厅前临时塔的戏台上，是应邀前来的梅兰芳、马连良等京剧名角演出，看戏的是佩戴"福"字符号、坐上等席的官宦乡绅等头面人物。大院内还设有烧柞木炭的大火池以防寒。如此数日[37]。

张宗昌不仅给父亲办寿，而且还接他到济南享福。

关于张宗昌孝敬父亲的事，戚宜君著《张宗昌的传奇》[38]中还记载了一件关公战秦琼的笑话。

侯宝林先生曾说过一段相声：《关公战秦琼》，讲的是一位财主请戏班子唱堂会，该老爷不懂历史，也没有什么学识，但手里有俩钱，逼着演员唱了一出《关公战秦琼》的闹剧。《张宗昌的传奇》一书将关公战秦琼一事嫁接到了张宗昌父亲的身上，还说什么：关公是山西人，秦琼是山东人，张宗昌的父亲也是山东人，因此秦琼战胜了关公。

还有版本称关公战秦琼一事发生在韩复榘的老太爷身上[39]。其实，这一切都是子虚乌有。

张宗昌以孝母出名，有口皆碑，其母亲曾改嫁，这在当时封建观念中认为是丢人现眼的事情，但张宗昌没有怨恨母亲丢了他的面子，更没有因为失去母亲的关爱所造成的幼年痛苦而去埋怨母亲，而是非常理解因贫苦而使母亲所遭受的种种苦难。在他身居高位时，不避讳世俗的耻笑，接母亲到督办府，对后父也作了妥善的安排。再者，对老母也不是关起门来奉养，而是把家交由老母来管。老太太识大体，做事有板有眼，很有分寸。张家人口多，姨太太多，老太太能收拢起来，使各得其所，有条不紊，和睦相处。对外老太太也经常出面，处理事务落落大方，十分得体。

戚宜君著《张宗昌的传奇》[40]同样记载了一段趣事，尽管此事在细节上未必尽属事实，但却折射出了张宗昌的殷殷孝心。

在一次母亲庆寿筵席之上，有一道干菜——桂圆，张母这一天非常高兴，顺手抓来就往嘴里送，老夫人的牙口好，三下两下就把壳和核嚼得稀烂，但由于咽不下去，只好又吐了出来，老夫人觉得大失面子，心中泱泱不乐。

张宗昌得知此事后，乃于次日设席答谢，昨日的原班人马又应邀而至，席上也有桂圆这道菜式，不过事先已经叮嘱厨师将壳剥去，涂上肉桂粉，看上去也是圆圆的土黄色颗粒，与昨日并无多大区别。老夫人用手抓来就吃，一面嘟囔着：

“这种做法才对嘛！哪有连壳往桌上端的，真是小地方的饭馆，没见过大世面！”

言下之意，表示筵席上吃桂圆，本来就应该是这样的吃法。

张宗昌这一招还真管用，愣是把在座的宾客唬的一愣一愣的。

张宗昌字效坤，暗含的意思就是要效法他母亲坚毅果敢的精神[41]。

生活中常常有一些事业有成的所谓大人物，对于自己生身父母那不够体面的地位，只肯关起门来善加奉养，却不愿他们走到前台，以免有伤自己的尊严。甚至也有一些儿子发达以后，觉得父母可能替自己丢人现眼，索性讳莫如深，来个不闻不问。像张宗昌这样，毫不避讳，也从不隐瞒家世的卑贱低微，更能善尽奉养之道，特别是逆来顺受，一任老人无理取闹，实在并不多见[42]。张宗昌是一个大军阀，他所发动的战争给人民带来了极大的痛苦与灾难，这毫无疑问是应受到批判的，但他曲尽人子之孝，却是应该称道的。

关于张宗昌孝敬母亲一事，其关键在于他不仅仅是物质上的照顾，将其奉养在身边，难得的是他对母亲改嫁的理解与处理上。一个丢下幼子、致使孩子吃尽苦头的改嫁母亲，一个有丈夫却改嫁的不光彩的母亲，按常规儿子有怨恨之情是正常的，但张宗昌则相反，他能充分理解在讨饭逃荒中的母亲的艰难，当自己身居高位时将母亲奉养在身边，发出自内心的关爱。不仅如此对待母亲，而且对救了母亲性命的继父也视若亲父，尽心侍奉。

总体来看，张宗昌对自己的家乡，既做了贡献，也带来了一些灾难。至于对待父母，则颇多可取之处。

# 五、神秘的幕后人物

张宗昌督鲁期间，有一位重要智囊人物鲜为人知，他对张宗昌的思想观点以及军政大计决策，起着重要作用。虽然公开场合出头露面不多，发表言论不多，但他时刻注视时局的动向，为张出谋划策，而张也每每言听计从，照此办理。其人便是韩虔谷。

韩名德铭，字虔谷，又字虞古，1871年生，河北高阳人。任职名义为山东省军务善后督办公署高级顾问、秘书长。曾授虞威将军，勋四位荣誉称号。

韩虔谷青年时曾就读于保定莲池书院，师事桐城派古文家吴汝纶，与著名国民党人李石曾有同窗之好。韩、李均为高阳才子，但政见不一，李主张革命，而韩主张君主立宪。韩到壮年，更喜读兵书，好谈兵略，常以诸葛亮自比，自认为有文韬武略之才。1912年韩任保定警务学堂帮办，同时仍兼任保定师范学堂讲席，并曾创办私立求实中学。次年任直隶民政署顾问。1914年，袁世凯总统府统率办事处设立军政宣讲处，韩应聘任纂著官。1916年冬，韩应南京宪兵司令、同乡陈调元之邀，到南京入幕冯国璋，由此结识张宗昌，张、韩定交即始于此时。

1917年，韩应聘入幕江苏督军李纯。次年，因李不纳已见，随之离去。徐世昌当选大总统，韩曾任总统府咨议，其间曾奉令随慰问团去湖南慰问吴佩孚和张宗昌部队。

1921年，熊炳琦任山东省长时，韩应聘任山东省政府顾问。张宗昌督鲁发表后，立即邀请韩出山襄理政务，对韩的敬重非一般可比。他把韩安排在督署最后面一个大院子，有九间大北房，以便于向韩请教。张宗昌每在公余闲暇之时，特别是晚间，经常登门造访。

大致说来，韩虔谷是一位有旧学根底，博通经史子集，能文善诗的知识分子；是一位怀有经国济世之志，并具有一定从政经验的知识分子；是一位传统伦理道德观点极为强烈的知识分子。他思想保守，对新事物向有抵触；但他是一位为人正直，想辅佐张宗昌做出一番事业的幕僚，而不是一个居心叵测，喜弄权术，翻手为云、覆手为雨的政客。

韩虔谷在以下几个方面对张宗昌产生过重要影响：

首先是提倡读经尊孔。张宗昌对韩虔谷不仅敬如上宾，而且尊如师长。据了解，韩经常为张讲授经史知识、典章制度等。张在任期间曾至曲阜举行祭孔大典，镂版重刻十三经。此等盛事，与韩虔谷的倡议是分不开的。

第二是重视教育，创办学校，培养人才。张宗昌以一介武夫，却能创办山东大学，这与韩的影响有关。韩受业于名校名师，毕业后又从事教育工作，创办过国群讲演社和求实中学，自然对教育工作是十分重视的。张宗昌虽然没进过学校，但民国初年在冯国璋手下时，曾主持过教育团和将校讲习所工作，深深懂得培养人才的重要性。韩、张同是重视教育，自然一拍即合。

第三是在制定施政方针大计方面，韩虔谷也起了一些作用。韩曾任山东省政府顾问，通晓政务，熟悉山东情况，新督上任，从何做起，他心中有数。一个必定有所建议，一个必定有所采纳。据了解，撮其要者有以下几个方面：加固黄河大堤，防范水患，保障人民生命财产；辟商埠，修建劝业场，振兴商业经济；修筑公路，开办长途汽车运输，开通济南至青岛长途电话，发展交通事业；省督亲自考核县长，召开“乡老会”，宣讲施政方针，征求地方意见，检举地方不法官吏，以示关心民间疾苦，与地方士绅携手，共同理好山东省政。

第四是参与重大机密决策。这可从三件重要大事上看出。一是枪毙三十二军军长毕庶澄一事。参加密商会议的除张宗昌、褚玉璞、李藻麟之外，就是韩虔谷了，且由韩起草命令，足见韩在张心目中的地位。二是拥戴张作霖组织军政府，就任大元帅。三是拒绝张作霖安排他退守热河。

韩虔谷于1927年6月病逝于山东督署[43]。

## 注　释

1. 藏马在《文史春秋》2003年第8期第32～33页著文“张宗昌逸事数则”称：张宗昌邀请王寿彭出任山东大学校长，王开出三个条件：一是兼山东教育厅厅长；二是不坐汽车，更不坐东洋车，因害怕汽油味，丑于暴露身份；三要上下班及出去，乘坐四人抬轿子。如若答应上述条件，就前去应聘。张宗昌照单全收。其实，王寿彭是先担任教育厅厅长，然后才出任山东大学校长一职的。
2. 台湾省《山东文献》第2卷，第4期，1977年3月20日。
3. 见山东大学网站·校史研究专栏：《山东大学史略（1901.7～2000.7）》。
4. 《晨报》1925年9月17日。
5. 褚承志“督办办大学”，编审组《土匪军阀张宗昌》，第209～211页。
6. 戚宜君《张宗昌传奇》，第170～173页。
7. 吕伟俊《张宗昌》，第102～103页。
8. 上述内容为张宗昌女儿张春绥回忆。
9. 汪烈九“从文盲将军到丘八诗人”，《文史春秋》1999年第4期，第19～22页。
10. 李瑞卿“摧残新闻界”，编审组《土匪军阀张宗昌》，第182～183页；曹英《民国巨凶首恶大纪实》，（北京）团结出版社1994年版，第98～99页。
11. 《晨报》1925年9月13日。
12. 吴筹中“山东省银行及其发行的钞票”，《中国钱币》1999年第1期，第45页。

13. 王贶甫“滥发军用票”，编审组《土匪军阀张宗昌》，第169～170页。
14. 于観光“创办济青长途电话”，编审组《土匪军阀张宗昌》，第215页。
15. 戚宜君《张宗昌传奇》，第201～202页；藏马“张宗昌逸事数则”，《文史春秋》2003年第8期，第32～33页。
16. 吕伟俊《张宗昌》，第161～164页；董守义、王加会《张宗昌真传》，第193～198页。
17. 吕伟俊《张宗昌》，第151～153页。
18. 李恒珍等“搜刮种种”，编审组《土匪军阀张宗昌》，第164～165页。
19. 吕伟俊《张宗昌》，第198页。
20. 《晨报》1928年1月8日。
21. 刘兰昌“张宗昌统治时期战争对山东人民移民东北的影响”，《聊城师范学院学报》1999年第6期，第33～37页。
22. “张宗昌与溥仪来往信函”，《历史档案》1982年第1期，第33页。
23. 溥仪《我的前半生》，第221～228页。
24. 牟中珩“‘老毛子队’”，刘文清“雇佣白俄兵始末”，编审组《土匪军阀张宗昌》，第72～74、75～87页。
25. 罗厚立“国器章太炎”，《南方周末》2005年8月11日。
26. 魏剑白“益都旗兵团”，编审组《土匪军阀张宗昌》，第70～71页。
27. 丁普明“建立空军纪实”，编审组《土匪军阀张宗昌》，第88～91页。
28. 黄培祥“幼年学兵队”，编审组《土匪军阀张宗昌》，第92～95页。
29. 孙仙舫“在张宗昌军队中的见闻”，编审组《土匪军阀张宗昌》，第103～104页。
30. 陈书麟、陈贞寿《中华民国海军通史》，（北京）海潮出版社1993年版，第216～219页。
31. 这一顺口溜另有版本是：学会掖县话，就把马刀挂；学会掖县话，就把皮带挂。
32. 祝学顺等“发迹之后”，张殿福“昌武学校忆事”，编审组《土匪军阀张宗昌》，第203～204、212～213页。
33. 上述记载依据张宗昌女儿张春绥的回忆。
34. 陈润生、郭兰村“东巡过潍记”，编审组《土匪军阀张宗昌》，第171～174页。
35. 祝学顺等“发迹之后”，编审组《土匪军阀张宗昌》，第198～200页。
36. 上述记载依据张宗昌女儿张春绥的回忆。
37. 祝学顺等“发迹之后”，编审组《土匪军阀张宗昌》，第201～202页。
38. 戚宜君《张宗昌传奇》，第163～164页。
39. 姜维翰“军阀与相声‘关公战秦琼’”，《文史精华》1995年第5期，第57～58页。
40. 戚宜君《张宗昌传奇》，第160～161页。
41. 永乐“张宗昌祸鲁记”中，《逸经》，第7期，1936年6月5日；戚宜君《张宗昌传奇》，第32页。1936年6月5日出版的《逸经》第7期上登载《张宗昌之奇闻怪事》一文中，谓张母吃的是荔枝，存之。
42. 董守义、王加会《张宗昌真传》，第102～103页。
43. 李藻麟《我的北洋军旅生涯》，第149～154页。

第六章

# 进军北京

得陇望蜀，张宗昌通过赶跑国民军，将势力伸向了京津；在京期间，邵飘萍、林白水事件以及对中央政权的影响力等等，都使得张宗昌成为全国性风云人物。

# 一、与冯玉祥之战

## 1. 接应李景林

冯玉祥在北京政变之后，与张作霖的关系很快就发生逆转。冯玉祥自认为政变有功，而张作霖却不这么认为，在一次宴会中张指着冯玉祥的鼻子骂道：

冯玉祥

“你之所以政变，是我花了100多万大洋买来的。”

冯玉祥当然大为光火，他在另一次宴会中反戈一击将胡子剃掉，以至于人们议论纷纷，这使曾做过占山为王的胡子的张作霖十分气愤，二人的关系遂更加恶化。

为了对付奉系，冯玉祥开始在其内部寻找可以利用的力量，恰在此时，外号是郭鬼子的郭松龄进入到冯的视线里。

郭松龄在奉系中属于新派，与许多奉系中的要员矛盾重重，所以他一面与张氏父子虚与委蛇，拒绝同国民军作战；一面加紧联合直隶督办李景林与冯玉祥国民军建立反奉同盟。1925年11月22日，双方秘密签订了“郭冯密约”。

其主要内容如下：

1. 直隶、热河均归丙（指李景林）治理。甲（指冯玉祥）为贯彻和平主张，对热河决不攻取。保大京汉线，甲军随意驻扎，但直省全部收入（保大在内）均归丙军，甲军决不侵夺。山东听其自然变化，但黄河以北各县，由丙军驻扎，收入亦归山东。天津海口，甲军自由出入之。

2. 乙（指郭松龄）为开发东三省，经营东北部内蒙古，使国民生活愉快，消除隐患，拥护中央，促进国家统一起见，改造东三省政府。前项改造事业，甲以诚意赞助之，并牵制反对方面。

3. 乙诚意赞助甲开发西北，必要时亦以实力援助之。

这样，冯玉祥、郭松龄和李景林的三角联盟终于成立了。

正当郭、冯签订密约之际，张作霖突然电召郭松龄和李景林火速返奉。原来，当张作霖得知郭松龄等人拒绝执行命令向冯玉祥国民军进攻后，勃然大怒，在一天内连发三次急电，令李景林即日夺回保大，逐去豫军自赎。令郭松龄调所部集中滦州，回奉听候面命。接到来电后，郭松龄意识到自己的反奉活动已被张作霖识破，回奉天就等于上门送死。于是，他决心提前发难，起兵讨奉。

郭松龄对与李景林、国民军建立的反奉三角联盟寄予了莫大的期望，然而这种联盟不久就以李景林的降奉和国民军无法分兵援助而土崩瓦解。虽说郭松龄倒戈后不久，冯玉祥和李景林就分别宣布“中立”，并通电要求张作霖下野。但是李景林始终就没有坚定反奉的决心，一时附和加入联盟完全是出于为了保持和夺取地盘的需要。郭松龄起事不久，李景林的部队在邯郸附近就与国民军发生激烈战斗，为此李景林与国民军的关系日趋恶化。当时李景林的家眷全都住在奉天省城，起事后他一直顾虑重重，担心家眷会遭遇不测。恰逢李景林的母亲从奉天发电报到天津，称张大帅待人如何之好，劝李景林降奉。于是，李景林下令将郭松龄交他扣押的奉军将领全部释放，重新投入张作霖的怀抱。国民军此时正处于攻占热河的战斗中，无力出兵援助郭松龄，难以兑现讨奉密约上的承诺。失去了后方援助的郭松龄，只得率部孤军奋战[1]。

李景林因参加反奉而为张作霖所不满，又因游移两可而为冯玉祥所排斥，等于是两面不讨好，这样，在北方的联络对象就只能是山东的张宗昌了。

李景林本有伸张势力于热河的野心，但是1925年11月30日热河都统阚朝玺退出热河后，冯玉祥派宋哲元部开赴朝阳，据热河为己有，而国民军第二军邓宝珊又想夺取直隶的地盘，这些问题使李对国民军感到很大的不满。

12 月 2 日冯军开到落垡，要求假道出关援郭，李觉得冯军来意不善，即宣布与张宗昌组织直鲁联军，志在保境安民，如有敢于侵犯直隶者，当率健儿与之周旋。李的态度突然转变，对于关外奉系内部的战争，关内冯、奉两系力量的对比以及奉、直两系合作的前途，都具有极其深刻的影响。

直隶方面，由于冯军不听阻止继续进兵，12 月 4 日李景林发出通电宣布讨冯。于是国民军分作南北两路进攻李军，南路第二军邓宝珊部于 4 日由保定攻占马厂，北路第一军张之江部于 5 日由落垡攻占杨村。第三军孙岳部也由陕西开回保定，为一、二两军的声援。李景林 8 日先到马厂击退邓师，10 日回到天津又向杨村进兵，从 10 日到 15 日李、冯两军在杨村展开了极其猛烈的争夺战，京津、津浦两路火车停驶。13 日由北京通往天津海口的国际列车，后面随有冯军的铁甲车，李军开炮轰击，列车不能通行，外交使团向北京外交部提出严重抗议。最后落垡落入李军之手。在这次战争中，双方都有重大死伤，仅杨村一地就遗下尸体 4000 余具。冯改派李鸣钟代张之江为讨李总司令，并从热河、绥远等处调兵来援，张宗昌也派程国瑞、徐源泉两军开往青县、沧州一带援李，看上去双方谁也不肯让谁，都有再接再厉争取最后胜利的决心。

李景林在这次战争中虽然作了最大的努力，但是冯军于 20 日发动反攻，南路邓师同时反攻马厂，东路又添加了生力军唐之道一师开到塘沽，因此天津陷于半月形的包围之中。22 日李打电报向吴佩孚请示应否死守天津战至最后一人，吴叫他保全实力退往山东，因此当天李军放弃北仓，24 日放弃天津，退往鲁北与张宗昌军会合。李乘舰经过青岛于 29 日抵济南，至此冯、李战争告一段落。他们从 12 月 9 日到 24 日整整打了半个月，打得非常激烈，而冯军占领天津之日正是郭松龄兵败被杀之时[2]。

李景林军战败后，开始沿津浦线向山东境内撤退。

李景林本人则乔装打扮，由天津秘密乘轮船转赴青岛，再由青岛乘火车到达济南，与张宗昌晤面，请张出兵接应他的队伍安全撤入山东境内。李景林以东北方面有郭松龄倒戈为理由，申明无法向山海关方面撤退，只能求救于张，退向山东。实际上，李景林有其难言之隐。当郭松龄发难之始，攻势迅猛，张作霖处境岌岌可危，切盼李景林能背后一击，使郭首尾不能相顾，陷入被动局面。但李景林却袖手旁观，态度暧昧，致使张作霖对其恨之入骨。李景林心里也十分明白，张作霖对他绝不会善罢甘休，因此只有退入山东一条道可走。何况他与张宗昌又是大同乡，过去曾经并肩战斗，堪称患难之交，值此危难之秋，张宗昌绝对不会不予支援。

对于动摇不定的李景林，张作霖不停地在做他的工作。郭松龄起兵的第二天，李景林的老上司许兰洲（李原系许的参谋长），从包头经过天津回沈阳，张作霖叫他乘便拉李一把，李表示决不与郭采取一致行动。

此时李与张宗昌两人有脱离奉系而另树一帜的倾向。李是直隶人，张宗昌是山东人，由于东北军人具有排外感，他们经常受到歧视，因此都不愿意再跟随在张作霖的身边。张宗昌因同乡的关系竭力结交吴佩孚，李也通过孙洪伊的关系与吴搭上了钩，他们都愿意拥戴吴为名义上的领袖，而吴也愿意吸收他们以壮大自己的声势。

1925 年底，李景林所部四万余人，全部安全撤到山东德州一带。

李景林被逐后，当时任国民三军总司令的孙岳取而代之，出任直隶军务善后督办。

对张宗昌来说，他与李同时做客于奉军。第二次直奉战伊始之际，分任奉军第二军正副军长，并肩作战，关系还算融洽，可算作是患难与共的老伙伴。从私人关系来讲，张宗昌必定要支持和援助李景林，更何况李正处于危难之中。从地区关系来讲，直隶和山东两省唇齿相依，直隶不保，山东也难得安宁。为了稳定山东的局面，必须将冯玉祥国民军逐出直隶省和京津一带。当时，山东也完全有条件这样做。入侵的敌人——河南的陕军和直军均已被击退，内部局势业已稳定，同时扩军整编训练工作均基本完成。从大局来看，郭松龄倒戈已彻底失败，奉军内部已趋稳定，张作霖决心要除掉国民军这个“祸根”。在这种形势下，张宗昌决定和李景林共同组织直鲁联军，讨伐冯玉祥国民军。张宗昌任直鲁联军总司令，李景林任副总司令，李藻麟任总参谋长[3]。

## 2. 不知有多少兵[4]

张宗昌人称“三不知”，即兵不知有多少，钱不知有多少，姨太太不知有多少。

张宗昌到底有多少军队呢？

其实，张宗昌的军队最多的时候是在 1926 年和 1927 年前后，此时他号称“义威上将军、东北军第二、七方面联合军团长、直鲁联军总司令[5]、山东保安总司令”[6]，手下的军队如下：

第一军　张宗昌　驻济南

暂编第一师师长齐玉珩、第十一师师长卞英杰、第十三师师长顾震、第十七师师长田公育、第二十二师师长董鸿逵、第六十四师师长宫梅峰、第六十九师师长祝祥泰、第七十师师长张学成（张作霖之子、张学良之弟）、第七十一师师长杜广乾、第七十二师师长郭敬臣、第七十四师师长陆裕光（陆荣廷之子）

第二军军长　张敬尧[7]

中将支队长袁家骥、少将支队长郭太胜、少将支队长陆锡广

第三军军长　程国瑞　驻泰安

第二十六师师长黄凤岐、第四十六师师长吴杰、第五十六师师长何长保（这三个师，后来改编为三个少将支队）

第四军军长　方永昌　驻峄县

（下辖第二、第八两个少将支队，后来没有编成）

第五军　王　栋　驻鲁东南一带

第二十师师长王宝庆、第三十一师师长朱玉贤（这两个师后来都改成中将支队）

第六军　缺

第七军军长　许　琨　驻韩庄

第五师师长张继喜、第二十七师师长段麟祥、第四十七师师长姚钰、第一五七旅旅长褚敬坤、第一四三旅旅长皮华清、第一二二旅旅长孙百万

第八军军长　柴云陞　驻寿张

第二十八师师长王振亚、第二十九师师长贾锡坤、第八十师师长朱光宗

第九军　缺

第十军军长　吴蓂卿　驻临城

辖十三、十四、十五、十六四个上校支队

第十一军军长　张宗辅　驻沂州等地

辖一一四、一一七、一六三共三个旅

第十二军军长　寇英杰（自河南前来投降的）

第十三军军长　刘志陆（原粤军）驻济宁

第六十一师师长谢文炳、第六十二师师长陈修爵

第十五军军长　陈文钊（旧直军）驻济宁

少将支队长刘培绪、少将支队长许宝祥

第二十三军军长　杨清臣　驻郓城

第二十六军军长　张万信

第二十七军军长　李耀昌

第二十八军军长　纪元林

第三十军军长　毛思义

第三十一军军长　武衍周

挺进军总指挥　王　振

山东宪兵司令　田友望

工兵总监　宋保善

航空司令　尹日陞

铁甲车司令　车柯夫（白俄）

白俄军司令　聂洽耶夫（白俄）

工兵集团长　张震寰

骑兵集团长　吴奠卿

幼年兵团长　张幼卿（张宗昌的儿子，即张济乐）

义威军卫队旅旅长　周鸿昌

义威军第一团团长　钟震国（张宗昌的干儿子）

以上是张宗昌的第二方面军团的编制，除此之外，还有河北督军褚玉璞的第七方面军团，一共有10个军、两个师，其番号如下：

第六军军长　徐源泉

第十四军军长　孙殿英（兼大名镇守使）

第十五军军长　褚玉璞兼

第十六军军长　袁振青

第十七军军长　曲同丰（后来直辖于张宗昌）

第二十军军长　李藻麟

第二十一军军长　王　振

第二十三军军长　杨清臣

第二十八军军长　纪元林

第三十一军军长　武衍周

直隶陆军第一师、直隶陆军第二师[8]

此外，尚有杂项编制及各兵种。

骑兵军，军长张沁元；预备军，军长许琨；直鲁豫联军第一军，军长王兆中；直鲁豫联军第六军，军长王月修；第六十七师，师长张克瑶；独立第六旅，旅长张俊；炮兵独立旅，旅长林泰；骑兵旅，旅长吴致臣；工兵旅，旅长王砥周；工兵总监宋保善；卫兵司令程祥本；运输司令韩文友；宪兵司令田友望；铁甲车司令车轲夫（白俄人）、米洛夫（白俄人）、刘世安；白俄军，司令聂洽耶夫（白俄人）；工兵集团长张震寰；军事实习所，所长曲同丰；将校实习学校，校长曲同丰（兼）；军需学校，总办朱泮藻。

海军方面：一、渤海舰队。1925年张宗昌任山东军务督办后，派其第八军军长毕庶澄率部于当年10月进驻青岛，并兼任渤海舰队司令，吴志馨为副司令。毕到任后，将“肇和”舰改名“澄和”舰，“同安”舰改名“效安”舰。二、东北渤海舰队。1926年11月，东北海军司令沈鸿烈率东北海防舰队抵青，与渤海舰队合编为东北渤海舰队，毕庶澄任司令，沈鸿烈任副司令。1927年3月毕庶澄以“谋叛”罪被张宗昌处死后，张宗昌兼任东北渤海舰队总司令，沈鸿烈为第一舰队司令，吴志馨为第二舰队司令。三、海军总司令部。1927年7月，张作霖改组陆海军队，将东北渤海舰队改番号为海军总司令部，张宗昌兼任总司令。原东北海防舰队为第一舰队，驻青岛；原渤海舰队为第二舰队，驻长山列岛。沈鸿烈任第一舰队司令兼两舰队总指挥，吴志馨为第二舰队司令（后凌霄）。四、东北海军总司令公署。1927年11月，北洋政府将设于青岛的海军总司令部改为东北海军总司令公署，委沈鸿烈为总司令。海军总司令公署设军衡、军需、军械、军医、轮机、秘书、参谋、副官8个处。辖：第一舰队，舰队长凌霄，驻青岛。辖海圻、海琛、肇和、镇海、同安、华甲6舰。第二舰队，舰队长袁方乔，驻长山列岛。辖定海、永翔、楚豫、江利、海鸥、澄海、海霆、海燕等10舰。江防舰队驻哈尔滨。驻青岛部队尚有海军陆战队两个营和教导大队、飞机大队、保安大队、海军陆战队初级军官养成所、海军陆战队军士训练所等。1928年7月日军出兵胶济线后，东北海军总司令公署于当月由青岛移驻沈阳。

空军方面：山东航空司令部。1926年，山东军务督办张宗昌将其由东北带来的航空队（“飞豹”队）扩编为山东航空司令部，赵翔陆任司令，袁振铭任副司令，崔黄初任参谋长，下设3个队。“飞豹”队长盛建莫，“飞雁”队长王秉杰，“飞雕”队长袁佩伦。山东航空学校，1926年在济南建校，赵天豪任校长，张蝶村任教育长，共有学员18人。

总计张宗昌的军队，总兵力可达40万[9]。

张宗昌所辖部队之杂，编制之乱，不但在当时为全国之最，而且，在整个现代史上，也是前无古人，后无来者了。

### 3. 进军京津

直鲁联军兵锋所向，就是联合直、奉军阀大举进攻国民军。

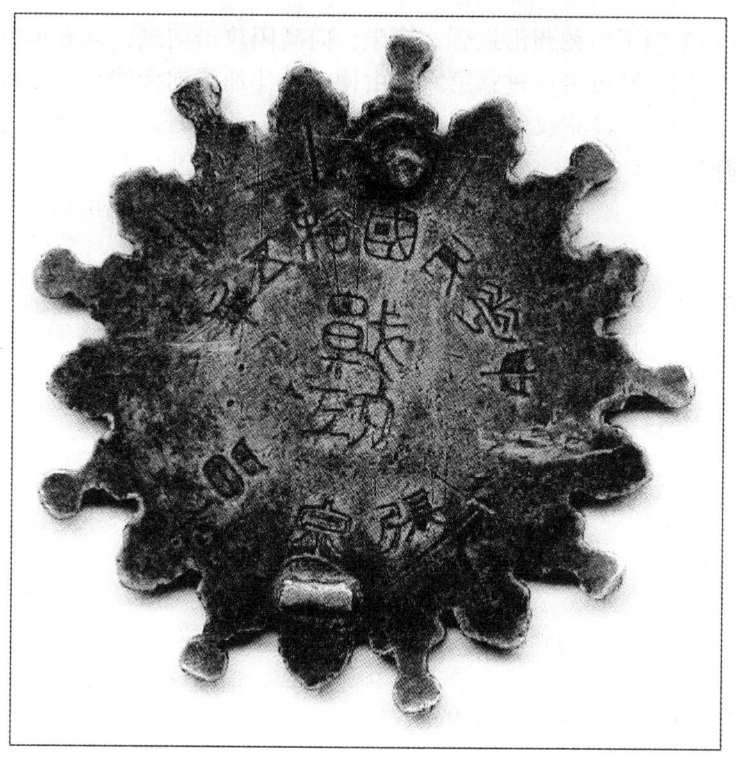

张宗昌部队的战功勋章

1926年1月10日，直鲁联军假借进攻郭松龄残部为名，分别由李景林、李爽垲、马瑞云、张宪、张宗昌、褚玉璞、毕庶澄、方振武、许琨、程国瑞率十路大军率先发难，向国民军进攻。翌日，张作霖也以讨伐驻守山海关的魏益三（此时已改编为国民军第四军）为名，通电出兵关内，进攻国民军。奉军分三路进兵关内：第一路为黑龙江骑兵两师，向锦州进发，以图肃清山海关地区的魏益三部队。张学良同时率部开驻榆关，防范国民军对京榆线方向的袭击；第二路由汤玉麟会同阚朝玺所部奉军，即日开赴热河；第三路派汲金纯所部奉军，取道海路开往山东，援助张宗昌、李景林的直鲁联军。张作霖则亲督后军担任总指挥。

2月初，时任直鲁讨贼联军总司令的张宗昌为配合吴佩孚进军河南，纠集了直鲁联军7个军约20万人的兵力，于2月初向驻守直隶省的国民军发动猛攻。其中李景林指挥第一军、第二军和第十三军。第一军由故城沿冀县、宁晋、无极向保定攻击前进；第二军由宁津沿盐山向小站攻击前进；第十三军由德州沿衡水、安国向保定攻击前进。张宗昌指挥第四军、第五军、第六军和第八军。第四军由德州沿武强、饶阳，向高阳攻击前进；第五军由德州沿阜城、献县向大城攻击前进；第六军由德州沿津浦线向天津攻击前进；第八军由南宫、柏乡，经京汉线向保定攻击前进。与此同时，渤海舰队也倾巢出动，沿海路向天津进发。

3 月 4 日，吴佩孚、齐燮元、张宗昌、李景林等人联合通电讨伐段祺瑞和冯玉祥。

各路大军举兵直攻北京，大有将国民军赶尽杀绝之势。

在此之前，国民军将领鹿钟麟企图“联吴抗奉”，而今他终于清醒地意识到了这只是个幻想。此时的形势对国民军愈发不利，直、奉联军正兵分五路向国民军直扑过来。

京东方面，张学良、韩麟春、汤玉麟等部，由怀柔、密云、香河、三河向通州进攻，并打算绕攻昌平，以截断京绥线交通。

京东南方面，直鲁联军张宗昌、李景林、褚玉璞等部，由京奉、津浦路向黄村进攻。

热河方面，奉军阚朝玺等部向朝阳、承德方面进攻。

京西方面，吴佩孚率靳云鹗、田维勤等部，沿京汉线向长辛店进攻，同时向门头沟伸张，以进窥京绥线。

晋北方面，阎锡山派商震、傅作义、张培梅等部，向大同、天镇及绥远方面进兵，有进攻察绥之势。

另外，奉军每天派出飞机，对京城狂轰滥炸。

由于战争规模颇大，张宗昌在发动战争之前命李恒珍到沈阳领运军械弹药。此时铁路阻塞，须从海上到大连转赴奉天。大连系日本势力范围，须在济南向日本领事馆办好护照才能通行。临行之时，褚玉璞交与李恒珍信件和像片，托呈张作霖。李到了沈阳，去帅府见张，领到各种子弹千余万发，各种炮弹两千余发，机关枪百挺，迫击炮百余门。为从日本帝国主义控制的南满铁路运到旅顺，再装轮船运往青岛，张作霖又着他的交涉署向日本的关东厅办了交涉，并告诉李到旅顺办交涉用轮船，可找政记公司的经理于位廷。李将军火运到旅顺，又到大连找政记公司。政记公司有商船数十艘，船主名张本政，山东人，先是独资经营，后曾招有股东，随后又因蚀本不能支持，乃由张作霖投资 200 万元，成了该公司的主要股东。李请于位廷代向日人交涉办理运输事务。费了很多周折，后又在旅顺宴请了日本关东厅的官员，才把军械运上码头，装上政记公司的两艘轮船运往青岛，换车运到济南[10]。

有充足的军火，2 月初，直鲁联军由德州分两路北上，一由东昌趋大名，一由达镇攻泊头，进沧州。泊镇之战由李藻麟指挥，在战斗中，孙殿英立下奇功；沧州之战由张宗昌亲自指挥，一鼓作气即予拿下。下沧州后，右翼过盐山、枣强，左翼抵阜城、交河。22日李景林移驻沧州，前锋由兴宁镇攻陷青县进困马厂。

国民一军本已次第回西北，至是又增援津、保。韩复榘率一旅赴马厂督师。张之江、鹿钟麟编一军临时师团开赴杨柳青。另派六旅由杨柳青开赴前线。张之江命韩复榘为津浦防务总司令，魏益三为保定防务总司令。

马厂的争夺非常激烈，两度互相易手。直鲁联军张宗昌任中路，李景林任东路，褚玉璞任西路。国民军方面，鹿钟麟于28日率冯玉祥的卫队冯治安旅出京，偕同孙岳赴前线督战，在静海设总司令部。

张宗昌有海军支援，青岛毕庶澄部三十二师和海军陆战队乘海圻、海琛、华甲三舰，广利、成利两轮分别赴秦皇岛和大沽登陆，夹攻天津。

鹿钟麟准备全力反攻，分兵三路：中路韩复榘、郑成思由唐官屯正面进攻；左翼门致中、刘廷琛（国民一军）会同徐永昌（国民二军）由静海出四角口攻侧面。右翼弓富魁、周士琦、高桂滋由虞县抄袭青县，断直鲁联军后路。

国民军虽然全力反攻，可是形势极为不利，事实上国民军四处遇敌，已成困兽。

3月间，国民军苦战各线，津浦线于16日被直鲁联军攻下大名。京奉线国民军退出滦州，奉军在大沽口截获值250万元的军火。京汉线由于山西的阎锡山派商震出兵石家庄，将与直军会合进攻保定。

3月22日李景林侄李书凤率二百敢死队突入天津，与国民三军巷战，三军战败，李军占领督署。天津士绅华世奎等与李书凤商定天津善后办法：（一）李暂委项惠年代警察厅长维持秩序；（二）迎李景林入津。当天晚上，李爽垲率马队由小站进入天津，赴镇守使署布告安民。23日李景林先锋队荣臻一旅由杨柳青小站抵津，立即分守督署车站四郊。由于炮火破坏，杨柳青铁路须加修理，所以大队直鲁联军须待铁路修复始可开来。李景林本人拟会合张宗昌一同赴津。

天津失守后，国民军的计划是以停战谈判来拖延时间，尽可能不放弃北京。

但是，形势的发展却越来越严峻。4月15日，国民军鉴于形势危急，决定以方振武部为掩护，主动撤出北京。国民军主力各部沿京绥线退向南口附近，京东各部退向怀柔、顺义、延庆等处，京西各部，退向斋堂、蔚县、多伦一带，国民二军弓富魁、胡德辅等部，国民三军徐永昌、刘延森、武勉之、续培模等部大部经南口、一部分经三家店，退向怀来、涿鹿。张宗昌率直鲁联军由丰台长驱直入，拍马赶到，攻占了北京[11]。

张宗昌在北上进攻国民军时，即与李景林约定，直隶督办由张决定，于是在打败国民军后，张宗昌推荐褚玉璞为直隶督办，并得到了张作霖的批准。

褚玉璞，字蕴山，山东省汶上县（现梁山县方庙乡诸庄村）人，生于清光绪十三年（1887年）。褚玉璞于18岁、19岁时两次报考保定军官学校，未被录取，转而投身绿林。从20岁时起，纠集数十人，占山为王，并与附近土匪互相串通，彼此呼应。

未几，清政府派出山东第二协吴长植、吴长善督师进剿，匪众溃散，头目中有7人被俘，就地处决。褚玉璞远走他乡，销声匿迹。

民国初年，上海都督陈其美在沪招募新兵，褚玉璞投效于陈其美民军羽翼之下，敛迹存身。此时，张宗昌任团长，褚以骁勇为张所倚重。

1918年，张宗昌任陆军暂编第一师师长，褚玉璞为团长。张宗昌出关投奉，身边就有褚玉璞。起初张任宪兵营长职位，褚玉璞为连长。平定高士傧之乱后，张宗昌被委为绥宁镇守使，并升任为吉林省防军第三旅旅长，褚玉璞任第五十五团团长。

第二次直奉战争中，张宗昌、褚玉璞率部长驱直入，血战玉麟山，褚率部猛击，血战数昼夜，竟将直军最精锐的时全胜部击溃，董政国、阎绍堂两部被迫败退冷口。张、褚乘胜急追，褚玉璞率先锋军抵达直隶省滦州，直军全面崩溃，被张、褚俘获改编者不下七八万人。这一战役以褚玉璞部功劳为最大。

不久，张作霖任命张宗昌为第一军军长，以褚玉璞为副军长，率军南下，攻取江苏。

当年曾剿捕过褚玉璞的吴长植、吴长善，此时仍驻防山东，闻褚玉璞过鲁南下，极为惶恐，特请人携带礼物往见说合，褚表示不记前仇，二吴稍安。吴氏兄弟本系直系，现曹锟已倒，乃有投奉之心，褚玉璞既表示不记前仇，便亲往徐州进见张、褚。吴氏兄弟抵徐州后，即被褚玉璞扣押，严刑拷打，并宣布贪赃枉法罪状。与此同时，褚玉璞又派人示意二吴可拿钱赎命，二吴急忙写信让家人变卖家产，凑集了17万元奉献于褚，褚玉璞得钱后，立即下令将吴氏兄弟处决，并扬言报了私仇。手段之阴险毒辣，可见一斑。

张宗昌任山东省军务督办后，褚玉璞任第六军军长，驻守济宁。

1925年底，国民二军岳维峻进攻山东，以李纪才为总指挥，张宗昌以褚玉璞为前敌总指挥，迎击李纪才部，双方战斗非常激烈。战斗中褚玉璞肺部受伤，送青岛福柏医院医治。

1926 年 1 月，张宗昌组成直鲁联军，自任总司令，以褚玉璞为前敌总指挥。此时褚玉璞伤未痊愈，立即率兵由津浦路北上。同年 3 月下天津，于 4 月进入北京，后褚玉璞又率直鲁联军先锋军进据南口，继续前进至康庄。借着此次战争中的战功，褚玉璞得以出任直隶省军务督办一职。

1926 年 12 月，张宗昌被任命为安国军副总司令兼直鲁联军总司令[12]，率部南下，褚玉璞也跟随前往。后又参与杀害毕庶澄，1928 年随张宗昌败亡大连。

张宗昌、褚玉璞逃到大连后，时刻准备东山再起。当时，驻扎在胶东的部队为刘珍年暂编第一军。刘原系李景林部下的团长，曾收编张宗昌溃散的官兵，因此，张、褚经常派人到胶东联系旧部，伺机卷土重来。1929 年初，张宗昌、褚玉璞率领残余鲁军到烟台登陆，袭击刘珍年。刘珍年在烟台外围作战失利，退守牟平，两军相峙。张、褚登陆后，收罗旧部，重整旗鼓，准备再次称霸山东。后刘珍年率部反击，张、褚全线崩溃，张宗昌狼狈逃回烟台，褚玉璞仓皇逃入福山县城，为刘珍年包围，旋即被迫缴械投降。褚玉璞投降后为刘所扣押，并逼褚出钱赎命。褚玉璞的家属筹集几十万元交刘，最后刘珍年还是将褚玉璞处死[13]。

直鲁联军进军天津时，曾发生过“三一八”惨案。

1926 年 3 月初，奉系渤海舰队司令毕庶澄率领军舰 5 艘、商船 8 艘，运送直鲁联军陆战队，企图在大沽口登陆，会同榆关张学良部、马厂李景林部联合进攻驻守天津的国民军。

3 月 7 日，奉军舰队在北塘登陆，与国民军展开激战，结果败退到直隶湾。战斗结束后，国民军加强了对港口的防守，布设水雷以封锁港口，并规定外国船只，只准在白天航行。但国民军的正义行动却遭到了外国使团的无理抗议。为此，国民军向它们提出如遵守以下三个条件方可进入港口：

第一，外轮需有引水船，由引水船吹哨为号，以免遭炮击；

第二，外轮需挂本国国旗；

第三，进入港口外轮的华人，需由国民军检查。

然而，这些正当要求竟然遭到了帝国主义者的强烈反对。为了避免同帝国主义者发生直接冲突，国民军只好再次做了让步，取消了第三条，并于 3 月 12 日开放大沽口，但要求外国使团必须遵守以下两个条件：

第一，外轮不得再为敌军运兵运械；

第二，外轮进入港口不得使敌舰尾随混入。

但是，日本帝国主义者竟置国民军的劝告于不顾，公然在12日下午3时许，派遣两艘日本驱逐舰驶入大沽口，后面尾随着数艘奉军船只。驻守在炮台的国民军发现这一情况后，当即以旗语阻止其前进。然而日舰不仅置之不理，反而首先向国民军炮台开炮射击。当场打死国民军4人，伤8人。国民军被迫进行还击，将日舰逐出大沽口。这就是震惊中外的大沽口事件。

事发后，日本帝国主义借口所谓违反辛丑条约，纠集英、美、法、意等国向北洋政府提出最后通牒，要求停止天津、大沽口一带的战争，并限定北洋政府在3月18日正午以前给予答复。同时，日本还单独向北洋政府提出要求惩办大沽口守军将领，赔偿损失和向日本谢罪等一系列蛮横无理的要求。

3月17日，20多艘外国军舰再次驶入大沽口，公然进行武力挑衅，大有重演八国联军进攻北京之势。

帝国主义的野蛮侵略行径，立即激起了中国人民的无比愤慨。

3月18日，在中国共产党人李大钊、陈毅、王荷波、陈乔年、王一飞等的领导下，北京市各界群众5000多人集会天安门抗议英、美、意、法、日等帝国主义国家使用武力对我国内政的粗暴干涉，并敦促北洋政府驳回八国的最后通牒。会后举行了声势浩大的示威游行，前往国务院请愿。一路上，游行群众高呼“打倒帝国主义!”“打倒段祺瑞!”“反对八国通牒!”“反对日舰援助奉军上陆!”等口号。下午1点半，游行队伍包围了执政府，要求国务总理出来答话。丧心病狂的段祺瑞竟下令执政府卫队，向手无寸铁的游行群众开枪射击。

刘和珍死于“三一八”惨案

关于开枪的具体情况如下：当学生向执政府门口拥挤时，学生拿着带铁头的木棒，打士兵的头，骂士兵是“卫队狗”、“军阀走狗”，当时士兵曾被迫后退。当学生快要冲进执政府门口时，卫队少校参谋王子江就命令附近的士兵：“开枪吧!”他原来的意思是想叫士兵向天鸣枪，把学生吓跑了就算了，不料东西辕门的守卫士兵就真的平射起学生队伍来了，以致酿成惨案[14]。

上述楚溪春的叙述，曹祥华著文提出不同看法。他指出：学生未曾打骂执政府守卫士兵，也没带什么铁头木棒，除了旗帜外，赤手空拳，谁都做梦也没有想到这会惹出杀身大祸；另外，士兵是从群众的背面西南角上冲出的，且拿着木棒，见人就打，正面则是士兵开枪实弹射击，而和平请愿的群众没有任何抵抗[15]。

曹祥华的说法应该是不符合事实的，这从当时新闻界的报道即可洞悉。1926 年 3 月 26 日《时报》上报道：当群众包围执政府时，忽有人在群众后大呼“冲锋!”“杀进去!”于是后面群众向前猛涌，群众多执木棍，棍端嵌铁钉以为武器，卫队与群众对峙，始则互报以恶言，俄而冲突愈烈，卫队向空中鸣枪，群众仍奋勇向前，不稍畏惧。至是，卫队乃实弹开枪，向群众射击，而空前惨剧遂开幕矣。卫兵开枪后，群众稍退复聚，然后又发生第二次开枪事件，群众狂退，互相踩踏，以至血花飞溅，陈尸累累，景象极惨，见者鼻酸[16]。

不论过程如何，单论结果而言，则是枪声四起，一时间执政府门前鲜血四溅，尸横遍地，当场打死 47 人，打伤 155 人。

“三一八”惨案中的天安门广场

这就是被鲁迅先生称之为中国历史上最黑暗的一天的“三一八”惨案[17]。

## 4. 南口大战

南口是北京通往西北的交通要道，自古以来就是军事要塞。这里有居庸关和八达岭等处天险为屏障，又筑有坚固的工事，是国民军巩固西北、保卫后方的重要阵地。在 1925 年底，冯玉祥已预料奉直联军同国民军决战不可避免，就聘请苏联顾问军事工程人员来帮助规划修筑南口防御工事。南口原有要塞，是一座又高又宽的正方形城堡，两侧都是高山峻岭和极其狭窄的山道。这次修筑工事，除在原有要塞的基础上加固外，还在要塞前面新修筑两道防线，每道防线都有射击掩护体和联网的交通壕沟。据记载：

射击掩体挖成卧射用和立射用的两种，各掩体都挖有交通沟通往南口车站（距城堡要塞前一公里处）和第二道防线。第二道防线是一座机枪堡垒，修筑得十分坚固，而且有良好的射击面。炮兵阵地修筑在南口要塞旁边高地后面。山岭上几乎没有通道。最近的一条通道是古北口，位于南口以北 50 英里，由骑兵部队和一个步兵旅防守。

参加主体工程修筑的有 3 个工兵营的兵力，干了近两个月时间才完成。这样一个险要和坚固的防御工事，其射击阵地可控制 6 公里以内的范围，如果奉直联军企图从正面攻击，是无法靠近要塞的。

国民军退守南口一线后，其实力并无多大损失，仍拥有 20 万之众。其兵力部署重新做了调整：

全军改编为 7 个军，共推张之江为国民军总司令，第一军军长鹿钟麟，第二军军长宋哲元，第三军军长李鸣钟，第四军军长郑金声，第五军军长门致中，第六军军长石友三，第七军军长刘郁芬，每军计两师。确定了对南口、多伦主守，对山西大同主攻的方针。当时全军兵分三路：担任东路军司令的是鹿钟麟，其主要任务是扼守南口一线，把实力最强的刘汝明师调到南口要塞，以阻击奉直联军的正面进攻；北路军司令宋哲元，驻守多伦，抵御从热河方面过来的奉军；西路军司令为韩复榘，驻守平地泉、芋镇一线，伺机向晋北阎锡山部进攻，以确保南口后路的安全和铁路的畅通。国民军的攻守计划制定后，立即电告访苏中的冯玉祥，得到了冯的肯定，为南口战役做好了准备。

国民军为了对付奉系，曾有联络吴佩孚之举。为此他们还走了一步险棋：释放曹锟，并企图通过曹这条线来说服吴，以投靠直系的方式来和解双方的矛盾。

曹锟受够了国民军的苛待，他的兄弟曹锐死于冯玉祥倒戈政变时的冯军司令部中，他的佞幸李彦青也为冯所杀，他不会对国民军有好感，可是他获释后，仍在国民军手中，这使他不得不虚与委蛇。

吴佩孚在查家墩收到曹锟蒸电，在电末批“假电”二字。

当北京的“投靠”电报到达查家墩吴佩孚总部时，这真是天降喜事，两年来随吴流离转徒，吃尽了苦头的直系，如今总算重见天日了。冯玉祥出国，冯的军队无条件地听吴的驱策，吴佩孚的黄金时代又重新出现了。大家都静听大帅的命令——如何接收国民军？如何胜利旋师北京？如何重组政府？

吴佩孚没有一点喜色，踞坐公案，拿起毛笔在北京来的鹿钟麟投靠电报上批了四个大字：全体缴械。这一下可让吴的部下倒抽了一口冷气，大为失望，他们平素对吴的任何决定都无条件的信从，然而今天对吴的决定却大为不满。因为叫国民军全体自动缴械根本是不可能的，困兽犹斗，逼上梁山，这简直是和自己作对。

吴不仅要国民军全体缴械，并且亲自草拟答复鹿钟麟等的电报，中有“恨不能食汝之肉，寝汝之皮”句。

吴佩孚的不善运用权术，从这件事上得到了充分证明。他不乘奉张之危而逼垮奉张，现在也不愿捡便宜利用冯军。如果他收容了冯军，令他们去打奉军，自己隔山观虎斗，待他们两败俱伤，然后一举而消灭这两支军队，北洋天下岂不是吴佩孚的。他不愿这么做，宁愿逼冯军上梁山。吴的倔强自矜，在人格上不肯欺世取巧，可是在政治上则太不能随机应变。

随后不久，吴佩孚起程北上，并于1926年6月28日到达北京。

张作霖在吴抵京后，即驱车往访，吴在大门口欢迎，两人携手入花厅，打了一阵哈哈，张乃告辞。吴在张走后即出门拜客，先访赵尔巽和王士珍，然后赴顺承王府答拜张作霖，张亦降阶相迎。

吴比张长两岁，奉张结交了这位新把兄，乐得无以复加，嚷着要照相以留纪念，吴、张并立前排中央，张宗昌个子最高，有鹤立鸡群之感，照相人对好了光不敢照相，吴有点不耐烦，呵欠连连，张正兴高采烈，以为相机出了毛病，哪知是张学良用手做王八姿势，放在张宗昌头上，所以照相人不敢把这个怪样摄入镜头，等到老将回过头时，两个小张才吓得装起正经面孔，摄影方告完成。

人世间的变幻真是白云苍狗，1920年直皖战后，张作霖和曹锟在天津开巨头会议时，当时吴还是一个师长，张作霖已是大帅，颇有羞与吴共几而坐之势。后来吴在洛阳做起堂堂巡阅使被尊为大帅后，曹晋级为老帅，张气得也自封为老帅，他的儿子张学良被尊为少帅。如今时移势易，吴佩孚卷土重来，张却从三层楼自动跑下二层楼来与吴握手，且把正位让给了吴，“吴二哥”叫得亲热万分，比和曹锟的亲家还要亲密。

张宗昌和新任直隶督办褚玉璞备了两份门生帖子送到吴的行辕，吴谦逊不遑，改送了两份兰谱以示意结为兄弟。

南口战役爆发后，吴佩孚把攻南口的责任交给了田维勤，并悄悄告诉田：如果攻下南口，即以察哈尔都统相酬。田维勤是靳云鹗的部下，他的军队并不能打仗，吴以田为主力，是棋错一着，而吴把察哈尔都统随便许人，也犯了政治上的大忌，因为察哈尔和绥远在奉张看来是他的禁脔。正因为如此，所以奉张虽然表面支持，实际上内心则不谓然，所以奉军按兵不动，有黄鹤楼上看翻船之态。

不争气的是田维勤，今天哗变一团，明天哗变一旅。7月12日，田部第三十九旅陈鼎甲部投降国民军，20日，田部四十旅两个团亦投国民军[18]。田维勤久战无功，而守南口的国民军却越战越勇，吴大帅常胜将军的威风为之扫地。

田为了应付吴佩孚，谎报捷电，十分之九不确，吴气得暴跳如雷。然而不如意事接踵而至，吴攻南口不下，湖南方面则告急电一日数至。吴咬紧牙关宣称，南口一日不下，则本总司令一日不南返。曹锟命彭寿莘劝吴放弃南口军事，早日回武汉部署湘鄂防务，吴坚持不肯。

吴佩孚为了便利和指挥进攻南口，乃在保定设立总指挥部，所有南口和大同两方面的军事，都归该部直接指挥，吴自任总指挥。

7月3日吴佩孚在保定召开会议，分编四军：吴自任第一军总司令，直辖田维勤、王为蔚等部；第二军总司令彭寿莘；第三军总司令阎治堂；第四军总司令齐燮元，副司令魏益三。

吴佩孚这次东山再起，每次用兵都不顺利，他原以为一鼓作气可以攻下南口，怎知国民军坚守南口，他的军队久战无功，田维勤的部队且一再谎报军情，夸大战果，贻笑中外。他在不得已情况下，把进攻南口的主力，让给奉军，对吴来说，实在很丢面子。

此时，一贯主张联冯讨奉的东南直军大将孙传芳，见吴佩孚坚持联奉讨冯，一意孤行，甚为不满，遂率部与吴佩孚分道扬镳；直军参谋长蒋方震和总参议章太炎等也因不满吴佩孚的粗暴固执，辞职离去；湖北督军萧耀南又因病猝死。这时吴佩孚虽称直系领袖但直军早已支离破碎，手下仅剩靳云鹗、寇英杰、田维勤等部，战斗力均不甚强，故吴大帅的声威，亦不过徒有虚名而已。

奉军和直鲁联军担任战场主角后，张作霖重新编组其部队分为三路，第一路徐源泉，第二路荣臻，第三路韩麟春。总指挥褚玉璞，后方总司令张学良，前敌总司令张宗昌[19]。

吴佩孚声威不存，给张宗昌提供了一个机会。

张宗昌接战后，于7月中旬赶到前沿阵地督战，他接受了吴佩孚战败的教训，并没有急于进攻，而是详细研究了南口地区的地形图，并对国民军的布防进行了认真地侦察。他与张学良认为：南口地形复杂，称得上“一夫当关，万夫莫开”，而且国民军工事坚固，暗堡、堑壕、鹿砦、电网密布于阵地前，要想攻下南口，除非有强大的火力支援，否则难以奏效。于是他们决定由张学良致电张作霖，紧急从山海关调来两个重炮旅，同时又调来4辆坦克和4架轰炸机，决心给国民军以毁灭性打击。

在进攻兵力部署上，奉军决定改往日集中兵力猛攻一点的做法，而是兵分三路，合围刘汝明部。由张宗昌率领鲁军主攻南口正面，吸引国民军主力；张学良指挥奉军迂回刘汝明部的左翼攻得胜口；吴佩孚亲率田维勤、潘鸿钧部，直攻刘汝明部的右翼康庄。这样同时发起进攻，形成对刘汝明部的三面合围。为了鼓动张宗昌猛攻，吴佩孚许张在攻下南口后，以直鲁巡阅使一职相酬。

一切就绪后，奉直联军在飞机、坦克的掩护下，于8月12日开始了大规模进攻。战斗变得空前激烈。直鲁联军以王栋第五军为主力，在奉军强大炮兵的掩护下，向关公岭猛扑过来，连续发动强大攻势，张学良和吴佩孚也分率奉、直军同时猛攻国民军的左右翼。国民军顿时三面受敌，激战两昼夜后终因死伤惨重，且防线为王栋军突破，于8月14日被迫撤出关公岭阵地。

关公岭失守后，国民军东路总指挥鹿钟麟为保存实力，命令刘汝明师主动撤出南口阵地，随国民军主力向绥远方向撤退。至此，南口战役结束，联军在南口取得了彻底击败冯玉祥国民军的重大胜利。

奉军夺下南口后，又乘势攻占张家口。此时吴俊升部骑兵已占领多伦，田维勤、靳云鹗军及商震部相继攻占怀来、大同、丰镇等地，国民军被迫向陕甘西北撤退。奉系又重新控制了直隶、热河、察哈尔等地，这为张作霖进驻北京，组织军政府，自任大元帅，成为北洋政府最高首脑，铺平了道路[20]。

为了庆贺这一胜利，张学良曾偕同当时内阁代总理顾维钧，率领高级将领和内阁各部总长，到直鲁联军前线视察参观并慰问将士。是日，张宗昌也亲临前线陪同视察，由于天气炎热，烈日高照，他身着便装，穿了一件绸子大褂，头戴巴拿马平顶草帽，与张学良、顾维钧等周旋了一番，便独自骑马带领随从人员，深入到战斗激烈的一些据点视察慰问。

至于军政各界的慰问参观，则令李藻麟负责代为接待。此次活动曾留影

张宗昌与田维勤、张学良合影

纪念，对国民军构筑的碉堡工事也曾拍照留作资料[21]。

此次张宗昌到前线，曾在南口战场犒赏三军，并派军需到北京找饭馆。承应这趟外会，一合计要订1000桌到1500桌酒席，买卖倒是一桩好买卖，可是大家只有你瞧着我，我瞧着你，彼此干瞪眼，谁也不敢接下来。后来还是忠信堂的大拿（即大管事）崔六有点胆识，跟店东一合计，乍着胆子，把这号大买卖接下来了。

桌椅方面倒不用发愁，在战场上大摆酒筵，大家都是席地而坐，至于盛菜用的杯盘碗盏，因为数量实在太多，着实让崔六伤了点脑筋。后来他终于把城里城外，所有跑大棚口子上的家伙，全给包了下来，这个问题才算解决。可是炒菜的锅，上哪儿去找那么大的呀？到底人家崔六有办法，他把北京城干果子铺炒糖栗子的大铁锅，连同大平铲，一股脑儿都运到南口前线当炒菜锅用。等到一开席，煎炒烹炸熘氽烩炖样样俱全，苦战几个月的阿兵哥，整天啃窝头喝凉水，成年整月不动荤腥，现在山珍海味，罗列面前，一个个狼吞虎咽，有如风卷残云，一霎时碗底朝天，酒足饭饱，欢声雷动。

南口大会餐，弟兄们这一顿猛吃，可就把忠信堂的买卖哄起来了。后来只要是军方请客，大家都离不开忠信堂[22]。

南口大战后，张作霖与吴佩孚的蜜月期也结束了。

张作霖对吴佩孚还是颇多顾忌的，因此多所压制。8月15日，张通电报捷道：

> “南口为长城著名要塞，重峦叠嶂，自十四年九十月间，西北军在此建筑洋灰石子工事。直鲁军、镇威军以十余万人，自八月一日总攻，至十四日克之。”

电报中只字不提吴军。

攻下南口时，吴佩孚犒赏出力将士2万元，国务院犒赏4万元，张作霖一出手就是20万元。由此可以看出，张作霖在任何问题上都要压倒吴而使其体面为之扫地。

张宗昌穿将军服像

问题还不止于此。为了奖励攻下南口的有功将领，吴佩孚建议授予张宗昌为义威上将军、陆军上将，张学良为良威将军、加陆军上将衔，褚玉璞为璞威将军、授为陆军中将，内阁于8月19日照单发表。

吴佩孚认为，他是奉方所推举的主持南口军事的各军统帅，而他所保举的又都是奉鲁军将领，当然不会发生问题。21日，北洋政府补授韩麟春为麟威将军，于珍为珍威将军，王栋为栋威将军，田维勤为勤威将军，王为蔚为蔚威将军。这里面有三个是奉鲁军将领，另外两个是吴军将领。这也是根据吴的保案发表的。原案还有魏益三的益威将军，因为魏是张作霖的叛将，临时从名单中剔出。

吴佩孚认为这样做也算考虑周密的了，不料22日张学良首先致电说：

“我镇威军兴师讨逆，命将出师，悉奉我镇威上将军之命。中央固有赏罚大权，而良等自应唯上将军之命是从。所有奉授良威将军及陆军上将衔各职，在未经请命以前，未敢擅行接受。”

张学良不是不知道这个命令是根据吴的保案发表的，这些电报是对内阁的直接打击，也就是对吴的间接打击。23日韩麟春、于珍等也有联名电报拒绝接受威字将军。电报说，“讨赤论功行赏，须由镇威军主帅详列各军战绩，未可遽以道路传闻，轻假名器。”他们公然视吴为路人，而把他的保案当作道路传闻。

保案发表后，只有张宗昌喜气洋洋地在奉鲁军阵亡将士的追悼会上自称为义威上将军、陆军上将。随后看见风色不对，不禁倒抽了一口冷气，也就不得不依样画葫芦地发出了一个拒不接受的电报。此外，褚玉璞、王栋也有辞勋的电报发表。张作霖回答奉鲁诸将：受勋领奖，尚非其时。这样一来，不仅吴的面子非常难看，同时也使得无功受奖的吴系将领啼笑皆非，置身无地。

这是奉系看不起吴佩孚，对于吴在军事上出乖露丑后仍要把持中央政权表示厌恶的具体行动。其中也还有另外一些原因。张作霖是以上将军的名义统治着东三省和直、鲁等省的，不能允许在他的势力范围内有第二个上将军出现，特别是非嫡系的张宗昌上升为上将军，和他并驾齐驱，犯了他的大忌。张学良为奉军第三、四方面军团长，不甘居人之下，区区上将衔不足以当其一盼。吴佩孚公然以主帅的身份示惠于奉鲁诸将，事前并不征求同意，当然更不是张作霖所能容忍的了。

在此以后，奉系进一步宣称，关于军费问题，东北和直、鲁两省已经无力负担，须由京汉路及长江方面予以接济，目的在于要求吴军交还保（定）、大（名），并且对孙传芳曾以所扣盐税单独接济吴军一事表示不满。张作霖直接任命高维岳为察哈尔都统，并不通过内阁（阎锡山也直接任命商震为绥远都统）。此外，北京虽在奉鲁军的实际控制下，但是他们对于拥有卫戍总司令虚名的王怀庆也还觉得有些刺眼，9月6日张宗昌公然另派李寿金为北京戒严司令，叫他不要理睬内阁及王怀庆，遇事请示三四军团长张学良及本总司令。至此，奉系对吴的态度更加恶化，而不为之稍留余地了[23]。

1926年南口大战后不久，张宗昌忽然收到一封爱新觉罗·溥仪的来信，信中说：

字问：

效坤督办安好。

久未通信，深为想念，此次南口军事业已结束，讨赤之功十成八九，将军以十万之众转战直鲁，连摧强敌，当此［兹］炎夏，艰险备［倍］尝，坚持讨逆，竟于数日内，直捣贼穴，建此伟大功业，挽中国之既危，灭共产之已成。今赤军虽已远飏，然根株不除，终恐为将来之患，仍望本除恶务尽之意，一鼓而荡平之，中国幸甚，人民幸甚。现派索玉山（前近卫军团长）赠与将军银瓶一对，以为此次破南口之纪念，望哂纳。

汉卿（指张学良）、芳宸（指李景林）、蕴山（指褚玉璞）均望致意。

丙寅七月十三日[24]。

张宗昌收到溥仪的信函后，当即复函：

敬复者：

恭读赐书，渥承宠贶，感悚莫名。咫尺云天，弥殷依恋，谨此鸣谢。不尽欲言，虔请崇安。伏惟睿鉴。

陆军上将・义威上将军・直鲁联军总司令张宗昌谨上[25]。

溥仪为什么要给张宗昌写这封半信半谕的东西呢？原来，张作霖在溥仪退位后，对清室仍忠心耿耿，并代售在奉天的皇产庄园，从此以后，双方即有了往来。张宗昌也参与其中，并被赐紫禁城骑马。后来张宗昌在北京为其父亲做 80 大寿，溥仪的父亲曾亲往祝贺。溥仪之父的大管家张文治，还和张宗昌换了帖，成为奉军将领的主要引见人，与溥仪会面。褚玉璞与毕庶澄也见过溥仪，不过他们是由已经加入奉系的前内城守卫队军乐队长李士奎引进的。1927 年 1 月 4 日，溥仪赏给张宗昌、毕庶澄、吴佩孚等人汉玉、鼻烟壶、大金表等多件，以为笼络[26]。溥仪最先对毕庶澄感兴趣，因为毕对他的复辟大业很热心，毕还请溥仪到他的渤海舰队军舰上参观过。之后毕为褚玉璞所杀，溥仪曾大为伤感。毕死后，他就将希望寄托在张宗昌的身上。

溥　仪

溥仪得到张宗昌胜利的消息，并不满于报纸上的报道，因为他有自己的情报工作。有一些人为溥仪搜集情报，还有人为他翻译外文报纸。溥仪根据中外文报纸和得到的情报，知道了张宗昌的胜利和声势，他心花怒放，暗中希望张取得更大的胜利，以为他的复辟事业打下基础。但事与愿违的是，当张宗昌飞黄腾达的时候，张总不肯提起这件事，只有到落难之时，他才会又想起溥仪。

溥仪在战犯营中写了《我的前半生》，其中提到张宗昌曾出身土匪。此后，许多人都说张是土匪，即由此而来。

# 二、皇城根下

## 1. 大骂王翰鸣

张宗昌的参谋长中，最重要的有两个，一个是李藻麟，一个是王翰鸣。对于他们二人，张最信任的是李藻麟，而不是王翰鸣。

1925 年 10 月，张宗昌率大军进击浙江，先头部队已与浙江孙传芳军对峙。张宗昌在宜兴时曾召开军事会议，征求大家的意见，说：

“我们现在有两个参谋长。你们说，参谋长给谁?”

大家都说，我们从奉天出发，打垮吴佩孚，参谋长是王翰鸣，应该仍然是他。于是，张宗昌这时才正式委任王为第一军参谋长。李藻麟同张到上海，任他那一路的随军参谋长。后来张宗昌任山东军务督办，王任督署参谋长，李藻麟改任第一军参谋长。由此可知，张宗昌心目中的参谋长理想人选是李藻麟而非王翰鸣。

王翰鸣外号王老蔫，他与金寿良都曾嫉妒过李藻麟的聪明才华、学识和张宗昌对李的赏识与信任。

王翰鸣，字墨庄，山东人。毕业于保定军官学校。1922 年任张宗昌的第三混成旅参谋长。他跟随张宗昌参加了第二次直奉战争，张升军长后，他任军参谋长。1925 年张宗昌升任山东军务督办，所属部队编为十一军。王翰鸣升为直鲁联军第十一军军长。1926 年 4 月，直鲁联军攻入北京，王翰鸣被任命为京津卫戍司令兼直鲁联军第十一军军长。1926 年底，随直鲁联军二下江南。王翰鸣率第十一军驻守寿州，后兵败而逃。

王翰鸣在张宗昌率直鲁联军进军京津中，身任第十一军军长。当其率军进入北京后，竟擅自任命王琦为京师宪兵司令，同时任命一位新闻界人士为京师市政督办。王琦系山东人，与潘复有世交之谊。他欣然接受任命，立即走马上任，当上了京师宪兵司令，而那位新闻界人士则头脑清楚，思之再三，未敢受命。这两件事均为北洋军界首宿王士珍所知悉。

王士珍何许人呢? 原来，袁世凯小站练兵建立北洋新军时，手下有三员大将，即王士珍、段祺瑞、冯国璋，世称龙、虎、狗，而王名列三杰之首，素为军界人士所尊崇。举凡军界首脑人物，如吴佩孚、张作霖等进京时，都要向王做礼节性拜会。

张宗昌率大军进驻北京后，按照传统惯例，自然也要去拜会这位军界元老。会见时，张恳切向王表示，直鲁军进驻京师，定有诸多骚扰地方之事，请王多加指正。王当即将上述两件社会传闻提出，要张调查了解，并注意约束部下，不能在京师任意胡为，以免造成不良影响，贻笑海内外。

拜会归来，张立即派人调查真相。经查属实，这两件事均系王翰鸣所为。张宗昌立即将王叫来，严加训斥，声色俱厉，痛骂一顿：

“你他妈的有本事，连大总统一块都任命了，不就更省事了吗！”

王垂首立正，聆听训斥。张宗昌越说越有气，怒不可遏，竟然抬腿踹了王翰鸣好几脚。最后，事情还是不了了之。因为有潘复等人极力说情，王琦京师宪兵司令一职仍得以保留。直至1928年张作霖倒台，始终未再易人[27]。

## 2. 萍水相逢百日间

邵飘萍事件与林白水事件间隔约100天，真正是萍水相逢百日间。

关于这两件事，林语堂有过回忆记载：

> 民国十五年（1926年）四五月间，狗肉将军张宗昌长驱入北平，不经审讯而枪杀两个最勇敢的记者（邵飘萍和林白水）。那时又有一张名单要捕杀五十个激烈的教授，我就是其中之一。此讯息外传，我即躲避一月，先在东交民巷一个法国医院，后在友人家内。有一日早晨，我便携家眷悄然离开北平了。
>
> 在奉军张宗昌占领北京之后，军方抓去了两个报的编辑邵飘萍和林白水，在当夜十二点钟之前就拉出去枪毙了[28]。

林语堂的记载，与事实不符。

**邵飘萍事件：**

邵飘萍

邵飘萍（1886～1926），原名邵镜清，后改为振青，浙江东阳人，出身贫寒，从小在金华长大。1899年他只有14岁就考中秀才。1903年进入省立第七中学（现金华一中）。1918年10月5日，他辞去《申报》驻京记者之职，创办了著名的《京报》。1918年10月，邵飘萍促成北大成立了新闻研究会，蔡元培聘他为导师，这是中国新闻教育的开端。当时《京报》刚刚创立，工作非常繁忙，但他一直坚持去上每周两小时的课。1919年10月，得到一年结业证书的有23人，得到半年证书的有32人。名单中有不少人是中共最早的领袖级人物，如毛泽东、高君宇、谭平山、陈公博、罗章龙、杨晦、谭植棠等等，还有著名的无政府主义者区声白等人。55人中也有些人终身都从事新闻事业，是中国新闻界的中坚。由此可见其影响的深远。

关于邵飘萍事件，有人认为是张宗昌所为，如赖光临著书认为，张宗昌之所以要杀邵，是因为直鲁联军攻入北京之前，曾派飞机轰炸，邵则在报纸上嘲笑其“投了九颗炸弹，炸死一只小鸡”，于是招忌于张宗昌[29]。事实并非如此。

奉军和直军进入北京后，大张旗鼓地进行反共。但是，他们并不知道何为共产党，只觉得敢说敢为的就是共产党。因此，首先就向新闻界开刀。邵飘萍作为著名的新闻记者，正好撞到了奉系的枪口之上。

当时，新闻界常常批评政治。著名的《京报》主笔邵飘萍就因抨击时政，成为一个很有影响的风云人物。为了激励报社同人秉笔直书、宣达民意，邵飘萍挥笔大书“铁肩辣手”四字，悬于报社办公室内。此词取自明代义士杨椒山的著名诗句“铁肩担道义，妙手著文章”，但他将“妙”字改为“辣”字，意思十分明白：《京报》就是要突出它“辛辣”的特色。

邵飘萍激励同行的四字条幅

1921年元旦，《京报》刊出军阀头目的照片特刊，每张照片附以简短说明。1925年12月7日，邵飘萍出了一大张二整版的《京报特刊》，以厚纸铜版精印，全是最近时局重要人物的照片，非常醒目。每个人物后面都有他亲自写的评语，如：冯玉祥将军、孙岳将军、岳维峻将军、“保护京畿治安京畿警卫总司令兼京畿警察总监”鹿钟麟将军、“时势造英雄首先倒奉”之孙传芳、“通电外无所成自岳州赴汉口”之吴佩孚将军、“东北国民军之崛起倒戈击奉”之郭松龄、“忠孝两难”之张学良、“一世之枭亲离众叛”之张作霖、

“鲁民公敌”张宗昌、“直民公敌”李景林、“甘心助逆”之张作相等。邵飘萍不断地发表报道、时评，支持冯玉祥发动北京政变，又力助郭松龄倒戈反张作霖，历数张作霖的罪状，甚至撰文鼓励张学良“父让子继”，还反对段祺瑞，拒绝接受“善后会议顾问”的聘请，并强烈谴责“三一八”惨案屠杀学生，发表了一系列详细报道和《首都大流血写真》特刊。读者为《京报》大胆直言所吸引，踊跃抢购特刊。连只相信暴力的“马贼”张作霖也慌了手脚，马上汇款30万元赠给邵飘萍，企图堵他的嘴。他收到后立即退回，并继续在报上揭露张作霖。他曾和家人说：

“张作霖出30万元买我，这种钱我不要，枪毙我也不要！”

他真的不幸而言中！

曾任北洋政府财政部长的段系骨干李思浩曾回忆道：邵漂萍和段派没有什么关系，但因为他是当时的名记者，大家怕他，也不能不应酬。经常的津贴是没有的。记得两次送给他成笔的钱，数目相当大，每次总达好几千吧，究竟多少，现在已记不清了。邵漂萍的生活，按照徐铸成的说法，是非常奢华的。据说他当时是中国记者自备汽车采访的第一人，连吸的香烟，也请烟公司特制，印有“振青制用”字样。李思浩的回忆，是在1963年政协搜集文史资料时提供的，当时他尚多有顾虑，应不至信口开河。邵不要奉系的津贴，反应了他与奉系的决绝态度。

在奉军进入北京前，由于邵飘萍的报纸对国民军表示好感。因此奉军取胜，邵很紧张。奉军进入北京后，邵马上避入东交民巷。

邵飘萍到东交民巷后不久，他家里打电话来，是妻妾吵架，让他回家处理。在此之前，他已经听他的好友张汉[30]说，奉军对他已经原谅了，既往不咎。其实，这是奉军有意让张汉骗邵的，而邵信以为真。他放下电话以后就回家去了。

1926年4月24日傍晚，邵化装离开东交民巷，马上被奉军特务跟踪。刚到家门口，就被门口的特务逮捕。原来，门口也早就布置了特务，守株待兔[31]。同日《京报》被封。

邵飘萍被捕后，在第一时间获悉的汤修慧夫人迅即告知北京新闻界和各方面人士，恳请采取紧急营救行动。此后北京新闻界召开会议商讨营救邵飘萍的办法，会议当即决定，由上海《新闻报》、《时报》、《商报》、汉口《正议日报》、《北京晚报》、《五点钟晚报》、《中报》、《公报》、万国电信社、神州通讯社、益智通讯社、民生通讯社、报知新闻社等13家报社各派一名代表，集体去游说奉军第三军团长张学良。25日下午5时，北京各报推举的刘煌等13名代表分乘四辆汽车赶赴张学良下榻的石老娘胡同会见张，请求开释邵飘萍或将之暂时监禁，以免其死。张宗昌也受人之托前往求情。

张学良毫不隐讳地说，逮捕邵氏一事，老帅（指张作霖）与吴子玉（指吴佩孚）及各将领早已有此种决定，并定一经逮捕，即时就地枪决。此时邵氏是否尚在人世，且不可知，唯此次要办邵某，并非因其记者关系，实以其宣传赤化，流毒社会，贻误青年，罪在不赦，碍难挽回，而事又经决定，我一人亦难做主。我情愿一一负荆请罪，此事实无挽回余地。说着用手做砍头动作。当时代表恳请长达3个小时之久，张学良笑着说：我与郭松龄情谊之笃，世上无与伦比，郭若因他事犯罪，我情愿牺牲自己，和他私逃，但是他前次举动，我实在是无法援助，等到出兵讨伐时，我还致书信一封，说：你过去认为我的战术不行，现在看看怎么样吧！另写给郭夫人一封信函，说：今天我们不能再在一起跳舞了！我对生死二字看得极透彻，其实何足关心，邵某虽死，亦可扬名，诸君何必如此，强我所难？这时，张学良要赶着参加齐燮元的预备会议，代表们只好挥泪离开。后又各以私人交谊奔走营救，但仍无效[32]。张学良此举受到人们的批评：

“因疑心会夺权而杀了他父执杨宇霆，又何惜乎这一个新闻记者呢?”[33]

邵在警厅受到军法审讯，26日清晨即被绑赴天桥枪决。凌晨1时许，警厅把邵飘萍“提至督战执法处，严刑讯问，胫骨为断”，秘密判处他死刑。宣布他的“罪行”为：

“京报社长邵振青，勾结赤俄，宣传赤化，罪大恶极，实无可恕，着即执行枪决，以照炯戒，此令。”

4时30分，邵飘萍被押赴天桥东刑场。临刑前，他还向监刑官拱手说：

“诸位免送！”

然后面向尚未露出曙光的天空，哈哈大笑，遂从容就义，年仅40岁。其实，邵并非马克思主义者，只因敢于揭露军阀的罪恶，便被戴上一顶红帽子而死于非命。自从民国成立以来，北京新闻界虽然备受反动军阀的残酷压迫，但是新闻记者公开被处死刑，这还是第一次。事件发生后，不但新闻界人人自危，就是教育界进步人士也经常被戴上红帽子而被捕。因此，不少学生、教职员离京避难，北京人民的革命运动暂时转入低潮。[34]

邵飘萍被害后，他的遗孀也是我国早期的女新闻工作者汤修慧又继承其夫的遗志，于1928年恢复出版了《京报》。之后，因时局动荡，《京报》时停时出。日本投降后，汤修慧回到北京，又继续办起《京报》，但不久，因不堪累累负债，不得已将《京报》馆抵押出去，《京报》至此终刊。

毛泽东当年曾多次拜访邵飘萍，并得到过慷慨资助。1919年12月毛泽东第二次到北京（邵飘萍此时已被迫第二次亡命日本），还在已被封闭的《京报》馆内住了一个多月。在新闻研究会学习的半年，毛泽东获益很大，在他的身上我们依稀还能看到一些邵飘萍的影响。虽然北京一别再无见面的机缘，但毛泽东终生都忘不了邵飘萍。20 世纪 30 年代，毛泽东在陕北的窑洞里，回忆起当年在北京大学时的情景，曾动情地谈起“铁肩担道义，妙手著文章”的邵飘萍，他对斯诺说：

“特别是邵飘萍，对我帮助很大。他是新闻学会的讲师，是一个自由主义者，一个具有热烈理想和优秀品质的人。1926 年他被张作霖杀害了。”[35]

1949 年后，毛泽东不承认是胡适的学生，说胡吹牛。又说自己其实是邵飘萍的学生。直到去世前二年的 1974 年，年已 80 岁有余的毛泽东还提到了邵飘萍。

1949 年 4 月 21 日，毛泽东批准追认邵为烈士。1986 年是邵世纪之年，7 月 1 日，中共中央宣传部联合有关新闻单位在浙江金华婺州公园内塑立邵半身铜像，这是我国第一座新闻工作者塑像。1996 年，在其诞辰 110 周年之际，浙江东阳市为他建立了一座纪念馆。北京的《京报》馆旧址也被辟为北京市级文物保护单位[36]。

**林白水事件：**

林白水原名獬[37]，又名万里，字少泉，号宣樊，晚年号白水[38]，使用过笔名“白话道人”、“退室学者”等，1874 年 1 月 17 日出生于福建闽县[39]青口乡青圃村，是《中国白话报》的创办人。1921 年春，在北京创办《新社会报》，后改名为《社会日报》，林任社长，立志“改造报业”，“革新社会”。1923 年 10 月，因抨击曹锟贿选总统丑闻，报馆遭封闭，林被囚禁。1926 年 4 月，冯玉祥的国民军被迫撤出北京时，《社会日报》称赞国民军，奉鲁军进入北京后，以“讨赤”为名，镇压爱国运动，林白水继续在《社会日报》上著文抨击军阀，公开点名讽刺张宗昌是“长腿将军”。

林白水

林白水文笔十分犀利，请看他嘲讽慈禧太后 70 大寿的对联：

今日幸西苑，明日幸颐和，何日再幸圆明园？四百兆骨髓全枯，只剩一人何有幸？

五十失琉球，六十失台海，七十又失东三省，五万里版图弥蹙，每逢万寿必无疆！

章太炎也写过与此相类似的对联：

今日到南苑，明日到北海，何时再到古长安？叹黎民膏血全枯，只为一人歌庆有；

五十割琉球，六十割台湾，而今又割东三省，痛赤县邦圻益蹙，全逢万岁祝疆无。

二联相映成趣，珠联璧合。

林白水在我国早期新闻事业中，确实是一个先进人物，他主办的报刊很有声誉，为社会所重视。因为他嫉恶如仇，口没遮拦，遂遭忌恨，终于被害。一些记载认为林为张宗昌下令所杀[40]，本人认为，尽管张宗昌难脱干系，但把全部责任都归于张宗昌一人也与史实不符。

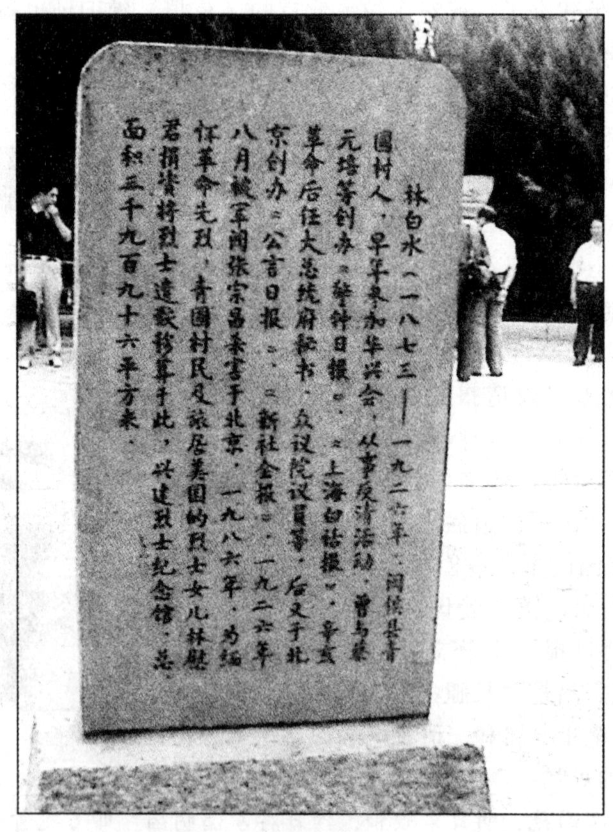


林白水碑

1926年8月5日，林白水在北京《社会日报》上发表了一篇讽刺性的文章，题为《官僚之运气》。文内说：

"狗有狗运，猪有猪运，督办亦有督运，苟运气未到，不怕你有大来头，终难如愿也。某君者，人皆号之为某军阀之肾囊，因其终日系在某军阀之裤下，亦步亦趋，不离晷刻，有类于肾囊之累赘，终日悬于腿间也。此君热心做官，热心刮地皮，因是有口皆碑，而此次既不能得优缺总长，乃并一优缺督办亦不能得……甚矣运气之不能不讲也。"[41]

林文中所说的"某君"指的就是张宗昌幕下号称"智囊"的潘复。

潘复（1883～1936），字馨航，山东济宁微山县潘庄人，和靳云鹏是同乡。由于靳的母亲在潘家当过奶妈，潘复曾吃过她的奶，两家关系非同寻常。后来人们开玩笑说：一个母亲奶出两个总理，指的就是这事。潘复自幼聪慧过人，有博学强记之才，清末中举后，在济宁一带就小有名气。1912年任江苏都督程德全的秘书。1919年任北洋政府靳云鹏内阁财政次长，署财政总长。这期间，同张宗昌在赌场上打得火热。张宗昌、李景林、张学良、褚玉璞等人常聚于天津潘宅，潘宅成为朝野官僚的俱乐部，潘复也从此靠上了奉系，活跃起来。1920年5月靳云鹏内阁倒台，潘复移居天津。张宗昌任山东军务督办后，潘复来到山东，被聘山东军署参议，成为张宗昌的幕僚。1926年顾维钧内阁成立，潘任财政总长。1927年6月20日至1928年6月3日，潘复被张作霖任命为国务总理兼交通总长。1928年6月皇姑屯事件中，潘复随车受伤，12月，被张学良聘为高等顾问，后蛰居津门做了寓公。1936年9月12日病死于北平。

林白水在文中将"智囊"变作"肾囊"，张宗昌又有"长腿"的绰号，此文一出，见者都为之大笑。潘复见了大怒，立即手持报纸，亲自诉之于张宗昌，要求严惩林白水。张看后，也认为林如此公开谩骂，污辱人身，实属过分，虽与己关系不大，但碍于潘复的情面，教训他一下也未为不可，遂同意下令将林逮捕，关押在宪兵司令部。

林白水在北京原有住所两处：一处在宣武门外果子巷北棉花头条1号，一处在西单牌楼宏庙20号。林为什么有两处住宅呢？原来，早年林白水为了妹妹宗素的前途，将她带去杭州读书，父母因家里无人照顾，便要求他必须结婚，因此而娶了一位姓陈的女子，但这第一位夫人因病而早逝。第二位夫人叫陈钰，随经商的父亲去日本，在那里认识了林白水，继而结婚。在随林白水到北京后，体弱多病，经常卧床，家务全靠一位名叫倪景福（字宝玉）

的远房亲戚料理，为了丈夫和孩子，陈钰让林白水娶了倪姑娘为“同室夫人”。这样，林白水就同时有了两个家庭，陈夫人住在西单附近的宏庙胡同20号，倪夫人住在棉花头条1号。

林白水被捕是在棉花头条，就在“肾囊”文章发表的当天傍晚。棉花头条住宅前为报社，后为住宅，前后两个四合院，在20世纪末尚保存得比较完整，是宣武区文物保护单位。

棉花头条是东西走向的胡同，不太长。其东头与四川营胡同相交，而四川营胡同的得名与明末著名女英雄秦良玉有关。据说她自幼熟读兵书，精通武艺，承袭亡夫的职务，担任四川某地宣抚使。崇祯年间，清兵来犯，京师告急，她率兵赴京勤王，受到皇帝嘉奖。当时她的军队就驻扎在这一带，当地也因此而获名为“四川营”。秦良玉曾在防务空闲时教部下纺棉织布，因此附近几条胡同的名字便与棉花有了联系，如棉花头条、棉花上七条、棉花下七条等。位于棉花头条最东头路北第一座门所属的院落，据说是北京城里有名的“凶宅”之一。秦良玉当初在此屯兵的时候，遇有“兵卒违反法纪者，就戮于此，孤魂无归，时出为祟”。所以，“此宅不利于居者”。20世纪末叶，这里曾住过一个姓李的男子，他在屋里勒死了一个女孩子，然后放火烧房，企图焚尸灭迹。后来案子自然是破了，那杀人凶手也被处死刑，但这屋子却再也没人居住了[42]。

很不幸，林白水住的是凶宅。

到了夜半，宪兵司令王琦，用汽车把他押到宪兵司令部，说他是“通敌有据”，讯问了不多几句话，就喝令上绑。

林被捕后，态度从容，只说要写一张遗嘱，别的并无所求。遗嘱写道：

“我绝命在顷刻，家中事一时无从说起，只好听之。爱女好好读书，以后择婿，须格外慎重；可电知陆儿回家照应。小林、宝玉，和气过日。所有难决之事，请莪孙、淮生、律阁、秋岳诸友帮忙。我生平不作亏心事，天应佑我家人也。丙寅八月七日夜四时，万里绝笔。西斜街宏庙二十号林太太。外玉器两件，铜印一个，又金手表一个。”[43]

天初明的时候，林被用人力车[44]绑赴天桥南大道枪毙，子弹从后脑入，左眼出。他生于清同治十二年（1873年）癸酉十一月二十九日，死时年仅54岁。

林白水作为报界知名人士，社会联系广泛，亲朋友好闻讯后，均感事态严重，四出营救，郝鹏便是其中一个。他千方百计找到张宗昌，苦苦求情，

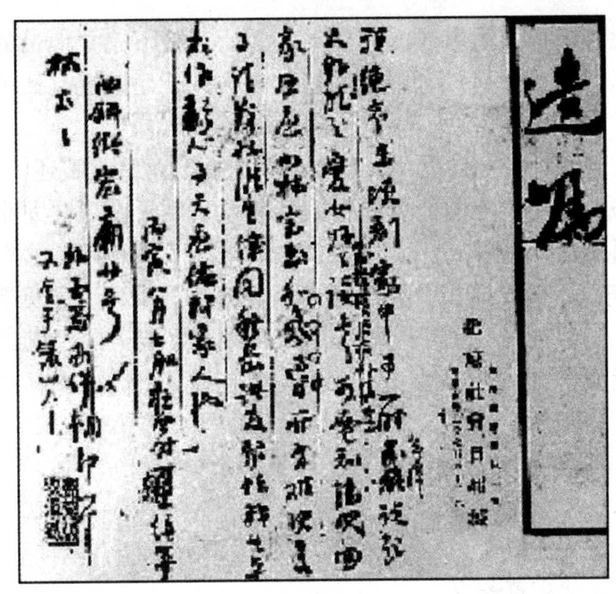

林白水遗嘱

并以身家性命保证林今后绝对不会如此放肆无礼。《黄报》记者薛大可还跪在张宗昌面前，哭了起来。著名京剧演员程砚秋、杨小楼等也加入到求情者的行列。张遂答应予以释放。郝鹏唯恐空口无凭，无法落实，遂趁热打铁，当场代写释放手令一份，请张亲自签署。郝拿到手令后，直奔东城帽儿胡同宪兵司令部所在地，将手令交给宪兵司令王琦。王请郝在客厅稍候，令人去办理释放手续。郝鹏以为有了张宗昌的释放手令，便是尚方宝剑，万无一失，遂放心大胆地在客厅等候。但左等也没信，右等也没信，虽经三番五次催问，秘书总是回答正在赶办手续，稍候片刻，即可办好。过了一个多小时，消息终于传来，不是喜讯，而是噩耗，手令来晚了，人已经处决。郝始恍然大悟，原来在客厅里等待办手续，纯属缓兵之计，上了大当。

据了解，王琦接到张宗昌手令后，是否遵照执行，不敢擅自做主，立即驱车就商于潘复，随后将林自监狱提出枪杀，然后谎称释放手令来迟一步[45]。

事后，张宗昌对潘复的行为大为不满，他骂道：

“你小子心胸狭窄，被人说两句就杀人，你小子比周瑜的气量还小。”[46]

张宗昌此语并非空穴来风。比如曹锟贿选，上海的报纸吵翻了天，人家照做总统不误，连理都不理。当时还是个报人的吴稚晖，出来放话说，曹锟和老婆做爱一次，即可有四万万精虫，这些精虫代表中国四万万人，一起来投曹锟的票，不就结了？何必劳神费钱收买猪仔议员。话说到了这个地步，也没听说曹大总统全国通缉或派刺客下手，让对脐下三寸地带的物件特别感兴趣的吴稚晖，依然可以放开喉咙。潘复是文人，而曹锟是武夫，林白水运气不佳。

林白水被难时，身穿白夏布长衫，须发斑白，两只眼睛还没有完全闭上，陈尸道旁，路人伤心。他的徒弟建书到场收殓，厝于南下洼龙泉寺。他有一个儿子，名叫陆起，时年 19 岁，正在美国留学。女儿慰君，小名玛莉，时年 14 岁，随侍在京，闻讯痛极，吞毒药自杀，遇救得不死。家奠那天，张宗昌派员送去祭金一万元[47]，为慰君坚拒。慰君后来留学美国，成为知名的女作家，为亡父撰就一部《林白水传》，也算是告慰了一代报人林白水的在天之灵。她在《林白水传》中谈及父亲的惨死，曾写下这样一段文字：

"人家都说先父是慷慨就义，丝毫不在乎。但他内心的痛苦不知多么厉害！又有谁知道？"

天下怀抱绝大之恨者，亦必怀抱绝大之爱，有爱便有牵挂，就难免痛苦。知子莫若父，知父亦莫若女。

1930 年林白水的灵柩由建书运回原籍安葬。林临难时的血衣，后由慰君埋于香山万安公墓[48]。

林白水被杀，说明在当时的中国，新闻自由尚受到很多限制，反映民声需要有人付出生命。林为潘复所杀，是先驱者，但不是最后一个。

邵飘萍、林白水先后被杀，北京新闻界激于义愤，为邵飘萍、林白水这两位新闻史上的烈士召开了盛大的追悼会。会场高悬一联，把两人的名字嵌入其中，满是悲惋痛悼之意：

一样飘萍身世
千秋白水文章

林白水被枪毙以后，第二天《世界日报》社长成舍我也被捕，被捕的情形和先一天林白水被捕完全一样，由三辆军用卡车押送到宪兵司令部，关进一间小房，由荷枪实弹的奉军驻守，成舍我心想，此命休矣。他是一位正直的记者，他的报纸是靠销路维持，他的从业人员都是考试进人。

成舍我的被捕，是因为他的报纸敢说敢写，对于奉军毫不客气的批评，他从不接受任何金钱上的补贴。他的报纸是正统的舆论，讲是非，别善恶，正因此而触怒了奉方，认为他一定有背景。他被捕后幸得孙宝琦出面向张宗昌疏通，而张宗昌正推荐孙宝琦为国务总理，对孙颇为买账，因此成舍我被捕 4 天后竟死里逃生，被释放出来[49]。

这次打击对成舍我影响较大，此后一年多的时间里，他在报上未发一言，文章也特别审慎。1927年4月李大钊又被张作霖杀害，成舍我更感到呆在北京随时会有生命之虞，他于8月南下南京，但报社仍在他控制之下。1937年8月9日，由于北平已经被日军占领，报纸停刊。此后，成舍我先后在南京、台湾等地办报、办学，1991年，成舍我在台湾病逝，享年93岁[50]。

### 3. 内阁问题

国民军被迫退出北京，段祺瑞被逐下台后，吴佩孚便着手进行所谓“恢复法统”和组织政府的工作。根据奉吴同盟条约，改造北京政局完全由吴主持，张作霖不加干涉。吴决定恢复曹锟当政时所颁布的宪法，要曹锟通电补行辞职，由1924年9月曹所任命的颜惠庆内阁摄行总统职权。这是“护宪”而不拥曹的一种做法。

但是，张作霖曾经起兵讨伐曹锟的贿选，当年的颜内阁又曾副署过讨伐奉系的命令，如果承认这样一个摄政内阁，张作霖就等于承认当年讨曹为叛逆行为，所以吴、张两人在法统问题上产生了矛盾。张的内心想恢复约法，召集新国会，并推荐他的亲家靳云鹏组织摄政内阁，但又碍于成约，不便直截了当地把真心话说出来。他在1926年4月16日致吴的铣电中，仍然催吴北上主持大计，却又声明自己不干政，一切听候公决。所谓“公决”与“听吴主持”的成约是自相矛盾的。

吴、张两人决定互派代表在天津举行会议，解决政治上的分歧。吴的代表张志潭于4月22日行抵天津。同一天，奉军将领张学良、李景林、张宗昌3人却由天津到了北京，于是代表会议改在北京举行，吴改派在保定的齐燮元于24日到北京，与已在北京的王怀庆代表他参加会议。

25日，齐燮元、王怀庆、张学良、李景林、张宗昌5人举行第一次会议时，齐提出了恢复宪法和颜内阁复职的意见，奉方代表相对默然。停了一会，张宗昌才开口说：

“雨帅（指张作霖）对法律问题虽无成见，但总觉得恢复约法比恢复宪法妥当些。如果恢复宪法，就要恢复信用早已破产的国会，我们何苦为国会议员的饭碗而卖命打仗！至于组织内阁，无论颜惠庆或者别人，雨帅对人的问题绝无成见。”

齐问道：

“如果采取折衷办法，你们能否负责解决。”

张宗昌等表示如果超过上述范围，要向雨帅请示才能决定。由于奉方代表坚持成见，并不履行盟约，当天的会议就在不愉快的气氛中结束了。

26 日，张学良回沈阳请示。此时，奉系内部有两种不同的意见，吴俊升、张作相两人都劝张作霖不要到北京去，把奉军撤回关外，无论军事、政治问题都让吴佩孚一个人去干；李景林、张宗昌两人则因地盘在关内，一定要过问北洋政府的事情。最后决定，先解决军事问题，后解决政治问题。29 日，张学良电告齐燮元、张宗昌、李景林等，此间对法律问题，仍主公开讨论，不愿由双方独裁，以致引起各方反感。军事问题，仍照前议协同进行，决与玉帅（吴佩孚字）合作到底。

5 月 9 日，张作霖致电吴佩孚：

兄今日负天下之重，一言得失，关系安危，对于应付时局方针，自必筹之已熟，尽可放手做去，而其发动之初，仍宜博采群意，事事公开。弟虽牺牲一切，亦必始终赞助，决无丝毫成见。

12 日，以吴系为核心的颜内阁宣布依法复职。当天，张宗昌、张学良由北京跑回沈阳参加 14 日举行的奉系会议。随后会议决定，对颜内阁采取不闻不问的态度，奉系阁员均不参加，但在军事上仍然与吴维持合作关系。

颜上台后，奉系阁员拒绝入阁，杨文恺、杜锡珪二人都在南京尚未北来，就是其他同属吴系的阁员，也因这个内阁前途暗淡而不肯立即就职，因此这个内阁是个只有总理而无阁员的单人内阁。自从民国成立以来，每当政潮发生的时期，北洋政府经常陷于七零八落的解体状态中，但是场面如此冷落，这却还是第一次。

同时，张宗昌公开表示，内阁既已成立，鲁军军饷每月百万元不能少一个子。

张宗昌之所以打击颜内阁，是因为尽管奉系拒绝参加内阁，但张私下里推荐潘复为财政总长，未被吴采纳，因此他用索饷来予以报复。

张宗昌作为一个地方督办，竟然可以插手中央政权，其势力的强大是显而易见的。

这时，各方面都已看出奉、吴合作不过是同床异梦的表面文章，可是吴向上海《密勒士评论报》主笔鲍威尔自我解嘲地说：

“我和奉张就像初婚夫妇一样，偶然拌几句嘴是免不了的，日子一久，我们的感情就会一天天地浓厚起来。”[51]

不久，颜惠庆内阁由于受到包括张宗昌在内的奉系势力的反对而流产，继任颜阁的是杜锡珪内阁。张宗昌对杜锡珪内阁也取反对态度，并支持孙宝琦继任国务总理。北洋军阀只要军力一大，就要对中央过问，张宗昌何能例外。

为了将自己的主张付诸实施，张宗昌致函吴佩孚称：

“现在中央政府，业已成立。当此军务未了之际。应以讨赤为其责任。乃观政府近旧举措，殊不尽然，用兵之道，饷项为先。自古至今，断无饥饿之兵，能当大敌。宗昌所部各军，今日所负军事责任，何等艰难重大。政府当局，应如何劳身焦思，以助其功。乃自内阁成立以来，一筹莫展，以我国财政情形而论，固属困难万端，然政府如能处理有方，热心负责，则勉筹一二千万，以应急需，亦非不可能之事。而政府中人，未闻有此。若非全无能力，即为不尽厥职，二者必居其一。且政府对于宗昌等军，形同无视，宗昌屡次派员催促，当面请托，一概置若罔闻，全以空言相向。宗昌欲筹少数犒军经费，携赴南口，迟之甚久，未能足数，无法以慰前敌官兵。诸公高座堂庙，欲以空言驱人效命，宗昌则以何术能使将士用命乎？且用人为国家大政，况当用兵之际，尤以赏功问罪，示天下以公平，方能鼓舞人心，树为标的。即我公驾驭英豪，意欲澄清天下，亦非此道莫由。乃政府近日用人，则异于是，贤才未及登用，功绩未及酬庸。而向与讨赤无关之人，阁内阁外反日日见诸任命。似此用人行政，颇似植党营私，全无功罪赏罚标准，又何以鼓舞将吏克敌立功。以上所云，皆为事实。故以责任政府之义绳之，今日政府，实应负贻误军事之责。除非改弦更张，另组新阁，势必政治未良，影响及于军事。讨赤之事，无法进行，不仅宗昌无以对我公，即我公亦无以慰天下。宗昌愚虑所及，以为今日内阁，兼行摄政，权责俱重，遇异平时。非得老成硕望，不足以镇中枢。前次曾以管见上尘钧听，以为孙慕老资深望重，中外所知，内政外交，皆为老辈，能于此时请其组阁，当能从容坐镇，以收中外人心。财交等部，职权重要，亦当妙选长才，分担艰钜。设能如此布置，实于今日军事，所稗非小。讨赤一役，庶几能尽其功。否则政府酣嬉于内，军士怨愤于外，大局前途，未知所届。”

杜锡珪代阁又摄政，本来就完全是吴佩孚一人的主张，南口攻下后，张宗昌发言权突然增加，他表示对杜阁强烈不满，然而，奉系方面认为独揽中央大权的机会尚未到临，所以并不积极倒阁。因为吴佩孚这时身在北方，却心悬南方，湖南那边由于唐生智投靠广东的革命阵营，为革命军打通了北伐的咽喉要道，形势日益严重，湖北方面日日有告急电给吴。所以，吴就是想在北方呆着也不可能了。

杜锡珪身不由主，自张宗昌倒阁通电发表后，为之意兴阑珊。8 月 20 日晚宴阁员密议总辞职，次日即通电全国军民长官。杜电发出后仅吴佩孚和孙传芳复电慰留，其他各方毫无表示，更使杜感到泄气。

当时北京政局的内幕是三张联合排斥杜锡珪，所谓的三张是张国淦、张志潭和张其锽。张国淦是北洋老人，张志潭一直是吴在北京的代表，张其锽则是现在吴的红人，三张都有取而代之的野心。

张宗昌攻下南口要钱，肃清西北冯玉祥部队也要钱，吴佩孚援湘军事也要钱。杜锡珪既非巧妇，如何能为无米之炊？[52]

杜锡珪内阁为吴佩孚一手扶持，张宗昌公然与吴佩孚叫板，其实力的增长是关键。实力就意味着发言权，就会得到各方面的关注。

### 4. 杨度跑官

杨 度

旷代逸才的湖南大才子杨度在袁世凯洪宪帝制中曾筹组筹安会，自袁去世后则四处流浪。1922 年陈炯明叛变后，他到上海晋谒孙中山，痛陈往日错误。1924 年曹、吴当政时期，杨的好友夏午诒在保定为上宾，孙中山派杨以之为媒介北上说曹、吴参加革命，不得要领。冯玉祥倒戈后，杨以参赞名义居姜登选的皖督幕中，郭松龄杀姜登选，杨返天津，此后就被张宗昌聘为总参议。当时国民党要人李石曾等鉴于北方教育横受军阀摧残，劝杨活动教育总长，杨颇意动。一天某君由津浦路北上，过济南时碰见杨的好友王绍先上车，于是两人同坐，不免谈东说西，王提到杨进行教长事，某君笑着说：

“皙子前之薄此席而不为，今则求之而不得，真是彼一时此一时了。”

接着又说：

“皙子应该请长腿将军帮帮忙呀！”

王绍先说：

“那怎么行，张效帅听了学堂就头痛，提到教育就掩耳！”

某君胸有成竹地说：

“不然，如果哲子真心想做教育总长，找张效帅是唯一的办法。”

王说：

“只要教长能到手，找谁都可以。”

于是某君乃说：

“只要他听话，我可以打包票。”

两人说说笑笑到了北京，下榻于太平洋饭店，王绍先就催某君赶快进行，某君神秘地说：

“先要活动费。”

王说：

“皙子穷得要死，我的光景也不好，哪儿去找活动费？”

某君说：

“没有钱怎么行？”

王只好苦笑，某君淡然不经意地说：

“只要一块钱。”

王吃了一惊说：

“一块钱做什么呢？”

某君说你听我的吧，他叫人拿一块钱到刻字店，刻了两个图章，一个是“北京教育提进会”，一个是“北方教育问题研究会”，还买了几张邮票，然后用这两个团体拟就四通代电，两电致张宗昌，请保杨为教育总长，两电致杨，请以教育为重，出肩艰钜。同时要王写一快函给杨度，告诉他北京有两个教育团体敦请他出任教长，如果张效帅请他商谈这事，杨要表示愿就，且自拟保荐电，电发后即日来京，不可迟延。

过了几天杨果然兴冲冲地到北京，见到王和某君，叙及自己和张宗昌都接到了代电，张宗昌喜孜孜地对杨说：

“皙子，北京教育界居然找起我说话了，我保你，你最恰当，你自己拟电报，不要辜负了他们的盛意。”

杨就这样来了北京。于是某君告杨说：

“这第一关已经打通了，张效坤知道教育界最瞧不起他，如今居然求他荐人，他当然会热心，这是心理战；现在第二关尤不可疏忽，张雨帅容易讲话，可是他身边有一位贵本家杨宇霆，你要对他低声下气。”

过了几天，果然张作霖约晤杨度，说了许多借重帮忙的话，杨辞出后顺道访杨宇霆，随便敷衍了一下，回到旅馆，把经过告诉某君，某君听后跳了起来说：

"怎么只随便敷衍杨宇霆?"

杨度说:

"他的老帅已经答应我，我何必和这个后生小子多谈。"

某君一迭声说:

"糟了，你的总长做不成，我的巧计也成了画饼。"

杨不相信，一等等了10多天渺无音信，乃向奉方另一熟人打听，才知内幕，原来当张作霖提出杨度做教育总长时，杨宇霆淡淡地说:

"皙子是洪宪祸首，政治色彩太浓，现在出来会增加麻烦。"

一句话就把杨度即将到手的总长告吹了[53]。

## 5. 钱不知有多少[54]

人们说张宗昌钱不知有多少，有两层意思：其一是说张宗昌一辈子不知道在手里过了多少钱，可以说是数也数不清；其二是说张为人十分的豪爽，花钱如水，从不吝惜。著名文学家林语堂在谈到张宗昌时说:

"在他的裤袋里总是塞满了钱，如果有谁向他求助，他便回抽出一卷钞票捞一把给他的，他的用百元钞票布施是跟洛基斐勒用角子布施一样的。"[55]

有关张宗昌花钱大方的趣事流传下来很多，这些事，有的发生在皇城根下，有的发生在山东济南，比比皆是，举不胜举。下面是一些例子，从中可以窥见一二，亦即观一叶而知秋。

张宗昌对于自己身边的属下，如是文人，则非常客气，对于武职部属则动不动就翻脸。不过，总体上张宗昌从内心里多把下属视为子弟，爱护有加，尤其是那些善窥其意的官员，就更为得宠。

张宗昌身边有一个副官，姓祁，他追随张多年，一向忠心不二、任劳任怨，颇为张所器重。有一段时间，张宗昌见祁副官闷闷不乐，心知有异，便主动询问。经过了解，才知道祁副官正在热恋一个妓女，老鸨非3000大洋不肯放手，祁副官急得团团转，遂忧闷在心。

张宗昌一听说是为了3000元钱发愁，觉得十分好笑，于是把祁副官找来说:

"你要娶那婊子，3000元不成问题，可是，那娘们愿不愿意跟你，非得由我亲自问明不可，你若是仗势欺人，俺可不干！而且这个女人究竟上不上得了台面，俺也要亲眼看看，否则，你将来混大了，她怎么配得上你呢?"

祁副官把姑娘带到张宗昌面前，张看她头是头、脚是脚，举止态度也颇有分寸，配祁副官可以说是绰绰有余。于是，张宗昌点头应允了这门婚事，不仅给了3000元赎身费，另外还把结婚开销等都答应下来，就像替儿子讨媳妇一样包办了[56]。

对待下属，张宗昌确实不错。他每到部队巡视，看到表现出众的部属或遇到生病和有困难的士兵，除了慰勉以外，必定手往口袋里一掏，不管掏出来多少钱，向来不数数目，部属全凭运气，有的获赏丰厚，有的所得无几，有的也碰上张的空口袋，一文也得不到。在这种情形下，张常常十分歉意地说：

“坏了，口袋空了，真是对不住你，下次吧。”

对待下属如此，对待友人也是一样的大方。

薛大可也就是薛子奇，办了一份《黄报》，在文化界颇有一点名气。他与张宗昌是好朋友，二人在赌博上一样豪爽：宁可裤带输光，誓不带一文回家。张宗昌“狗肉将军”的绰号就直接来源于赌博。“吃狗肉”原为广东赌场上的一句隐语，广东人把“九”读成“狗”，“天九”便成了“天狗”，推牌九，读起来就成了“吃狗肉”。由于张宗昌在各种赌博中特别嗜好称之为“武赌”的推牌九，有一段时间常常在北京与广东来的一些军阀、议员们赌牌九，因此便获得“狗肉将军”的“雅号”[57]。薛大可与张宗昌为伍，可谓物以类聚。

由于办报的经费出现危机，薛大可跑到济南找张宗昌，筹集款项。二人见面后，张宗昌请薛品评自己的性格作为，薛在纸上写道：

“可比张翼德，粗中有细。”

张宗昌哈哈大笑道：

“子奇真知我也！”

张宗昌以张飞自命，他的部队军歌有：

“三国中，有个曹瞒，亲自去出征，大下江南，领人马八十单三万！”“三国战将勇，首推赵子龙，长板坡前逞英雄；还有张翼德，当阳桥上横，喝断了桥梁两三孔！”[58]

所以，当薛大可称张宗昌为张飞时，张自是开心非常。

趁张宗昌高兴，薛大可说了募集资金之意。

张问要多少？薛说：

“三万五万不为少，十万八万不为多。”

张宗昌闻听此言，笑了，他说：

“子奇，你赌钱时的豪迈劲哪去了？办起正经事来怎么如此小家子气？十万八万够干什么？”

说罢进入内室，一会儿拿出来一大卷公债券，总数达30万。

公债券在当时非常吃香，可以立即变成现金，虽略有折扣，为数亦非常可观。

薛大可走了以后，有人问张宗昌：

“你不是最恨办报的吗？怎的对这人痛快如此？”

张宗昌答道：

“你是指俺枪毙林白水这档子事吗？当时薛子奇为他说情，俺已经答应了，却没有兑现，心里老是过意不去呢！”[59]

对待常常打交道的友人在钱上面的要求是这样，对待落难的老相识，哪怕数年、数十年不见，也是一样。

即墨县的耿殿林早年与张宗昌有过交往，而且关系还很不错，二人兄弟相称。张宗昌当了山东督办后，耿殿林几次想到济南找上门去，但因地位悬殊，又是几十年不见面，所以终于还是没有冒昧前去。恰在此时，张宗昌倡导敬老，因与张的渊源关系，耿殿林也得以作为即墨代表前往济南，参加敬老大会。

会上，张宗昌态度和蔼，向每个老者握手问安，等走到耿殿林的身边时，眉头一皱，忽然纵声朗笑，说：

“你不是耿二哥吗？真是幸会，一别就是20年了。”

耿殿林自惭形秽，低声答道：

“大帅记性太好，还认识我。”

张宗昌又朗朗大笑说：“老弟兄见面，怎得不认识？二哥以后还是叫我宗昌吧！不要大帅长，大帅短的，听了怪刺耳的。”

张接着又说：

“今天人太多，请二哥明天单独来吃早饭，我们好好谈一谈，你住在哪里？届时我派车去接你。”

耿殿林辞谢说：

“我自己会来，不必派车了。”

第二天上午8点，耿殿林如约到了督署，见早有人在门外相候，进门走未几步，就见张宗昌亲自出迎，一同进入客厅。张宗昌说：

“今天是特请二哥来叙旧，并无别人作陪，免得不方便。”

耿见张富贵不相忘，也就放大胆子，不再拘束。于是两人各述别后遭遇，尽吐欲言，及张问及耿的现状，耿亦据实相告。原来，耿殿林现在是县衙里的一名捕役，生活困顿。张听罢长叹一声，言道：

“想不到二哥竟落到这般光景，现在是咱们弟兄做主了，二哥愿干些什么事，只要你说一声，我一定照办，就请说罢。”

耿殿林答道：“我已经是古稀之年，还能干什么呢？”

张宗昌略一思索便说：

“二哥既不愿做事，就带点钱回去，快快活活地过几年吧。”

即命从人取来3000块银元，说：

“二哥先带这点钱，在济南痛快地玩上几天，随后我就给即墨县长去电报，命他给你拨两万块钱，你回去买几十亩好地，以便养老，如有不足，可随时给我来信，我会照拨的。”

耿殿林闻言欢天喜地，感激不尽。两人饭后又谈了些闲话，才依依惜别[60]。

有些部属在钱的问题上有所隐瞒，张宗昌对此多予以谅解。

一日，有一群杂牌队伍前来投效，为了安顿他们，先拨给筹办费一万块大洋，该领队头目突发奇想，居然在“一”字上加了一竖，而变成了“十”万块大洋，到军需处领钱时，被发觉有异，即向张宗昌核实，张竟点头称是，隐瞒过去，终以10万元付之。

后来，张宗昌召见此领队头目时，拍拍他的肩膀说：

“老弟啊，你幸亏添上一竖，倘若添上两竖，不就成了20万吗？军需处可能还无法应付呢。钱嘛，咱们以后有的是，但你老弟可得好好干哪！”

从此，这个头领对张宗昌感恩戴德，忠心耿耿[61]。

对认识的人是这样，不认识的人，张宗昌有时候也大发慈悲，予以援手。

一次外出途中，张宗昌遇到一妇人跪在道旁，披头散发，携儿带女，痛哭流涕地述说道：

“我的丈夫曾在大帅手下做营长，不幸于徐州拒敌时阵亡，遗下一家数口嗷嗷待哺，快救救我们吧！”

张宗昌下车好言抚慰，立即命随从发给他2000块大洋。

事后，有人向张建议说：

“大帅统兵太多，以后此类事件可以责成有关部门调查是否属实，这样可以避免冒充欺骗之事发生。”

张不以为然，说：

“人如果不是到了走投无路的地步，谁肯做出这种出丑丢脸的事来。一个妇道人家，拖儿带女，在大街上抛头露面，想必是迫不得已，怎好忍心疑之查之，再说往还调查，要费多少时日，等到签呈批示以后，恐怕他们全家早就饿扁了。假如你的太太也愿意来这么一手，我也照给不误，你干不干？”

来人竟一时无话可说[62]。

又有一次，张宗昌去东四隆福寺逛庙会。当他走出庙门时，一群洋车夫蜂拥上来揽座：

“您上哪儿，我拉您去。”

张宗昌漫不经心，顺口搭讪：

“铁狮子胡同。”

正说话间，他乘坐的汽车开过来了。洋车夫一看，原来是自己有汽车，其中有一个车夫开口便说：

“您自己有汽车，还雇洋车，这不是拿我们穷人打哈哈吗？”

意思是说拿穷人开心取笑。

张宗昌一听就笑了，随声反问这个车夫：

“谁拿你开玩笑，你拉不拉呀？”

车夫回答说：

“当然拉呀。”

张宗昌说：

“你拉我就坐。”

说话间迈步就登上这辆车。

其他洋车夫一看，虽然不知道是张宗昌，但是准知道是一位阔佬，既然坐车，肯定不会少给钱，于是丢下自己的车，都跑过来帮着拉这辆车，拉的拉，推的推，前后有五六个洋车夫簇拥着这辆车飞跑起来，穿街过巷，不一会儿来到了铁狮子胡同。张宗昌下了车，一边掏钱，一边向车夫们说：

“现在就看你们的运气了，我这一把掏出来，有多少就算多少！”

话音刚落，一叠钞票就像雪片一样撒了一地。车夫们乘兴而来，满意而去[63]。

《张宗昌传奇》、《张宗昌真传》等书上记载，民间曾经流传过张宗昌打麻将时“小鸟吃麦饼”的趣事。所谓“小鸟吃麦饼”是这样的：

> 有一次，张宗昌赌博时因手气不佳，牌老是不凑手，故而连连败北。忽然在一局中，张时来运转满手都是清一色的“条子”，单吊一条“停和”，他人也晓得了他是单吊一条，所以始终咬着不放，而他本人也自摸不着，刚好他下手是清一色的“饼子”和一、四饼“满贯”，张亦心里有数，其时有人打出一张饼，张情急生智，乃大声叫“和”，并声言这是“大满贯”。有人便说：
>
> “效帅，你搞错了吧，你吊的是一条，怎么能和‘饼’呢？”

张言道：

“怎么不能和，而且还要加一番呢！”

他还指着一条牌面上的小麻雀花纹说：

“这叫做‘小鸟吃麦饼’啊！”

大家畏于他的权势，何况又是交际麻将，遂不加深究，嘻嘻哈哈地把筹码如数照付。又过了两圈，在坐某人亦如法炮制，把一饼当作一条和牌，张力言不可，众人问何故，张说：

“小麻雀肚子不大，刚才吃了一个饼已经饱了，现在也吃不下了，所以他的牌不能和。”

“小鸟吃麦饼”这件事，从张宗昌的一惯为人来看，肯定是子虚乌有。

山东麻将有很多名堂，如“亲兄弟”、“两头挣”、“亮一张”、“王八戴眼镜”等，“小鸟吃麦饼”是其中的一种。张宗昌进行筑城之戏时喜欢干净利落地推牌九，打麻将慢条斯理，张宗昌根本懒得坐下来穷蘑菇。再说，张赌博时也非常干脆，动则一掷千金，输个精光，连眉头也不皱一下。在他看来，方城之战讲求的是“赌刁不赌赖”，“赌精不赌诈”。“输打赢要”的做法他根本不屑为之，“死皮耍赖”他更觉得丢人现眼[64]。

## 注　释

1. 刘立勤、李涛《奉军》，第200～203页。
2. 陶菊隐《北洋军阀统治时期史话》第7册，第220～222页。
3. 李藻麟《我的北洋军旅生涯》，第171页。
4. 苏全有“论‘三不知’将军张宗昌”，《历史典籍和传统文化研究》，第364～372页。
5. 1925年12月12日，张宗昌下令将所部改称鲁军，并于次年1月1日与李景林部合组为直鲁联军，任总司令。
6. 1925年12月3日张宗昌宣布保境安民，5日称山东保安总司令，10日正式宣布就职。
7. 张敬尧这一个军由于枪械不足，被张宗昌改编为一个中将支队，两个少将支队，而将张敬尧调为第二方面军副总司令。
8. 章伯锋、李宗一《北洋军阀》第5卷，第312～316页；来新夏《北洋军阀》四，第502～505页。
9. 李藻麟《我的北洋军旅生涯》，第242页。
10. 李恒珍等“张宗昌督鲁与直鲁联军”，编审组《土匪军阀张宗昌》，第131页。
11. 刘立勤、李涛《奉军》，第225～231页。
12. 3日在济南就职（章伯锋、李宗一《北洋军阀》第1卷，武汉出版社1990年版，第80页）。
13. 张用宾等“褚玉璞的发迹与殒命”，山东省政协文史资料委员会编《山东文史资料集粹》，第221～224页。
14. 楚溪春“‘三一八’惨案亲历记”，《文史资料选辑》第3辑，（北京）中华书局1960年版，第56页。

15. 曹祥华“对《‘三一八’惨案亲历记》的订正”，《文史资料选辑》第37辑，（北京）文史资料出版社1963年版，第229～233页。
16. 章伯锋、李宗一《北洋军阀》第5卷，第187～188页。
17. 刘立勳、李涛《奉军》，第228～229页。
18. 章伯锋、李宗一《北洋军阀》第5卷，第341页。
19. 丁中江《北洋军阀史话》第四册，第351～352、372～375页。
20. 刘立勳、李涛《奉军》，第238页。
21. 李藻麟《我的北洋军旅生涯》，第176页。
22. 唐鲁孙“吃在北平·饭庄子”，《中国吃》，（桂林）广西师范大学出版社2004年版。
23. 陶菊隐《北洋军阀统治时期史话》第8册，（北京）三联书店1959年版，第21～26页。
24. 溥仪《我的前半生》，第215～216页。
25. “张宗昌与溥仪来往信函”，《历史档案》1982年第1期，第32页。
26. 刘建华：“‘九一八’事变前溥仪和日本的关系”，《日本学论坛》2005年第2期，第25～30页。
27. 李藻麟《我的北洋军旅生涯》，第177～178页。
28. 林语堂“从北平到汉口”、“三十年代”，《林语堂自传》，（西安）陕西师范大学出版社2005年版。
29. 赖光临《中国新闻传播史》，（台北）三民书局1978年版，第43页。
30. 张汉（亦有称张翰、张汉举的）是《大陆报》社长，邵飘萍旧交，有材料称当时他已经被军阀以造币厂厂长之职和两万元大洋的诱饵收买。当然也有相反的记载，如《张宗昌真传》第164～165页等上称张是受骗，上了奉军的当。不管怎么说，有一点可以确定，那就是邵飘萍是张汉的受害者，则无疑问。
31. 陶菊隐《北洋军阀统治时期史话》第8册第9页上记载称：“四月二十四日晚间化装回馆清理文件，在琉璃厂被警察捕去。”存之。
32. 散木“张学良的一两件事——且说邵飘萍之死”，《书屋》2005年第11期，第79～80页。
33. 包笑天“剑影楼回忆录续篇”，（香港）大华出版社1973年版，第78页。
34. 丁中江《北洋军阀史话》第四册，第385页。
35. 埃德加·斯诺《西行漫记》，（北京）三联书店1979年版，第127页。
36. 卢小雁、何扬鸣：“邵飘萍与‘京报’”，《浙江档案》2005年第1期，第37～39页。
37. 獬是古代传说中的一种怪兽，头上长角，能分辨是非曲直，见到坏人就会毫不留情地用角去顶。
38. 林白水40岁左右的时候将“泉”子一分为二，身首分割，以之为自己的名字，有“愿以身殉所办之报”的含义。
39. 闽县与侯官县相邻，1913年两县合并为闽侯县。
40. 黄德昭“军阀张宗昌”，山东省政协文史资料委员会《山东文史资料集粹》，第103页。
41. 林白水“官僚之运气”，《社会日报》1926年8月5日。
42. 陈光中“林白水故居”，《北京纪事》2005年第12期，第64～66页。
43. 八月七日乃林白水的笔误，实际应该是6日，阴历为六月二十八日。
44. 孙先伟“林白水的报人生涯”，《民国春秋》1998年第2期，第45～46页。
45. 李藻麟《我的北洋军旅生涯》，第178～179页。陶菊隐《北洋军阀统治时期史话》第8册第23页上记载称：“杨度与《黄报》社长薛大可于清晨5时气急败坏地跑去见张宗昌，百般替林说情，直到薛长跪不起，张宗昌才答应予以赦免。可是电话打到宪兵司令部时，林已在半小时以前被绑赴天桥枪决了。”由于李藻麟乃张宗昌的身边人物，较为可信。另外，戚宜君著《张宗昌传奇》第184～187页上说，王绮因为过去在财政部当录事时曾挨过时为财政部司长的林白水的骂，睚眦必报，一不做，二不休，提前杀了林。只是该书未列出材料出处，故存之。

46. 以上论述依据的是张宗昌女儿张春绥的回忆。
47. 康有为在青岛去世时，张宗昌就送去3000块银圆（有人说是3万块银圆）。
48. 张次溪“杀害林白水”，编审组《土匪军阀张宗昌》，第184～187页；曹英《民国巨凶首恶大纪实》，第100～102页。
49. 丁中江《北洋军阀史话》第四册，第386页。
50. 徐少红“成舍我的报人生涯”，《民国春秋》1998年第5期，第44～47页。
51. 陶菊隐《北洋军阀统治时期史话》第8册，第1～8页。
52. 丁中江《北洋军阀史话》第四册，第383～384页。
53. 丁中江《北洋军阀史话》第四册，第425～426页。
54. 苏全有“论‘三不知’将军张宗昌”，《历史典籍和传统文化研究》，第364～372页。
55. 林语堂“忆狗肉将军”，林语堂《爱与刺》，第173页。
56. 戚宜君《张宗昌传奇》，第218～220页；董守义、王加会《张宗昌真传》，第250～251页。
57. 很多人拿“狗肉将军”这个称号讥讽张宗昌。其中因由，主要在于我国古代，食狗肉之风大致以隋唐为界，可以分为前后两个时期，隋唐以前，食狗肉之风盛行，人们普遍接受食用狗肉；而到了隋唐以后，狗肉地位迅速下降，社会上层人士开始拒食狗肉，而下层普通民众也只有在非正式场合才品尝狗肉（刘扑兵“略论中国古代的食狗之风及人们对食用狗肉的态度”，《殷都学刊》2006年第1期，第102～106页）。
58. 汇稿“张宗昌之奇闻怪事”，《逸经》第7期，1936年6月5日。
59. 戚宜君《张宗昌传奇》，第220～221、228页；董守义、王加会《张宗昌真传》，第252～253页。
60. 董守义、王加会《张宗昌真传》，第237～239页。
61. 戚宜君《张宗昌传奇》，第216页。
62. 戚宜君《张宗昌传奇》，第217～218页；董守义、王加会《张宗昌真传》，第254～255页。
63. 李藻麟《我的北洋军旅生涯》，第246～247页。
64. 戚宜君《张宗昌传奇》，第225～227页；董守义、王加会《张宗昌真传》，第247～249页；张恨水《张恨水全集·京尘幻影录》，（太原）北岳文艺出版社1993年版，第666～667页。

第七章

# 飘摇在北伐风雨中

北伐军烽火连连，使得张宗昌成了飘摇在风雨中的浮萍，他失去了山东，并在滦县土崩瓦解；后虽打回山东老家，但东山再起的企图终归破灭。

# 一、飘摇在北伐风雨中

## 1. 唇亡齿寒与假途灭虢

1926 年，随着北伐战争的节节胜利，极大地鼓舞了全国人民反帝反军阀的斗争，同时也强烈震动了奉系军阀在北方的反动统治。

直系吴佩孚、孙传芳两大军阀相继失败后，张作霖一则以喜，一则以忧，喜的是北方从此没有人够得上和他分庭抗礼，他可以为所欲为而不必担心有人出面来反对了，忧的是南方之强，战无不胜，现在轮到他自己出马，能否抵挡得住很成问题。

1926 年 9 月，张作霖在沈阳召开军事会议，讨论南方北伐问题。奉系内部有两种不同的意见，老将吴俊升、张作相主张保境息民，张宗昌、褚玉璞则要以“援吴”为名派兵南下，首先从吴的手中夺取直、豫两省地盘，然后长驱而入湘、鄂，把奉系的势力扩展到长江以南地区。

对于以上两种意见，工于心计的张作霖有他自己的考虑。张深知唇亡齿寒的道理，广东革命政府是绝不会轻易放过他的。北伐军一旦扫平吴佩孚、孙传芳后，那么下一个讨伐的目标就是他了。坐视不救，就是贻误战机，坐以待毙。

再说，派兵援助还可假借出兵援吴的名义乘机灭吴，再以同样的手段灭孙（传芳），然后吞并直、鲁、江、浙，以攫取北洋政权，进而攻打国民革命军，绞杀广东革命政权，最后实现以武力统一中国的迷梦。而且，与北伐军作战，也是由非嫡系的直鲁军去打头阵，奉军安居后方，这是再便宜也没有的事情。

基于以上考虑，张作霖这个扩张主义者同意了张宗昌的主张。决定派张宗昌为援吴军总司令，褚玉璞为前敌总指挥，张学良为预备军总司令，并将这一决定电告吴，表示合作“讨赤”之意。

但是，老谋深算、精于争权夺势的吴佩孚最懂得这套明援暗抢的把戏，这套把戏北洋军阀行之已久，而吴本人也是此中的“斲轮老手”。他托奉系代表张景惠携带一函回答张作霖，声称本人尚有雄师10余万，力足恢复武汉，只需接济饷械，并不需要派兵来援。此外，他又向张作霖建议派渤海舰队运直鲁军南下直捣广州，并且应允中央政治由奉方全权主持，本人不再过问。他害怕好言好语说不动张作霖，还补发一电，话中有刺地说：

“此间将领惑于风传，有假途灭虢之虑。弟如视兄尚有可为，请稍助饷械听其自谋。否则可令汉卿（即张学良）来自取之，兄当遁迹世外。”

张作霖见吴佩孚没有上钩，为避免把吴系军队逼上梁山，造成有利于北伐军而不利于奉系的局势，张作霖只得变更计划采取“渐进”的手段，指使张宗昌向吴提出交还保（定）、大（名）的要求。这时，直系的代表是以代总司令名义留驻长辛店的齐燮元。齐对于奉系的要求，迫于压力，被迫先将京兆所属四县交出。此为缓兵之计。

9月下旬，直鲁军不由分说开进保定到石家庄一段，住在保定的曹锟，因为不能安身，于9月27日移居郑州。

吴佩孚派代表到济南，要求张宗昌暂缓接收保、大，停止派兵南来，并且表示本人即日下令反攻，在“双十节”以前一定可以收复武汉。张宗昌应允暂不接收保、大，其已开到的直鲁军也不撤回，未开动的军队暂时停止开拔。张宗昌给吴一个最后机会，看他有无反攻武汉的能力再作决定[1]。

之后，张宗昌多次资助吴佩孚饷械。10月初，他派人到郑州，给吴送去枪弹30万，现款5万；接着于中旬由德州、新城两兵工厂提解三八式子弹10万粒、大炮弹200颗运往河南；后又汇款50万元至奉天购买枪弹援助吴佩孚。

## 2. 化干戈为玉帛

小孙郎孙传芳借鉴吴佩孚的教训，为对付北伐军，一面加紧调集苏、浙、闽、皖的军队入赣，一面与北面的奉系军阀张作霖、张宗昌修好，结好外援。

孙传芳对南开战前，首先与张宗昌结盟为兄弟，并成立了苏鲁和平协约。其内容是：

张宗昌的鲁军在兖州、孙传芳的苏军在徐州都不得超过一个旅。如有必要，鲁军可以假道徐州开赴陇海路援助吴佩孚。孙传芳与张宗昌是老对手，他们俩既拉拉扯扯，又打打杀杀，相互之间毫无信义可言。

与此同时，张作霖也伸出了橄榄枝，他派孙传芳的老上司王占元到南京，表示军阀与军阀，只有团结起来，才能避免被北伐军逐一吃掉。

1926年9月8日，孙传芳致电张作霖说：

“愿追随左右，共挽颓局。”

次日，张回电说：

“玉帅新挫，武汉已失。东南半壁，全赖我兄支柱。弟以大局为重，微嫌小隙，早赴东流。倘有所需，敢不黾勉。”

11日，张作霖又派靳云鹏到南京，当面表示奉鲁军决不进兵津浦路。如果有“合作讨赤”的必要，也将取道京汉路南下。同时，张宗昌、褚玉璞也向孙发电，表示绝不趁孙攻打北伐军之时，南下江苏，大丈夫行事“光明磊落”，绝不暗箭伤人。

张宗昌之所以如此，实在是言不由衷。原来，在9月沈阳会议期间，张作霖为利用孙传芳去打北伐军，不想马上对他采取“援助”。尽管会议决定由张宗昌南下“讨赤”，但张作霖担心张宗昌对孙传芳报复，便竭力劝他要向孙表示“好意”，张宗昌听了很不服气，但又不敢反对。

张宗昌此次南下，是他自告奋勇，主动请缨。其实他并非真的去解救孙传芳，行侠仗义，而是想趁火打劫，他的骨子里根本不愿意把自己的队伍拉到前线去充当张作霖的炮灰，只是因浙奉战争时被孙传芳打得惨败，在军阀中丢了面子，而他又是一个要脸面的人，所以想借此机会报奇耻大辱。可张作霖要他和孙传芳建立良好关系，不要逼孙传芳调转枪口，所以张宗昌心里很不痛快。

9月13日，张宗昌从沈阳回到济南，开始调动军队。

一日，张宗昌谈话中流露出了要找孙传芳报仇的想法。当时在他那里为座上客的杨度向他献策，叫他乘虚袭取南京以报兵败之仇。杨度说：

“识时务者为俊杰，今天与其去碰锐不可当的北伐军，不如派人与广州国民政府相约，两路出兵夹攻孙传芳。”

张宗昌听得乐不可支，倏的在杨的肩胛上拍了一下，说：

“对，你真不愧为我的张子房！”

便请杨度作函表示愿意归附广州国民政府，而以合力驱逐孙传芳，之后让与江苏地盘为条件，并且决定派自己的心腹参谋长金寿良携函到广东接洽。不料就在这时，也就是9月20日，张学良事前并未电告，骤然来到济南，当面质问张宗昌有无投南意图：

“听说兄要参加国民党，不知有无此事？”

张宗昌道：

“有这事，不知我弟怎么知道了。其实这都是皙子给我出的主意。”

张学良劝道：

“要以奉系团体为重，一切应由团体领袖家父出面，不应单独行动，以免自相分割，贻笑他人。”

张宗昌唯唯。

张学良又向在座的薛子奇狠狠地瞅了一眼说：

“请你告诉皙子，不要乱出主意，当心他的脑袋！”

这样，张宗昌暂时打消了投南的念头。

事后有人说，这是杨度的所谓“造乱”计划，意图在北洋军阀内部煽风放火，制造分裂，加速其灭亡[2]。

后来张宗昌东亡日本，追忆此事，曾感叹道：

“我悔不用皙子之谋！”

为了改善与张宗昌的关系，1926 年 11 月 11 日，孙传芳派杨文恺到济南去见张宗昌，请求直鲁军援助，杨一见到张宗昌便说了一大堆道歉的话。这时孙传芳在江西大败，已经失去了昔日五省联军统帅的威风，豪爽的张宗昌清楚目前的主要敌人是北伐军，所以他对杨文恺比较客气，诙谐地说：

“俺是绿林大学毕业，你们从士官来，从陆大来，现在什么也别说啦，咱们一齐打南军吧！告诉孙馨帅，我一定和他一同干下去。”[3]

13 日，张宗昌匆匆赶到天津会见张作霖，在会上他异常活跃，力劝张作霖不要只“援吴”，现在孙传芳也战败而逃，应“援吴”、“援孙”双管齐下。张作霖当然愿意借机称雄长江以南，但他有相当的顾忌，担心出兵不利，也像吴佩孚、孙传芳那样，乘兴而去，惨败而归，故而犹豫不决。张宗昌竭力劝说：

“我们的军备胜于南方，这一点我们心里有数，如果现在出兵‘援吴’、‘援孙’的话，还可以借助吴一省之力和孙三省之军，如果再观望下去，南军收拾了吴、孙，把地盘都占了，我们再出兵，不就被动得很了吗？”

“兵贵神速，我们援助朋友即是自救，我们的朋友到今天不应该再有什么误会和怀疑了。”

张宗昌的这一番话显然打动了张作霖。

次日，张作霖于蔡园召开军事会议。参加会议的除奉鲁军将领张学良、韩麟春、张宗昌等之外，还有吴佩孚的代表迟云鹏、孙传芳的代表杨文恺、阎锡山的代表田应璜。张作霖首先向吴、孙、阎等各方代表分析了当前的战争局势，指出目前的首要任务是团结北洋各系共同对付北伐军。张作霖还对迟云鹏、杨文恺说：

“如果你们吴、孙两帅同意，我奉军愿出兵相助，共同讨伐北伐军。”

16日会议决定由张宗昌的直鲁军负责援助孙传芳，并告杨文恺请孙传芳率领所部全力恢复九江、南昌，直鲁军接防津浦路南段为孙军后盾。援助吴佩孚由奉军负责。这一决定做出后，杨文恺准备会后去请示一下孙传芳再作决定。

11月18日，孙传芳秘密北上天津，会见张作霖。

在蔡家花园，孙传芳先向张作霖行鞠躬礼，说：

“对不起大帅。”

张作霖笑着说：

“你辛苦了，过去的事不用再提了。”

孙传芳接着说：

“我们吃麦子的北方人和吃大米的南方人永远合不来。现在大局弄到这样，安徽、江苏我已没有力量保守，就请老帅、效帅速派大军南下，苏、皖两省从今以后交两帅主持。”

张作霖大为动容，站起来说：

“这是哪里话？断断不能如此！出兵讨赤是我们的责任，无论如何，现在决定给馨帅以帮助。至于讨赤成功以后，东南各省当然完全奉还馨帅主持。我们都是光明磊落的大丈夫，岂可乘人之危，夺取别人的地盘！”

张作霖问孙还有多少部队，孙回答直属部队有5万人，五省联军共有二十几万人。张作霖说：

“我们东三省的部队还有80多万人，连同直鲁联军不下百万人。我们要齐心协力一起干，就是退到哈尔滨，剩下一团人，也要干到底。”

孙传芳说：

“我军现在只是枪弹不足，希望贵军在饷械上予以接济。”

张宗昌极表反感，立即反唇相讥：

“敌已升堂，若等待其入室，则事不可为。”

张作霖忙说：

“鲁军南下，系善意之援助。”

并应付孙传芳说：

“饷械问题，我们尽量帮助，以后与张学良商量。”

这或许是推托之辞。他又强调：

“如果鲁军为苏军担任前线，鲁军宁可不动，以免产生误会。”

孙传芳忙解释道，对于鲁军南下他本人十分谅解，自己愿收缩到浙江，让出江苏给鲁军接防，南京为鲁军的指挥部，以为协同作战。

张宗昌立刻站起来，大声宣布：

“你不要把我张宗昌当作不义气的小人，我的军队开到浦口后，换乘轮船开往前方，决不经过南京。”

会后，张作霖留下孙传芳、张宗昌等人吃饭，酒席极为丰盛，鹿肉、熊掌、银鱼、紫蟹等让人眼花缭乱。席间孙传芳与张宗昌、张学良结为兄弟。认张作霖为义父，并行跪拜首礼。张作霖又多了个干儿子，喜出望外。张宗昌也与孙传芳重修旧好，捐弃前仇，浙奉之间实现了大团圆。

饭后，孙传芳与杨文恺同车返回家中，途中见报童大声叫卖号外，上面登载孙传芳会见张作霖的消息，孙不以为然[4]。

孙传芳回南京时，顾虑山东军队为施从滨报仇，张宗昌临时派遣一连卫队随车护送。

### 3. 大军南下

1926 年 11 月 29 日张宗昌回到天津参加蔡园会议，会上提出重大主张：建议推举张作霖为安国军总司令以便统一指挥。

张作霖闻言，自然要客气推让一番。还在他半推半就之际，于是孙传芳、张宗昌两人一唱一和地交口劝进，张柞霖也就不再装腔作势而答应下来。

当天，张宗昌做主以直、鲁、豫、苏、皖、赣、浙、闽、陕、晋、察、热、绥、吉、黑 15 省区联名推戴的形式推戴张作霖为安国军总司令。这个电报推站在“客卿”地位的孙传芳领衔，列名者有吴俊升、张宗昌、阎锡山、商震、寇英杰、陈调元、张作相、卢香亭、韩麟春、高维岳、周荫人、陈仪、褚玉璞、汤玉麟、刘镇华等。这个电报还不敢冒签吴佩孚的名字，但是阎锡山、商震二人却被冒签列名。电报全文如下：

> “天津张雨帅鉴：（上略）传芳等仗义讨贼，义不容辞，然成城有志，束箭弭坚，自非有统一指挥之谋，难收提纲挈领之效。伏审我公公忠体国，视民如伤。四海威加，万流敬仰。当经集议研讨，询谋佥同。谨愿推戴我公为安国军总司令，统驭群师，同申天讨。挽颓波于既倒，媲时雨之来苏。以冀扫挡逆氛，扶持国本。传芳等当躬率所部，待命前驱。皦日照临，丹心不泯，即请俯顺众意，勉抑谦光。克日就职出师，以解人民倒悬之厄。国家幸甚，谨电。伏乞鉴察！”[5]

12月1日，张作霖身穿大礼服，陈设香案，跪祷于天。由秘书长郑谦宣读“告天文”，即在蔡园宣布就安国军总司令之职。完毕后，即下令任命孙传芳为安国军副司令仍兼苏、皖、赣、浙、闽五省联军总司令，张宗昌为安国军副司令仍兼直鲁联军总司令，杨宇霆为安国军总参议，韩麟春、张学良均升授陆军上将。张作霖还不敢公然任命吴、阎二人为副司令，同时也不敢公然号称总统或陆海军大元帅，但是事实上安国军总部就是一个变相的政府组织形式，不过还没有把正式招牌悬挂出来[6]。

同时，为简化军事指挥系统，张作霖下令废除以前北方镇威军、直鲁联军、五省联军等名称，而一律统称安国军，并任孙传芳、张宗昌、张学良、韩麟春、张作相、吴俊升、褚玉璞为安国军第一、二、三、四、五、六、七方面军军团长。又任命张宗昌为海军总司令，沈鸿烈为副司令兼海军第一舰队司令，吴志馨为海军第二舰队司令，周培炳为空军司令。原安国军外交、财政、政治三个讨论会，于大元帅府成立之时自动取消。

张宗昌任安国军陆军第二方面军的军团长，他下辖部队如下：

第一军军长　张宗昌（兼）

第二军军长　张敬尧

第三军军长　程国瑞

第四军军长　方永昌

第五军军长　王　栋

第七军军长　许　琨

第八军军长　柴云升

第十一军军长　吴薁卿

第十二军军长　寇英杰

第十三军军长　刘志陆

第十五军军长　陈文钊

第二十二军军长　许宝祥

第三十军军长　毛思义

第三十一军军长　武衍周

褚玉璞作为第七方面军的军团长，也下辖了9个军[7]。

为了配合张宗昌大军南下，孙传芳令杨文恺于1926年11月21日先返南京，传达命令，让出镇江以西，退驻常州、苏州、上海一带，陈仪之浙军亦于23日悉数由徐州开回浙省，鲁军总数约6万人，先头部队于26日到达浦口，下午并有两团人渡江。总司令部将设于浦口，津浦铁路局长奉命组织总运输部。

张宗昌本拟率入籍俄军赴浦口督师，启程前突奉张作霖电召，遂于11月29日晨北返，当日下午抵津，即赴蔡家花园谒见张老帅。

原来，在23日，杨宇霆应召到天津讨论动员南下的问题。杨鉴于上次奉军在津浦线到处挨打的教训，认为这次两路出兵，四面受敌，而且吴、阎两方面都未表示同意，这是一个毫无把握的军事冒险计划，应当重行考虑。张作霖听了这位“小诸葛”的话，便又动摇了起来，26日召集杨与孙传芳及在津诸将继续开会讨论，杨建议采取稳扎稳打的方法，鲁军负责保守安徽及长江北岸，孙军保守苏、浙两省，等待形势发展后再做下一步的决定。张作霖连声说：

“对，对。”

便又电召张宗昌再到天津来讨论，并且电令奉鲁各军暂时停止开拔。会后张学良冷言冷语地说：

“昨天那样一个决定，今天这样一个决定，明天是否还有另外一个决定。”

张作霖盛气地说：

“今天的决定不会再有变更。”[8]

张宗昌得悉奉张的新命令，即电令各军暂在津浦路南段驻扎，以浦口为终点，勿越过长江。

实际上这时的鲁军已如箭在弦上，不得不发。

此后，孙传芳不断催促张宗昌南下。张宗昌也于12月18日，率2000余人，分5列火车到达南京，并组成前敌总司令部。褚玉璞为总司令，许琨为副司令。21日，张宗昌、孙传芳、陈调元在南京开会，安排军事行动。会议决定：

陈调元负责安徽防务，具体行动是开赴到皖南截断北伐军在江西、浙江两省的联络线，防止北伐军东下；直鲁军向安徽北部进军；孙传芳以全力对付浙江。孙传芳决定放弃江苏，退守上海和浙江，并把浙江作为自己最后的根据地。

27日，孙传芳、张宗昌由龙华赴松江前线视察，并召开了会议，周荫人、孟昭月等人参加。会议进一步研究了孙军撤防和鲁军布防的计划。会议决定，鲁军第八师毕庶澄部镇守松江、吴江一线，该线的孙军一律调往南通、盐阜、高宝、徐海一带休整。3月1日，鲁军前敌司令聂诺夫率俄兵及鲁军3000人，乘铁甲车抵松江。

随着战事的发展，张宗昌便振振有词地要从孙传芳的手中夺取沪宁沿线及上海地盘。1927年2月20日，他到北京向张作霖建议调直鲁军5万人援孙，22 日回到济南，下令入豫直鲁军退回徐州转道开赴江苏。23 日到南京，24 日偕同孙传芳到上海，即命第八军军长兼渤海舰队司令毕庶澄统率陆海军开到上海接替防务。

同一时期，安徽局势也起了变化，这一变化又使张宗昌集中兵力专在江浙一线作战的计划受到影响。原来北伐军占领浙江全境后，即以进兵安徽作为主要任务。陈调元的态度早已暖昧不明，到 3 月 4 日，他乘舰到芜湖宣布就任北伐军第三十七军军长兼北路总指挥。驻芜王普军也是同路人。至此，安徽军事问题结束，北伐军的矛头进一步指向南京。

南京自 3 月 2 日起即由直鲁军接防。集中蚌埠的直鲁军本已决定开入沪宁线，由于安徽局势起了变化，这些部队未能按照计划开动，张宗昌又请孙传芳留在南京协助褚玉璞办理防务。3 月 5 日，孙、张两人会派郑俊彦为安徽总司令，郑未到任前，派许琨代理。3 月 8 日，许在蚌埠接受了这个职务。但是直鲁军已经来不及反攻安徽，战火越烧越近，上海和南京都已处于兵临城下之势了。

此时直鲁军由褚玉璞负责守南京，毕庶澄负责守上海。15 日，北伐军江右军进抵秣陵关。17、18 两日，由浙江出动的北伐军占领了宜兴、吴江，原驻该地的孙军白宝山、冯绍闽、郑俊彦各师退往常州闭城而守。18 日，铁路工人拆毁了无锡车站路轨，直鲁军由苏州西开的长江号铁甲车被阻不能通过。同一天，孙传芳偷偷摸摸地逃出了南京城，等到褚玉璞发觉派人追赶时，孙已上轮船逃往扬州去了。19 日，张宗昌由徐州到南京主持防守事务。至此，孙传芳的五省割据之局完全垮台，剩下直鲁军在沪宁线上作最后的挣扎，而他们的处境也在楚歌四面之中[9]。

张宗昌此次主张援孙，是不明智之举，其结果无异于引火烧身。

## 4. 落败北伐军

随着北伐军的节节胜利，到 1927 年 3 月初安庆、芜湖接连攻下时，北伐军的下一个目标就是南京。当时流行的一首儿歌："一二三，到下关，过长江，打倒张宗昌；四五六，过黄河，打倒褚玉璞。"[10]这反映了北伐时期的民心向背，也预示着张宗昌落败北伐军的必然命运。

孙传芳的主力和直鲁军毕庶澄、常之英两部，于 1927 年 3 月中旬被北伐军东路军在沪宁线及松沪地区击破后，即纷纷渡长江北退，北伐军遂占领上海、苏州、常州、丹阳一带。北伐军江右军同时占领当涂，进迫南京。江左军则向皖中挺进，与陈调元部协同压迫津浦南段及淮北地区。南京附近仅有直鲁军一部，其余北洋军主力均已退集江北。

南京方面褚玉璞部主力守备下关，一部在汤水、龙潭。粤军谢文炳、陈修爵等部，主力在江宁县，一部在淳化镇、龙郡镇、秣陵关。鲁军第六军徐源泉部及白俄兵主力在陶吴镇，一部在江宁县，均积极加强工事，企图固守，待援反攻。江北方面：孙传芳所部，企图自运河两侧，张宗昌主力则企图自津、浦正面积极增援，期待革命军一旦渡江攻击时，乘机反扑。孙传芳及张宗昌则分驻于清江浦及蚌埠指挥。

直鲁联军联合办事处（南京总统府）

北伐军以全力会攻南京。这时军事态势是白崇禧所率领的第一、第二、第三纵队已进占上海、苏州。何应钦所率领的第四、第五、第六纵队亦已占领横林、常州、丹阳，四方八面向南京合围。同时为了巩固淞沪防务，乃设立淞沪卫戍总司令部，以白崇禧任卫戍总司令，并抽调白军一部，增加南京方面之作战。

1927 年 3 月 22 日，何应钦到达镇江，这时直鲁军有死守南京的打算，于是急电白崇禧，迅速肃清淞、沪残敌后，立即抽调一部与第五纵队乘车向南京增援。是日第四、第六纵队之先头，进至栖霞街、东流镇、汤水镇附近之线。

3 月 23 日，北伐军江右军第二纵队鲁涤平部占领江宁县后，进迫中山门、光华门；第三纵队贺耀祖部占领将军山、牛首山、幕府山，向通济门、武定门进击；第一纵队程潜部击破大小山、马石山、西善桥一带直鲁军，向雨花台猛追。直鲁军狼狈向城内回窜，北伐军衔尾跟踪，自中华门冲入南京城，其余各纵队于是日晚亦分别进入城内，革命军遂完全占领南京城。何应钦于同日到达上塘镇后，其先头部队，亦已抵栖霞街、东流镇之线，得悉南京已被攻下，即令第六纵队，在汤水镇附近待命，第五纵队在无锡、江阴待命，自率第四纵队，于3月25日进驻南京[11]。

南京作战之所以迅速失利的主要原因之一是内部不团结。各部队官长之间意见分歧，彼此不肯呼应，不能有效地协同作战。在最高指挥层中，孙传芳与褚玉璞之间在作战部署方面，意见有分歧，未能很好地协调统一起来；在中层指挥中，第六军军长徐源泉对褚玉璞的部属十三太保颇感棘手，此等带兵官很难驾驭，阳奉阴违，不肯俯首听命。迅速失利的另一个原因，是作战指挥不利，战线拉得过长，兵力部署不当，且前后层次重叠，一旦失利，必定混乱不堪[12]。汪精卫在《民报》26期上发表《革命之决心》一文，提道：蒋介石上台后，1926年7月在苏联的支持下开始北伐。据近年的一些研究资料显示，苏联对国民党政府提供了高达数百万美元（当时价格）的军事援助。当时中国是个穷国，各个军阀并没有多少钱购买军火，而资本主义国家“死的商人”军火商，决不会像苏联那样提供无偿的军事装备，所以苏联的援助使各个军阀部队在军事装备上大大劣于北伐军。比如大军阀之一张宗昌的部队，有1/3的人没有枪，连军服也长年不更新，士兵们一个个蓬头垢面，还有很多人连鞋都没有。部队里发的一点军饷全被各级军官装入自己的腰包……这样的军队没有战斗力也是可想而知的。应该说，这也是张宗昌落败北伐军的原因之一。

事实也正是如此，直鲁军战败后，各部队开始溃退，褚玉璞马上采取紧急措施，赶快将司令部迁至江岸，留徐源泉坐镇南京城内。随即乘车离开南京城，前往下关。

褚玉璞走后，李藻麟又与徐源泉交换了意见，并将紧急应变措施电告济南总部，随后也驱车前往下关，准备巡视一下当地情况，然后再与褚玉璞商讨对策，做出细致安排。

不料此时南京城内通往下关码头的主要街道均已为败兵所充斥，挤得水泄不通，车辆根本无法通行。李藻麟不得不下车，夹在败兵的洪流中，步行追赶。

当败兵人流涌向江边时，站在江边的士兵恐自己被挤落水，性命难保，于是开枪阻拦，特别是动用了机枪扫射。子弹像雨点般自江岸方向朝败兵群扫射而来，顿时秩序大乱，人仰马翻，有些士兵中弹倒在血泊中，有些士兵挤倒在地，任人践踏，死伤惨重。李藻麟虽未遭流弹袭击，但也被人群挤倒在地，幸有年轻力壮的随从马弁将他拉起，连拖带拽，找了一个墙角，权做安身之处，算是幸免于难。否则即使未遭枪击，也必遭人踩马踏，或死或伤，后果不堪设想。

当时枪声一响，人群恍如炸弹爆炸一般，不约而同发出雷鸣般的吼声，随之而来的就是人群的爆炸，很多人倒下来了，但也有的士兵竟然一跃上了二层楼，这在平时是难以想象的事。

天渐渐黑了，枪声渐渐稀疏了，人群也渐渐平静下来。李藻麟和两个马弁小心翼翼，沿路边慢慢移动，找了一家旅馆，暂时安顿下来。

李藻麟在旅馆里想方设法派人寻找褚玉璞的下落，但都没有回音。直到晚上 7 点多钟，街上有汽车喇叭声，颇似褚玉璞的汽车，李赶忙叫马弁去察看。果然是褚玉璞的马弁玉才，坐着褚的汽车，正在寻找主人。原来，褚玉璞由城内去下关时，也是因为败退下来的队伍阻塞交通，汽车无法行驶，不得不下车步行，尔后便失去联系，不知去向。李藻麟叫玉才到江边各大旅馆去找，一定能找到。当时，枪声依然不断，形势依旧很紧张。李叮嘱玉才一定要潜行，切莫大意。大约过了一个多小时，玉才便赶回来报告说：在五洲宾馆找到褚玉璞督办，请李赶快去宾馆会面。李藻麟立即赶到宾馆，褚玉璞正困居斗室，一筹莫展。李告诉他不必着急，在城内时已经派谢雨田渡江到浦口，联系招商局轮船，准备撤退。但左等没有消息，右等也没有消息。褚玉璞非常着急，本应再次派人渡江查询，但苦无船只。怎样摆脱当前困境，李藻麟苦思冥想。根据过去经验，每当中国内战的严重关头时，欧美人往往只作壁上观，不轻意有所行动；而日本人则恰恰相反，遇有机会便出来兜揽生意。他们消息灵通，行动敏捷，适才发生的严重事件，机会难得，估计不会错过。李把自己的想法告诉褚，建议他不妨派人到江边去察看一下日本人有无活动。

据报，果然有日本兵舰一条，靠江岸甚近。经与联系，日本舰长提出一次可渡 100 人，但索价 100 万元。褚玉璞嫌价钱太高，只给 10 万元。双方正在讨价还价中，忽然对岸江面上不时传来轮船汽笛鸣叫声。原来是谢雨田率领船队自浦口向下关驶来。由于对长江南岸情况不明，不敢贸然前进，因此一再鸣笛联络。李藻麟一面令褚玉璞的参谋人员立即通知谢雨田：下关情况良好，火轮全速前进，向码头停靠；一面又令参谋人员到街头去安抚官兵，一令士兵弟兄们不要乱放枪，二令各带兵官将队伍整顿好，听从命令，准备上船。现在有六条船就要靠岸，每条船可以载 5000 人。由于下达了“安民”告示，所以上船时秩序良好，每条船都能装运 5000 人，一次便运走 3 万人。与此同时，通知徐源泉有步骤地迅速撤退前线部队。六艘轮船连夜不停地往返运输，至翌日上午，直鲁军渡江援助孙传芳的部队，全部撤离下关，悉数到达浦口。这六条轮船为大军的安全撤退立下大功，商得褚玉璞同意，立即拨款6万元，每条船1万元，以示慰劳奖励[13]。

在此次溃逃中，第四军军长孙宗先落江溺死。

3月18日孙传芳离开南京，许多人认为是偷着遛走的[14]，事实并非如此。

当直鲁军部队开赴南京时，张宗昌曾密令褚玉璞于必要时扣留孙传芳，以防他投降南方国民革命军，陷直鲁军于困境。待褚玉璞率军到达南京后，孙传芳便拟去镇江，指挥其部队作战。行前，孙向褚玉璞说明意图，并征求意见。褚玉璞因有张宗昌叮嘱在先，此时此刻，究应扣留抑或放行，捉摸不定，便将事情推到李藻麟身上。他对孙说：

“这件事，请你和我们李参谋长商量一下再定吧。”

说完之后，他赶忙把事情告诉了李藻麟，并且让李做最后决定。随后，孙传芳又来找李，再次说明当前的形势和他的计划安排，并谓如果南京方面出现不利情况，他便率军自镇江向扬州方面撤退，李当即表示同意他去镇江，同时约定，万一南京出现问题，就照他的意见办。临行时，李藻麟叮嘱孙要秘密出发，因此他和褚玉璞不再到车站送行。翌日，孙传芳便悄悄离开南京。

待援孙直鲁军由南京渡江撤回到徐州时，张宗昌埋怨李藻麟不该放走孙传芳。李解释说：

“孙馨远（孙传芳字馨远）不会投降南方，即使投向南方，也无碍大局。如果把他扣起来，倒会节外生枝，促使其队伍离心离德，倒向南方。”

说话间，孙传芳拍来电报，通报他已率部安全撤退到扬州。至此，张宗昌方才一块石头落地，放下心来[15]。

褚玉璞逃到徐州后，张宗昌愤于战场上的落败，大骂道：

“他妈的，你是直隶的督办，等于满清时代的北洋大臣，地位这样高，在南京竟至弃职逃走，该当何罪?”

褚玉璞自知有罪，于是跪地求饶。张宗昌就是这样，无论你犯了天大的罪过，只要跪地求情，自可网开一面。

第十一军军长王翰鸣在安徽作战时有擅离职守之嫌，张宗昌下令将其就地正法，安徽代理总司令许琨不以为然，他言道：

“如果你将失守南京的褚玉璞枪毙，我就把王墨庄枪毙!”

张宗昌闻言，只好作罢。

在此期间，张宗昌的白俄军队于南京曾扣留了鲍罗廷的夫人，具体时间是1927年3月1日，后于5月2日予以释放。

## 5. 胶东事变·枪毙毕庶澄

此次张宗昌南下与北伐军作战期间，曾发生了胶东事变、枪毙毕庶澄两件大事。

**胶东事变：**

1927年夏，蒋介石、冯玉祥合力进攻山东。自6月下旬至7月上旬，蒋军正面回占滕县，右翼再克沂州，鲁西冯军配合左翼新编第十一军马祥斌、独立第五师王金韬等归附军占领曹州、钜野、郓城、嘉祥、金乡、鱼台一带。就在此十分危险之际，胶东事变发生。

7月2日，孙传芳部陈以桑忽在胶州宣布接受冯玉祥所委第三十九军军长一职，拆毁高密至蔡家庄的铁路，与在青岛的鲁军第八军祝祥本部对峙，郑俊彦部也在高密与陈采取一致行动。这就是有名的胶东事变。

这时，日本帝国主义公然出兵干涉，要求郑俊彦、陈以桑恢复胶济路通车；陈军进攻青岛时，日本军竟然公开出兵帮助祝祥本抵抗。之后，日本又从大连用船运兵5000人到青岛。陈军在南泉被阻不能前进。

胶东事变发生后，使孙传芳十分被动。张宗昌当面斥责孙传芳说：

“我待你不薄，如果你要取得山东地盘，明人不必做暗事，我可以奉让。”

孙指天誓地解释道：

“部下投附南军，我实在不知。本人愿带兵前往讨伐，以明心迹。”

于是张宗昌将胶东孙军尽数调到济南来，令其开往津浦路作战，7月7日偕同褚玉璞、孙传芳到潍县，即调白俄军向胶州进攻。在这时期，青岛日军3000人强迫陈以桑恢复胶济路通车，随即乘车通过陈军阵线开往济南。9日陈军被迫退往诸城，郑俊彦部仍然回到孙传芳方面来。

不久，陈以桑军退至赣榆县属青口地方，又一次发生内变，陈被迫下台，由陆殿臣接统，这支人马又被孙传芳收回了[16]。

7月4日，鲁军程国瑞、王栋、徐源泉等部利用铁甲车为前导，大举发动反攻，第十军王天培部黔军本非精锐之师，由滕县一路败退到运河南岸，牵动左右两翼同时退却，徐州因而大为动摇。战争持续到13日，北伐军增援反攻才恢复了原有的阵地。此后北伐军与直鲁军在津浦线相持不下。7月23、24两日，孙、鲁两军联合起来利用铁甲车山东、河南、泰山三号冲锋前进，发动两次反攻，又进至徐州附近。

**枪毙毕庶澄：**

毕庶澄（1894.7～1927.4），字莘舫，山东文城东关（今峰西村）人，自称原籍为无锡人。出身士绅官僚家庭，自幼为“孩子王”。1909 年考入烟台宪兵学校，肄业。1912 年参加文登辛亥革命学生军。同年底，就学于济南军官讲习所。1914 年初转入江苏军官教育团学习，深得军官教育团监理张宗昌的赏识。毕业后，毕庶澄到张宗昌部第六混成旅任副官。1918 年 3 月，擢升张部暂编第一师少校参谋副官。1923 年，毕庶澄带领先头部队为抢占滦州车站，在截击直军列车时，被手榴弹炸伤。1924 年伤愈后，升任镇威军第十三梯队司令，随即改为东三省陆军第三师补充第二旅旅长。9 月，任张宗昌部第二军工兵团团长。12 月，又改任东三省陆军步兵第三十二旅旅长。1925 年 3 月 19 日，张宗昌奉安国军总司令张作霖令为海军总司令，节制东北、渤海两舰队，并以毕庶澄、沈鸿烈为副总司令。毕庶澄之所以被任命为司令，且领海军中将衔，是因为他在平息渤海舰队风潮中调解有方。他们 20 日遵即就职，并委吴志警为渤海舰队副司令兼充联合舰队总司令部参谋长。5 月，在驻防邹县、临沂时，毕庶澄又因劝降地方武装马士贵有功，极得张宗昌的信任，与张宗昌、褚玉璞拜为把兄弟，先后被提升为海疆防御总司令、胶东镇守使、第八军军长等职，其公馆设在青岛原提督大楼。

张宗昌自徐州去蚌埠督战之前，下令枪毙了三十二军军长毕庶澄。毕庶澄之被杀，实在是他自己引火烧身，咎由自取。

毕庶澄

毕庶澄年轻得志，这导致他为人狂妄不羁，野心勃勃。

1925 年郭松龄倒戈，张宗昌曾令毕率海军舰队并陆军一个旅，驶往营口登陆，声援张作霖。但毕至营口，逗留海面，采取观望态度，为此招致张作霖极端不满，怀恨在心。

1926 年直鲁联军攻打冯玉祥国民军，毕率海军陆战队自塘沽登陆攻入天津，因晚了一步，未能出任直隶军务督办，因此他对先他一步的褚玉璞十分不满，二人关系开始恶化。毕曾在济南铁路宾馆与王栋谈到直隶易督时说：

“还是人家的把兄弟近（张、褚是换帖弟兄），咱偎不上。”

后毕庶澄竟然自封直隶省军务善后督办，张宗昌知晓后，虽未追究，但将其所属三十二军调回胶东。

毕庶澄到了胶东，当了青岛护军使，又兼渤海海军司令，整个胶东半岛归他统治。到任后，他便大事搜括，首先向商会借款40万元，继又向银行借款50万元，对青岛的富商大贾，也都有所勒索，山大王的架子摆得十足。

南口战役结束后，直鲁联军陆续调回山东，王栋所属第五军也被安置在胶东休整补充。毕庶澄立即拍电报给李藻麟，质问总参谋处将王栋军调至胶东，为什么事先不征得他的同意。李拿着电报去找张宗昌，说明总参谋处并无任何不当之处，毕庶澄三十二军驻防胶东，并非地方军事长官，何况王栋军驻地与毕军驻地并不在一个县，没有必要事先征得他的同意。张宗昌说：

“没关系，咱们承认错误，这小子找死哪！”

1927年初，直鲁军南下援助孙传芳时，毕庶澄奉令率所部三十二军进驻上海。他是小军阀进大城市，一切都感到新鲜。故刚到就为当地的绅商所包围，终日花天酒地，叫条子，打麻将，一月之久，未曾一次到过他的办公室。每天寻花问柳，不理军务。此时北伐军攻势凌厉，工人运动声势浩大，张宗昌因军需急迫，曾强令上海银行公会发行债券1000万元，银行公会断然予以拒绝。蒋介石在毕庶澄进退维谷之际，派毕的同乡崔唯吾劝降，委任他为第四十一军军长，毕庶澄为继续保有上海，也不拒绝。关于毕庶澄在上海和蒋介石的勾结问题，据说是通过青红帮关系从中撮合成的，是蒋介石对直鲁联军所采取的分化手段。

毕庶澄的默许使得国民革命军奉令暂不攻上海，但上海的工人和民众则预有准备，要夺取军阀的武装，推翻其在上海的统治。3月21日，上海爆发第三次工人武装起义。经过激战，毕庶澄的司令部被武装工人占领。此时，白崇禧及薛岳部周凤岐第二十六军亦突破松江防线，进抵上海。毕庶澄率残部退入英租界。毕本非实心投降北伐军，遂着其参议冯翥清代职，自己则于3月24日，乘日本轮船神丸号逃回青岛。抵青后即赴徐州晋见张宗昌，遭张怒斥，令其回青岛候命。

对于毕庶澄在上海失败后，起初张宗昌并没有准备给他什么惩罚，更没有杀毕之意，不仅如此，而且还叫他赶回青岛整理部队，毕说没钱，张立即写了20万元的条子给他，叫他支钱回青。毕拿着条子向军需总监祝彻千索取现洋，不要票子，祝说没有，两人就在办公处大吵大闹，无法解决。祝只得电报张宗昌请示，毕因索取现洋未遂，忿而返青。张得知此事后很是生气[17]。

毕与革命军取得联系后，所部退到胶东，此后他便开始活动。首先是联合最大实力派褚玉璞，阴谋共同驱逐张宗昌。不料褚向张告密，另外，毕庶澄在上海的活动被褚玉璞、吴广新探知告发，事遂败露。

毕庶澄在胶东兴风作浪，扰乱后方，不仅会影响前方士气和作战部署，甚者会直捣济南根据地，便全局陷入首尾不能相顾、混乱不堪的境地。于是，张宗昌将毕置于死地的决心逐渐坚定。

1927 年 4 月初的一天下午，张宗昌通知李藻麟：

“今天晚上，你到我这儿来一趟，有点儿事，咱们商量一下。”

当晚，李因有事，去得稍迟一些。进屋一看，除张之外，在座的尚有褚玉璞和秘书长韩虔古。张宗昌首先开口，把毕庶澄图谋不轨之事从头至尾说了一遍。其实李到会时，枪毙毕庶澄一事早已商定，韩虔古正在草拟执行枪决的命令。于是，张、褚和李三人又将改编三十二军之事商量一回。命令稿拟好，由张宗昌亲笔抄录，并签字盖章，交由褚玉璞执行。

褚玉璞携带张宗昌秘密手令回到济南后，于 4 月 4 日亲自打电话给毕庶澄，邀毕到济南面谈一切。毕不知是计，立即偕同卫队团长马文龙从青岛乘车赶至济南。当其进入褚玉璞公馆后，卫兵一拥而上，将毕捆掷，毕知事败，一再哀求见褚督办一面。但事到此时，木已成舟，哀求也无济于事。卫兵将毕拖到公馆后花园执行枪决。毕死时年仅 34 岁。

毕死后，褚玉璞还下令予以盛殓，停厝趵突泉药王庙，并叫全城文武前往吊唁致祭。7 日，褚玉璞到胶东抚慰毕部，改任祝祥本为胶东防守司令兼第八军军长[18]。

关于枪毙毕庶澄的细节，《土匪军阀张宗昌》一书所收李恒珍等著之《张宗昌督鲁与直鲁联军》一文[19]的记载不同：张宗昌见到截留毕庶澄通敌的电报数件，于是立即召褚玉璞告知毕庶澄通敌的事情。问褚对毕应如何处置，褚力主枪毙，直到此时张宗昌还犹豫不决，后又派专车到济南请顾问韩虔古到徐州商议，最后始决定照褚的意见执行。褚乘专车回到济南作了一些部署，又由林宪祖打电话请毕来济，说要重新布置防务，请各将领共商决定。毕心里也有些踌躇，来时叫他的卫队团长马文龙随行。毕到济南，褚亲往接至私宅，并在当日宣布了毕的罪状和张宗昌的命令，就地枪毙了。

此外，张用宾等著文又有不同说法：张宗昌得密报说毕庶澄在上海已被蒋介石重金收买，图谋内叛，于是电令在徐州指挥作战的褚玉璞返回济南。褚玉璞到济南见到张宗昌后，张告以毕庶澄通敌，恐怕变生肘腋，命褚速行杀毕，以除内患。褚玉璞受命后，即以长途电话通知毕有要紧军务，立即来济南会晤。毕当晚乘车从青岛来济南，转天早晨，褚玉璞亲至车站迎接，毕与其部下马文龙下车后与褚玉璞乘车到褚的办公处。进屋后，即为卫兵所执，褚玉璞宣布毕庶澄通敌谋叛的罪状，出示了张宗昌的命令。将毕连同马文龙立即处决。然后向张宗昌复命[20]。

上述两说，均存之。

褚玉璞杀毕之后，于4月6日赴胶东改编毕部，由祝祥本等人接替统领。同一天，他还以张宗昌的名义发表公告：

“查直鲁军第八军军长毕庶澄，受本总司令眷顾，历十五年之久，惟其性行轻薄，近二三年间，行动时逸轨度，殆类儿戏。奉令出征上海，不修战备，擅与赤党联合，受其委任，事实显然。因乃挥泪命褚玉璞处毕以枪决之刑。马文龙曾骚扰胶东一带，逆迹昭著，同时枪决。切切此布。”[21]

## 6. 津浦与陇海之战

**津浦线之战：**

1927年4月初，直鲁军以第七军军长许琨为前敌总指挥，向合肥方面展开进攻。直鲁军此次反攻目的，旨在将北伐军逐出苏皖两省江北地区。因此，一方面出兵攻占浦口，一方面重点攻击合肥以及皖北各据点。参加作战的直鲁军部队计有程国瑞第五军、徐源泉第六军、许琨第七军、广西刘志陆所部3000余人、马济所部1000余人。

张宗昌对这次战斗极其重视，他还曾亲临前线。当他深入前线慰问广西刘志陆的队伍时，在战壕中与士兵一一握手致意，一个广西士兵情绪激动地说：

“你的胆子太大了！”

张宗昌笑了，冲周围的士兵高声说道：

“咱们既然走到了一块儿，就都是自家兄弟，我跟大家一样，大家上火线，我也得上火线！”

刘志陆深恐他的队伍不稳，有人闹事，发生意外，危及张的人身安全，因此力促张不要在阵地中逗留过久。在刘志陆再三催促下，张宗昌方始离开前线阵地，返回司令部。

直鲁军初战攻势甚猛，进展较为顺利，一度兵临东门外，围城28天，用重炮攻击、飞机轰炸，遭到守城的国民革命军第五师师长马祥斌部的顽强抵抗。适逢冯玉祥部的北伐先遣司令王金韬路过合肥，率部奋勇助战。合肥东南柘皋东山口一战，直鲁军由胜转败。程国瑞所属第八军约有8000人，在东山口为北伐军击溃。程军纪律松弛，士气不振，一旦受挫，溃不成军。徐源泉所属第六军的一部约有6000余人，奉令前往增援。这支部队刚刚开抵店埠镇，程国瑞军在北伐军的猛烈追击下，恰恰也溃退到店埠镇。该镇位于合肥正东，距合肥约40里，徐军见势不妙，恐遭连累，未敢迎战，便火速退出，店埠镇随即为革命军占领。

此次合肥之战不久，马祥斌、王金韬二人均死于战争。合肥各界为感激二人守城之功，于1928年捐资在奎星楼原址修建了一座钢筋水泥的“马、王二公祠”。楼高三层，呈四方形，底层有4个拱门为通道。中层供马、王二公牌位和“保境卫民”匾额及记功碑。上层仍供奎星像一尊。连同底层共四层，可算是当年合肥最高的标志性建筑。惜时隔仅10年，1938年日寇侵华攻占合肥后，用炸药将其炸毁了。

马、王二公祠

广西名将马济，恰于此时自前线撤退归来，由于情况不明，竟然乘坐汽车长驱直入店埠镇。等到他察觉后，自身已陷入北伐军包围中，他急令司机开足马力，企图一举冲出重围。不料为北伐军发觉，当即开枪狙击，司机不幸中弹身亡，汽车戛然而止，马济自车中一跃而出，在副官卫兵的掩护下，落荒而逃。幸好当时战斗尚未完全结束，战场犬牙交错，一片混乱，北伐军也未敢紧追，马济等人方才得以逃脱，未成俘虏。但是没过几天，当马济等人正沿山中小路行进时，与保境安民的红枪会农民相遇，由于语言不通，误被认作是散兵游勇，落草为寇，竟被手持红缨枪的农民刺死于地。一员名将，就此作古。马氏为广西人，是广西军界中的一位资深将领，李宗仁、白崇禧所属广西部队将校多半曾任其部属。张宗昌对马济十分尊重和信任，采纳其建议，给予作战指挥权和足够的兵力支持，因此，马氏在作战中表现极为勇猛和强悍。

当北伐军迫近蚌埠时，张宗昌方才离蚌埠去济宁。张坐镇蚌埠不肯及早离去，主要是因为当地尚存有大量军用物资急待运走。例如蚌埠飞机场尚停有德国容克式军用飞机6架，每架飞机价值10余万元。后来形势恶化，急转直下，张宗昌不得不下令立即起飞撤退。他对航空队长聂恒玉声色俱厉地说：

“谁把我的飞机弄坏了，我就要谁的脑袋！”

6 架飞机接到命令后，当夜起飞，直抵徐州机场。当时，各机场设施均异常简陋，根本没有照明设备供飞机夜间起落使用。经研究，只能在机场中央安放油灯数十盏，作为飞机着陆导航标志。6 架飞机冒着机毁人亡的危险，相继安全着陆，圆满完成撤退任务。张宗昌欣然下令，奖励每个驾驶员现大洋两千元。

当时奉军作战体系主要分为津浦和京汉两线，经与北伐军连番搏斗，双双失利后，张作霖及其总部深恐孤军深入，特别是京汉线奉军侧背暴露于敌，如阎锡山晋军借机出兵，进攻石家庄、保定一带，则奉军将陷入战线过长、背腹受敌、首尾难顾、进退失据的危险局面。因此，到了五六月间，张作霖决定两线同时撤退，津浦线直鲁军退至山东省境，京汉线奉军退至黄河以北，致使蚌埠、徐州、郑州、开封等重镇均告失守，北伐军迅速攻占江苏、安徽、河南诸省。

北伐军攻占徐州后，乘胜分三路大举向山东省进攻。直鲁军则采取占据有利地形、诱敌深入、伺机反攻的策略，主动放弃了台儿庄、韩庄等重镇。国民革命军一路攻占了日照、诸城，向胶济路挺进；一路猛烈围攻临沂，但遭到直鲁军顽强抵抗，始终未能越雷池一步；一路攻占临城、滕县，向兖州推进，同时另分一路攻占金乡、鱼台，向济宁推进。恰于此时，国民党内部南京与武汉两派分裂，发生武装冲突，蒋介石不得不抽调津浦线主力，以解燃眉之急。直鲁军抓住有利时机大举反攻，一举收复了滕县、临城、韩庄、台儿庄等地，直接威胁徐州。北伐军为了确保徐州不失，急调围攻临沂之师，再度攻占临城、韩庄等重镇。直鲁军调集徐源泉军等精锐部队，在前敌总指挥许琨的统一指挥下，采取层层包围战略，迫使北伐军不敢恋战，夺路南撤。7 月下旬，直鲁军再度攻克徐州。北伐军为了挽回败势，立即调集有力部队，由蒋介石亲自指挥，企图一举夺回徐州重镇。直鲁军仍然采取以逸待劳、诱敌深入、出其不意、聚而歼之的方略。蒋介石求胜心切，长驱直入，兵临徐州城下，直鲁军自正面和两翼突然发起猛烈反攻，北伐军全线溃退。直鲁军乘胜追击，特别是铁甲列车在追击速度和威力方面发挥了巨大作用。列车沿铁路线追击前进，所到之处，北伐军士兵官佐望风而逃。在列车上随处可见北伐军士兵和一些女兵在荒野中奔跑，以免被俘。白俄铁甲列车在追击战中，曾在凤阳附近消灭敌军一个营。当铁甲列车发现革命军密集队时就发射炮弹，第一颗炮弹落在密集队前面，经调整，第二颗炮弹恰中目标，于是连续发炮，卒将该营完全消灭。此次津浦反击战，直鲁军大获全胜，连续攻克徐州、蚌埠，直至浦口，将北伐军逐回长江以南。

张宗昌对此次胜利喜出望外，明令嘉奖前方将士。李藻麟奉令代表张宗昌携带现款银元20万元，乘铁甲列车到前线慰问，以鼓舞士气[22]。

**陇海线之战：**

当晋、奉两军在京汉线上作战时，张作霖令张宗昌出兵河南，攻打冯玉祥军，以减轻京汉线北段的军事压力。于是鲁、冯两军也在陇海线上恶战，两军争战焦点是控制陇海路。张宗昌亲临徐州督战，调集褚玉璞、徐源泉、方永昌、王栋、张敬尧、刘志陆、孙殿英等各军共计10余万人，任命褚玉璞为总司令，向陇海路西进。

10月11日，鲁军由砀山以西杨集进攻马牧集，此时冯军中路刘镇华部由兰封、考城进攻菏泽、定陶一线，所部旅长姜明宝忽与鲁军师长潘鸿钧勾结，倒戈内变，拆毁兰封至李八集的一段路轨，并诱擒冯军第八方面军副总指挥郑金声，解往济南献俘，冯军前后方骤然失去联络，因此陷于极大混乱。10月下旬，鲁军先后占领归德、民权、兰封、考城，前锋直逼开封。鹿钟麟绕道鹿邑、柘城逃回开封，所部突围退往皖北。冯急调孙良诚部回援，到11月3日，才夺回归德，据报这一战役俘获鲁军万余人，其中有白俄军500余人，并夺获铁甲车数辆。

这次冯军大败之后转而大胜，其中也穿插着一幕倒戈内应的故事。原来鹿钟麟部由归德南撤时，在虞城被围的第五十三师王鸿恩部未及一同退走，即向鲁军第三军军长程国瑞投降。程将该部改编为安国军第二七方面军独立第五师，并于10月30日调往兰封驻防。冯军反攻时，王师忽又倒戈内应，因此鲁军大败，放弃兰封、归德，退回马牧集的原有阵地。冯升任王鸿恩为第三十七军军长，并通电表扬王在虞城死守八昼夜和用诈降计取得胜利的功劳。

张宗昌接到兰封大败的消息，于11月6日枪决被俘的马祥斌、郑金声和勾结南方的第二舰队司令吴志馨以泄忿。张此举，为后来他被暗杀埋下了伏笔。

此后冯、鲁两军在归德、砀山之间进行了拉锯战，张敬尧作为鲁军第二军军长，在陇海线作战，于学忠担任第三十军军长，在皖北涡阳一带作战，靳云鹗也到徐州与张宗昌相见。11月26日冯军在定陶一役生擒了鲁军师长潘鸿钧，潘因伤重身死。12月2日，冯军反攻砀山又获大胜，前锋逼近徐州。

冯军在陇海线苦战时期，曾约南京国民政府同时出兵津浦线南段，以收夹击之效。此时宁汉局势日益恶化，10月中旬南京国民政府派出少数军队渡江，在明光以南与孙传芳军相持，并未展开攻势。直至11月8日才开始行动，9日占领明光，11日占领临淮关，16日占领蚌埠。孙军一度利用铁甲车反攻冲至滁州附近，但因后路有被截断的危险而迅速撤退。18日，孙军又退出圃镇，坚守宿县、夹沟一带。12月4日，冯军由陇海线进攻徐州，孙军曾分兵救援，但因津浦路宁方北伐军追踪而来，到16日孙、鲁两军终于不支向北撤退，16日南京方面北伐军占领徐州与冯军会师。

综观直鲁军此次河南作战失利、损失较大的主要原因在于指挥不利，前敌指挥官未能及时认真分析研究作战过程中客观形势的发展变化，密切注视敌人的动态，充分估计敌人可能采取的步骤，并据此做出判断，采取对策，进行各种应变准备[23]。

张宗昌对北伐军作战连连失利，迁怒于孙中山的停灵之地。1927年9月18日他来北京开会时，说：

“南军打胜仗，是因孙文停灵的地方风水好，为了能打胜仗，就应毁掉孙文遗体，以绝后患。”

绿林出身的张作霖也是一个极迷信风水的人，他听了张宗昌的建议一拍即合，幸亏杨宇霆从旁劝止，才暂时作罢。

在张宗昌提议毁掉孙中山遗体时，当时的“少帅”张学良也在北京。他听说了这件事后非常气愤。张学良对孙中山十分尊敬，他当面警告张宗昌不准胡来，还通知警察厅加强防范。张学良还致电南京政府，要求将孙中山遗体运回南京，并表示他可以护送到天津。1929年5月，移灵南下开始。

## 7. 建立新政权

1927年6月11日，张宗昌、孙传芳同到北京参加顺承王府会议，讨论和战问题。张作相、吴俊升反对投降易帜，主张退守关外，孙传芳则愿战至最后之一人，张宗昌也不甘心放弃山东。16日继续开会时，当时有三种办法：

第一，张作霖出任大元帅；

第二，派人组阁，自己站在后台；

第三，出关不问关内事，恢复“关外王”的独立局面。

杨宇霆强调北方必须团结起来才能抵御南方，各省军队必须统一名称改用安国军旗帜，一致服从安国军总司令的命令。孙传芳也不顾颜面，他说：

“不仅军事上要服从，政治上也要服从。”

在会议中，张宗昌曾慷慨激昂地说：

“今后的敌人不是北洋系了，非战不可，不战必亡，与其入棺待死，不如痛快大干。升格之后即或情势不佳退出关外，有了大元帅的称号犹可仿照孙中山在广东局面，易于号召也。”

他这番话很率直，张作霖听了大为感动，因此几天不能决定的重要问题，乃在这次会议中完全定议[24]。

于是大家七嘴八舌讨论所谓“最高问题”，有的主张推戴张作霖为临时总统，有的主张仍用临时执政名义，最后决定仿照孙中山的先例称“大元帅”，用北方军事将领公推的形式产生。本来应由年龄最长的吴俊升领衔发表推戴通电，张宗昌插嘴说：

“馨远老弟领衔最为相宜。”

孙传芳也并不推辞。

张作霖望了孙一眼说：

“馨帅还有多少兵？”

孙自称还有13万人，只要接济军饷子弹，继续作战毫无问题。张作霖立刻承认拨发孙军50万元，子弹则可就近向山东领取。接着，他又回过脸来向张宗昌、褚玉璞问道：

“你们两位守得住山东、直隶否？”

两人齐声回答：

“进取不足，退守有余。”

于是张作霖高兴地说：

“好极了，你们要怎么办，我都依从你们就是。”[25]

6月16日深夜，由孙传芳、张宗昌领衔的拥护张作霖就任海陆军大元帅的通电发出，电云：

> “万急，北京张大帅钧鉴：各省军民长官、各法团、各报馆均鉴：天祸民国，政纲解纽。国无政府，民无元首，纷纽扰攘，累载于兹。现在赤氛弥漫，天日为昏，毒害全国，无所不至。国民之期望，友邦之责备，皆以讨赤为唯一安国之大计。然非统一军权，整肃政纲，实无以慰群伦，而靖祸患。伏维我总司令自去岁就职以后，志在靖乱。旰夕焦劳，北方赤祸，虽就廓清。南方赤党，益为猖獗。

全国皇皇，罔知所届。际此存亡绝续之交，正我辈奋身报国之日。传芳等再三筹议，佥谓讨赤救国，必须厚集实力，固结内部，方能大张挞伐，截定凶残。拯神州陆沉之危，救元元涂炭之厄。我总司令大公之量，天地为昭。同志之孚，友仇若一。唯有吁恳总司令以国家为前提，拯生灵之浩劫，勉就海陆军大元帅。用以振奋军志，激励士心，坚中央出令之权，一全国同仇之情。庶可迅扫赤氛。澄清华夏。传芳等当身先将士，尽力疆场，以副拯民水火之忱，而尽殄除暴乱之责。切请勿拘小节，而失人心。勿慕谦光，而酿巨变。总之全国之人将死，唯我总司令生之。全国之士将亡，唯我总司令存之。事机所迫，间不容发，干冒尊严，不胜惶悚屏营之至。孙传芳、张宗昌、吴俊升、张作相、褚玉璞、张学良、韩麟春、汤玉麟。铣（十六日）。印。”

张作霖

张作霖终于登上北洋政府的元首地位，于1927年6月18日在怀仁堂就任海陆军大元帅。

先一天北京警察挨家挨户通知商家悬旗，并令中文报纸一律大字套红，各报借口买不到红油墨，所以仅出一日红字。

18日黎明，北京长安街自东到西以迄顺承王府，三步一岗，戒备森严。下午2时起除悬有安国军的黄牌汽车外，一概禁止通行，电车亦暂停，小胡同车马阻塞拥挤不堪。同时，另有飞机两架在空中盘旋。

张作霖着陆军上将制服，安国军高级将领张作相、吴俊升、杨宇霆、张学良、韩麟春等，皆着军礼服，孙传芳则衣黑纱马褂，淡蓝纱袍，在行礼前后谈话最多。潘复亦燕尾服大礼帽，随后参与。就职典礼在怀仁堂举行，最后到者为张学良、韩麟春。张老帅坚持要等这两人到后才就职。

18日下午2时由总统府侍从武官长荫昌及大礼官黄开文乘礼车赴顺承王府迎接，2时50分抵怀仁堂，3时半行礼，礼炮放了108响，黄开文赞礼，张作霖南向立，奏国乐毕，张作霖朗读宣言云：

“作霖忝膺中华民国陆海军大元帅之职，誓当巩固共和，发扬民治，刷新内政，辑睦邦交。谨此宣言。”

宣言后受贺，3时50分即回顺承王府[26]。

张作霖在北京组织军政府后，为简化军事指挥系统，废除以前各种名称，任孙传芳、张宗昌、张学良、韩麟春、张作相、吴俊升、褚玉璞为第一、第二、第三、第四、第五、第六、第七方面军团军团长，张宗昌为海军总司令，沈鸿烈为副司令兼海军第一舰队司令，吴志馨为海军第二舰队司令，周培炳为空军司令[27]。

同时，公布了《中华民国军政府组织令》（亦称安国军政府）七条：

（1）陆海军大元帅统率中华民国陆海军；

（2）大元帅于军政府时期代表中华民国行使行政权，保障全国人民法律上应享之权利；

（3）军政府置国务员辅佐大元帅执行政务；

（4）国务员之数如下：国务总理、外交总长、军事总长、内务总长、财政总长、司法总长、教育总长、实业总长、农工总长、交通总长；

（5）大元帅之命令，国务总理须副署之，其关于各主管部务者，各部总长须连带副署，唯任免国务员不在此例；

（6）国务员及各部之官制另定之；

（7）中华民国十六年六月十七日以前之法律、命令不相抵触得适用之[28]。

政府方面，主要是任命潘复为国务总理。

潘　复

潘复之所以得以出任国务总理，除因潘本人具有相当丰富的学识、从政经验和处世阅历，能博得张作霖的欢心和认可，其任命也是与张宗昌的大力推荐分不开的。张宗昌及其所统帅的直鲁联军即二七方面军，虽非张作霖嫡系势力，但为张作霖战败曹锟、吴佩孚、冯玉祥、齐燮元等人立下汗马功劳，功勋卓著，成为奉系入主中原的一根擎天柱，支撑着奉系的半边天。张作霖最终登上北洋政府元首宝座，更是与张宗昌的策划与支持分不开。内阁的人选和任命，自然要考虑张宗昌的意见。

张宗昌之所以要推荐潘复这个清末举人出任总理，其真实意图并非要左右中央政府。潘在山东地方上是一个有相当实力和影响的人物，他长袖善舞，在山东和靳云鹏合资创办鲁丰面粉公司，民国初年参加进步党，曾在北京财政部任司员，后赴关外依张作霖。1925 年 10 月，山东军队在蚌埠被孙传芳打败后，潘曾在济南大肆活动，阴谋取而代之，夺取山东地盘。虽然事态很快平息下去，也未予追究，但张对潘总有些不放心，留在地方终究是个问题。他采取送神仙的办法，不露声色，将潘推荐给中央政府任阁员，甚至组阁出任国务总理，让潘高高兴兴脱离山东，不再插手山东地方事务[29]。

潘复内阁人员名单如下：

国务总理 **潘　复**
内务总长 **沈瑞霖**
财政总长 **阎泽溥**
外交总长 **王荫泰**
军事总长 **何丰林**
司法总长 **姚　震**
教育总长 **刘　哲**
实业总长 **张景惠**
农工总长 **刘尚清**
交通总长 **潘复（兼）**[30]

这是一个清一色的奉系内阁，张作霖把陆海两部合并，改称军事部，设一军事总长。新增一实业部，并以农商部改为农工部。交通总长虽由潘复兼，可是实际大权操在次长常荫槐的手中，常是杨宇霆的红人，以交通部次长兼京奉路局长，权倾一时[31]。

在张作霖组织新政府的前后，曾发生过一次试图推翻张作霖政权的未遂兵谏。而这次兵谏的主谋不是别人，而是张学良。1936 年的西安事变众所周知，但 1927 年这一次政变却鲜为人知。

1927 年春，吴佩孚、孙传芳等先后落败北伐军，北附张作霖。张作霖特派张学良统率奉军三、四方面军精锐进入河南，对抗北伐军。由于奉军远非北伐军的对手，以故一向主张“息内争、御外侮”的张学良无心再战，决心谋求南北妥协，结束内战。一天，张学良对心腹葛光庭说：

“这仗不能再打了，打赢、打输都是中国人吃亏，日本人还在打我们东北老家的主意哩，所以我打算撤军。老帅（即张作霖）可能不会同意。你先拿我的亲笔信交给蒋介石总司令，就说中国人不打中国人，我愿意服从国民政府的领导。但是请他们给我一点时间，容我慢慢劝说老帅。”

葛光庭很快秘密南下，与北伐军的将领进行和平谈判。

葛光庭走后迟迟没有回音，张学良一次又一次劝说张作霖罢兵休战，也无结果。为了阻止进一步的同室操戈，一个大胆的计划浮现在他的脑海中。一天，张学良以召开军事会议为名，密令奉军炮兵司令邹作华等心腹将领到河南新乡开会。人员一到齐，张学良就开门见山地说：

“你们都领教了北伐军的厉害，再打下去对我们也没好处。你们也知道我是反对打内战的，老帅想武力统一中国，做大总统，我看是白日做梦。这都是杨宇霆这个狗头军师出的馊主意。你们看，奉军一直打到了河南，可我们连一个像样的县长都派不出去。我们的县长都是贪官污吏，只知道刮地皮，整得老百姓怨声载道，到处都是土匪，这都是被我们奉军逼出来的。”

邹作华等人心里早有厌战情绪，当即表示：

“请军团长明示。”

张学良感叹地说：

“最近我想来想去，还是觉得老郭的主张对，现在要想停止内战只有以武力逼老帅停战。”

所谓的“老郭”指郭松龄，他反对张作霖扩大内战，主张“停止内战”、“开发东北，造富桑梓”。

张学良虽然在上次郭松龄事变中最终站在父亲一边，但对参与起义的邹作华等将领概不追究，深得奉军上下的一致拥戴和信任。参加这次新乡会议的邹作华等人当即表示：

“一切听从军团长的指挥！誓死追随军团长！”

随后，张学良决定发动兵谏，主要目标是逼张作霖停战。当时主要部署如下：

公推镇威上将军张作霖为北方革命军总司令，率领奉、吉、黑、热、察、直、鲁、豫八省军队起义；公推阎锡山为北方革命军副总司令，率领晋绥军起义。孙传芳负责消灭张宗昌在山东的军队，张学良负责消灭张宗昌在河北的军队。高仁绂则指挥在北京附近15个奉军步兵和炮兵团，消灭张宗昌在京津地区的军队。如果张作霖仍然不采纳张学良的建议，高仁绂即率奉军包围张作霖居住的顺承王府，切断王府同外界的一切通信联络和交通，但不能向王府开炮。行动具体时间等候张学良的命令。

从这个部署来看，当时京畿警备区的高仁绂所负责任最大，承担的风险也最大。张学良之所以选中他，是因为高仁绂及其族兄高纪毅均是郭松龄和自己的旧部，也参加过滦州起义，自己对他也有不杀之恩。但不知为什么，张学良把孙传芳这个老军阀也拉了进来。

会后，张学良专门派邹作华去向高仁绂传达指示。高一听说还要造反，当场表示拒绝。他说：

“郭茂宸（郭松龄字茂宸）领导的滦州起义，是军团长与郭茂宸联合下的命令，我才誓死追随，不意到了锦州起了变化，造成相反的后果。这一次我决不接受这个任务。”

邹作华只好耐心解释道：

“这次是军团长个人负责，决无意外变化。从今天起，你只接受军团长一个人的命令，任何人的命令你都不要接受。”

为了让高放心，邹作华还当场写下字据，盖上印章，交给高仁绂。

高仁绂实在推托不过，只好向邹保证，愿对北京兵谏负绝对责任。邹作华大喜过望，当即返回新乡向张学良汇报。

这时北京地区的奉军、宪兵和警察的负责人也先后收到张学良的命令：绝对听从高仁绂指挥。高仁绂也开始进行起义前的部署工作，接收西直门的警戒工作，又借口在北京城郊区进行局部军事演习，逐渐形成对北京城的包围。

眼看兵谏时机越来越成熟，张学良却因封建伦理的影响，迟迟下不了决心。这年10月，正当高仁绂因迟迟得不到张学良的指示而寝食难安的时候，他突然接到张学良副官的电话：“军团长已经到了北京，叫你马上来！”高当即赶往张学良在新建胡同的公馆。在门口正巧遇上奉召前来的邹作华。邹作华神秘地对高说：“计划变更，停止演习。”直到此时，高仁绂才如释重负，马上通知部属停止演习，部队回营房待命。张学良响应北伐军而策划起义的兵谏就这样流产了。

根据高仁绂后来的回忆，这次兵谏失败的主要原因除了张学良的犹豫外，更主要的原因是原本同意新乡计划的孙传芳背信弃义，向张作霖告了密。张作霖勃然大怒，把张学良叫去痛骂一顿，但对参与谋划的人并没有追究。后来，张作霖在皇姑屯被日本人炸死，张学良接管东北大权，对邹作华、高仁绂、高纪毅都委以重任。这3人都忠实执行了张学良的铸剑为犁政策，为东北的经济发展做出了突出贡献。至于坏了张学良大事的孙传芳，在张学良处死杨宇霆不久，担心张学良找他算账，从沈阳逃到日本人统治下的大连，做了寓公。

对于这次兵谏，当时只有张学良和几个心腹等少数人知道，一些人虽然也有耳闻，大多不敢相信。天下哪有儿子反父亲的呀！但是熟悉张学良性格的人都知道，张学良做事与常人不同，有些别人做不来的事情，他却能做出来。在1936年的“西安事变”中，张学良把蒋介石抓了起来，逼其联共抗日，就是证明。而且张学良正是汲取了第一次未遂兵谏的教训，才使西安兵谏做得天衣无缝，取得成功[32]。

## 二、离开山东

### 1. 兵败山东

蒋介石在1927年就叛变了革命。到了1928年2月9日至4月初，国民政府先后把蒋介石、冯玉祥、阎锡山、李宗仁所属部队统一编为国民革命军第一、二、三、四四个集团军。并任命国民革命军总司令蒋介石兼第一集团军总司令，第二、三、四集团军总司令分别为冯玉祥、阎锡山、李宗仁，李济深为国民革命军总参谋长，白崇禧为前敌总指挥。

到了1928年4月7日，在英、美帝国主义支持和纵恿下，蒋介石同冯玉祥、阎锡山、李宗仁等四派，组成4个集团军分别从津浦、正太和京汉路同时向奉系军阀发起攻击。蒋介石领导的所谓的“第二次北伐战争”开始了。

国民军此次北伐的战略部署是：以蒋介石的第一集团军，共计18个军约29万人，沿津浦线北上，经泰安、济南、沧州直捣天津；冯玉祥的第二集团军共计25个军约31万人，从河南沿京汉路北上，担任京汉路以东、津浦路以西地区的攻击任务，并与第一、四集团军联合，合攻京、津地区；阎锡山的第三集团军共计11个军约15万人，沿正太路出兵娘子关，截断京汉线，然后北上与第四集团军会师北京；李宗仁的第四集团军，共16个军又4个独立师，沿京汉线经郑州、新乡，向正定、望都一带集结，直捣保定和北京。

眼见国民革命军四路大军气势汹汹地猛扑过来，张作霖决定采取收缩防线，集聚力量攻其薄弱环节，借以一举扭转战局的策略。具体部署是：第一方面军团孙传芳部、第二方面军团张宗昌部负责鲁西南作战，率部据守津浦线，阻截蒋介石的第一集团军北进，并截断第一、二集团军的联系；第七方面军团褚玉璞部，死守大名，阻止冯玉祥的第二集团军北上；第三方面军团张学良部、第四方面军团杨宇霆部，在娘子关、平型关方向作战，进攻实力相对较弱的阎锡山的第三集团军，相机由京汉铁路南下直捣武汉；第五方面军团张作相部，担任晋北方向作战；第六方面军团吴俊升部，为总预备队。其作战方针是全力攻击豫、晋，守备鲁西南，并以保定为轴心，向西线集结，乘李宗仁的第四集团军尚未到达正定时，一举将阎锡山的第三集团军包围并歼灭之，然后再回师截击其他各路大军，以实现各个击破的战略目的[33]。

在北伐军北上之前，张宗昌进行了军队的整编工作。之所以这样做，一方面是由于军员庞大，军费支出已到了捉襟见肘的地步；另一方面是因为原编制过分庞大，不便指挥，兼以在撤退中部队多有途中星散情事，以至张作霖也连连责备他兵虽多而不精。

1926年5月22日，张作霖致电张宗昌：

“应将不良军队，酌量调回山东，切实整顿，留精锐者，应付前敌。”

5月25日，张宗昌复电张作霖：

“当军事方殷之际，急于征募，军队不免复杂，迨战胜攻取，得意忘形，每致动轶常规，为世诟病。其情为古今所同慨，其势亦各军所同然，此实无可讳言，唯当自疚。昌返鲁以后，对于路政之整齐，部属之约束，军队之裁汰，难民之赈济，均已分别着手锐意进行。益复力自修省，冀免愆尤。第度势审时，衡情酌理，不得不严厉督饬，亦不敢过事操切，致滋流弊。种种苦衷，尚乞鉴宥。除已通令各部队于军风两纪严加整饬，以期无负钧座诰诫之殷，垂念之切，并饬属一体遵照”。

同一天，张宗昌发裁军“养”电：

“查军兴以来，各部队纷纷增加兵额，体格漫无限制，与军制饷糈，影响甚巨，亟应分别裁汰，实行点验，以资整顿。兹将先行整顿办法列下：（一）各军队严汰老弱，徒手兵一律切实裁汰，每营兵士五百名，最多准留徒手百名；（二）各军队由本总司令亲自点名考验，所有各部官佐士兵夫役花名清册，自令到日起，限五日内一律造齐送核。”

5月31日，张作霖致电张宗昌：

“行军之道，首贵整军饬纪，我弟对于赵杰军队，既经解散，实深欣慰。唯我弟所部各队，且有甚于赵杰者，恐亦在所不免，务宜格外注意，赶速整顿，以免贻人口实，至要！至嘱！”

6月2日，张宗昌复电张作霖：

“军兴以来，招募补充，既因急不暇择，良莠并进；又以延长作战，训练夙疏，驯至减我军誉，贻人口实，思之曷胜疚惭。此次解散赵杰所部，正以整饬纪纲。此后益当仰体钧意，对于各部队严加裁汰，认真约束，总期军纪克张，免至重劳廑系，仍乞时颁训示，俾有遵循，曷胜企叩之至。”[34]

在张作霖的严督之下，张宗昌回到山东来也大倡其精兵主义。

在实施中，张宗昌首先遣散纸老虎已被戳穿、吓唬不了人的白俄军，分别把他们送往哈尔滨一带。随后将可以调动的军队轮流调到济南来点验改编，规定每军辖两个中将支队（师），每一中将支队辖两个少将支队（旅），每一少将支队辖三个上校支队（团）。在前方作战的军队，则许其展期改编。在济南改编后的军队只留下6万人左右。

这次整编，对于张宗昌的这批骄兵悍将，并没有达到预期的目的，反而增加了上下级的不满情绪。兼以全省财源枯竭，开支浩大，省钞几成废纸，欠饷成为惯例，士兵间普遍存在“给多少钱，打多少钱仗”的说法[35]。

为了联络孙传芳合力对付北伐军，张宗昌还把他从西方国家运来的军械卖给孙传芳。1928年3月，艾金号货船运260箱军械到青岛，张宗昌指定将此运输给孙传芳，计有步枪1000支、刺刀1000把、皮带1000副、子弹300万发、机关枪150架、手枪106支、子弹5万发[36]。

蒋、冯、阎三个集团军于4月10日同时下了攻击令。当天蒋军正面占领韩庄，左翼渡过微山湖占领夏镇、鱼台，右翼占领台儿庄。鲁军用3个月时间在台儿庄、韩庄之间筑成了一道长达80里的防线，竟然不战而退。

4月14日北洋军作殊死搏斗，孙传芳在苏、鲁边界丰沛一带反攻，为张宗昌声援。而张宗昌亦亲临前线督部猛攻，北伐军奋不顾身，反复冲杀，击溃敌军攻势，占领临城。18日攻入腾县。19日占领邹县及曲阜。20日攻入兖州，围歼北洋军于峄县。孙军经过这次孤注一掷，也就一蹶不振了。

孙传芳和张宗昌的部队自被北伐军于兖州、济宁击溃后，即退集泰安、肥城、济南，而济南的争夺更是中外所最关心的一幕。

在此以后，蒋、冯两军一路无抵抗地占领临沂、日照，正面占领滕县、邹县、兖州。4月22日蒋、冯两军在泰安城外会师。

4月23日北伐军各部队开始行动。25日贺耀祖指挥之第三军团于大舍、大石桥线向店台、长城、大万德、小万德等地攻击前进。方振武指挥之第四军团则向肥城猛攻。其他各军亦向北洋军进击。

5月1日张宗昌、孙传芳以济南陷于孤立，势难久守，乃向德州撤退，革命军遂攻占济南，刘峙进驻山东旧督署[37]。

张宗昌在撤离济南时，曾将泺口铁路炸毁[38]。

黄河泺口铁桥8号桥墩（1928年被张宗昌炸毁）

济南易主前后，日本帝国主义就发动了侵略中国山东的不义战争。在5月3日这一天，被日本侵略者野蛮屠杀的中国军民在1000人以上。尤其令人发指的是，日本军国主义践踏国际法准则，残杀了国民党政府山东特派交涉员及16名外交人员。日军于5月3日深夜包围并强行搜查了山东交涉署，特派交涉员蔡公时用日语表示抗议：

“我们是外交官，这里是非战斗单位，不许搜查。”

日军却毫不理睬，将蔡捆绑起来，把他的耳朵和鼻子割去。蔡公时坚持民族气节，怒斥日军暴行：

“日本人对我如同古代奴隶社会对待俘虏一样”，“日军决意杀害我们，唯此国耻，何时可雪？野兽们，中国人可杀不可辱！”

日军大怒，又将他的舌头、眼睛挖去，对其他人也百般摧残。最后，除一人侥幸逃脱外，其余的人全部被日军杀害。其状之惨，令人目不忍睹。

面对日军制造的惨案，蒋介石采取了退让方针，命令北伐军“忍辱负重”，撤出济南，绕道北伐。7日，日军第6师团师团长福田彦助向蒋介石发出最后通牒，提出无理要求，并限12小时以内答复。蒋介石派熊式辉、马家伦连夜赶赴济南与日军交涉，日方又谬称期限已过，拒绝谈判。8日拂晓，福田下令重炮攻城，11日济南陷于敌手。

日军占领济南城后，肆意杀人抢掠，奸淫妇女，又将街上市民赶至一处，做刺杀目标取乐。日军为了消灭罪证，把中国军民的尸体用麻袋包裹后，运至青岛投入海中，或者浇汽油焚烧。来不及撤出的数百名伤员也全部被日军屠杀。据济南惨案被难家属联合会调查："济案"中国军民死亡6123人，伤1700多人，财产损失2957万元。另据国民党市党部报告：死伤人数约计11062名，此外，物质金钱上的损失，尚不胜计数[39]。惨案发生后，日方否认日军屠杀中国人民的罪行，反而要南京国民政府道歉、赔偿、惩凶。1929年3月28日双方签订《议定书》，宣称"中日两国所受之损害问题"俟双方"实地调查决定"，后亦无结果。

很多书上说张宗昌在撤出济南前通知了日本人[40]，还有记载称张宗昌与日本人达成了协议，即由日本军队帮助张宗昌迎击北伐军[41]。应该说，张宗昌确有利用日本军队来对抗北伐军的企图，但此事后为张作霖阻止，所以张宗昌后来对日本人避而不见，因军徐徐而退，放弃了济南。张宗昌改过向善，避免与日本人勾结，当时曾普获佳评[42]。

张宗昌离开济南前夕，潘复、吴光新等建议他率军东撤，依青岛为根据地，联日拒蒋，伺机再起。但张表示：

"我是从奉天来的，我带的兵、武器都是张大帅给的，无论如何，我还得把这个家底送回东北去。"

此后张宗昌于5月逃到德州，日本曾电请他回师反攻济南，但为其所拒绝。

张宗昌对日本人一向没有好感，年轻时在东北曾帮助俄国打过日本，后来他虽然和日本人有过接触，但张宗昌对日本人始终存有戒心，有两件事就很能说明问题。

1927年5月，张宗昌因日本人以保护日侨为借口，拟派出陆军两千由南满开抵青岛，察看情形，再赴济南，特致电国务院：

> 济南、青岛完全为中国领土，又与上海、汉口有租界者截然不同，乃日政府并未征求我国意见，突然派兵到鲁，不唯侵犯中国主权，尤易引起人民误会，有碍邦交，实非浅鲜。除饬特派山东交涉员及总司令、赵总办分向青、济日领切实交涉外，事关国家全局，至为重大，其时间更属迫促，务请贵院、部飞向驻京日使提出严重抗议，务使完全取消，以免障碍而保亲善。至保护侨商安全，当由本省军警始终负全责[43]。

皇姑屯事件现场

1928年张宗昌撤离山东后，李藻麟奉命去北京向张作霖汇报战况，当天汇报结束后，国务总理潘复告诉李日本大使馆通过外交部提出，拟派武官一人到沧县参观部队，嘱李派人接待，并约定第二天见面再做具体安排。根据过去惯例，每逢有重大会战，英、法、美、日等国使馆武官经常要求到前线参观，不管过去直军时代，还是当时奉军时代，一向如此。第三天早晨，日本军官乘奉军专车一起出发。经过介绍，此人原来是竹本多吉。他曾发明一种立体兵棋，在日本军事教育界享有一定声誉。由于李在保定军官学校担任战术教官时，曾经阅读过他的著作。于是在谈话中，李很自然地提到他的立体兵棋，他高兴得不得了，眉飞色舞，洋洋得意，谈话气氛也就随之愈益热烈，有些无拘无束了。突然，他长叹一声，莫名其妙地说了一名话：

“唉，中日之间可能要发生不幸事件！”

李闻言大惊，乃再三追问，他始终避而不答。

到了沧县，李把这件事告诉了张宗昌。张意味深长地说：

“日本小鬼，要时时刻刻提防他们，你看着吧，冲这句话，准出事，而且指不定出什么大事呢！”

不久，皇姑屯事件发生，张作霖被炸，所谓中日之间可能要发生不幸事件或许即指此事而言。这是张宗昌始料不及的[44]。

## 2. 兴也在滦县，败也在滦县

张宗昌从济南撤退以后，一路警戒前进，他命令压道车开路，待得到消息后再乘铁甲车跟进。但等过了张庄（禹城、平原间）后，突然失去压道车的消息。张知有变，派人前去查探。原来平原县知事刘耀东与张部一兵败畏罪的团长联合拆除了一段路轨，准备活捉张宗昌献给北伐军。张与部下计议，林宪祖主张致函刘耀东疏通，张宗昌当即打断，说：

“真是个书生，到这般时刻还要做文章。你们纸上之兵不如我所带之兵，枪杆一挺，即可过了‘华容道’！”

乃令士兵包抄前进，并开炮轰击平原县城和车站，将刘部赶跑。

随后，张宗昌即率直鲁军继续北进，并于5月10日左右由德州向沧州退却，进入直隶省[45]。这时的张宗昌虽然失却了山东地盘，但直鲁究竟是联合体，褚玉璞是他的老部下，他仍然是总揽大权，指挥一切，将所有撤退部队驻防京奉线关内段滦东一带，在滦东的队伍，均由许琨指挥。

张宗昌到了直隶，还像山东那样颐指气使，于是他与褚玉璞的关系就发生了微妙的变化。一次，张对褚玉璞等人说：

“我把山东赔光了，来到你们直隶，我是在这里吃劳金。”

所谓“劳金”是一种买卖人的口语，就是自己的商号倒闭了，来到联号里吃伙友，等于自己吃自己的劳动力一样，故叫作“劳金”。由张宗昌的这番牢骚话里，可以看出他当时的情况已经不妙了。

正因为这样，为了减轻直隶省的财政负担，张宗昌采纳了总参议师景云和将校实施学校校长曲同丰的建议，将各军、师的番号一律撤销，缩小编制，改为梯队或支队，中、少将的军、师、旅长一般降低一级，改称梯队长或支队长。

有一次，王翰鸣去看褚玉璞，褚正打算上车出门，便拉王上汽车，一同到大名府去。这时褚玉璞奉命在京汉线上，支援奉军作战。在途中下车小解，褚玉璞忽然问道：

“你看督办会不会枪毙我?”

王说：

“哪有这回事，你不要听信谣言。”

于此可知，在张宗昌与褚玉璞之间，是有一些矛盾的[46]。

对于军阀来说，军队就是命根子，而维持军队靠的却是地盘。没有地盘，就等于鱼儿失去了水的呵护，注定是要灭亡的。张宗昌何尝不明白这个道理，但是他这时已是失水的蛟龙，正所谓虎落平阳被犬欺。

面对当时奉军在津浦线、京汉线的全面失利，张作霖这时已经清醒地认识到北伐军攻势的锐不可挡，沧县一经失守，天津势必不保，若不及早撤离北京，则退回关外老家的大路都将被切断。因此，在1928年5月下旬，他便召集张宗昌等奉军将领到北京开会，这是奉军的最高级军事会议，也是一次部署全面撤退的重要会议。

在会上，张作霖打算安排二七方面军即张宗昌部退守热河，但张宗昌没同意。他表示要死守京津，与敌人周旋到底。事已至此，张作霖也无话可说。

会议结束后，张宗昌将情况告诉了参谋长李藻麟，李一再劝他还是接受这个安排为好，并陈述自己的看法说：

“咱们二七方面军连年作战，疲惫不堪，损失很大，需要休养生息，整顿补充。目前唯恐东北不开大门，现在既然让咱们退守热河，咱们就去给大元帅把个大门，借此机会休整队伍，看今后局势怎样发展，再做打算。当前关键问题是找一个安身之地，否则难免全军覆没！”

张宗昌至此也清楚自己在跟自己过不去，但话已出口，驷马难追，箭已离弦，势难挽回。

当时，张宗昌拒绝退守热河，多少是出于负气。他认为张作霖这样安排，是把自己拒之于东三省大门之外，话里话外表现出不满情绪。他的内心充满矛盾。一方面，他对张作霖始终是感恩不尽，念念不忘报答张作霖的知遇之恩；一方面，他又认为自己出生入死为张作霖打天下，以后又为张作霖坐天下忠心耿耿支撑着半边天，总算对得起张作霖。但事到如今濒临绝境，竟然不肯让自己进入东三省，这分明是不信任自己，纵有卓著战功，也是枉然；不是嫡系，纵然忠贞不二，也难得一视同仁。因此，他有些愤愤不平。但这种不满情绪不是直截了当而是以扭曲的形式表现出来的。在张作霖和奉军嫡系高级将领面前，他表决心，一定效忠长官，掩护大军撤退，与敌人进行殊死搏斗，血战到底，至于个人安危存亡则在所不计。他要表现临危不惧，勇于牺牲的英雄本色和气概。张宗昌拒绝退守热河，这导致他最后彻底灭亡[47]。

5 月会议决定撤退以后，到了 6 月初，张作霖撤离北京返回奉天。张宗昌对张作霖的离去颇为眷恋，前程茫茫，未来还不知道是个什么样子。怀着忐忑不安的心情，张宗昌登车亲自护送了一段路程，车行至天津方才下车离去。很快，皇姑屯噩耗传来，张宗昌闻听大恸，在他看来，张老帅那样一个小身体，又有那么多姨太太，即使没炸着，就是这么一震，恐怕也是凶多吉少。张作霖一死，局势将会突变，于是张宗昌果断地命令二七方面军迅速由沧县撤退到天津。

北方大埠——天津，这是军阀争夺的一块肥肉，但是它对于现在的张宗昌来说，拥有那是不可能的了，因为他自己在天津是站不住脚的，必须立即抉择自己的出路。至于前不久，他在最高级军事会议上表态时说死守京津，只是一时负气的话。现在，张作霖既已去世，张学良主持东北大计，事情或许有些转机，因此，他决定还是去投靠张学良，依附奉系大家庭，作为自己的归宿。

自己的出路决定了之后，大军的当务之急就是尽快撤离天津，向山海关进发。当前迫切需要解决的一个问题是天津市的安全和归属问题。北伐军尚在数百里之外，二七方面军一经撤走，天津就会立刻形成真空，由此可能导致两重后果，一是不法之徒乘机抢掠，使天津陷入混乱；一是天津将落入冯玉祥手中，因为冯军距离最近。当然，这两者都是张宗昌所不愿看到的，而此刻形势紧迫，二七方面军必须尽快撤离，必须尽快考虑一个万全之策：既要保证天津社会秩序安定，避免发生外交纠纷；又要使天津不至陷入近在咫尺的冯军手中。为此，张宗昌煞费苦心，他终于想到山西将领傅作义。

傅自涿州解围后，始终闲居北京。于是张派人联系，将傅接至天津，请傅接管天津。张宗昌的想法是，宁可将天津拱手让给阎锡山，也绝不能叫冯玉祥捡这个便宜。傅作义表示手里没有队伍，无力担此重任。张宗昌保证全力支持，由二七方面军拨两个团归傅指挥，同时命令天津市警察厅厅长常之英负责到底。他向傅作义说：

傅作义

"你什么时候有人接警察厅，再叫常之英卸任。"

最后与傅达成协议，确定交接办法和日期。约定撤退前夕，由二七方面军负责召集外交使团说明情况，同时将傅介绍给外交使团，以利开展工作。交接之日以午夜12时为准，12时以前由二七方面军负责，12时以后由傅作义负责[48]。

对于傅作义来说，这真是天上掉下来的馅饼。后来傅作义成就了一番大业，与张宗昌的此次成全关系重大。

天津地方善后事宜妥善安排后，张宗昌随即于6月12日率领二七方面军残余部队约4万余人离开天津，向山海关方向撤退，踏上了不归之路。

大到一个国家、民族，小到一个人，往往是在兴盛时一顺百顺，而到衰亡、失败时，则偏偏是屋漏偏逢下雨天。自天津撤退时，二七方面军这支战败之师，已濒临分崩离析的局面。当时，关于各部队动向的谣言甚嚣尘上，事实上也确是如此。有的将领已经与革命军进行秘密接触，自谋出路。其中，徐源泉与孙殿英两个军和南方的谈判，均已达成协议，暗中投向革命军。此外，尚有种种传说，有待证实。

张宗昌曾就当时各部队的情况和动向进行分析研究，他认为行伍出身的将领一定会跟着他走，而军事学校如陆军大学毕业的知识分子将领很可能会投向革命军。这是基于知识能力和人际关系而产生这种看法的。在张宗昌看来，行伍出身的将领是一群无知的浑小子，什么也不懂，只有我张宗昌要他们，别人谁也不要他们；而这些人头脑比较简单，人际关系也比较单纯，谁也不认识，一条道走到黑。他由此得出一个结论，这些人不会离开他，永远跟着他走，永远忠于他。学校培养出的军官有文化，有本领，谁都需要，而且这些人同学多，认识人多，有的就在革命军里干，只要同学一拉，就会投向革命军的怀抱，由此得出一个结论，知识分子出身的带兵官十之八九不可靠，很可能投向南方。

张宗昌这种分析不无道理，但不全面。比如第七军军长许琨，毕业于陆军大学第五期，这一军当时尚有士兵 1 万人，枪 8000 支，是各军中实力最强、最完整的一个军，就没有叛变。张宗昌出发时，许琨接到命令后，当即率领全军随同开赴山海关，没有提出任何困难和要求。知识分子出身的军官中，有一些人受传统封建道德观念的影响，重义轻利，不为外物所引诱，这一点是张宗昌所没有认识到的。

行伍出身的带兵官，确有一批人忠心耿耿，追随到底。但也有一些人，受客观环境影响，何去何从，并无定见，不像张宗昌想象得那样单纯，从一而终，后来事实也证明了这一点。张宗昌撤离天津时，就有十几个行伍出身的带兵官按兵不动，不肯开拔，虽未明确表态，实际上拒绝服从命令[49]。

张宗昌部到滦县后，犹如一头困兽。为缓解形势压力，他曾派参谋金卓带上自己的亲笔信找溥仪，声称自己尚有许多军队、枪炮，规复京津实非难事，只是还难以善后，须先统筹兼顾，接着又说他正在训练军队，月需饷银 250 万元，“伏乞睿哲俯赐，巽令使疆场小卒，之所依附”。担任联络的金卓一再说张宗昌胜利在望，只等溥仪的援助。这时，陈宝琛、胡嗣瑗听说溥仪又要花钱，都来劝阻，结果只写了一个鼓励性的手谕[50]。

张宗昌率领所部到达滦县一带时，恰值张学良决定易帜。消息传来，张宗昌立即驱车去奉天，面见张学良，要求加入东北易帜。张学良只答应给两个师的编制，张宗昌一个师，褚玉璞一个师，而且还要张、褚把队伍交出来[51]。张宗昌要求将所部 4 万余人全部收编，改编成四个师。他一再力陈自己的难处，现在剩下的这 4 万人都是转战南北、出生入死、历尽千辛万苦，为老帅浴血奋战多年的，时至今日，能不要谁，能遣散谁？他恳请张学良考虑他的意见，无论如何给他四个师的编制。张学良坚决不答应。因此两人谈判陷入僵局。张宗昌盛怒之下，竟然冲张学良拍起桌子，大骂张学良不讲义气，不够朋友：

“我姓张的为你们父子卖命打天下，到今天山穷水尽时，竟然不肯收留我，这是忘恩负义。”

遂拂袖而起，返回滦县。张宗昌怒不可遏，意气用事，后来竟然对山海关奉军发动了一次猛烈攻击[52]。

在张宗昌与张学良交涉之时，北伐军正在积极准备进攻。

8月31日，白崇禧在北平召开东征军将领会议，研究部署进军。9月2日，白崇禧抵达天津誓师东征。东征军沿平榆大道两侧向滦河扫荡前进，并于4日发起攻击。8日，进占丰润县城。10日，南京国民政府发布公告通缉张宗昌：

张逆宗昌，拥兵直鲁，闾舍丘墟，人民涂炭。大举进讨，一鼓聚歼。今乃显戮幸逃，犹作负隅、啸聚，冀燃死灰，似此怙恶不悛，断难姑息贻患，着交军事委员会、内政部通行各军民长官，转饬一体严缉，务获拿办，以靖乱源，而彰国纪[53]。

9月11日，白崇禧抵达开平召开会议，决定兵分三路，进攻滦州，次日，一举将滦州拿下。13日，张宗昌部撤往滦河东岸，并将滦河大桥炸毁，以阻止东征军进击。

张部进入滦河东岸后，于14日与奉军交战。张宗昌让直鲁军的家属车走在前面乘奉军家属车通过时，后续部队乘机冲入奉军阵地，占领滦河东岸一部分阵地，接着沿铁道两侧向奉军猛烈进攻。

在团山子、牛各庄，双方展开激烈战斗，奉军为守方，张部全力进攻，均伤亡惨重。由于张宗昌亲自督战，直鲁联军连续进攻，奉军逐渐不支，阵地丢失。张学良闻讯后命令夺回阵地，这一任务后由第27师153团完成。

15日，东征军分三路强渡滦河，进入东岸地区，与奉军联合夹击。17日，奉军于学忠部从青门镇直鲁军阵地中央突破，将直鲁军截为两段。

在此危急情形下，张宗昌派代表到唐山面谒白崇禧，表示投诚，并愿率直鲁军消灭奉军，但为时已晚，白不予理睬。19日，张宗昌到安山会晤杨宇霆，请求停战，经协商，双方达成协议：张宗昌下野，褚玉璞暂留现职，直鲁军自动按照奉方的要求接受改编，保证张、褚之生命财产。但是，由于张、褚部下意见冲突，协议流产[54]。

19日，东征军、奉军全线总攻，张宗昌部在奉军、东征军的两面夹击下，斗志全无，溃不成军、土崩瓦解。21日褚玉璞率部投降。23日在滦州、雷庄、古冶、林西、开平、肯各庄等处，直鲁残部分别被东征军、奉军包围缴械。被缴械的直鲁联军官兵，由奉军发给路费，送回原籍遣散[55]。

此前的21日，张宗昌见大势已去，遂将军服脱掉，换上便衣，并将随身携带的一颗汉印掷入滦河。这颗汉印是一枚汉代铁制图章，刻有“宗昌”二字，恰恰与他的名字相同。多年来，每当下达军事命令时，他总是要加盖这颗印章，以示郑重有效，可以说是一枚永不离身的军事专用章。投印入河一事充分表达了张宗昌在一生事业尽付东流时悲愤交加、英雄末路的霜楚心情。

张宗昌换上便服后，携带几个亲信随从，跑到海边一家农户，向主人说明自己的身份，要求主人设法掩护，躲过北伐军搜查。这位主人遂将张和随从人员隐藏在菜窖内，并做了妥善掩护。随后由这位农家主人代雇鱼船一条，星夜渡海，将张等送至大连。由于身上分文没有，张宗昌言明到达大连后，给谢洋 4000 元。张宗昌就这样顺利地逃出虎口，免做阶下囚[56]。

有一种说法称张宗昌是乘日本飞机逃往大连的[57]，不实。

1924 年第二次直奉战时张宗昌率军攻占滦县，军队膨胀，事业辉煌，不想三年后自己又全军覆没于滦县，恰恰是兴于滦县，败于滦县。更可叹的是，不是被敌人吃掉，而是被主子吃掉。

在滦河之战期间，曾发生张宗昌向白崇禧献宝马以谈判解决问题的事件。

张宗昌有一匹盖世无双的名驹，因其身材高大，蹄节坚实，且全身皆黑，只有后腿股上长有碗口大一团纯白的毛，得名“回头望月”。

当张宗昌困于滦河时，为寻找出路，特派其参谋长刘某[58]到塘沽见白崇禧。刘、白二人是保定军校三期的同学，因此一见面刘某就向白说：

“张总司令特派我来向白将军接洽，他以为直鲁军都是中国人，一切武器也都是国家的物资，今天直鲁军虽然打败了，这是两方的主张不同，并非私人间的恩怨问题，他现在已下令直鲁联军放弃抵抗，一切部队皆听候白将军接受处理，但要求白将军对他个人不要为难，能给他一点面子。如果一定要拿他当俘虏，他就立即自杀。”

白崇禧对这一表态很满意，于是说：

“你回去告诉张效坤，他是北方的一条好汉，过去在北政府里也有相当的地位，只要他放弃抵抗，我绝不会为难他，何况他这么诚意地将部队的一切武器完全交出，这种行为我十分同情，此刻他想避往何地，尽可自由行动。”

刘某听白这么一说，愁容顿解，喜出望外，高高兴兴地告辞而去。

次日，刘某又去求见，并携带“回头望月”宝马一匹。刘对白说：

“我昨天回去转达了白将军的盛意，张总司令感激万分，连说白将军真够做一个朋友，真替他留了不少的面子，所以今天特地叫我携奉中国银行大洋票五万元，送请白将军作劳军之用，此外并献上‘回头望月’名驹一匹，这是张总司令私人表示对白将军的敬意，我临行时他还说，宝马赠予英雄，他觉得很开心哩。”

白一见宝马果然非同凡响，心中大喜，但在众目睽睽之下，又不便接受，于是表示不能接受。见此情形，刘某诚恳地说：

“白将军若不赏脸，张总司令一定会万分难过的。这匹名驹有千里驹之名，朝夕之间，能行七八百里，这原是张总司令最心爱之物，张总司令曾向我说，咱们从此不带兵，不骑它了，咱替它找个好主人吧。所以这马白将军是非受不可，否则我也不敢回去复命。”

白崇禧闻听此言，正中下怀，乃欣然表示却之不恭，受之有愧，五万大洋坚决不要，可作为张宗昌的路费，名驹就此受了。

白崇禧从张宗昌手里得到这一名驹，喜不自胜，每天早晨必乘骑驰骋半小时。后白因情形紧急化装南逃，宝马也顾不得了，此后不知所终。白崇禧连呼可惜，还每每补充说：

“不管怎样，我还得感谢张效坤啊。”[59]

### 3. 打回老家山东

滦县缴械后，张宗昌逃往大连。在大连，张宗昌并不甘心自己的失败，他豢养亲信，积极联系旧部，无时不在图谋东山再起。

机会终于来了。1928 年底，蒋、冯、阎三方军队齐趋平津，山东半岛无人过问。留在山东的张宗昌旧部，还有方永昌的钟振国旅（驻在烟台），方军的叛将刘珍年部（驻牟平），青岛总办赵琪，朱泮藻的第九军全部（原未离开山东，后又移驻益都一带），刘志陆的第十三军残部（还有五六千人驻在胶东）。此外，孙殿英的第十四军随张撤至天津，但未赴滦，在五三惨案发生后，见山东空虚，又乘隙回到山东，初驻齐河，后移章丘、桓台等县。程国瑞部的师长黄凤歧在滦州缴械后，也回到了山东，收集残部，设司令部于寿光。他们在山东各据一方，各自称雄。斯时青岛的外国使团，也声称为了保卫外侨的安全，不准向青岛开进军队。段祺瑞想利用张宗昌在山东的人地关系，以鲁东为基地，抓住钟、刘等现有的军事力量，招收旧部，进而控制山东全部，再图大举。于是便派他的内弟吴光新，到大连与张宗昌联系，张亦认为鲁东的现势，是他东山再起的大好机会，当即表示同意，并马上着手进行军事和财政的准备。

1928 年 12 月张宗昌给日本政府铁道大臣小川平吉写信称：他特派吴光新、庄璟珂到日本，“请求赞助及交换意见”。所谓的赞助，其实就是“饷糈军实，仍须从事补充，水陆交通，殊望给予便利……”吴、庄二人是于 12 月

27 日见到小川的，因为小川在当天的日记中写道：“吴光新伴庄璟珂来，谈兴复事，慷慨热烈，要求援助。”

在信中，张宗昌还提到段祺瑞联络一事：“段执政旧属之西南、东北各旧派将领，均有坚固之联络，及时呼应，应左券可操。即政治方略，亦已具体准备。”段祺瑞于 1926 年 4 月退居天津租界后，并不甘心寂寞，时刻待机再起。1928 年 6 月，张作霖退出关外，安国军政府垮台，段即有取代张在北京组织临时政府的意图。同年底，段在天津秘密组织北洋统帅部，企图重整旗鼓，再次上台。他计划利用张宗昌胶东的余部，首先占领山东，进而大举反攻，便派吴光新去大连和张宗昌联系，张见到吴后即派之赴日与小川平吉会晤[60]。

1928 年 12 月，张在大连海岸西游别墅召褚玉璞、程国瑞、王栋、杜尚等百余人，举行了进军山东的军事秘密会议。参加会议的还有日本官方的代表公田、孙殿英的代表徐钧等人。据说大连日本领事馆曾允拨枪械 5000 支作为张进军胶东之用。人、枪都有了着落，还要迅速解决活动费的问题，于是他们又当场将预先订好的助款簿子拿了出来，请大家认捐。

不久，张宗昌接受了段祺瑞的委任，称为第一统帅（全称应该是中华民国共和同盟军第三方面统帅部第一统帅），褚玉璞被任命为副统帅。于是他们便会同皖系政客吴光新、梁鸿志等人，积极进行策划。因为张的旧部散居天津的人多，随往大连的人少。张便命前秘书长徐晓楼到天津联系旧部，筹集款项。

张宗昌在大连经过草草筹备，约在 1929 年 3 月就率天津、大连两地的旧部，分别乘船到烟台。随他去的军官有方永昌、马敦远、祝鸿德、史书简、黄风歧等人，文职有徐晓楼、常之英、姜寰、汤梦周等人，外交联系方面，由吴光新负责，张的统帅部设在烟台。经与青岛的赵琪联系，赵也表支持，在烟台的锺振国部，也表示无条件的听从指挥，张即委为师长。此时张的兵力，总计约万余人。统帅部的主要人员有，马敦远为参谋厅厅长，姜寰为军需厅厅长，徐晓楼为秘书厅厅长，常之英为副官厅厅长。统帅部组织就绪后，张就和吴光新策划收编刘珍年部的问题，张以老师的资格，派刘的保定军校同学郎贯一，向刘珍年游说，要求刘听命收编共同行动，往返数次。刘珍年反要求张宗昌将方永昌杀了，否则绝不听命。此时张因急需刘珍年的合作，便叫方永昌暂时离开胶东，免得刘珍年以前嫌为借口，不肯归附。方走后，郎再向刘珍年联系，多次见面，刘仍无听命之意，并在牟平县城严密布防备战。与此同时，还派人至掖县架去方永昌的父亲，向方勒索赎票。方坚不出钱，结果又只好放回。

褚玉璞（左）与张宗昌（中）、张学良（右）合影

张宗昌见刘珍年坚持敌对态度，处处掣肘，乃与吴光新等决定，首先围攻刘珍年，以消除胶东的主要障碍。刘在胶东收编了一些零星队伍，兵力已有一万余人。这些部队经过一段时间训练，战斗力很强，张部远非刘军的对手。

4月初褚玉璞率部包围了牟平城，其主力布置在南门一带，数日不能攻克。刘珍年避实就虚，首由北门出击，将褚玉璞部击溃，同时又在南门发起攻击，褚玉璞部逐渐不支，遂向烟台方向撤退。褚玉璞率领的一部军队退守福山县城，刘部追至福山，将县城团团围困。褚玉璞见到福山城内粮弹俱缺，自知孤城难守，乃派心腹张某赴牟平向刘珍年求和。刘珍年说：

“褚督办是我的老上司（据说刘在褚玉璞部任低级军官时，曾被褚玉璞责打过100军棍），既然言和，就既往不咎，请督办来牟平玩几天。我们会派队伍送他回大连。”

张某回报褚玉璞，褚以重围难解，只好由刘部送往牟平，成了俘虏。刘珍年最先扬言有50万元[61]即予释放，褚玉璞的四姨太孙敬秋听说后，立即集款往赎。但交款后只与褚玉璞在烟台附近见了一面，仍没有释放的消息。后来刘将褚玉璞押回牟平，褚玉璞自知释放无望，在启行时，遥对大连向母亲叩了三个头，到牟平后即被关在常家祠堂。1929年农历八月八日夜，褚玉璞正在祠堂南屋西间用骨牌占卜吉凶，被刘珍年派人枪杀了，尸体埋在北城根下。到韩复榘统治山东时期，始由孙殿英派人将褚玉璞的遗体送回其原籍汶上安葬。

张宗昌逃到烟台后，大骂官兵说：

“刘珍年真有种，真是他爷（爸爸）的××揍的，像你们都是尿揍的。”

不久，张宗昌、吴光新等人得知褚玉璞部失败，只好于4月底逃往大连[62]。

在此期间，张宗昌曾于4月4日以中华民国共和同盟军第三方面统帅部的名义给小川平吉写信，言称派工滕铁三郎去日本会晤，要求日本提供军事援助[63]。

张宗昌此次进军山东，在经费方面得到了马士伟的大力援助。

马士伟何许人呢？马是山东会道门的一个首领，凡入其道者，须留满发，不剃须，不剪指甲，并须将全部财产交出，其道徒遍布山东、宁夏、甘肃、新疆及东北各地。马早在张宗昌督鲁时即曾与张有过交往。1927年春末夏初时，青州道尹高明斋带领马士伟的大徒弟，到达济南晋见张宗昌，说长山马家庄有位绅士通晓道术。此人推知来年是杀伐之年，死人很多，因此他打算举办慈善事业，为受伤官兵建立医院，但苦于没有适当地方，没有医务人才，也没有运送伤员的交通工具等等，困难很多，他准备出钱，请张宗昌自行办理。说话间，将款项清单交出，计有银锭60万两，银锭均为重53两的大元宝，连同银元、钞票，总计大约有一百二三十万元。张宗昌见款项为数过大，甚感为难，不敢做主张，他向马士伟大徒弟表示，需要请示上级，再做决定。

张宗昌立即拍电请示张作霖。张作霖回电同意接受捐款，并颁赠马士伟大匾一块，上书“慈善为怀”四个大字，以示鼓励。张宗昌收下款项，也赠给马士伟大匾一块，以表谢意。

张宗昌收下赠款后，曾派王琦和新闻记者管孟仁专程前往马士伟家登门致谢。当他们到达周村下车时，马士伟派他四个徒弟前来迎送。这四个人均留有连鬓络腮的大胡须，见面后一起唱道："请专使回程！"言毕一齐跪倒在地，叩头不已，一再挡驾。王、管二人以奉督办之命，不敢中途折回为理由，坚持要到马老师家当面道谢。四个徒弟无可奈何，方才引导王、管二人去马家。到达住所，首先见到的一个人，自称是马士伟的大徒弟，时年78岁，已经有29年没有见过他的老师。现在，马老师是否在家，不得而知，还需进去看一看。一会儿转身回来说，恰巧在家。王、管二人得以有幸亲见其人，一睹庐山真面目。从外表来看，马士伟面目清秀，谈吐文雅，约有60岁。见面后，他又将办慈善事业之事述说了一遍。王、管二人代表张宗昌表示感谢。管孟仁是一名新闻记者，随身携带有照相机，请马与他们一起拍照留念。马士伟坚持不肯，不知费了多少唇舌，最后才允许拍合影一张。管孟仁见其不肯多拍，便偷拍了多张。回到济南后，管立刻去照相馆洗印，以便向张宗昌汇报时一并出示，作为见面凭证。待到洗出一看，合影照片的人都有，独无马士伟。偷拍的多张照片，同样不见马的踪影。管甚感诧异，自认为摄影技术高明，万无一失，不知马士伟何以能躲过拍照的一瞬间。

张宗昌后来也曾拜马士伟为师。张之所以如此，乃出于经济上的考虑。有一次，张宗昌对人说：

"什么道不道，都是冤傻小子的事。我拜他为师，反正他得供应我，我没钱给他花！"

据说，张敬尧也曾花过马士伟几十万块钱。张宗昌此次夺取山东，再度得到马士伟的经济援助，事为陈调元闻知，曾派人疏通，请马不要援助张宗昌。马不理睬，陈遂派兵去围剿，马士伟不得不逃之夭夭[64]。

## 注　释

1. 陶菊隐《北洋军阀统治时期史话》第8册，第75~76页。
2. 陶菊隐《北洋军阀统治时期史话》第8册，第58、78、98页。
3. 杨文恺"孙传芳反奉联奉始末"，《文史资料选辑》第35辑，第110页。
4. 邵维国《五省联帅孙传芳》，第274~278页；陶菊隐《北洋军阀统治时期史话》第8册，第81页。
5. 丁中江《北洋军阀史话》第四册，第422~423页。
6. 陶菊隐《北洋军阀统治时期史话》第8册，第83页。
7. 刘立勤、李涛《奉军》，第268~270页。
8. 陶菊隐《北洋军阀统治时期史话》第8册，第82~83页。
9. 邵维国《五省联帅孙传芳》，第289~307页。

10. 见南京报业网 2006 年 9 月 6 日社会新闻："战争、庙会、行规和老游戏有关?"
11. 丁中江《北洋军阀史话》第四册，第 439 ~ 440 页。
12. 李藻麟《我的北洋军旅生涯》，第 183 页。
13. 李藻麟《我的北洋军旅生涯》，第 184 ~ 186 页。
14. 陶菊隐《北洋军阀统治时期史话》第 8 册，第 116 页；邵维国《五省联帅孙传芳》，第 305 页。
15. 李藻麟《我的北洋军旅生涯》，第 186 ~ 187 页。
16. 邵维国《五省联帅孙传芳》，第 313 ~ 314 页；陶菊隐：《北洋军阀统治时期史话》第 8 册，第 156 页。
17. 李恒珍等"张宗昌督鲁与直鲁联军"，编审组《土匪军阀张宗昌》，第 136 ~ 137 页。
18. 李藻麟《我的北洋军旅生涯》，第 188 ~ 190 页。
19. 李恒珍等"张宗昌督鲁与直鲁联军"，编审组《土匪军阀张宗昌》，第 136 页。
20. 张用宾等"褚玉璞的发迹与殒命"，山东省政协文史资料委员会《山东文史资料集粹》，第 223 ~ 224 页。
21. 《晨报》1927 年 4 月 11 日。
22. 李藻麟《我的北洋军旅生涯》，第 190 ~ 194 页。
23. 李藻麟《我的北洋军旅生涯》，第 196 ~ 197 页。
24. 丁中江《北洋军阀史话》第四册，第 463 ~ 464 页。
25. 陶菊隐《北洋军阀统治时期史话》第 8 册，第 151 页。
26. 丁中江《北洋军阀史话》第四册，第 465 ~ 467 页。
27. 章伯锋、李宗一《北洋军阀》第 5 卷，第 375 ~ 376 页；章伯锋、李宗一《北洋军阀》第 1 卷，第 81 页。
28. 钱实甫《北洋政府时期的政治制度》（上），北京：中华书局 1984 年版，第 75 页。
29. 李藻麟《我的北洋军旅生涯》，第 199 ~ 200 页。
30. 章伯锋、李宗一《北洋军阀》第 1 卷，第 212 页。
31. 丁中江《北洋军阀史话》第四册，第 469 页。
32. 吕春"张学良的另一次未遂兵谏"，《文史春秋》2005 年第 7 期，第 8 ~ 9 页。
33. 刘立勤、李涛《奉军》，第 281 ~ 282 页。
34. 来新夏《北洋军阀》四，第 651 ~ 652、655 ~ 656 页；《晨报》1926 年 5 月 25 日。
35. 李恒珍等"张宗昌督鲁与直鲁联军"，编审组《土匪军阀张宗昌》，第 137 页。
36. 章伯锋、李宗一《北洋军阀》第 5 卷，第 489 页。
37. 陶菊隐《北洋军阀统治时期史话》第 8 册，第 212 ~ 214 页；丁中江《北洋军阀史话》第四册，第 513 ~ 515 页。
38. 济南市档案馆编研处："济南'五三'惨案述略"，《山东档案》1995 年第 4 期，第 7 ~ 9 页。
39. 来新夏《北洋军阀》四，第 511 页。
40. 李恒珍等"张宗昌督鲁与直鲁联军"，编审组《土匪军阀张宗昌》，第 138 页。
41. 文斐"我所知道的张宗昌"，第 178 ~ 179 页。
42. 戚宜君《张宗昌传奇》，第 230 页。
43. 章伯锋、李宗一《北洋军阀》第 5 卷，第 560 页。
44. 李藻麟《我的北洋军旅生涯》，第 204 页。

45. 章伯锋、李宗一《北洋军阀》第5卷，第754~757页。
46. 王翰鸣“张宗昌兴败纪略”，《文史资料选辑》第41辑，第233~234页。
47. 李藻麟《我的北洋军旅生涯》，第204~205页。
48. 李藻麟《我的北洋军旅生涯》，第206~207页。
49. 李藻麟《我的北洋军旅生涯》，第208~209页。
50. 溥仪《我的前半生》，第216~217页。
51. 也有说法是张学良答应一个师的编制，而且是褚玉璞为师长，并暗示张宗昌离开部队（张建基“张学良将军和滦河会战”，《兰台世界》2000年第8期，第37~38页）。
52. 李藻麟《我的北洋军旅生涯》，第212~214页。
53. 上海《民国日报》1928年9月12日。
54. 吕伟俊《张宗昌》，第280~283页。
55. 张建基“张学良将军和滦河会战”，《兰台世界》2000年第8期，第37~38页；刘立勤、李涛《奉军》，第340~341页；章伯锋、李宗一《北洋军阀》第6卷，（武汉）武汉出版社1990年版，第347页。
56. 李藻麟《我的北洋军旅生涯》，第214页。
57. 章伯锋、李宗一《北洋军阀》第5卷，第805页。
58. 很有可能是李藻麟之误，但李在他的回忆录《我的北洋军旅生涯》一书中没提及此事，所以不敢妄断。
59. 申晓云“张宗昌向白崇禧献宝马”，《民国春秋》1995年第3期，第45~46页。关于献马之事，另参见戚宜君著《张宗昌传奇》第239~243页。
60. 杨天石“张宗昌穷途作乱，段祺瑞暗中支持——读小川平吉未刊文书”，《档案与史学》1997年第5期，第74~75页。
61. 关于赎金的数目，有多种说法，如70万、50万、40万、30万等，事见李炳藻“‘胶东王’刘珍年”，张用宾等“褚玉璞的发迹与殒命”，山东省政协文史资料委员会《山东文史资料集粹》，第218、224页。
62. 李炳藻“‘胶东王’刘珍年”，山东省政协文史资料委员会《山东文史资料集粹》，第218页；李恒珍等“反扑·败逃·覆亡”，编审组《土匪军阀张宗昌》，第217~220页；李藻麟《我的北洋军旅生涯》，第216~221页。
63. 杨天石“张宗昌穷途作乱，段祺瑞暗中支持——读小川平吉未刊文书”，《档案与史学》1997年第5期，第74~75页。
64. 李藻麟《我的北洋军旅生涯》，第217~219页。

第八章

# 劫后余生

先是浪迹日本，客居别府，然后是回到大连、北平，举家合住铁狮子胡同，沦为寻常人家；令人欣慰的是，张宗昌不是张邦昌，他没有做汉奸。

# 一、劫后余生

## 1. 东渡日本

张宗昌打回老家山东的计划失败后，回到大连，仍住大黑石礁私第。正当他为自己未能东山再起而懊丧不已时，日本人又找上门来。日本地方当局认为张宗昌以大连为根据地，任意行事，恐外人误认为张的行动背后有日本官方支持，难免招致舆论非议，陷日本于被动不利局面。因此，大连日本当局奉令郑重提出要求，请张尽快离开大连，到其他地方去住。当然，如果张愿意的话，可以到日本任何一个地方去住。

此前，驻大连的日寇关东厅伪装欢迎，经常派员和张宗昌联系，并设宴招待。千方百计地企图利用他为侵略中国服务。张住大连不久，日寇方面就捏造说，蒋介石已派特务到大连，企图对张行刺，一些日本浪人也对张的黑石礁住宅“严加保护”，并恐吓他迅速离开大连，以促使其逃往日本，以求“安全”。

蒋介石在此前曾派李征五两次收买张宗昌，无果，反遭张的大骂。蒋在1928年9月12日明令全国通缉张宗昌，后又二下通缉令。于是，张宗昌不得不决定离开大连，东渡日本，觅居于别府，度其流亡的寓公生活。

在启程之前，先由日本人张宗援（张宗昌的把兄弟、顾问）邀同张宗昌的前承启处处长刘怀周、前经济负责人姜寰等先去日本，为其安排住所。他们在日本别府租到一座大洋楼，也就是一座叫“昭和园”的别墅，那里设备齐全，房租每月两千多日元。一切布置完善后，刘怀周即返大连，向张报告在日情况，并说日本军政要人均表欢迎。张于是决心东渡，并选定徐晓楼、姜寰、刘怀周、程伯容和家庭教师名翰林兰云屏，带领三个小老婆、两个儿

张宗昌上将别墅旧址[1]

子，以及一些勤务厨师，一同前往日本。行前，驻大连日本官方人士又设宴为张等送行，码头上还布置警戒予以“保护”。1929 年夏秋之际，张宗昌到达日本别府。

昭和园坐落在别府的温泉区里，四周苍松环绕，稍远处便是一望无际的碧海蓝天，依山面海的广袤园囿中，花木之盛，随处可见。迎门是一个小型圆环，种满了苍翠欲滴的常青灌木，刚好掩蔽了后面的一幢日式楼房，圆环与楼房之间，除了一片停车场坪而外，还有一方清澈的鱼池，里面养了不少五颜六色的鲤鱼，在碧波绿藻之间游来游去，更增加了庭园的鲜活气韵。

日式楼房两侧曲径通幽，嫩黄色的韩国草像地毯一样一直铺陈开来，一丛丛的花木之中有玲珑的山石点缀其间，靠围墙四周尽是一些高大的树木，好鸟枝头，婉转啼鸣，景色清幽极了。

张宗昌的为人是喜聚不喜散，总是喜欢朋友和部下追随在自己周围。在台上时如此，在台下时也仍然如此。他对朋友和部下一向挥金如土，从不吝惜。当时就有很多人追随他去日本，后来又有许多人去日本看望他。这些人在日本的一切吃住费用，概由张负责支付，虽然开支庞大，也在所不计。因此，他在日本虽然仅仅住了一年，而生活费据说竟然花了近百万元。

当时张宗昌本人手里积蓄寥寥无几，其花费来源除由徐晓楼回国往返筹款外，绝大部分仰仗老朋友和老部下解囊相助，张作相、陈调元、徐源泉、孙殿英等均曾给予大量资助[2]。

为了应付庞大的生活开支，以解脱困窘，张宗昌还亲自向人要钱。他曾急电老部下许琨求助，但由于许的钱都控制在他的老太太手里，要起来很费事，只得勉强汇给张三万元应急。张宗昌曾对人说：

“许琨的这三万元，是我平生花钱最珍贵的一件难忘的事。”[3]

张宗昌的军需总监祝彻千到别府探望时，张除留下由祝带去的一部分款子外，还当面要祝回国筹措款项，命祝找他的前山东省银行总理蒋邦彦为其筹款若干，但蒋一直未予理睬[4]。

这一时期，张宗昌还不断与溥仪联系。事实上，当时双方都在利用对方，溥仪想利用张宗昌的兵，而张也想向溥仪要些钱以充军用及生活费用。1928年张宗昌落败和后来他到日本，其与溥仪之间的联系从未中断过，他们谈论的问题仍是溥仪鼓励张复辟，张向溥仪要钱。在他们之间穿梭联络的人主要是后在伪满时做溥仪的侍从武官的金卓，后任伪满外交大臣的谢介石，德州知县王继兴，津浦路局长朱曜，陈宝琛的外甥刘骧业，安福系政客费毓楷等人。

下面是张宗昌与溥仪之间的往还信件。

1928年10月，溥仪致函张宗昌道：

“朕自闻滦河熸师，苦不得卿消息，旰夕忧悬。昨据朕派遣在大连之前外务部右丞谢介石专人奏陈，悉卿安抵旅顺，并闻与前俄谢米诺夫将军订彼此互助之约，始终讨赤，志不稍挫，闻之差慰。胜负兵家之常，此次再起，务必筹备完密，不可轻率进取。谢米诺夫怀抱忠义与卿相同，彼此提挈呼应，必奏敷功。方今苍生倒悬，待援孔亟，朕每念及，寝食难安，望卿为国珍重以副朕怀。今命谢介石到旅顺慰劳，并赏卿臣鉴一部，其留心阅览，追踪古人，朕有厚望焉。”[5]

张宗昌复函道：

“九月初十日，刘骧业来旅顺，恭奉手谕，渥蒙眷注，感激莫名。宗昌赋性愚直，爱国心切，是以毅然讨赤，转战数年。奈天意不属，志愿未遂，不幸失败。自问良心上尚觉坦然，无有愧憾。唯念赤祸流毒，甚于洪水猛兽，长此以往，国何以国?！瞻念前途，忧心如捣。宗昌虽孑然一身，而讨赤之心始终不渝，现拟游历欧美友邦，考察世界大势，外交状况，并与彼都人士亲相接洽。此间仍积极筹备，不敢疏懈。一息尚存，誓与赤逆不共戴天。耿耿此心，可质天日。至谢米诺夫，肝胆照人，夙所佩仰。关于中俄协商事宜，遵当妥慎办理，彼此为实力上之援助，以达救国救民之目的。所有一切进行情形，已托刘骧业代陈下悃。蒙赐玉件，敬谨领讫，叩谢。肃陈。虔请钧安。”[6]

此外，张宗昌在1930年夏另有回复溥仪的信函一封，如下：

皇上圣鉴，敬陈者：

宗昌月前观光东京，得晤刘骧业，恭读手谕，感激莫名。业经复呈，计达天聪。

宗昌自来别府，荏苒经年，对于祖国民生之憔悴，国事之蜩螗，夙夜焦灼，寝馈难安。一遵我皇上忧国爱民之至意，积极规画，罔敢稍疏。唯凡举大事，非财政充裕，不能放手办理，即不能贯彻主张。一木难支，众擎易举，当在圣明洞鉴之中。去秋订购枪械一批，价洋日金贰佰壹拾万元，当交十分之五，不料金票陡涨，以中国银币折合，约需叁佰万元。目前军事方面筹画妥协，确有彻底办法，不动则已，动出万全。唯枪械一项，需款甚巨，四处张罗，缓不济急。筹思再四，唯有恳乞俯鉴愚忱，颁发款项壹百万元。万一力有不及，或先筹济叁、伍拾万，以资应用而利进行。感戴鸿慈，靡有涯既。兹派前德州知事王继兴弛赴行宫，代陈一切。人极稳妥，且系宗昌至戚，如蒙俞允，即由该知事具领携回。一俟款到，即行发动。此款回国后，两月内即可归还。

时机已迫，望若云霓，披沥上陈，无任屏营待命之至，伏乞睿鉴。恭请圣安。

张宗昌谨呈[7]

曾几何时，张宗昌挥金如土，一掷千金，花钱如流水，而今竟流落到四处行乞的地步，真是三十年河东，三十年河西。张从不为今后着想，以至于此。

其实，张宗昌的性格特征就是重义轻利。君子取于义，小人取于利，这是我国长期以来所倡导的义利观。当然，这并不是说张宗昌在生活中十分清廉，事实上他依靠其军事势力积聚了大量的钱财，这里是说张在用钱上毫不吝啬，极其大度，老妈子抱孩子——别人的，用这句话来形容他是很恰当的。

张宗昌（1930 年 3 月）

此外，在日本期间，张宗昌还于 1930 年另致溥仪函数通：

皇上圣鉴，敬陈者：

王继兴回别，恭奉手谕，温慰有加，复荷宠赐名画、轻裘，敬谨叩领，感谢莫名。宗昌遁荒日久，救国情殷，规画进行，夙夜匪懈。懔匹夫有责之义，抱舍我其谁之怀，俟有相当时机，即行毅然举动。倘托福庇，得志中原，感激图报，会当有时。方今国步日艰，内乱愈炽，由于人心陷溺，道德沦亡，长此以往，国何以国？圣明有鉴于此，拟设道德学会，光明正大，救时良方，国家前途实利赖之。兹仍派王继兴赴津，代伸谢悃。所有筹画外交、军事各情形，统由该知事面陈一切。

翘企云天，不尽依恋，区区愚忱，俯乞睿鉴。

张宗昌谨呈

附陈者：

宗昌对于军事计划，业已有具体办法。将来事机成熟，发动先由关内，而大目的须在东北发展，方能立定脚跟，做成一番事业。所谓人弃我取，声东击西者是也。从前部下，现有实力者如孙部、徐部，至必要时皆能收为己用，堪供驰驱。唯从事东北，须得熟悉蒙情、精通蒙语之人材，以为臂助，并须能在蒙古地方准备良马千余匹，为异日骑击之用，于军事上尤为裨益。如此情形，当在圣明洞鉴之中。拟恳钦派精通蒙语、才具开展之人员，速来别府，谘商一切，以利进行。管见所及，是否有当，伏乞睿鉴。

张宗昌谨呈

皇上圣鉴，敬陈者：

前派王继兴赴津，代表伸谢，屈指计程，想已谒觐宸颜矣。

此次朱曜赴东京，与荒木开诚接洽，极为园［圆］满，已有彻底办法。并与东京当道要人一一会晤，联络妥协，皆有相当之援助。一切详细情形，谨派朱曜弛赴行宫，面为陈述。

宗昌窃维凡举大事，必资群策群力，一有举动，非财政充裕不能放手办事，非坚持到底不能贯彻主张。国步惟艰，时机日迫，千钧一发，稍纵即逝，吁恳俯鉴愚忱，宽筹经费。此间朝得巨款，夕举义旗，救国救民，忠愤耿耿。倘能趁此机会，托庇再起，为国家除妖孽，为人民解倒悬，悉皆出自高厚之赐，私心感激，匪言可宣。款项如蒙颁发，即由朱曜谨领携回，以利进行。枕戈以待，伏乞睿鉴。

张宗昌谨呈[8]

从上列几封信函可以看出，张宗昌在日本期间无时无刻不在图谋东山再起。

张宗昌流亡日本时，曾发生一起非常不幸的事件。

清末肃王爷有一个小儿子，叫金宪凯[9]，是一个颇思有所作为的青年，彼时就读于日本陆军士官学校。张宗昌寓居别府时，金宪凯曾慕名前来拜访，视张为老前辈，对张极表尊敬仰慕之意。张对金的印象也很好，认为一个贵族子弟，不畏艰苦，来到日本接受极为严格的军事教育，实属难能可贵。不久，金宪凯学习期满毕业，准备回国，特地前来辞行。张宗昌照例热情接待，给予鼓励，临别时，还亲自送至楼梯口，然后令人代送。张回到卧室，忽然想起手枪有毛病，信手从枕边拿出，拨弄了一回，发现子弹卡壳，随之信步走到阳台，朝天施放，不料子弹应声而出。当金宪凯走出昭和园旅馆大门时，弹头恰好自天而落，不偏不倚击中金的头部，当即陨命。

张宗昌懊悔不已，但人死不能复生，只能将后事妥善处理，求得家属谅解。遂派人向金宪凯家属致以深切歉意，并赠送抚恤费4万元，事情便算了结[10]。

## 2. 张母两见张学良

张宗昌到日本之前，国内形势发生了很大变化。1928月12月，张学良和蒋介石达成和解协议，东北三省和热河同时宣布易帜，接受蒋介石的统治。日本政府当局鉴于蒋奉联合，影响他们在中国东北三省的地位和利益，因此便积极进行筹划，以备时机成熟，挑起冲突，强行占领我国东北。

张宗昌到日后，日本朝野人士便纷纷向张说：你们的国家领导人蒋介石，不符合你们中国人的愿望，最好你出来和日本合作，我们协助你回到中国，进行讨蒋建国。积极怂恿张出山，做他们的傀儡。虽然此举日本人许诺可使张报复仇人蒋介石，并且东山再起，恢复往日的权势与地盘，但张宗昌清醒地知道这是日本人在让他做汉奸，以利于他们侵略自己的国家，这是绝对不能做的，于是予以拒绝。由于张与他们往还频繁，逐渐了解到日寇侵华军事计划的一些主要内容。

此时张宗昌尽管身在日本，缺乏自由，甚至表面上还得敷衍一番，但他从骨子里对日本的武力侵华怀有戒心，时时加以提防。于是便与徐晓楼等商量，将日寇的侵华打算抄成密件，借口张的母亲在大连患病，派刘怀周回省，从而将密件带回大连，交与张母请其转交北京张学良。张母得信后，将信藏在她那宽大的袖中，即去北京找张学良。

张宗昌的军队在滦州被张学良缴械，二人本有前嫌，但因张宗昌是奉天起家，对张作霖的栽培之恩，感激尚深，恐日本侵占东北对奉张不利，故又向张学良写信。

张学良见到张宗昌的密信后，即命刘怀周迅速返日，邀请张宗昌回国，并交刘一封亲笔信。当时徐大同在济南也得到徐晓楼由日本来信，叫徐大同到北京负责照料铁狮子胡同张宅的事情。张母自张学良的顺承王府回到铁狮子胡同寓所时曾对徐说：

“小六子（张学良小名）驴×的（掖县骂人的口头语），对他爹的江山不重视！”

言外之意，对张学良极其不满[11]。

张学良

张宗昌初到日本时，由于朋友和部下馈赠，生活尚称无虞。天长日久，难免捉襟见肘，每况愈下，竟致债台高筑。张宗昌也深感寄居异国他乡，终非长久之计，自己的出路毕竟还是在自己的国度里。在昔日部属的倡议和劝说下，张的老母变卖了一些财产，连同手中积蓄的钱，共计凑得现款约 10 万元，东渡日本，亲自将儿子接回大连。

张宗昌回国后，当时华北形势又发生了很大变化。蒋介石、冯玉祥、阎锡山、李宗仁四派之间发生了中原大战，张学良坐山观虎斗，最终倒向蒋介石一边，率东北军再度大举入关，张学良随即驻节北京（当时叫北平），主持华北军政大计。

张学良陈兵关内，坐镇华北，对张宗昌一家来说是一个福音。原来，张宗昌在北京有两所房子，一所在东城铁狮子胡同，即今张自忠路和硕公主府旧址，一所房子在西城石老娘胡同，即今西四北五条。北洋军政府垮台后，两所房产均为南京国民党政府查封。经张学良向南京政府疏通，张宗昌在京的两所房产均行启封发还。

为了答谢张学良的深情厚谊，张宗昌决定让其老母代表他本人晋京谒见张学良，面致谢忱。所以如此安排，一则因为发还房产一事，纯属个人家庭私事，不便让外人代表；二则他本人此刻出头露面，时机尚不成熟，为了表示对张学良的尊敬，让其老母出面，较之家庭其他成员均更为郑重。但是只让一位老太太去，没有适当身份的人陪同前去，也不尽相宜。他灵机一动，想起了在北京居住的李藻麟，于是决定让李陪同张老太太一起到北京，谒见张学良致谢。

张宗昌令李藻麟陪同进见，还有其更为重要的深层用意，这就是让李面告张学良，要密切注视日本的军事动向，特别要警惕日本出兵东北。当时，大连谣言颇盛，张宗昌从日本人口里也听到一些风声，说日本要出兵攻占东三省。他认为这不是无稽之谈，而是一触即发的事实。他对李藻麟说：

“你不信，咱们到街上看一看，就知道了！”

一天下午，吃过晚饭，傍晚时刻，李藻麟随同张宗昌乘汽车在街上兜了一个圈子，只见大街小巷充斥很多身穿和服、脚踏木履的日本人，都是一些年轻小伙子，剃着光头。他边指边说：

“这些日本人脱下和服，换上军装，不就是兵吗？如果是换防，又何必伪装呢？既然是伪装，掩人耳目，岂不是秘密增兵，小日本肯定不怀好意！”

1931年9月初，李藻麟陪同张老太太启程前往北京。临行前，张宗昌一再叮嘱：

“见到汉卿，务必将日本增兵东北，心怀叵测的情况告诉他，促请他提高警惕，密切注视日本当局的军事活动，切不可疏忽大意，掉以轻心，陷入被动局面。”

9月8日，李偕同张老太太乘火车抵达北京，张学良派员到站迎接，并安排下榻东交民巷六国饭店，等候接见。

过了10天，即9月18日，也就是“九一八”事变当天中午，张学良在官邸顺承王府接见并宴请张老太太和李藻麟。在座的有张学良夫人于凤至，并有张作相夫妇、万福麟夫妇等作陪。

张学良和张老太太寒暄就座后，李藻麟便打开话题，代表张宗昌问候少帅，并将张老太太来意述说了一遍。张老太太随即把话题接过来，代表自己的儿子和全家，向张学良表示深切谢意。

正事叙过，李藻麟便遵照张宗昌的嘱托，将日本增兵东北和大连社会上的谣传以及张宗昌的分析与看法，一一陈述。张学良听后，大不以为然。他说：

“九一八”事变

“一个小小的日本，有国联组织存在，它还敢吞掉东北！即使强行吞掉，国联也不会答应，一定能从日本手里把东北要回来！”

李藻麟再次申述张宗昌的看法，说他在日本住了一年，朝野情况有所了解，深知日本少壮派军人野心勃勃，请少帅密切注意，千万多加小心。张学良对此等说法，似乎很难接受，此刻表现出有些不耐烦，最后说：

“我知道了，效坤和我是自己人，他的话都是向着我！”

宴请未了，张学良说下午要到南苑校阅空军，便中途退席，嘱夫人于凤至代为招待。

从这次谈话即可看出，此时此刻，张学良对东北局势的看法，同南京国民政府当局的观点是完全一致的，论调是一脉相承的。不料，话音未落，就在当天晚上，日本军国主义者便在沈阳发动了震惊世界的“九一八”事变[12]。

### 3. 定居北平

“九一八”事变后不久，社会上曾一度谣传张宗昌将与日本帝国主义合作，参加东北傀儡政权。张得知这一传闻后毅然决定离开日本帝国主义盘踞的大连，回归北平，用自己的实际行动粉碎这些流言蜚语。

当然，要回京也不是轻而易举的事。北京的当政者乃张学良，自己今后的出路问题，仍需张的鼎力相助，但是，不管怎么说，自己曾与之反目，再加上张学良因为易帜事对杨宇霆、常荫怀痛下杀手，张宗昌深恐张学良为此耿耿于怀，一旦遇到机会，也许对他施加报复，故而不敢贸然行动。他曾经对人说：

“张学良这小伙子，心太狠，手太黑，真是翻脸不认人！”

不仅张宗昌有这样看法，孙传芳也有同感。张学良将杨、常枪杀后，便立即召集东北军政要人举行紧急会议。孙传芳当时正在沈阳，也应邀出席了会议。会后，他不辞而别，一声不响地离开沈阳，跑到大连。他后来说：

“我一辈子没害怕过，那回，我可真有点害怕了。说话瞪眼就杀人，一点情面不留！”

张宗昌对张学良怀有极大的戒心，于是他便让李藻麟进见张学良，作为试探。张的态度十分诚恳，他明确表态：

“效坤愿意回来共赴国难，我是非常欢迎的！”

得到张学良的首肯，张宗昌非常高兴。但是，原有顾虑并未因此而彻底消失。是否立即踏上征途，张宗昌犹豫不决，对张学良能否捐弃前嫌仍持怀疑态度。李藻麟劝道：

“少帅的态度是真诚的，绝无半点虚假。您现在回归故土是为了参加抗日，少帅决不会因往日个人恩怨，而将抗日救国大业置诸脑后。回归北平，我保证万无一失。”

经过反复考虑，张宗昌决定立即准备启程，回归故土。

回归故土既已决定，随之而来的一个问题，就是怎样离开大连，是公开走，还是秘密走？李藻麟向张宗昌建议，明人不做暗事，一定要明着走，否则一旦泄露，反而不美。于是张将离开大连回归北平一事和启程具体日期，一一正式通知日本地方当局。大连日本当局曾派员进见张宗昌，当面提出质问：

“上将军赞成中日友好，为什么现在又要离开大连？”

李藻麟当即代表张宗昌回答：

“上将军赞成中日友好，这是没有问题的。但是必须回去提倡，只有民众都赞成，中日友好才能实现；否则，只是一句空话，无济于事，中日友好是不能实现的。”

日本官员哑口无言，只得放行。

启程的那一天，也就是1931年11月3日，风和日丽，送行者颇多，日本地方当局也派员送行。张宗昌身着大礼服，头戴礼帽，郑重其事，冠冕堂皇地离开大连，登上“大连丸”号轮船，驶向天津。之所以穿大礼服，张自称此乃“正大光明”之意。

当张宗昌乘坐“大连丸”轮船驶进天津塘沽港时，只见迎面开来5艘小火轮，边行边鸣笛，每条船都悬挂着一串小彩旗，五色缤纷，迎风招展，鲜艳夺目。驶至近处，方才弄明白，原来小火轮满载的是前来欢迎的群众，有的挥舞着小彩旗，有的挥舞着帽子，有的招手致意。张宗昌弄清来意，也赶快来到甲板上，向欢迎群众挥手答谢。

随后，张宗昌乘坐专列，驶抵天津。河北省政府主席王树常率领河北省和天津市官员到车站迎接。当时，站台上停有一列空车，据介绍，这列客车是专门为接送欢迎群众而安排的，其盛况可想而知。

张宗昌在天津稍事逗留，出席午宴后，旋即乘专车于下午2时许抵达北京。时值北京大中学生密集前门火车站，要求乘车南下请愿，致使张宗昌乘坐的专列无法进站，后改在东便门火车站下车。在京的东北军政要人，除张学良外均到站欢迎。此外，还有工商界、学界等各界人民团体代表，也纷纷到站欢迎。张宗昌在专车上接待欢迎者，一批又一批，络绎不绝，足足接待了两个多小时，方才结束。

张宗昌（1931 年 11 月在天津）

从天津到北京，热烈的欢迎场面和群众激昂的情绪，可以说一浪高过一浪，使张宗昌深受感动。军政界的欢迎自不待言，民众团体的欢迎，特别是学界人士能如此热烈欢迎他归来，实属出乎意料之外。他深切体会到，热烈欢迎反映了人民大众强烈而高涨的抗日情绪。

张宗昌离开东便门车站，随即驱车前往顺承王府谒见张学良。途中，张宗昌犹在担心自身安全，他问李藻麟：

"汉卿会不会下毒手?"

李当即斩钉截铁地回答：

"您放心好了，绝对不会；万一下毒手，我陪着您一块死!"

说话间，到了顺承王府。在客厅里会面时，张宗昌急走几步抢上前去，张学良也急走几步迎上前去，彼此紧紧握住双手，心情都十分激动，哽咽在喉，谁也没说出话，眼圈红润了，两个都落了几滴泪。

还是张学良首先开口：

"过去的事，咱们都不提了，今后，我们还是好兄弟!"

出自肺腑之言，顿使往日隔阂烟消云散，开始谈笑风生，和好如初。

从此时起，张宗昌再次定居故都北京。他经常生活在东城铁狮子胡同宅邸，偶而也到西城石老娘胡同私宅小住。张学良每月拨给生活费 4000 元。实际上，张宗昌月月超支。

张宗昌回到北京后，旧日僚属又重新聚集在他麾下。他们曾经在颐和园召开了一次盛大欢迎会，大约有 300 余人参加，显示出一定的凝聚力，余威尚在[13]。

## 4. 我是张宗昌，不是张邦昌

在张宗昌回归北平定居期间，他还曾帮助吴佩孚为回归北平事疏通张学良。

吴佩孚自从 1927 年被北伐军打败后，就率领卫队两个团流落四川，投身到自己的老朋友杨森那里，得到了杨森等人的多方关照。经过几年客居生活，使吴佩孚颇感前途渺茫，久居四川，粮饷均靠地方供应，终非长久之计，审时度势，权衡利害关系，认为还是依靠张学良解决自己的出路较为妥当。于是他便通过李藻麟等人找到张宗昌，请张代为疏通。

张宗昌对吴今后何去何从，做了明确表态。他意味深长地说：

“吴玉帅要能干，就自己单干，不要指望依靠别人；如果考虑自己没法单干，就乘早撂下。我看，吴玉帅已经这么大年岁了，带着队伍总是吃地方，仰仗他人过日子，总归不是个办法，还是不干为好。我估计，如果玉帅愿意回北京，安全是不成问题的；队伍也只有两团人，为数不多，安置也不会有什么问题。我愿意为吴玉帅效劳，与张学良进行联系。”

联系结果，张学良慨然允诺，欢迎吴玉帅回归北京，安全、生活和队伍安置一概不成问题。

吴佩孚得知张宗昌的意见和张学良的明确表态，立即致电张学良，提出回归北平的愿望，恳请鼎力相助。张立即回电，表示竭诚欢迎，并就回京有关事项，一一做了具体细致安排，命令京绥铁路局准备专车迎接吴佩孚。

不久，吴佩孚率领所属卫队，辗转抵达北京。当吴所乘专车到达西直门火车站时，张学良亲率东北军高级将领张作相、万福麟等，全副戎装，恭候迎接。吴下车后，军乐队立即奏乐，仪仗队举枪致敬，张学良等高级将领均行军礼欢迎，礼仪十分隆重，宛如当年他在巡阅使任内一样气派。吴佩孚驱车回到什锦花园私邸后，张学良又率高级将领亲自到吴公馆做礼节性拜会。吴佩孚也驱车到顺承王府做了回拜。

吴佩孚的卫队两个团，暂时安置在大公主府，其后由东北军改编。张学良每月赠送吴佩孚生活费6000元，吴佩孚对归来后的一切安排十分满意，对张学良也十分感激[14]。

吴佩孚对日本没有好感，他后来不做汉奸，晚节可嘉[15]。张宗昌和吴佩孚一样，有反日倾向[16]。以此次回北京为例，他作为一风云人物，自然成了新闻界追踪的焦点，从中我们可以了解到当时张宗昌的抗日主张。

在天津，大批记者蜂拥火车站，一度将张堵在车厢中。张对此并不拒绝，随即发表了一番长谈：

“自日军占领沈阳后，即有日人不断来访，询问余之宗旨，有无出山之意，均被余拒绝。日前，日陆军大将白川奉其政府命至东三省视察事变经过，亦至旅顺访问本人。白川谓，现在时机甚好，本人如有意活动，彼愿极力帮忙。余复称：‘现下时机固属甚好，但余不愿利用。余在中国为一有地位之人，绝不愿取巧，牺牲个人地位。当此国家多难之时，余愿以国家为重，个人平日之意见、主张及一切是非，均可为国家牺牲，故余不愿在此时有所活动。譬如一家兄弟，在平日常闹意见，但若陡遇大盗入室，占据祖业遗产，当此之时，恐此家之兄弟无一乐于助盗借力平分祖业者。本人用此比喻，似讽刺太深，日本颇觉难堪，故嗣后遂无再来找余者。余久欲离开旅顺，但屡购船票未得。此次之票，尚系用化名购得者。有人劝余宜秘密上船。余素无所畏，非乃着大礼服坐头等舱不可。临行前，日人亦有刁难。余对国事无甚意见，权利思想亦久置度外。但国难当前，如有可以尽力之处，颇愿以国民资格效其绵薄。”[17]

在北京，张宗昌除了与张学良、张作相、吴佩孚常有往来外，也同在天津一样，时常是新闻界记者们追踪的对象，张闲来无事亦乐于频繁接待记者，有所问必有所答，对政局也常发表看法，出语天马行空，常常不着边际，不过他最常讲的是：

“我是张宗昌，不是张邦昌。”[18]

张宗昌对于与日本的关系等敏感问题并不回避，他对记者说：

“咱家可不会钻烟囱（做汉奸）!”

张宗昌当年为军阀时确实横行一时，千夫所指。但落魄之后，在民族危亡关头，不以牺牲国家利益、出头当汉奸去换取东山再起，还是难能可贵的。正如台湾作家李敖所说：

“比起国民党望风降日的巨头们来，军阀真是大义凛然了!”[19]

## 二、铁狮子胡同的家庭生活[20]

### 1. 合家同居

张宗昌作为一个军人，频繁的军事、政治活动使得他生活极不安定，可谓是居无定所。尽管他纳妾20多个，且上有父母，下有子女，但全家在一起的日子很少。

在张家合居屈指可数的几次中，大连黑石礁别墅、大连市内黄金台是其中的两次，不过时间很短，仅有数月。时间较长的合居有两次，一次是在山东军务督办公署，当时张宗昌是山东省的最高军事长官，控制着当地的军政大权。不过，当时大太太袁书娥未去。

另一次时间较长的合居是在沈阳，也就是当时的奉天。跟随张宗昌的有新升的七姨太、八姨太，以及娶进门不久的春宵之母——十七姨太，当时她正在孕中。

而时间最长的一次家庭相聚是在北京铁狮子胡同，散居各地的姨太太纷纷迁居来此，这是张家人数较为完整、历时最久的一次。

张宗昌很少见的一张身着西服照片

1931年10月，也就是“九一八”事变爆发后不久，张宗昌毅然回北平，后定居于北平铁狮子胡同四号。当时散居全国各地的姨太太闻听此讯，纷纷迁居来此，上海太太未来。当时计有：大太太及四个子女、已故二太太之女、八太太及其女儿、十太太及其子、十二太、十四太、十五太、十七太、十九太及其子、二十太、春和、东乐及其母、春宵及其母、朱宝霞、李艳红等，共计夫人13人，实际人数未有此数，因为十四太是1932年春就因肺结核而死于铁狮子胡同的。子女有11人，即济乐、宁乐、盛乐、东乐、昭乐、春蘭、春婷、春梅、春绥、春宵、春和。

张家所居之地原来是一座王府，规模宏大，气势壮观。

张府一共有三个跨院，一进门，那里是张府的外围，居住的多是卫兵，正房乃大客厅。院内有十字走廊。当时，卫兵通称为马弁，任何人若要想见张宗昌，必须由马弁通报，只有张母、袁书娥、孩子们例外。二道门叫垂花门，进二道门后，院为中大院，即西跨院，大院的正房里住的是张母。张宗昌住在东跨院，面积大约有100多平方米。其他地方都是姨太太的住所，有的一明一暗两间房，有的住一间房。

厕所不在房间里，而是独立角落中，里面装有抽水马桶。

张家还有一个花园，花园的墙上都画上了画，多是一些红楼梦、三国演义中的人物，以及风景画，很漂亮。

张宗昌的起居室在东跨院正房，里间是卧室。张有时候在正房的外间会客，所以大家也把它叫做小客厅，这是全家聚会之所。其实，在多数情况下，张宗昌会客是在一进院的正房，即外客厅。

内客厅摆放着一件装饰品——商鼎，它的价值非同小可。张在休息的时候喜欢抚摩商鼎，有孩子在身边时，他也经常讲讲。后来这件珍贵的文物下落不明。

张宗昌的卧室里摆放着一张大铜床，一张圆桌，桌上有一个台灯；起居室有又大又黑的沙发，这在张家并非人人都有；此外，卧室里还有一张写字台，台面很大，相当一般的两个大，抽屉里放有烟盒子；地上铺的是纯羊毛地毯，花纹非常美丽、高雅。

姨太太的屋里，墙是白色的，都有地毯，一律摆放着大铜床，铺有棕褥子，厚达二三十厘米。姨太太都有梳妆台，上置有折叠镜子。

大太太袁书娥房里有沙发，而其他姨太太则没有。大太太还有屏风，上有湘绣，而且是两面绣，非常的典雅、精致。她另有一面玻璃丝屏风。

姨太太的生活起居，有丫头、女仆照料，一般来说，每个姨太太只能有一个女仆或丫头，只有大太太袁书娥是个例外，她一共有两个丫头、两个女仆。这些下人计有几十个，他们均居住在张家。真可谓是人口众多，居所恢弘。

## 2. 婆媳主家

张宗昌平时很少在家，在家时如若疲惫，就上烟榻吃烟，在一旁烧烟的往往是春亭。所以，主持家里事务的主要是张母及袁书娥。其具体分工是袁氏管理财政、开支，张母负责其他事项。

张家几十口人一大家子在一起，总的说来没有什么大矛盾，大家比较和气，相安无事。不过，张母与大太太袁书娥二人之间则有所不同，时而因为一些小事吵架。

张母喜欢珠宝、金银等，对字画等就不熟悉了，她也不懂得字画的价值。有时，张母竟将家里的字画烧掉，价值达 2 万多元，仅烧掉的纸灰就值几十元，这是其中的颜料价值。张母作为一个长期在农村生活的老太太，她这样做是可以理解为正常现象的。

张母尽管因儿子发达而生活富足，衣食无忧，但她仍保持农村习惯，一如继往，早睡早起。一般是早上四五点起床，7 点钟吃早餐，内容多是包子、油条、馒头、棒子面粥之类。吃饭时往往是与孩子们一起共用，大家要干净清洁才行。张母也曾要求姨太太一起吃早餐，但最终难以实行。七八点后就开始扫院子、浇花、浇树。平时孩子们若动花，她会骂的。当然，孩子们若想得到奶奶的喜欢，也很容易，那就是到花园帮奶奶浇花、拔草。白天，张母经常背着手，拿着扫把，扫花园，故而花匠很喜欢她。晚上，她七八点就睡了。到了晚 8 点，张家大门准时关闭，只留旁门。

对于张宗昌娶姨太太，张母非常不满意，她经常骂人，别人也不与之计较。她曾和颜悦色地劝姨太太回家另嫁他人，但没有结果，大家多不愿意离开。

张母最喜欢的姨太太有十六姨太、八姨太、十姨太三人，八姨太、十姨太之所以受喜欢是因为她们有一手女红技艺，而十六姨太受宠则是由于她会做饭烧火，在旅顺时，十六姨太经常为张母烧炕，拉风箱，二人兴味相投。而对于其他姨太太，只要一碰上，张母就开口指责斥骂。遇到出外游玩的姨太太，张母绝不允准。所以，姨太太平时对张母往往是敬而远之，至于逢年过节，姨太太照例是要给张母叩头，这无论如何是躲不了的，以至大家多心惊胆战。

张母管教孩子，要求安静，讨厌跑跑跳跳、风风野野。她有时候也给孩子们讲故事，都是古时的事情。遇到这种情况，孩子们往往安坐一旁，摸着奶奶的咪咪，祖孙两代倒也其乐融融。

袁书娥掌管家中财政，一切人等开支均由她支配，只有张宗昌例外。这其中，姨太太的零用钱是一大难题，特别是吸大烟，费用很高。后经过商议，确定每人每日不能超过五钱熟烟。名义上是照顾她们的健康，实际上是家中经济困难，仅仅依靠张学良每月的4000元来维持，而张宗昌本人又是一个有钱就花的人，所以其中的艰难可想而知。袁氏即使再精打细算，仍然是月月超支。

张家上上下下几十口人，其平时的饮食完全靠两个厨房，一为外厨房，一为内厨房。

在外厨房就餐的人当中，卫兵占了相当一部分，其次则是张宗昌的身边工作人员，如承启处的参谋等。内厨房负责家中饮食。

张家掌厨的厨师有两个，一个是做张宗昌本人的饭，另外在请客设宴时也上厨；一个是公厨。打杂助厨的有六人。

张家平时吃饭，一般来说是各人吃各人的。张宗昌的官场应酬极多，在家吃饭的时候很少。但只要在家，他往往是让他最喜欢的女儿——春亭，以及一个所宠爱的姨太太，一起进餐。

姨太太吃饭是不定时的，她们什么时候想吃，就让仆人到厨房里，把中餐或晚餐留下的菜饭由厨师加热，再由仆人送回房里吃。

总的说来，张宗昌本人的饮食相对来说要容易侍候一些，而其家里的姨太太们就十分困难了。这种没有规律的生活，使得厨师疲于奔命，十分的辛苦。所以，他们更喜欢侍候张宗昌本人。

张家合聚在一起吃饭的时候也是有的，一般是在节日里，如春节、张宗昌的生日、张母的生日、中秋等。大宴时是要请名厨师的。

饮食之外，张宗昌的姨太太们打发日子主要靠大烟。

近代中国因为鸦片曾持续与外国人开战，但鸦片问题始终未能解决，相反，问题似乎变得越来越严重。鸦片不仅仅是引入，而且还自产。春夏之交，在偏僻的农村里，罂粟花姹紫嫣红，红白相间，争奇斗艳，到处绽放出璀璨的花朵。这是一种花艳汁毒的植物。

吸食鸦片之风在清末民初时期十分盛行，张宗昌的姨太太们也是严重的隐君子。除了十九姨太卢辅义、二十姨太（佚名）、二十一姨太朱宝霞、二十三姨太李艳红之外，都是烟民，嗜吸大烟。

姨太太们吸烟的习惯是白天睡觉，晚上青灯一盏，烟雾袅袅，腾腾而起。

吸烟用的烟具是极其讲究的。烟灯乃山西太谷灯，是用银做的；烟枪是象牙烟枪，上面雕刻有花纹，颇为精致；烟盒用的是宜兴泥烟斗，烟签子是银制的。

吸烟的时候，每人都配有一把讲究的茶壶，另置有高级点心，饭食是极其的少。姨太太白天一般是下午两三点钟起床，随便吃一点早点、甜食、水果，即抽大烟。

姨太太们之所以热衷于抽大烟，除了当时的社会风气之外，与她们经常独守空房、寂寞难消、长夜难眠有关。于是，抽大烟就成为她们消磨时光、麻醉自己的方式。当烟雾腾腾而起之时，那飘飘欲仙的感觉，安慰着一颗颗孤寂的心。

吸食鸦片

由于张家已经今非昔比，所以每人每天只有五钱熟大烟，并按此发放零用钱，结果是抽烟者钱紧张，不抽者要宽松的多。为了解决这一问题，抽烟的姨太太往往是将熟烟卖掉，换回生烟。

抽烟的姨太太占多数，而不抽烟的姨太太平时的生活是怎么打发的呢？

在张宗昌的姨太太当中，十九姨太卢辅义是最为活跃的一个。有时候她邀请其他人一起去逛北海、中山公园，吃茶、喝咖啡；有时候在夜里带着孩子去跳舞，地点一般是在北京饭店及王府井三星舞场等，去的孩子多为女孩，男孩不愿意去。去时必须瞒着老太太，老太太知道了就不让去了。

来张家的客人，除了政界要人之外，最多的也是最受欢迎的是京剧名角。

无论是张宗昌还是张母，只要是逢他们的生日，都要祝寿。祝寿时最热闹的事情是唱戏。院子里要用方块绸子拼在一起搭起天棚，五颜六色，绚丽多彩。京剧名角如李万春等应邀前往，他们有些人与张家少爷济乐是好朋友。

唱戏的舞台是被正戏占用，正戏即京剧，名角云集。除京剧外，有时也演评剧、杂耍，不过是在院子的砖地上，铺上地毯，演员在上面演，观众在台阶上看。孩子们最喜欢看这一类节目，因为距离近，也看得真切，因此觉得很好玩。

看戏时，姨太太打扮得花枝招展，兴高采烈；孩子们也是忙个不停，他们跑到后台，男孩玩胡子、耍枪，女孩子则最喜欢看演员化妆。他们吃得好，玩的也尽兴，如同过年一般。

除了京剧演员之外，经常来张家的还有一位葡萄牙女子，她姓黄，人称黄小姐，是中葡混血儿，人长得很漂亮，乃著名的交际花。黄小姐与张家姨太太关系十分密切，但张宗昌并不理睬她。此外，还有孩子们的同学来玩，这是最受欢迎的小客人。

### 3. 育才学校

张宗昌只上过一年多学，就因家贫辍学。在海参崴时期，张学会了一口流利的俄语，且当过翻译。

与皇家贵族的交往，使他十分熟悉外国交际礼仪，而且生活习惯上注意仪表，西装革履。同时，由于他 10 多岁就外出谋生，走南闯北，见过世面，发迹后接触的是上层社会，包括文人、艺术家，本身后又位居高官，深知文化知识的重要，故而努力学习。他不仅重要文件自己看，自己亲拟草稿，还尽力练就一笔不错的毛笔字。有人说他“土”，把他形容成文盲，好似刚从农田里出来的低素质混混、不懂一切的督办，是大错了。

张宗昌曾说：

“我这辈子在读书上亏欠了。”

因此，他对自己的子女学习要求十分严格，孩子们五六岁就上私塾，拜孔子孔圣人。

张宗昌平时无暇管教孩子，可以说是放任自流，但他对上学之类的事十分重视。他说：

“只要读书抓好，就抓住龙头了，其他自然就好。”

张家后代的文化水平普遍比较高，与张宗昌的重视不无关系。

张家有一个大花园，人称后花园。在那里，张宗昌办过一个学校，叫育才学校。学校的学生全部是张家的人，张宗昌要求所有的子女必须上学，就是姨太太，除了大太太、八太太、十太太、十一太太之外，也都上学。

学校的师资实力雄厚，所请的教师全都是清华、燕京大学的老师及在校学生。所设课程有国文、英文。上课时间是上午 8 点，此前老师可以在张家吃早点，有牛奶、面包、黄油等，中餐要更为丰盛一些。

育才学校尽管是一所私立学校，学生也都是张家之人，但张宗昌办得有声有色，津津有味。其表现之一就是统一校服。在校学生无论是姨太太，还是女儿，都要穿白绸子的上衣，黑绸子的裙子，上衣款式是圆翻领、红领结，式样十分的洋化。张宗昌还组织他们到燕京、清华参观，大家都是坐的汽车，几个人一组，成排出发，十分的气派。

育才学校存在的时间并不长，由于姨太太们的日常生活以抽大烟为主，所以她们很难坚持下去，一时的新鲜感消失后，她们就不再上学了。于是，孩子们最后还是到外面的学校上学去了。

### 4. 童趣

张宗昌对自己的孩子非常喜爱，但由于他经常外出应酬，所以与孩子们的感情并不密切，这与平常人家中的父子亲情有所不同。

山东的习惯是，孩子称其父亲为爹。张宗昌回到家后，若碰到孩子，其表达亲情的方式往往是抓头发，而且还抓得非常之紧，以至于孩子们疼痛难耐。因此，孩子们大多不愿意见之，远远看见，就纷纷躲避。

宁乐这个孩子喜欢照相，张宗昌就给他买相机。宁乐经常胡乱拍照，往往乘人不注意，抢拍照片，张宗昌对此十分宽容，哈哈大笑之后，也乱拍照片。

宁乐喜欢看戏剧演员卓别林的表演，每看完一部电影，回到家都要在院子里学卓别林的动作，他在前面学，后面跟着一串弟弟、妹妹又学他，满院的人看了大笑不止，这些滑稽的镜头都被张宗昌拍了下来。

张宗昌最喜欢的孩子是春亭，而最不喜欢的孩子是春梅，大概张也知道她非亲生，故而既不相见，也从不提及。

夏天，张家的空地上搭有天棚，孩子们平时玩耍多在那里。他们用绳子搭一个秋千，争着荡秋千。

姨太太平时抽大烟，有时候也串门对抽，边抽边聊天。孩子们借此机会，将她们的鞋子排成排，串起来玩。为此，他们经常挨骂。有时候孩子们串鞋后藏起来，不讲故事不还鞋，于是姨太太们就讲一些古老的神话故事。

张家的后花园里，是孩子们捉迷藏的好去处。由于孩子不多，经常是小丫头也参加进去。他们年龄相若，也玩得到一起。此时，小姐与丫鬟已经没有什么身份上的差异，孩子们喜欢玩的天性早已将之抛到九霄云外了。

八太太有一个丫头叫小瓶儿，山东人，她的名字是春绥给起的，当时春绥恰巧看见院墙角双杠旁边有一小瓶，故起名叫小瓶儿。春绥与小瓶儿是好朋友，她们经常在一起打闹玩耍。有什么吃的，当然是大家一起分享，小瓶儿一次吃杏干，都吃上瘾了。盛乐的丫头叫小银儿，他们也常常在一起玩。

当然，同样是丫鬟，其命运、境况可就大不相同了。如大太太袁书娥的丫头，就经常挨打。袁书娥打丫头时往往是扭小拇指，丫头越转越紧，小拇指都红肿了。袁的丫头经常是在屏风处垂立，以待吩咐。春梅领着丫头去滑冰，丫头一摔跤，她便觉得好玩，于是就让丫头连连摔跤，以之取乐。

张家的丫头还有一项活动是陪读，所以她们大都有一些文化。近朱者赤，近墨者黑，无心插柳柳成荫，能学到一些文化知识，也算是自己劳动的一点补偿吧。

张宗昌住的院子里的西厢房，是张的小书房，布置幽雅，窗明几净。由于这里无人时多，且屋里多小人书及三国、水浒、西游、红楼等名著，所以就成为孩子们的乐园。每逢假日，孩子们聚集在这里看书，流连忘返。

说起这间小书房，还有一件当时北京人都知道的事。1932 年的春夏之际，天下大雨，小书房中落下一块陨石，长方形，半米多，深嵌地中。从此这间小书房就被人认为不吉利而封了起来。

### 5. 爱好

张宗昌生活中很喜欢养狗，他在闲暇无事时或练习打枪骑马时，一般多带着狗去。

张宗昌的第二大爱好是生活上不拘小节。他衣着不讲究，衣冠不整，只有到参加大场面时方才军戎整齐。平时胡子不修，只有外出办公交际或出席大场面，他才注重外表，衣冠楚楚，西装革履，礼仪不差分毫。吃饭也不挑食，以至于厨师都说督办的伙食好伺候，与姨太太形成强烈的反差。

张宗昌对自己的衣食不注意，但他却很讲究卫生，爱清洁。在铁狮子胡同生活的时候，张的十二姨太太有一次在地上吐黄痰，恰被发现，张宗昌就批评她道："脏不脏？要注意卫生。"他还常常巡视各姨太太的住处，以至于别人一发现张来了，就通风报信，大家都忙着整理，不亦乐乎。

张宗昌也抽大烟，但他的烟瘾与其姨太太相比，要小得多。在日本别府时，张几乎一点都不抽，以至于十姨太太由于没烟，想自杀，但又说害怕沙滩刺脚，言毕一笑，以示想死但不坚决。

张宗昌重女轻男，他最喜欢的女儿是春亭，而对儿子反而与众不同。当然张宗昌对儿子的要求还是十分严格的，以至于儿子们见了他都十分害怕。

张宗昌在家无客人时，就允许女儿们到他的起居间里，说说笑笑。逢年过节，张也常常与家中人聚合一起，打牌时输家总是张宗昌。这是真正愉快的家庭聚会。

很多书上说，张宗昌平时有一句口头禅："他妈拉个巴子"，这是不对的，其实，张的口头禅是"他娘的"[21]。

如果要说起张宗昌的最大爱好，那就是听京剧，这在当时是出了名的。

张宗昌与当时著名的京剧演员关系十分密切、融洽。1925 年 4 月，北洋政府明令发表 他任苏、鲁、皖、豫四省剿匪督办，继又任命为山东省军务善后督办，彼时恰值其母 60 大寿，张宗昌大宴宾客，祝寿三天。余叔岩、杨小楼、梅兰芳、尚小云、程砚秋、荀慧生等名伶，均应邀至徐州演唱堂会，生、旦、净、末、丑各行名角荟萃一堂，盛极一时。其后督鲁时期，张宗昌在督署里建有戏楼一处，曾先后在济南、北京、掖县老家演唱堂会。"九一八"事变后，他回归北京，仍不时在东城铁狮子胡同和西城石老娘胡同私邸以及奉天会馆（即后来的西单哈尔飞剧院）举办堂会演出。应邀演出的仍然是这些名伶。

堂会演出的戏，有的在外面剧院是无法听到的，例如余叔岩与梅兰芳同台演出《打鱼杀家》。在西城石老娘胡同私邸小戏台，还曾演出《六五花洞》，饰潘金莲者除梅、尚、程、荀四大名旦外，尚有筱翠花（于连泉）、王幼卿，名丑如萧长华、慈瑞泉、曹二庚等均参加演出。旦角是一流旦角，丑角是一流丑角，如此众多一流名角在当时能同台演出，实属难能可贵。若非张宗昌倡议，并出资治办行头，恐难实现。

1927年春节期间，张宗昌曾在济南督办公署东大楼庆寿唱堂戏。

正月十五日是正寿。寿堂设在珍珠泉前大厅，大厅内悬灯结彩，挂满了寿屏、寿幛，还陈列着许多金寿星、金麻姑上寿、金镶玉翠、珍珠玛瑙，琳琅满目，美不胜收。到上午10点开始拜寿。张宗昌将他父亲请到寿堂正中坐下，他自己穿上将大礼服，在军乐声中进入寿堂，首先向他父亲行三跪九叩大礼，来宾也依次拜寿，有的叩头，有的鞠躬。拜寿毕，中午举行盛大宴会，山珍海味应有尽有，宴后即到剧场看戏。白天剧目均由济南各剧院上演，故来宾看戏者甚少；晚上全是北京名伶演出，一直演到深夜两点多钟。这天晚场由少将副官李文征亲自把门，凭请柬入场。台前的池座均设方桌铺台布，放有烟、茶、糖果、糕点等，就座的均是贵宾，如当时知名的前清遗老康有为，下台的大总统曹锟，号称大帅的吴佩孚，名为联帅的孙传芳等。只见他们都穿着长袍马褂，康有为身躯矮小，须眉皆白[22]。

这天晚上，北京名伶演的是全本穆桂英，由四大名旦（梅、尚、程、荀）轮换饰演穆桂英，梅兰芳演的是穆桂英挂帅一段。直到深夜全剧将演完时，只见由张宗昌陪着出去的曹锟又回来了，随着又加演一出《游龙戏凤》，余叔岩饰正德皇帝，梅兰芳饰李凤姐，珠联璧合，堪称佳绝。当剧演至中场时，忽然刹住锣鼓，出来“天官赐福”，为曹大总统“加官”，接着一个人高举现钞两千元（当时可购面粉1200袋、猪肉1.25万斤）高唱“谢曹大总统的赏”，同时余、梅二人并肩到台前深深一鞠躬，然后继续演唱起来。这时我们才知道是曹锟点的戏。这台祝寿戏到此也就演完了[23]。

张宗昌后来最喜欢听的一出戏是《霸王别姬》。虞姬自然是由梅兰芳扮演，霸王则由杨小楼扮演。张宗昌后来之所以偏爱这出戏，可能是与他失败的切身经历密切相关。楚霸王项羽起兵江东，征战四方，盛极一时，然而最终被困垓下，陷入穷途末路，发出无可奈何的凄凉悲苍感慨。正是这种感慨唤起张宗昌在思想感情上的共鸣。每当自家堂会演唱这出戏时，往往是先摆好酒席，正如戏里常说的“酒宴侍候”，锣鼓一响，他便如剧中人楚霸王一样，举杯畅饮，一边听戏，一边有姬妾把盏进酒。此时此刻，他或许恍如剧中人，而与之融成一体。

张宗昌一向挥金如土，对这些名伶的精彩演出自然要重金酬报。不仅如此，而且敬如上宾，礼貌周到。在徐州演唱堂会时，除赠酬金外，还赠送烟土，50两一包，根据角色等级不同，数量也有所不同，最多者15包，依次有

梅兰芳

12包、10包、8包等等。

这些名伶是很义气的。张宗昌下台以后，特别是闲居在北京时，无钱又无势，还要唱堂会。这些名角依然如故，召之即来，不仅如此，往往还随便派戏，从未同台演出的，一经提出，就能合作演出，余叔岩与梅兰芳合作演出《打渔杀家》，便是突出的例子。李藻麟在这方面是深有体会的，因为那时唱堂会，李经常担任安排剧目的任务，有时考虑不周，他们还主动想方设法出主意，为李补台。

有一次，李藻麟想提携年轻演员李万春，就派了一出戏，由余叔岩与李万春合演《八大锤》，事前也忽略了征求余叔岩的意见，便脱口而出。由于辈分与水平的差异，余叔岩面有难色，杨小楼在一旁立即看出问题，便主动向李提出："还是由我和叔岩合作演出，您看好不好？"李藻麟立刻恍然大悟。向余表示歉意，是自己考虑不周。这些堪称泰斗的演员能如此屈己从人，实属难能可贵，若不是看在张宗昌的份上，万难办到。余叔岩就曾对李藻麟说过：

"当初，人家（指张宗昌）有钱时，我们花过人家的；现在不能因为人家没钱了，就不侍候了！"

余也曾当面对张宗昌说过：

"您什么时候想听，您自管说话，我随叫随到。"

实际情况也确实如此，余叔岩每次堂会演出，不仅自己分文不取，而且连场面也由他自理。梅兰芳自己也是分文不取，只要脑门钱80元，用以支付琴师、鼓师等伴奏人员的费用。

张宗昌在位时举办堂会，为每位名演员确定演出酬金数额，是一个颇感棘手的问题，因为它涉及到对每位演员的评价及其在梨园界的声望和地位等诸多方面。处理得当，皆大欢喜；处理不当，就会产生意见。因此，他请余叔岩全权处理，由余提出名单，规定酬金数额，令有关人员照此支付。最高者，一次可得一万元[24]。

张宗昌对京剧的喜爱，对我国京剧史产生了巨大影响，四大名旦这一称谓的出台，就与之有关。在1925年左右，梅、尚、程、荀四人在张宗昌府中演出堂会戏《四五花洞》，因四人旗鼓相当，难分轩轾，故而始有四大名旦一说。

余叔岩

四大名旦之中，梅兰芳独占旦首，梅也当之无愧，如果男性之间也有一个人可以被称做“天生尤物”的话，这个人应该就是梅兰芳！他以文秀可怜之色，慧巧灵活之心思，发宽柔娇婉、清和润朗之音，乐而不淫，俗不伤雅。男人看他像女人，女人看他是男人，在这一微妙心理作用下，造就了梅兰芳大红大紫的“伶王”地位。1913年，梅兰芳在怀仁堂唱思凡，小尼姑的拂尘轻挥，台下冠盖云集，一个个如痴如醉，就连状元总长张謇也“梅郎！梅郎！”的一再欢呼不止。在“太真外传”剧目中，梅兰芳扮演杨贵妃，沉酣醉态，跟着三弦奏出的“柳摇金”曲调，轻移莲步，娇慵困倦，接着唱道：“这真是酒不醉人人自醉，色不迷人人自迷”，万缕情思，自丹田涌出，娇滴滴，懒洋洋，艺术形象真乃千古绝唱。

后来，徐碧云、朱琴心等欲与四大名旦一争高低，均未能实现，只有花旦名家于连泉（艺名筱翠花）因其技艺精湛，一出《乌龙院》就能与四大名旦分庭抗礼，在观众中的影响也可与梅、尚、程、荀平分秋色，所以在京剧界始终与四大名旦平起平坐。至于所谓的“五大名伶”，是1927年北京的大商号瑞蚨祥为捧当时的名旦徐碧云，于6月20日《盛天时报》第五版刊登“征集五大名伶新剧夺魁投票”的启事。一月后，刊出选举结果是梅兰芳、尚小云、荀慧生、程砚秋、徐碧云各有一剧当选。这种舆论操作，并未产生实质性影响。

四大名旦之中，程砚秋后曾提到他对张宗昌的不满：程砚秋自济返京不久，程的学生刘迎秋即向他提出拜师之请。他说：

“你的家庭很好，本身又是大学生，为什么要干这一行呢？你看我的小孩，一个学戏的也没有，社会上都歧视这行人，叫‘戏子’、‘淫伶’。使我受刺激最深的是，在军阀混战时期，我到山东演戏，一天，军阀张宗昌听完戏后，不叫我卸装，让去陪他喝酒。我听了非常气愤，这不是污辱人吗？我当时说，这不合适吧，便卸装而去。从此，我下定决心，不让子女唱戏。”[25]

从此事可以看出，张宗昌一方面处事确有不当之处，另一方面，也可看到张对京剧名角拂袖而去的宽容。

张宗昌对京剧名角宽容大度，从其对其他名人亦是如此当中，亦可洞悉端倪。某年夏天，张宗昌因病延范文甫诊视。范氏襟怀坦荡，不拘小节，有古侠士之风，时人称之“范大糊”，范氏不以为忤，乐于受之，且自号“古狂生”。诗稿中有“风波万丈寻常事，兀立横流莽丈夫”之句，足见其秉性耿直，不畏权势之品格。范氏诊断病情后，挥笔书清震汤一方（升麻、苍术、荷叶 3 味）。张接阅后，嫌药味太少，颇为不悦，出言不逊。范闻后直言讥笑：

“用药如用兵，将在谋而不在勇，兵贵精而不在多，乌合之众，虽多何用？治病亦然，贵在辨证明，用药精耳！”

四座皆惊，范则旁若无人，谈笑自若[26]。

名医范文甫固然恃才傲物之风范昭然，张宗昌的大度亦显而易见。

## 注　释

1. 张宗昌上将别墅旧址坐落在沙河口区黑石礁东村 157 号，建于 1925 年前后，建筑面积 1026 平方米。
2. 李藻麟《我的北洋军旅生涯》，第 221～222 页。
3. 王翰鸣“张宗昌兴败纪略”，《文史资料选辑》第 41 辑，第 235 页。
4. 李恒珍等“反扑·败逃·覆亡”，编审组《土匪军阀张宗昌》，第 220～221 页。
5. 溥仪《我的前半生》，第 217～218 页。
6. “张宗昌与溥仪来往信函”，《历史档案》1982 年第 1 期，第 33 页。
7. “张宗昌与溥仪来往信函”，《历史档案》1982 年第 1 期，第 34 页。
8. “张宗昌与溥仪来往信函”，《历史档案》1982 年第 1 期，第 34～35 页。
9. 疑为金宪开。
10. 李藻麟《我的北洋军旅生涯》，第 222～223 页。
11. 李恒珍等“反扑·败逃·覆亡”，编审组《土匪军阀张宗昌》，第 221 页。
12. 李藻麟《我的北洋军旅生涯》，第 223～227 页。
13. 李藻麟《我的北洋军旅生涯》，第 229～234 页。
14. 李藻麟《我的北洋军旅生涯》，第 228～229 页。
15. 学术界流行的看法是吴佩孚为日本人所杀，其实不确。具体情形请参见：苏全有“吴佩孚死因之谜”，《世纪》2003 年第 9 期，第 38～39 页；郭剑林、苏全有“吴佩孚是‘英美代理人’吗”，《河南师大学报》1994 年第 6 期，该文收入《吴佩孚研究资料集》，（长春）吉林文史出版社 2004 年版，第 193～201 页。
16. 许多记载称张宗昌晚年投日卖国（唐汉：《毙鬼·韩复榘》，北京：中国文联出版社 1995 年版，第 353 页），不实。
17. 天津《大公报》1931 年 11 月 5 日。
18. 董守义、王加会《张宗昌真传》，第 354 页。
19. 李敖“从‘我是嫖客’到‘我是鸡巴’”，《李敖作品集》，第 255～256 页。

20. 苏全有“旧军阀张宗昌的晚年家庭生活”,《世纪》2003 年第 3 期,第 52 ~ 53 页;苏全有“张宗昌的晚年家庭生活”,《民国名流》,(上海)世纪出版集团、上海古籍出版社 2004 年版,第 115 ~ 119 页。
21. 上述内容为张宗昌女儿张春绥回忆。
22. 康这次由济南回青岛不久,即于同年 3 月 21 日暴卒,葬于青岛李村南山。
23. 姜维翰“军阀与相声‘关公战秦琼’”,《文史精华》1995 年第 5 期,第 57 ~ 58 页。
24. 李藻麟《我的北洋军旅生涯》,第 243 ~ 246 页。
25. 刘迎秋“我的老师程砚秋”,《文史资料选辑》第 19 辑,(北京)北京出版社 1984 年版,第 189 页。
26. 张存悌“酿名取号含雅意——名医字号趣谈”,《品读名医》,(北京)人民卫生出版社 2006 年版。

第九章

# 济南刺杀案

因为率直的性格，张宗昌成就了一番大业；同样是因为性格的率直，他却落入了圈套，并喋血济南。张宗昌死后葬于香山脚下，数十口的大家庭瞬间冰释瓦解，一个钟鸣鼎食之家，这时却“食尽鸟投林，落了片白茫茫大地真干净！”

# 一、喋血济南[1]

## 1. 车站枪声

1932 年 9 月 3 日下午 6 点 22 分，时是初秋的黄昏时分，泉城济南火车站里里外外，人声鼎沸，车轮声、汽笛声响成一片。一列从南京浦口开来的 202 次快车正升火待发，即将开往北京，车上有位被送行的要员。

这位被省府大员送行的贵客不是别人，乃是 4 年前威风凛凛的山东省军务督军、闻名遐迩的直鲁联军总司令张宗昌。

在头等车厢里，张宗昌与送行的人话别，同时还有大批记者对张采访，当问到国内形势时，张说：

> "关于时局，本人认为非团结不能救国。能团结，虽失东北，终能收回，否则，东北纵能收回，亦不免亡国。本人向来主张主权在民，大家赞成者颇多。东北事变后，日本约本人出头，并予多少便利，本人不但不干，并且毅然返回。日人复以政府通缉相恫吓，本人即表示，情愿在中国被杀，亦不做外人傀儡。在平时，曾与张群、杨杰说起此事，皆表示赞成，并邀本人赴南京一行，本人正准备前往。"[2]

张宗昌的兴致很高，这时开车的时间就要到了，登车送行的人们和记者纷纷起身告退，张送到站台上一一握手告别。当他登上车厢门口转身再度向送行的人挥手致意时，突然一声枪响，一颗子弹向张射去，但未命中，而是打在车厢门框上。张闻听枪响，一个箭步窜入车厢，一边向怀中掏枪，这时才醒悟枪已经送人，于是就向车厢尽头猛跑。开枪的人叫陈凤山，也紧追不舍。张只得往餐车那一头狂奔，那刺客也尾随着追上餐车，见张宗昌逃到餐车那一头，正欲启车门而出，就随手一枪，又未击中。这时张宗昌的承启官刘怀周从后面追上来，将刺客一把抱住，刺客情急力大，一下子挣脱了身，继续猛追张宗昌。张宗昌在刺客被承启官抱住的一刹那间，早已打开车门，跳下了火车。

张宗昌跳下火车，没有想到迎面站台台柱的后面，又闪出一个刺客，向他打了一枪，幸好这一枪没有击中要害，而是打在胯上。张宗昌不顾一切地继续向前狂逃。车上的刺客也跳下了火车向前猛追。张宗昌的承启官刘怀周及张的几个卫士紧跟着追了上来，一齐向刺客开枪，枪声响成一片。突然，隐蔽在站台台柱后面的刺客郑继成对准刘怀周打了一枪，刘应声倒地。其他卫士吓得四散逃走。接着车站四周的房屋与空车厢里枪声大作，密集的子弹向张宗昌射来。张宗昌跑到第三站台北面第七股道上时，被一颗步枪子弹击中头部倒地，后面追赶的两名刺客跳到张宗昌跟前，恐其未死，又向其打了几枪。

不可一世的张宗昌就这样被刺身亡。

张宗昌被击毙后，两名刺客中比较年轻的那一名大呼：

“我是郑继成，乃郑金声之子，我杀死张宗昌是替父报仇。”[3]

这时在站台上值勤的士兵不明真相，把郑继成和陈凤山一齐抓住，拳打脚踢，士兵还用枪托殴打二人。韩复榘事先埋伏在车站里的人见状，连忙上前阻拦，令郑继成赶快钻入在铁道上的一列钢甲车以避危险。人们一看，此人果然是山东省政府的参议郑继成。等韩复榘的第三路军执法队开来弹压时，郑继成即向他们自首，随即被执法队押走。郑先被押在第三路军军法处，9 月 24 日转送山东省高等法院，旋又交济南地方法院。另一名曾追上车去的刺客名叫陈凤山，也向执法队自首。由于郑继成全部承担责任，不久，陈获释。

张宗昌死后，随其同来济南的参谋长金寿良、秘书长徐晓楼、副官长程榕等人大哭不止，并立即将张宗昌与刘怀周送往济南医院救治。张在送往医院的路上已经气绝身亡，刘在到医院后不治而死。副官刘清训也被一同抬到医院，他只伤及皮肉，故住院治疗[4]。

## 2. “刺客”郑继成

郑继成乃韩复榘山东省政府参议。郑继成的叔父郑金声乃冯玉祥部下的第八方面军副总指挥。冯玉祥部第八方面军姜玉明阵前诱捕了郑金声，将其送给了张宗昌，褚玉璞最恨郑金声，因为过去郑金声对捕获的奉军、直鲁联军，命令凡是排以上军官，站成一列，然后用机枪扫射之，全部杀死。褚玉璞见到郑金声愤恨难消乃下令枪决之，此举张宗昌也无异议。

郑继成乃郑金声侄儿，在刺杀张宗昌之前，与冯玉祥过从甚密。正如郑所自述："自幼受先父庭训，乃长又得冯总司令教练"，郑任山东省政府参议乃冯玉祥所荐，这期间郑继成从未以郑金声的嗣子或儿子身份出现，是杀张后以"替父报仇"郑金声之嗣子名分出现。

郑继成"为父"报仇，枪杀张宗昌，并且投案自首，对外说是关押实则是受优待，法院看守所所长的办公室成了郑继成的临时会客厅，看守所所长还特地让出自己的住室作为郑的寝室。

一个多月后，1932年10月7日，济南警方对郑继成以"预谋杀人罪"提起上诉，10月15日在济南地方法院进行公审。在审问中，郑继成侃侃而谈，供认不讳。10月19日，法院判处郑继成有期徒刑7年，褫夺公民权利7年。然而仅仅过了3个月，经行政院核准，南京司法行政部责令济南地方法院，将郑继成予以"特赦"。于是，郑继成大摇大摆地走出了监狱[5]。

郑继成刺杀张宗昌一事发生后，一时间，成为全国的头号新闻，各报纷纷竞相采访做出反映客观事实的报道，奇怪的是，此后，一种带浓重倾向不顾客观事实的舆论以铺天盖地压倒一切的声势连续出现。例如，正在泰山的冯玉祥出钱让人写了《郑继成为父报仇》的小册子，并附录了安徽同乡会请求特赦郑继成的电报广为散发，又让报纸登载。原青岛市《公民报》编辑胡信之，因与人有私怨被张宗昌误杀，其女胡玉华致电韩复榘称：

> 张宗昌祸鲁三年，翻北海之波不足洗其恶，伐南山之竹不足罄其罪……

此电文印出传单广为散发并交由各报纸刊登。此基调一出，舆论纷纷一边倒，大量宣传张宗昌罄竹难书的罪行："全国人民无不切齿痛恨张宗昌，济南全城的棺木店均闭门拒售棺木给张宗昌"。张宗昌祸鲁三年人命不如鸡命，张宗昌勾结日帝媚外求荣。山东已天高三尺，地陷三尺，苛捐多得除却屁无捐。过去一些不曾有过的民谣也大批涌出，如："也有葱，也有蒜，锅里煮的张督办。"等等。当时的官方大报《山东民国日报》的文章最具典型，特录于下，以点代面：

> 张氏当治鲁之时，苛政暴敛，淫乱贪杀，时鲁民同胞，如处水火，如蹈鼎镬。记者十七年前曾随军北伐战役，沿途睹民众蓬首垢面，流离乞食，牵儿引女，问之，则曰：张氏苛政所致，革命军能

进行无阻势如催竹考于此可见一般矣。故张氏之祸鲁鲁直人民视如仇雠，欲得而其人者久矣，岂独郑继成一人而已哉。张宗昌割据山东计达三年，在这三年中搜刮民财，奸淫民女，虐杀民命，真是无恶不作，临走的时候更勾结日本军队，炮轰济南酿成五三惨案的国耻。山东三千万人民谁不恨张入骨，愿食其肉而寝其皮，只以张氏遁走大连，托庇于日本人保护之下，遂致无可如何，天幸张氏回国元凶殒命。山东三千万人民谁不拍手称快？张氏之恶一死不足以蔽其辜，欲得张而死之，可以说是三千万人民的公意，不过假于郑陈而杀之罢了。

张宗昌死后，安徽人最活跃，安徽人纷纷致函山东省赞扬郑继成，为光明磊落悲壮动人，反对张宗昌棺材停放安徽乡祠，这些也一一见报。郑继成更多处发表文章《杀死国贼为父报仇》、《刺杀张宗昌之经过》等，写了他杀张的原因及经过，写了张宗昌死后停尸车站无人抬尸，给 5000 元也没人去抬，这些都广为流传[6]。

## 3. 疑窦丛生

刺杀张宗昌的事件似乎到此可以了结了，案件的起因与结果好像都十分清楚。然而细心的人就会发现其中有许多疑窦，矛盾歧异之处比比皆是。

1. 张宗昌为什么去济南？

有的说张此行是为了联络旧部，东山再起；有人说是为了银行里的 40 万元存款；还有说法是回乡扫墓。

2. 张宗昌部下对济南之行的态度？

有的说大多数人为了寻找出路，不甘寂寞，主张回去；也有的说是许多人反对成行。

3. 天津林宪祖拦车情况。

张宗昌偷偷起程后，张家曾电时在天津的林宪祖阻拦，有的说当林到车站时，为时已晚；也有的说林赶到车站，但张宗昌拒绝终止此行。

4. 张宗昌在哪里上的火车？

有的说是在北京，也有的说是为了避开张学良、吴佩孚及张母侯氏的阻拦，张在丰台上的火车。

5. 张宗昌到济南后，韩复榘在省政府珍珠泉上的西花厅设宴，厅中是否挂着郑金声的遗像？

有的说确实如此，也有的认为没有。

6. 张宗昌随身所携带的手枪被谁要去?

有的说是被石友三要去；也有的说是张送给了韩复榘；另有说法是张与石只有一面之缘，刺杀案中不应该有石友三这个人。

7. 张宗昌所乘的回程车几点开车?

有的说是6点25分，有的说是6点，还有的说是5点半。

8. 郑继成开枪时张宗昌在哪里?

有的说张当时正要上车，也有的说张当时从车厢里走出来与送行的人道别。

9. 枪战中是郑继成摔倒还是陈凤山摔倒?

有的说是郑摔倒，还有的说是陈摔倒，本来枪不响，但经此一摔，反而响了。

10. 张宗昌中枪后倒在哪里?

有的说是倒在三站台七岔道上，也有的说是在十岔道上。

11. 刺杀案是偶发事件吗?

有的说是郑继成临时冲动所为，也有的说是韩复榘、冯玉祥、石友三等合谋所为。

12. 张宗昌究竟为谁所杀?

有的说是郑用手枪杀了张，也有的说是韩复榘布置的士兵用步枪将张打死。

13. 张宗昌的尸体在车站停留多久?

有的说暴尸10多天，出5000元没有人抬；也有的说当时就抬走了。

14. 为什么停棺安徽乡祠?

有的说是冯玉祥的主张，有的说是韩复榘所为。

15. 案发后韩复榘的态度如何?

有的说案发后韩复榘出来积极处理，也有的说韩仅派代表冷淡处理。

16. 国民党担当了什么脚色?

有的说南方国民党方面起了重要作用，蒋介石拍电令韩下手，中统、军统参与此事；也有的说电令确有此事，但中统、军统并未参与此事。

17. 冯玉祥找人所编的小册子《郑继成为父报仇》内容真伪如何?

有的说是添枝加叶，也有的说是完全胡编。

18. 郑继成杀张是抗日英雄还是汉奸?

有的说郑杀了亲日派张宗昌，当然是抗日英雄；也有的说郑杀张纯为被韩复榘等利用而报家仇，且后来做了汉奸部队头目张岚峰的座上客，绝对称不上什么抗日英雄。

……

以上所言，可谓是众说纷纭，莫衷一是，究竟真相如何，还需娓娓道来。

## 4. 真相大白

张宗昌自从回国后，在他几次到达码头、车站时，群众热烈欢迎他的情景，使他激动不已，深受感动。民众团体，特别是学界人士大学生们如此热烈欢迎，他深切体会到，这反映了人民大众强烈而高涨的抗日爱国情绪。

张宗昌以实际行动两次拒绝了日本人以高官厚禄请他出山当汉奸之事已取信于民，也得到了张学良的信任，目前国难当头，坚决抗日才是自己唯一的出路。张宗昌不是傻瓜，他知道再次回到山东，是不可能的事，蒋介石的国民政府已经统一了中国，张曾两次拒绝蒋介石的收买，而通缉令尚在，眼下身边无一兵一卒，已无实力，再据山东是白日做梦自取灭亡。所以能回到北京，是因为要参加抗日才得到张学良的欢迎并帮助的。也正是基于此，当时国内一些民众团体还有一些军阀推举张宗昌任华北抗日联军总司令，正筹措中，日寇正犯热河，热河省主席汤玉麟不战而逃，热河大片国土沦陷，举国哗然，在舆论的压力下时任国民党海陆空军副总司令的张学良在北京召开军事会议，决定收复热河，并将此项重任委之于东北军元宿张作相，张作相深感个人势单力孤，难以胜任，于是会议决定由张宗昌襄助完成收复热河大业，但张宗昌此时无一兵一卒，毫无实力可言，收复失地岂能实现？会议考虑到这一点，决定将孙殿英部调往热河拨归张宗昌指挥。孙殿英本系张宗昌旧部，投向国民党后，此时仍率部驻防在山东，经张学良商得山东省主席韩复榘的同意，将孙部调出来，枪支弹药不足等问题，亦由韩复榘负责予以解决。为此，张宗昌与韩复榘才在北京进行直接的接触，会谈是极为融洽的，韩复榘热情表示，愿竭尽全力予以支持。张宗昌济南之行的主要目的，就是为了进一步推动收复热河的军事决议付诸实施[7]。

张宗昌访问济南的另一个目的，是为了解决经济问题，彼时，济南交通银行尚扣有张宗昌名下的存款40万元，张宗昌想请韩复榘大力协助解决此项存款，以应对孙殿英部开拨时所急需的各项费用。

张宗昌济南之行后的事件，与韩复榘密切相关。韩复榘，字向方，河北霸县东台山村人，曾任冯玉祥部师长，为冯玉祥的“十三太保”[8]，历任河南省主席，山东省主席，第五战区副司令长官。抗日战争时期，他拥兵10万，却任随日寇顺利进入山东，不战而逃，使大片国土沦陷。后被蒋介石枪决。

韩复榘为人足智多谋，猖狂反共，成批地杀害共产党员，如中国共产党的创始人之一邓恩铭，中共山东省委负责人刘廉初，山东省委共青团负责人刘一梦、采占一，青岛市委李春停等等，大批共产党人均被韩先后杀害。当然，流传国内那些有关韩的笑话，大多是一些无聊人士胡编乱造的。韩不是草包、老粗，不是文墨不通的人。韩很有文才，并且常亲自起草公文、函件，文笔严谨，通达明白，可以说是一代儒将。他在济南沦陷前写给妻子的决绝信，大意是这次战争极其残酷，他决意报国捐躯，牺牲自己的生命，报答国人。信是原件铅印，未作修改。其文字铿锵激昂、字字珠玑，令人读之泪下。但当他亲赴战场，眼见自己的军队在装备精良威猛不可挡的日军面前不堪一击，如继续战下去其结局只有全军覆没时，他改变了初衷，其后果则是济南失守。否则，他的那篇决绝信可与《出师表》媲美。

韩复榘

韩复榘曾经背弃过冯玉祥，但此后双方的关系得到了缓解，其最主要原因来自蒋介石，蒋为了制约韩将刘珍年的部队部署在胶东，1931 年刘韩发生冲突，冯玉祥当时在泰山居住，他支持韩反刘。他说：“卧榻之旁，岂容他人酣睡”，为韩复榘说话，为韩撑腰。他还致电高兴亚说：“谁使鲁省军事、政治不统一的。”后来冯玉祥离开泰山时，韩复榘特赠巨款。此时，韩复榘已成为山东的土皇帝，张宗昌从日本回国后的一切动向是他十分关注的问题，处处予以密切注意，当时正在泰山的冯玉祥，听到张宗昌要当华北抗日联军总司令时便对韩复榘说：

“如果张宗昌当上了抗日联军总司令，拉着队伍南下，你在济南还呆得住吗?”

冯玉祥一语正中韩复榘的痛处。

张学良召开军事会议决定委派张宗昌去收复热河一事，正成为韩复榘的心腹之患，韩复榘几次上泰山与冯玉祥商议此事，冯玉祥极力主张杀掉张宗昌以免其东山再起。冯玉祥的这一态度，其部分原因是他与张作霖之间利害冲突矛盾尖锐。在第二次直奉战争后的天津善后会议上，冯玉祥一再表白自己在推翻曹吴统治中功勋卓著，如果没有他反戈一击，难有今天的胜利，张作霖闻言大怒，手指冯的鼻子声色俱厉地大吼：

“你倒戈是我用140万钱买的，这里没有你说话的份儿。”

冯在广众之下，遭此凌辱，由此张冯二人积怨极深。此后张作霖发动四次攻势，讨伐冯玉祥的国民军，其中以张宗昌为主攻的南口战役，将冯玉祥的国民军彻底击败，冯玉祥难忘南口战役的一箭之仇，从那以后将张宗昌与张作霖等同视为大敌。人们都知道张宗昌是冯玉祥的老对头，张宗昌若出山抗日也是冯玉祥的心腹之患。这时韩复榘又请了蒋介石派在山东的代表蒋伯诚将此意电报请示蒋介石，前面提过：张宗昌是蒋介石两次收买未成，下过通缉令的人，蒋介石回电要不惜一切代价除掉张宗昌。这样，韩复榘往返泰山与冯玉祥密商除张方案。怎样杀是个难题，此时国难当头，张宗昌拒绝日本的收买不当汉奸，回国抗日，受到人民的欢迎，公开杀之已不可能，需一个周密完整的计划实施之。冯玉祥告韩让郑继成以替父报仇之名杀张宗昌，则师出有名还能掩盖真相，以赢得社会各界的同情。足智多谋的冯韩二人，深知舆论的重要性，要免除人们的异议，彻底掩盖真相，全要靠舆论，三人成虎之道必用，于是在近现代史上少见的一场造假舆论铺天盖地而来。对当时记者们就张被杀的真实报导，韩复榘派代表程希贤进京以“公干”为名，探听北京对此事的反映，并纷纷接待记者的采访，百般为韩复榘开脱，告诉记者们：

“……外面对此事传闻甚多（指张宗昌被杀真相），这完全是未见当时情形的揣测之词，不足听信。”

以官方的名义，告知新闻界的事实都是揣测，不足听信。韩更在各大报纸大造舆论，指定人写小册子广为散发，韩复榘暗中鼓励各界向他和中央上书，历数张宗昌种种劣迹，而郑继成被说成是为党国、为革命、为山东父老除害，情有可原。由冯玉祥暗中操纵的长江各省来电更多，为郑说情。还由山东政府人员陆实君负责请人写民谣，写张祸鲁各种文章，在各大报纸连篇刊登。

当时，张学良及其他政府要人，都纷纷致电山东省主席韩复榘，询问张宗昌被杀真相，所得复电均称：

> （前略）张宗昌到济，临行在车站被刺，当时殒命，凶手已获，系前国民军第十七师师长之子郑继成，特此电复，弟韩复榘。
>
> 当时的舆论是成功的，有异议和知真相的人们，因舆论出自官方，不便质疑，不明真相的人们则信以为真，流传至今[9]。

在张宗昌济南之行前，张的参谋长李藻麟劝张宗昌千万慎重，济南之行不可行。张沉思良久，意味深长地说：

“如果韩复榘真的对我下了毒手，那他算是把我成全了。”

他的意思是说，我张某人是为了抗日收复国土而去济南的，如果因此而丧命，那么我算为抗日而死，为国捐躯虽死犹荣。可怜张宗昌一生勇猛直爽有余，在军阀间的暗算诡计前却无能，死后不仅没有被成全，反而留下了其臭无比的恶名，盖棺论定却是罪该万死，死有余辜。而被韩复榘用30万元收买的假凶手郑继成，在冯韩成功的舆论中，至今仍是一个为民除害的抗日英雄而被流传着。张宗昌决定赴济后，僚属间意见不一，大多数持否定态度，认为直鲁军与国民军向有宿怨，曾进行过殊死搏斗，恐积怨难消，据了解韩复榘为人心胸狭窄，诡变多端，而且当时冯玉祥也正隐居在泰山，冯的态度如何也深为可虑，总之，大多数人认为不可冒险行事，恐遭不测。张母侯氏也不同意张去济南，让人速找吴佩孚商量，吴佩孚出言直率，极力劝阻张宗昌山东之行。他认为凡冯玉祥训练出来的人，其作风行为都差不多，还例举出冯玉祥一生中暗算过的很多人，并说韩为冯一手提拔起来，看韩弃冯投蒋一举似乎比冯更阴险狡诈，又说，此时冯玉祥正居泰山，就近又可替韩出主意，因此吴劝张千万不可冒险前往。张宗昌则认为，眼前困难当头，昔日个人恩怨已不足挂齿，直鲁军打败过国民军，国民军也打败过直鲁军，何况今天都已被国民党战败，早已不复存在，时过境迁，彼此彼此，何恨之有？况且，他与韩复榘晤谈时，曾一再郑重表示：此次出山纯属为了抗日，绝无觊觎山东地盘之心，韩复榘表态时极为诚恳，因此他认为韩不会对他下毒手，决心成行[10]。

张宗昌走后，有人告知张母，侯氏大惊，让人速找吴佩孚商量后，挂电话给天津的林宪祖，让林帮助截车。林见到张后，张说：

“你跟我多年了，还不知我的脾气，去趟济南有什么大惊小怪的！”[11]

仍乘车南下，林只好回电复命。

3日，侯氏让人直电济南：老太太急病速归。

张宗昌一行到达济南后，韩复榘特派石友三、程希贤、张受骞等人到车站欢迎并以纬二路石友三之私邸做其临时寓所。使张安心不疑有他。当日，张宗昌赴省府拜望韩复榘，韩热情接待，两人谈笑甚欢。当晚，韩复榘在石友三寓所大摆酒宴为张宗昌洗尘，并请各厅长、师长和石友三等人作陪。席间，韩复榘又发表热情之讲话：

“张兄高尚之人格，实堪兄弟钦佩，兄弟与张兄订交，不胜荣幸之至，将来同舟共济，一定受益匪浅……”

张宗昌听了更为感动。第二天即9月3日，韩复榘仍指使石友三、程希贤等人以宴会、打牌、招妓相逸乐，使张宗昌无暇他顾。刘怀周等随行人员，韩也派有专人作陪，让他们在烟榻之上，吞云吐雾。然后让程希贤向张说明，请张暂还北京，等待中央任命。张宗昌为免不测，也不愿在济多留，决定于当晚6点25分乘京浦202次快车离开[12]。

韩复榘的刺张计划正紧张地实施着，他决定在张宗昌返京时于济南车站将其暗杀。他指派程希贤为暗杀总指挥，某参议副之；他招来郑继成面授机宜，考虑郑一人势单力薄，复派陈凤山等5人辅之；为保证万无一失，又派军队一部，预先埋伏于车站四周，形成包围之势，以便届时夹击；他唯恐在车站不能成功，复派精干人员在火车上张宗昌的包房旁，定包房两间，随车同行，准备中途行刺；韩复榘知张枪法甚精，随身携有最新式德国造左轮手枪一支[13]，乃于事前指使石友三索要其手枪，使张宗昌遇刺时无枪反抗。韩并在张宗昌启行前的宴会上，让人向张频频劝酒，使张宗昌一行带着醉意前往火车站。

石友三

在张宗昌由石友三、程希贤、张受骞等人陪同前赴火车站时，执行暗杀任务的郑继成也与妻子告别，携带两支手枪，与陈凤山等五名助手，乘两辆汽车前住火车站。当车开到离车站约半里路时，郑力劝他人下车，因为此去暗杀张宗昌十分危险，他不忍别人同去冒险。当即就有四人下了车，但陈凤山愿与郑誓同生死，坚决要与郑同去。二人进入了车站，等到张宗昌送石友三、程希贤下车，走到车门口时，陈凤山拔枪就向张宗昌打去，未打中，张宗昌狂逃，陈凤山尾随猛追。张宗昌跳到车下，陈凤山也追到车下。当张宗昌的承启官刘怀周及卫士追下车来时，郑继成从站台台柱后面，一枪击毙刘怀周，吓退众卫兵。而逃到三站台第七岔道的张宗昌却被预伏在四周的军队用一阵乱枪打死[14]。

张宗昌中枪后，尚有一丝气息。金寿良抚着张的躯体痛哭，他一边哭一边上气不接下气地叫随从打电话给济南医院，要求来救护车送医院抢救。到了医院后，医生为张取出子弹，裹上了纱布，仅留出面部，照片于次日登在报纸上。

事后，韩复榘的军队迅速包围了车站，并将郑继成等带走，为掩人耳目，韩还假惺惺地批评金寿良，说他防范不严致使张宗昌被刺，让金先回去复命。金说：

“在您的地面管辖范围里，我们怎么保护，既没有人，也没有枪。”[15]

之后，韩复榘将张的尸体运到医院收敛，并将从现场到医院的过程一一照相，送给张家。还告知张母，有事可到济南找他。

这才是张宗昌被暗杀的全部真相。

张宗昌被杀后，其子张济乐曾欲赴济南报仇，其母袁氏知无政治靠山，不仅报仇不成，还会让人斩草除根，因而极力劝阻[16]。

张宗昌的性格十分直率、爽快，为人处事快人快语，缺乏心计。别人说话慢或吞吞吐吐时，他就会发急。有时候人们开玩笑讽刺张，他当时反映不过来，也跟着哈哈大笑，事后方才知道。这种性格特征容易导致张宗昌轻信别人，他在济南火车站遇刺身亡，除了别人的暗算、捣鬼等因素之外，就张本人而言，他做事的快、直等性格特征，也是重要原因[17]。

## 5. 冯玉祥的小册子

张宗昌被刺后，这时冯玉祥在泰山叫人搜集了有关郑继成为父报仇的文字，印成了小册子，内容有郑继成生平事略和报仇经过，以及济南 72 个同业公会请求特赦郑的电文。其实这些文字大半是王慰农写的，捏造的成分很大，因为济南市长闻承烈将这一任务交给了社会股主任陆实君，王和陆住一宿舍，成了陆的代笔人。写一篇请王吃一顿小馆，是当时酬劳的代价。这本小册子当时流行得很广泛。

10 年后，郑继成在商丘做了汉奸部队头目张岚峰的座上客，后公开做了汉奸。王慰农那时也在张部鬼混，和他朝夕见面，后来也就无话不谈了。有一天王问他杀张宗昌的经过，他说：

“你见过冯先生印的‘郑继成为父报仇’的小册子吗？上面写的很清楚。”

王说：“你别瞎吹了，那本小册子靠不住。”

郑说：“你怎么知道靠不住呢？”

王说：“你的事略和杀张的经过是我写的。当时陆实君从济南法院看守所拿来由你口述、由他笔记的材料交给我，我认为这些素材不漂亮，大部分不能用，我只采用了几点，把它加以夸张渲染，并臆造了一些事实加进去，写成了英雄式的小传，那怎么会靠得住呢？”

郑笑了，并说：“你说呢？”

王说："杀张宗昌，是韩复榘有计划、有布置的行动，叫你顶名去干的，石友三先缴了张的械（要了张的手枪），是为了你和送行者的安全，珍珠泉西花厅的宴会上，可能有人露了马脚，以致张有些觉察；再有，法院档案里的验断书上明明写着张宗昌是被步枪打死的，就是被预先停在十股道上兵车里的士兵奉韩的命令开枪打死的。你是机会造成的英雄，是韩复榘赠给你的荣誉。"

郑说："你知道得这样清楚，又何必问我呢。"

后来王问郑："这个案子背后有没有'二统'（中统、军统）指使？"

郑坚不承认[18]。

## 二、后事

### 1. 附棺北上

张宗昌在济南遇刺的消息，是从三个方面传到北京的。

首先是日本驻济南领事馆打电报给北京领事馆。北京领事馆立即将这个消息通知黄遐省。黄系日本留学生，曾负责为张宗昌办理有关日本外交事务。黄当即于是日午夜12时驱车到李藻麟家，面告这一突然消息。

其次是从铁路系统传来的。事件发生后，济南火车站迅速得知张遇刺确切情况，立即给北京前门火车站拍来电报。前门车站负责人于深夜2时将电报送至李藻麟家。

正式消息则是翌日早晨接到金寿良自济南拍来的电报，报告张宗昌在济南遇刺逝世。李藻麟当即手持电报，驱车至铁狮子胡同张府，面禀张母和张大太太。随即商定将所有眷属即诸姨太太和子女召集到大客厅，由李藻麟宣读电文，家人聆听后，纷纷跪伏在地，痛哭举哀。部属决定成立治丧委员会，由张作相、万福麟、潘复、何丰林、吴佩孚、李藻麟、王琦等主持，负责处理丧葬事宜及家务后事，此事也征得家属同意[19]。

处理张宗昌的后事，首先是关于遗体的问题。张遇刺后，其遗体由韩复榘代购棺木一具，在济南医院入殓。4日，运至皖新街安徽乡祠停放，等待他的家属前来发送。

起初，张宗昌家里的一部分人，主张在济南开吊后，当可直接扶柩回原籍掖县附葬其祖茔内，不必运回北京。嗣后，又出于种种考虑，首先是怕凶死的外丧鬼入祖茔破了坟地风水，妨碍家运的昌隆；更主要的是张在山东树敌过多，又是韩复榘当政，如果家属齐集济南为他开吊、安葬，恐怕招来新的不幸事件。所以归葬不能，只能回京另寻风水宝地安葬。

于是张母派张氏以前的承启处处长王金钰到济南办理运灵事宜，大太太袁氏也一同前往。王到济南后，即进见韩复榘的副官长韩文秀，王即提出运柩回京的要求，韩复榘即令济南车站为之备车。10 日午后，总部驻站办公处主任关世谦即预先备妥 40 吨平汉 4241 号铁篷车一辆，决定附挂北去的津浦十次车赴京。

该灵柩午后 2 时，由安徽乡祠起运，2 点 30 分到站。棺以黄绫蒙罩，抬上铁篷车，其家属则以芦席铺于车上，坐卧一旁守之。情形极为凄楚。

11 日午后 5 点半，灵柩运回了北京。

## 2. 安葬香山

丧葬是人生最后一次生活仪礼，是表示人生最终归宿的程序。因此，最为隆重、庄严、肃穆，但也极其繁琐复杂。子女必须“当大事”，根据自己现有经济条件尽最大的努力让老人安息。这是自周朝以来就已形成的习俗，家家无不遵循这一约定俗成的仪礼。这主要是基于封建社会的孝道。从积极的意义上讲，“慎终追远”是我们中华民族的固有美德。如果抛开这一层意义，从广义上讲，丧葬仪礼，体现了人类的尊严与自我尊重。人类对自己的同类（包括亲人）不能像对待家畜动物那样“死了，死了，一埋拉倒”。尤其是对有业绩的死者，用葬礼的形式进行表彰，这不仅是让死者享受哀荣的问题，而是借此教育后代，学习死者的品德、操守，继承死者的遗志，实现其未竟的理想。当然，旧时的丧礼，人们偏重于从精神上慰藉亡灵，关心死者到另一境界的遭遇、安危，以及祈求其对后人、家宅的护庇，充分反映了后代对先亡者的情感和意愿。张宗昌虽然死于非命，但葬礼一如既往，非常的隆重。

关于寿材，张家定了楠木棺材一副，价值十分昂贵，并在北京漆了头道漆。到济南后，大家将张宗昌的遗体入殓，但未钉棺盖，棺盖是到北京后进行改殓，张家全家人见了最后一面后才钉上的。

由于是“外丧鬼”，按旧制是不宜往家抬的，为了循例举行丧礼，必须找个庙宇，做暂短的停放。

广化寺坐落在鼓楼西大街鸭儿胡同，系元代名刹，明成化与万历年两次重修，清道光与咸丰年间亦两次重修。光绪二十年（1894 年）重建。日伪时期，国画宗师溥心口客居广化寺，主持玉山方丈便请其出面倡导修葺该寺，溥欣然允诺，遂请当时华北政务委员会委员长王揖唐、建设总署督办殷同代为筹款，将古刹修葺一新。该庙料事的隆祥和尚与各界上层人物结交甚密，因此在该庙停灵暂厝、办丧事的多系“大事”，如张宗昌被暗杀后，即在广化寺停灵，还在停灵那天于此演出了一场“妻妾分家”的闹剧。

广化寺设有乩坛，问卜吉凶的人均从乩笔所写的字上断定。当张宗昌灵柩停厝的次日，寺僧与术士3人沐浴洁身，焚香设祭，祝天拜神，而后开坛，乩笔在沙盘上写了如下字：

“我乃张宗昌也，速请吴子玉及吾子济乐、宁乐来。”

僧人见了大惊，急报于张宗昌家中。二子立即向张宗昌灵柩叩头，吴佩孚也施礼如仪。乩笔继而书道：

“我生平杀人万千，此次被刺，死亦无憾。郑继成总云为其父报仇，亦我自己不慎，望大家万勿以我死为憾，并望玉帅转告同人，遇事以我为戒，更嘱济乐、宁乐不可以报仇为志，以免冤冤相报，永无了期，尔等祖母，代我尽孝。”

吴佩孚等见了乩语，分明像是张宗昌在说心里话一般，无不惊叹不已。吴又向张宗昌施礼道：

“张将军请放心，一定按你的话去做，你家中一切，子玉必时时关照。”[20]

在今天看来，扶乩当然是迷信，不可信的，子虚乌有。连记载此说者也觉荒唐，故又说道：

“此事只可供谈资，作为笑话，不足传。”[21]

但就内容而言，乩语又非胡言乱语，空穴来风。之所以出现这一情况，应该是张家或与其关系密切者的安排。这从张母随后阻止张宗昌儿子报仇一事中，即可洞悉端倪。

棺材质量不一，最上品有茵沉的，大都是封建帝王所用；其次是金丝楠的，花银元时，每口大约价值数千元之多，大都是封建王侯之辈使用；一般官宦、绅商富户用口“杉木十三元”的棺材就算不错了，这乃是较为高级的棺材，是用13根杉木拼成的，底四根，盖三根，两帮各三根。价值银元二三百元不等。较好的还有黄柏、红柏、松木的。其次有椴木、河柳、大叶杨、小叶杨、桑木、栗子木的不等，其中河柳的较结实，耐潮。每口由银元三十几元至七八十元不等。凡是讲究的，外边都涂了黑漆，用金色在两帮上画了“二十四孝”或“八仙庆寿”等图案，一般只在棺材头里画上一个圆寿字，周围有五只蝙蝠，谓之“头顶五福捧寿”，后边画上莲花。谓之“脚口莲花”。

张宗昌的遗体上，纱布并未取下，装殓的衣服是大将军制服，足登马靴，棺底撒有沉香锯末，上铺上好的丝绵，再上为紫色缎褥、缎枕、缎被。张宗昌一手握玉器，一手握空枪一支。

至于一般人家，棺材里也是要放殉葬物的，且多是亡人生前喜爱的东西，如烟袋、烟壶儿、核桃、手杖之类。然后将所有空当都填满棉花和锯末子纸包，并将"打狗棒"放入亡人袖口里。若无殉葬物，至少也要在亡人手里搁一个小元宝或一块银元，也有放一块手绢的，说是不能让亡人空手走。嘴里要含一颗穿有红线的珠子，穷人家则含个茶叶包，这对孝子来说，叫做"亲视含殓"。

张宗昌被刺之后，东跨院里的姨太太被赶到西跨院，大家一起居住，吃的是馒头、白菜、豆腐等。平时吃惯了美味佳肴的姨太太们为了改善生活，她们就买了一些小吃，有纸盒罐头、肉松、鸭肝、鸡珍、花生肉酱等。

由于孩子与其母一起居住，又不许洗澡，所以大家身上都生有虱子，姨太太于是就用篦子篦头发。篦子篦过之后，上面的虱子啪啪地往下落，头上的虱子是黑的，身上的虱子是白的。

最苦的是孩子，他们无处可玩，又不能去上学，于是只好玩跳子、踢石头。

负责张宗昌后事的是北京有名的永盛杠房[22]。

杠房这种服务性行业，主要是承办大殡的买卖，规模有大有小，根据服务对象的不同，备有不同的设备。

永盛杠房位于东四牌楼迤西，也就是现在的华侨大厦门前广场一带，它的设备齐全，以专抬当时名人而发家，如国务总理潘复、敌伪北宁铁路局长陈觉生、钱业巨子姚泽生之母及吴佩孚等，张宗昌也是其中之一。

永盛杠房当时动用了48人抬棺。《道咸以来朝野杂记》里说，前清时，皇家、王爷、贝勒用80人大杠。一品大员用64人杠，次者48人，再次者32人……可见用杠是根据官品等级的。民国以后则无此限。北京民间对于用杠的说法是：一个人一夹（指幼丧）；两个人穿心杠；三个人牛头杠；四个人一提拉（以上均指抬赤贫丧家的薄皮子材或无主亡人的裹匣子）；八个人小抬着（此为最起码的殡仪，此外则不能为礼）；十六、二十四个大亮牌儿（只有"过棺罩片"，无官罩）；三十二个扣"几了"；四十八个扣大罩；六十四个大换班。其实，四十八个、六十四个都可以大换班。

棺材前有中式鼓乐队、西乐队、和尚队、喇嘛队，纸人、纸马、纸房、纸汽车、纸家具等一应俱全，棺后是孝子，姨太太都坐在马车上。

送葬的人流所经过的街头，有很多祭棚。棚下设了桌子，桌子上有香、茶水等物品。一共有几十个祭棚。过去老北京的铺户，住家的为了人情交往，都有为亲友死丧出殡时摆茶桌的习惯。有的茶桌是自发的，有的是受丧家邀请的，还有的是丧家亲友特约的。有的铺户、住户，集体或个人，还要举行路祭，规模小的只用一张供桌，摆上鲜花供品，等灵棺通过时，抬到灵前叩祭。如有僧、道送殡的，主祭人还要给僧、道们一些“衬钱”，请他们念经。规模大的则要在沿途要冲路旁搭个“路祭棚”。路祭棚往往是死者生前友好一人或数人发起集资搭设的；也有的是由筹备治丧的人事先出头联络，烦请各界友好出资搭设的。借以表示死者生前的社会地位和对死者的哀思。还有的是本家出钱搭的，故意搭在换杠换罩的地点，以便结合盛大的路祭，正式起杠。

墓地设在香山，张家在那里购置了坟地。今天的香山，还安葬着中国近代史上的著名人物、戊戌变法的主导者梁启超，北洋军阀时期内阁总理、著名慈善家熊希龄，以及曾在中国近现代史上名噪一时的北洋军阀直系首领吴佩孚、北洋政府总理段祺瑞、北洋直系军阀孙传芳、国民党山东省主席韩复榘等。此外的著名人物有：著名京剧大师梅兰芳、马连良、王小楼、言少朋、周和桐，胡琴圣手梅雨田、徐兰沅，抗日烈士佟麟阁将军，新文化运动的健将、诗人刘半农，著名音乐大师、二胡演奏家刘天华等。在方圆只有几平方公里的香山景区里会集着如此之多的历史名人，在全国也实属少有，从一个侧面反映出北京地域文化的雄厚。

张宗昌墓就山势发造墓室，有马道通向墓室，两扇石门将墓室紧紧锁住。坟茔四周种有松柏，还建有石牌坊。逊清翰林、清史稿撰写人柯绍忞撰写墓志铭[23]。铭文中曾言及张宗昌早年卒业于俄国哥萨克骑兵学校。此说纯系柯老异想天开，自行杜撰。铭文竣稿后，他曾说：

“再过若干年后，又有谁能辨真伪。”

治丧委员会向柯老赠薄酬800元。张家另建房屋三间，雇一对夫妇看坟。他们是当地人，家居农村。

到坟上祭奠的多是八姨太和十姨太等人，其他人因不在北京，故极少前往。八、十姨太太结伴到坟上后，先将烟盘子置于看坟人的房中，抽抽烟，然后再祭奠。

“七七”事变后，张墓曾经被盗，盗墓人将看坟人全家捆绑，然后从墓室侧面挖暗道进入室内。张在济南遇刺后，即由随从人员在济南购得材质上好的木棺草草装敛。除纱布、绷带和衣服外，身边没有任何随葬品。盗墓人费了九牛二虎之力，毫无所得，悻悻而去。翌日，看坟人赶忙进城报告陵墓被盗情况。张家人等到茔地实际查看，沿盗墓人挖掘的通道进入墓室，只见棺木已从石台移至地面，棺盖打开，张的尸体抛置在地上。虽然已经埋葬达六七年之久，但尸体完好如初，面色有如刚刚去世。侍从人员将张的尸体重新装殓，另制了被盖，厚厚的重新放入棺内，但未再穿衣，害怕尸体承受不了。为防备盗墓事件再次发生，棺材外又加了大椁，油漆多遍，并将通道填埋[24]。

《近代名人大出殡》上说：关于张宗昌的改殓（换棺）情况和确切的坟穴，至今仍然是个谜。张宗昌在济南被狙击，韩复榘已给张代购了棺木，在济南医院成殓。其家属在京又买得一口上等棺木，在广化寺停灵期间，进行改殓。但对其改殓的具体情况，却严守秘密，外间始终不得其详。据有人推测，张氏后人为了防止仇人盗墓分尸，便将换下来的原棺木，在同一地点深埋地下，作为“疑冢”，而且做上宝顶、石桌、石五供、坟树等物，以迷惑他人。其具体地点仍是原来众所周知的普安店村（在海淀区西部，西南1公里许，为香山万安公墓北1公里许）。疑冢系1948年筑造的，其秘密是文化大革命期间，1967年发现的。因当地的农民“红卫兵造反派”发扬“革命造反精神”，在其地宝顶20米深处掘出一具黑油漆的棺材，棺材头里写着“张大帅之灵”五个金色大字，但打开棺盖，并无尸骨。至于其真的灵梓所埋位置至今仍然是个谜[25]。此记载不实。

《民国名人墓》一书称，1967年红卫兵将张宗昌的墓掘开，棺木内空无一物，“后人推测是张氏后人为防止仇家盗墓分尸，故布疑冢所为。”[26]亦不实。

其实，所谓“疑冢”问题，纯属子虚乌有，庸人自扰。张宗昌安葬后，张家即分解单过，到1948年张家已经败落，非复有往日的财力。后人妄为臆测，与事实不符。

## 3. 各奔东西

张宗昌死后，除却北京石老娘胡同和铁狮子胡同两所住房外，一无所有。张宗昌一生过手钱财何止千万，但他从来不为将来生计着想，有钱就花，还给别人花，他一死，身后萧条，极为凄惨。大太太袁氏情知家底早空，还有一批姨太尚在，这个家难以收场，就在原住的东后院将所有通道全关闭，带着她的4个儿女另过，并在门上设一卫兵把守，不与前院往来，更不过问家中之事。张母侯氏不得不将所有姨太共11人以及她们的子女和丫环（佣人全辞退）集中住在侯氏住的正院东西厢房中，空房一律锁闭，为节约开支，顿顿饭是馒头，熬大白菜、豆腐、咸菜。由于浴室也封闭，大人孩子丫环一起住，大家身上生了虱子，姨太们身前铺块白布，用篦子篦头发，头上的虱子啪啪地往布上落。可贵的是她们没有怨言。为了安全起见，孩子们不准出大门，也就没有再上学。为了妥善处理张家后事，由关心张家的张学良、张作相等人，争得老太太的同意，由参谋长李藻麟具体负责，并成立治丧善后委员会，以张学良为首下有张作相、万福麟、金寿良等人，经过了解和估算，须8万元现款，善后委员会决定将石老娘西跨院当与北京聚兴城银行。铁狮子胡同给与张学良，然后对所有没有生育过子女的姨太每人给3000元，予以遣散，这样，十二太、十六太、十七太富贵、二十一太朱宝霞、二十三太李艳红等各归其所，余下有子女的姨太太被告之，愿守节者欢迎，不愿守节者可带子女走，但孩子不得改姓，每位姨太太给大洋5000元，存在聚兴城银行，只能按月取息，不能支本金，以保证子女的学习等费用。这样，先是昭乐之母撇下孩子改嫁，领走3000元，昭乐由姑母张宗光抚养，春和及东乐之母迁居上海，除5000元学费外，还发给5000元迁居费，春宵之母也带着孩子迁居外省，留在北京的只有八太太、十太太及其子女，于是将石老娘胡同未卖的院落及马号分给两位太太所有，大太太袁氏则带着子女回奉天居住，张宗昌的配偶真正为他守节，矢志为他扶养子女的只有三人，即大太袁氏、八太安氏、十太祁氏三人。

北平沦于日冠之手后，物价飞涨，民不聊生，存在银行里的钱早已贬值，各地的张家人生活艰难，他们不得不靠双手劳动生活，如糊火柴盒，雕刻雨伞柄，做女红等生活，成为底层的城市贫民。正是应了那句话：一个钟鸣鼎食之家，变成了“食尽鸟投林，落了片白茫茫大地真干净！”

分完家后，老太太侯氏带着侄儿侯定柱、八太及女儿、十太及儿子，迁居石老娘胡同居住。张母侯氏虽无文化却是个有心人，儿子的死，对她的打击无疑是致命的，不过她不是被击倒，而是遍找张宗昌被刺的知情人，了解真相，点点滴滴情节都不放过，都要了解清楚，仅为张的致命一枪是手枪还是步枪，她就亲自把尸体纱布拉开查看位置。张宗昌去济南干什么，她问过李伯仁，再问张作相和张学良等等，然后向孙儿女痛说原由，叙说事件经过外，不免边哭边骂蒋介石、冯玉祥和韩复榘。她告诫孙儿女们，不做小人，不当奸臣，饿死不给蒋介石、冯玉祥他们做事，不给小日本低头，能揍他们就揍，往死里揍。这种训话，她想起就说，边说边哭。而孩子们最受感动最爱听的则是十妈祁氏的讲述，她的叙述有头有尾，起伏有致，她把冯玉祥、韩复榘比作秦桧，把张宗昌的为人、为什么会上当说得清清楚楚，最后告诫孩子们要继承父志坚决抗日，不给小人做事。而八太安氏则讲述朝鲜国被日本人占领后如何几家人使一把菜刀，如何男人出街要爬着走路，如何朝鲜烈士手举国旗被砍掉手，便用口衔国旗而亡的故事，这些，都深深地印在孩子们的心中。在那被日冠占领和国民党统治的年代，张家后裔历尽艰辛，穷困潦倒，虽有机会，但无一人给日本人和国民党做事，而是在共产党领导下，安心做普通职工。其中一人为抗日而牺牲，两人参加解放军[27]。

## 注 释

1. 关于济南暗杀张宗昌事件，笔者曾做了考订，请参考拙文“张宗昌被刺真相考析”，《新乡师专学报》2004 年第 1 期，第 32 ~ 35 页。
2. 天津《大公报》1932 年 9 月 5 日。
3. 唐汉“毙鬼·韩复榘”，第 364 ~ 365 页。
4. 吕焕炎《民国暗杀要案》，（南京）江苏古籍出版社 1996 年版，157 ~ 159 页。
5. 吕焕炎《民国暗杀要案》，157 ~ 159 页。
6. 董守义、王加会《张宗昌真传》，第 368 ~ 370 页。
7. 李藻麟《我的北洋军旅生涯》，第 235 ~ 236 页。
8. 冯玉祥当十六混成旅旅长时，部下有中下级军官 13 人，如刘汝明、孙连仲、孙良诚、韩复榘、石友三、闻承烈、过之纲等，都是冯的亲信。这 13 人，遇事往往越过本管长官而直接找冯，冯也喜欢直接抓他们，好直接抓兵，从而控制全军。因此，这 13 人在冯面前炙手可热，人称“十三太保”（邓哲熙“韩、石叛冯和阎、冯联合反蒋的经过”，《文史资料选辑》第 1 辑，（北京）中华书局 1960 年版，第 45 页）。
9. 陈礼荣“抗战前夕北方政局发生剧变的一根导火索——张宗昌被杀的台前幕后”（《纵横》2001 年第 3 期，第 42 ~ 46 页）称，张学良曾在事前与韩复榘密谋，参与其事，不知依据何在。
10. 李藻麟《我的北洋军旅生涯》，第 236 ~ 237 页。
11. 高鸣岐“关于张宗昌的死因”，编审组：《土匪军阀张宗昌》，第 227 页。
12. 崔文瑾“张宗昌之死”（《兰台世界》1994 年第 3 期，第 31 ~ 32 页）上称，是韩的参议张受骞向张密报，说韩将对张不利，张遂称母病，来电要火速返京，便买好了第二天的火车票，5 点 20 分返津。事实上，张宗昌并非因张受骞密报，且时间也不对，因此，此说不可信。
13. 左轮手枪在当时的中国相对较少，而驳壳枪几乎是雷打不动的主角。驳壳枪真实名称为毛瑟手枪，又名盒子枪、盒子炮。是德国毛瑟公司研制。第一次世界大战结束后，鉴于教训，限制了对发展中国家武器的出口，连步枪类都不允许进入发展中国家，但当时毛瑟手枪不在此限，所以可以大量进口，北洋政府、张宗昌等均曾大量购入此类武器。
14. 郑继成“杀死国贼为父报仇”，编审组《土匪军阀张宗昌》，第 231 ~ 238 页。
15. 李藻麟《我的北洋军旅生涯》，第 238 页。
16. 以上论述依据的是张宗昌女儿张春绥的回忆。
17. 苏全有“张宗昌逸事”，《文史精华》2001 年第 6 期，第 60 ~ 61 页。
18. 王慰农“韩复榘的特谍队和张宗昌的被杀”，《文史资料选辑》第 5 辑，（北京）中华书局 1960 年版，第 141 ~ 142 页；《一代枭雄韩复榘》，（北京）中国文史出版社 1988 年版，第 116 ~ 122 页。
19. 李藻麟《我的北洋军旅生涯》，第 238 ~ 239 页。

20. 刘秉荣“‘神灵’不佑张宗昌”，《民国春秋》1995 年第 5 期，第 47～49 页。
21. 杨国庆“民国名人墓”，（南京）江苏古籍出版社 1998 年版，第 151 页；吕伟俊：《张宗昌》，第 322 页。
22. 杨树屏“老北京的杠房和杠夫”，张遇、王娟《老北京写照》，（合肥）安徽文艺出版社 1999 年版，第 80 页。
23. 常人春“近世名人大出殡”，（北京）北京燕山出版社 1997 年版，第 278 页。
24. 李藻麟《我的北洋军旅生涯》，第 239～240 页。
25. 常人春《近世名人大出殡》，第 280～281 页。
26. 杨国庆《民国名人墓》，第 152 页。
27. 以上论述依据的是张宗昌女儿张春绥的回忆。

第十章

# 妻妾子女

张宗昌的妻妾数量之多，堪称民国第一人，其背后隐藏着的是奇异的婚姻观念；张宗昌的子女不多，一共有5个儿子，7个女儿。

# 一、张宗昌的后宫佳丽[1]

## 1. 订婚贾氏·大太太袁氏

张宗昌长大后，家里人给他订了一门亲事，姑娘是邻村的贾氏。贾家系贫民出身，与张家也算是门当户对。不过张、贾二人之间却没有什么感情，亦无一子一女。1916 年，张宗昌在南京遇刺，张本人虽安然无恙，但贾氏却在这一事件中遇害。

张宗昌正式意义上的大太太是袁书娥，而非贾氏。袁氏是沈阳人，张宗昌闯关东后，在 22 岁左右与袁氏成婚。

袁氏身材相貌出众，她大约 1 米 7 左右，细高而漂亮。张、袁二人感情极好，张每逢回到家里，首先要与袁热烈拥抱，家里人对这种在今天看来都颇为摩登的行为习以为常，称之为“见面抱三抱”。这时的张宗昌，可以说是个好丈夫。

袁氏一共生有三男三女。长男在三四岁时夭折；次子即后来的长子，叫张济乐，又称伯伟，号孟揖，约生于 1914 年；老三叫宁乐，号康侯，约生于 1917 年。三个女儿中，长女是春娇，后服毒自杀；次女春婷，她是宁乐的妹妹；老三是春梅，她后来觉得“春梅”这个名字像丫头的名字，于是改为张纯，这已经是小学毕业以后的事了。

张宗昌 1932 年被刺后，袁氏带着自己亲生的二男二女回到沈阳，住在老桂林街上的一栋三层小楼里，以典当为生，到 1944 年因病弃世。

袁氏晚年心情压抑、苦闷，她一天只吃一顿饭，整天跑到小楼阳台之上，仰头望天泣呼：

"宗昌啊！你为什么死得这么惨啊！你看看今天我们过的什么日子？"

## 2. 姐夫与小姨子

袁氏是张宗昌一生当中最钟爱的女人之一，张的性情在这一时期也最为稳定。但是，后来发生了一件意想不到的事情，而且这件事情竟改变了张的一生，使他由一个忠于家庭、妻子的丈夫变成了风流成性、四处为家的漂泊者。

原来，袁书娥有一个妹妹，叫中娥，她小姐姐 3 岁，人称"二姑娘"，梳着一根长约过膝的大辫子，长相逊色一些。她的脸较长，稍黑，有雀斑，性格泼辣。

当中娥出落成为一个大姑娘后，时常到姐夫家走走。而此时的张宗昌，已然成为一个颇有魅力的男子：身高 1 米 85，密发，浓眉，单眼皮，黑里泛红的方脸庞，高鼻直挺，一口白牙整齐排列，嘴型棱角分明。一来二去，中娥就看上了英俊魁伟的张宗昌。

如果是暗中爱慕姐夫倒也罢了，问题是中娥乃一不安分的女子，她既看上了张宗昌，便竭力交好于张，凭着自己年轻，主动进攻。而张宗昌也是性情中人，他本无意于姨妹，但在姨妹的攻势下，其情难却，于是做下了非礼之事。

要想人不知，除非己莫为。东窗事发之后，书娥羞愤恼怒，姐妹俩反目成仇。书娥不许中娥来家，而中娥则发誓非张不嫁，且 7 天不食，仅用水瓢盛冷水喝。

即使是在三妻四妾为寻常事的封建时代，姐妹二人同嫁一夫也是一件不可外扬的家丑。所以，从这个角度说，书娥恼怒是可以理解的；但同时我们也应该看到，中娥钟爱张宗昌，且非求一时之欢，死心塌地追求于张，则似未可厚非。

中娥暗中以身相许后，怀有身孕，后生有一女，名叫春蘭，位在春娇之下，春亭之上。女儿生下之后，张宗昌将其收为二房。书娥脾气暴躁，从此家中吵闹不断，几成一锅粥。张宗昌在家呆不下去了，于是经常借故外出，多日不归。

随着张宗昌官职的升高，应酬也多起来，开始了花天酒地的冶游生活，姨太太也一个接一个地接回了家。造成这种情况的原因一方面固然与其家庭变故不无关系，但起主导作用的还是张本人的思想，他认为大丈夫有三妻四妾，理所当然，皇帝有三宫六院，自己为什么不能？只要不是抢、偷，对方愿意为什么不能讨？有卖的就有买的，她们愿意卖我为什么不能买？

在此前后，袁书娥身边也多了一个送情之人。这人姓贾，双眼皮，英俊，精明，因是瘸子，人称贾瘸子。贾瘸子利用张家内讧，因利乘便，出于掠财的不可告人目的，大献殷勤。袁书娥本人并看不上贾瘸子，但她非常愤恨张宗昌与中娥之事，于是和贾瘸子通奸。张不在家时，还公然同居，出双入对，无有顾忌。后二人生有一女，也就是老三春梅。

张宗昌获闻此事后，即留心捉奸。一次，他突然折返回家，吓得贾瘸子匆忙中越墙落荒而逃。张在其背后放了一枪，未击中。张宗昌乃著名的神枪手，以他的枪法，又有所准备，一枪出去，当可放倒贾瘸子，之所以未打中，可能与张有意吓阻、无意伤人有关。张宗昌的目的达到了，从此贾瘸子再也没有进过张家之门。

此后，张宗昌仍给袁氏以正室名分，主持家务，一切如常。只是他与袁氏的感情却再难恢复。因此，袁氏后来性格变态，喜怒无常，她打骂丫鬟，憎恨所有的姨太太，包括它们的子女。直到张宗昌死后，她都不与他们来往。

书娥对贾瘸子原本就是出于一时气愤而与之交欢，并未从内心里喜欢他，所以张宗昌吓跑贾瘸子后，书娥也就此作罢。张虽然对此事未再追究袁的问题，但他的家庭责任感则大为减弱，其后来的风流韵事与家中变故关系至密。

### 3. 三姨太到七姨太

大约是在 1920 年前后，张宗昌先后娶了 5 位女子做自己的姨太太，那就是三姨太、四姨太、五姨太、六姨太、七姨太，一共 5 房。她们当中，多为一些妓女，嫁给张是为了跳出火海。她们一旦遇到张宗昌，见其豁然大度，挥金如土，就不肯轻易放过这好机会，苦苦哀求救她们出苦海，而张宗昌收之入室，也并非感情作用，而是要显示其富家翁的风度。连个弱女子都救不了，还算什么大丈夫？故纳妾之后，并未对她们表露出什么兴趣，反而将之打入冷宫。这 5 房姨太太后均无子女，很短的一个时期后就要求下堂，张宗昌尽管心中十分不情愿，但还是慨然允准。后来，这 5 位姨太太多另嫁他人，自谋生路。

这里需要强调的是四姨太雅仙和六姨太、七姨太，因为这 3 位虽招入时间晚，但随着前面姨太太的离去，她们都递补上去了。

雅仙是青楼名妓，天生丽质，明眸皓齿，云鬓花颜，体态轻盈，浑身上下玉润珠圆，皮肤白皙，貌既美艳，性更温柔，兰心惠质，善解人意。雅仙为人老练有手腕，她遇到张宗昌迎奉得体，婉转承欢，曲尽媚娆本事，且对张海誓山盟，表示非张不嫁。张信以为真，真心相待。雅仙到张家后，深受张宗昌的宠爱，以故被破例提升为四姨太，且掠财很多，手头积蓄颇丰，约有大洋十几万，还有不少的珠宝首饰等。1928 年，雅仙要求下堂。当时的张宗昌很难过，感情上难以割舍，但还是同意放行。

盟姊妹見財負義

《北洋画报》上刊载的四姨太雅仙（报上称之为霞仙）

《北洋画报》上刊载有一则通讯，题为：盟姊妹见财负义。开篇写道：“长腿将军第四妾霞仙老七，近忽自大连来沪，请某洋律师向其盟姊爱之花老三追索存款十八万。”通讯文附有一青楼女子影像，注为“张宗昌下堂妾霞仙”。

六姨太之父是张宗昌的老乡，后见张发迹，死活要将女儿嫁给张宗昌，遭到张的拒绝。其父竟无耻地用计将张宗昌灌醉，再令其女陪卧，张酒醒后大骂此父女二人，但无奈之中还是将其招为六姨太。后她难奈空房，要了一笔钱离去了。

七姨太人称“老七”，乃一妓女、交际花，为人风流，生性活泼，长得玲珑剔透，人极聪明，对男人很有一套手段，以至于深受宠爱。张宗昌与老七经常在一起，所送珠宝、首饰很多。张还将其提升到七姨太的位置，以示恩宠。

1927 年左右，在山东济南督办公署，七姨太要求离婚，张忍痛去之。之后，她嫁给天津国民饭店老板，白头偕老。

四姨太、七姨太是张宗昌动过真情的人，但随着她们的离去，使张对姨太太有了一些新认识，他说：

“我这个人有什么可爱的，除了腿长还有什么？”

言外之意是姨太太因为他有钱有势才跟他。

### 4. 八姨太安淑义

八姨太安淑义，人们并不知晓，但一说安重根则几乎无人不知，论辈分安淑义是安重根本族侄女，朝鲜新义州人，安重根之父安太勋，进士出身，思想开明，主张维新，受到朝廷捉拿，安太勋带领家中族人70多口人丁，逃到信川郡的小山村，当时安重根7岁，安家的家训是正义！

1906年日本在汉城设立了统监府，伊滕博文任统监，他解散朝鲜军队，控制了人事、施政等方面的大权，一切由他一人说了算，至此，朝鲜人民处在亡国奴的地狱中，被杀害的朝鲜人无数。1909年底在哈尔滨火车站安重根将伊滕博文击毙。1910年英雄安重根就义，日本人杀安家满门，安重根弟媳携儿带女逃到我国丹东，后又逃到海参崴，他们身处异国他乡，举目无亲，一贫如洗。安淑义还被人贩子卖到张家做侍女，当张宗昌得知安淑义的家世，便正式设宴收为八姨太，以示对安重根的敬重。

安重根

安淑义为人温柔、贤淑，长相端庄、俊美，身高1米58左右。在生活中，安氏与人相处时特别能忍，寡言少语，宽容大量，任劳任怨。她经常从别人的角度去考虑问题，因此人缘不错。张宗昌纳安氏为妾后的1922年，安氏生有一女，叫张春绥。之所以叫春绥，是因为“春”是辈分，“绥”是由于生在绥远。

张宗昌被刺之后，以张学良等人为首的治丧善后委员会指定安氏到北京西四北原石老娘胡同居住，带女儿守节。其生活费用一开始主要靠治丧善后委员会发给的存在银行里的5000元利息，后来由于战乱频仍，存款本金被银行侵吞，安氏生活无着，无奈之中只好靠女红维持生计，做一些针线，给洋行绣花以供出口，有时还糊火柴盒，雕雨伞柄等。尽管生活极其艰辛，安氏仍坚持让女儿上学读书。

安氏对人十分和善，尤其是对拉洋车之类的贫苦人家非常之好，如帮人做一些朝鲜式的小棉袄、酸泡菜等，以至于其他姨太太竟说她“贱”。安氏对此没有做任何回击，这是其性格方面好忍的缘故。有一件事最能说明她的这一性格特征：石老娘胡同当时住着一位姓赵的女人，此女长得很矮，但却喜欢欺压别人，极其蛮横霸道，人称“母老虎”。一次，她家用来接雨水的小桶丢失，因怀疑为安氏所为，这位赵氏竟当众殴打安氏，而安氏尽管被诬冤枉，却低头不予还手。恰逢其女儿春绥放学回家，于是用脚踩赵氏之小脚，方得解围。事后才了解到，小桶是被一抽白面者窃走的。

1943 年 3 月 13 日，安氏于贫病交加中弃世而去。

## 5. 九姨太富贵儿·十姨太祁氏·十一姨太

九姨太富贵儿原来是一个杂耍艺人，平日里浪迹街头巷尾，聊以为生。她擅长耍花轱辘棒，因此有时也在杂技团里献艺。张宗昌有一次受江西督军陈光远邀请观看曲艺，相中了富贵儿。经人撮合，收为九姨太。

富贵儿个头不高，约有 1 米 58，尖脸，长得小巧玲珑，为人十分善良。张宗昌有一阵子很宠爱她，不过他们并没生有孩子。

张宗昌被刺身亡后，治丧善后委员会分给富贵儿 3000 元大洋，定居天津。富贵儿手头有不少的积蓄，因此衣食无忧，平日里也抽抽大烟。后来她找了一个男子同居，这位男子知道富贵儿有许多首饰，故蓄意夺之。富贵儿得知后，便打算与之分手。恰在此时，富贵儿巧遇一 30 多岁的男子，此人曾上过大学，为人十分正派、善良，二人遂私下交好。此事被第一个同居的男子发觉后，他丧心病狂地竟用硝镪水洒向正在吸大烟的富贵儿，匆忙中，富贵儿用枕头一挡，保住了双眼及以下脸部正面，但面部侧面仍有大面积烧伤。那男子在报复富贵儿之后，席卷家私一空逃逸。后富贵儿被送到北京协和医院治疗，在医院期间，那位大学生男子始终陪护身边，还献出了自己大腿上的两片皮以供移植之用（张家的人都是这么说的）。二人相依为命，感情极好，他们曾找到八姨太安氏，在石老娘胡同住了一年，后迁往他处，白头偕老。

十姨太祁氏，河北霸县人，家境贫寒，万般无奈之下父母将其卖到妓院。妓院在北京八大胡同，属上等妓院。祁氏卖唱不卖身，不久，张宗昌到妓院游乐，恰逢祁氏，祁氏得此良机，遂极力要求张为之赎身。于是，张便出巨资赎其从良，列为十姨太。

祁氏到张家后，于 1922 年底生下一子，叫张盛乐。祁氏为人比较安分，本分老实。张宗昌被刺身亡后，祁氏被治丧善后委员会安排到石老年胡同居住，同在一起的还有八姨太安氏一家。

祁氏人长得十分瘦小，品貌端正，聪明过人。她很喜欢讲故事，一肚子的故事讲也讲不完，有典故、神话等，孩子们都爱围在她的烟榻一旁，静听讲解，后有的孩子喜欢文学即与之有关。

平时生活中，祁氏除了留恋一口大烟之外，生活十分简朴。她爱清洁，室内整洁、明亮，生气盎然。张宗昌死后，祁氏将张为抗日遭人暗害的故事讲给孩子们听，教育孩子们要秉承父志，坚决抗日。

张宗昌弃世后，祁氏接其母亲和娘家弟弟祁晓山来北京居住。祁晓山的毛笔字写得好，他帮其姐姐开学生公寓、茶叶摊，后亏损关闭。

1941 年除夕之夜，日本宪兵潜入她家，为其子抗日将张盛乐抓走。盛乐后被严刑逼疯，这对祁氏是一个致命的打击。未来的希望化为泡影，祁氏从此忧愤成疾，于 1944 年病死。

十一姨太出生在东北一农村富农之家，长相奇丑无比，她没有后脑勺，头既扁又尖，细细的三角眼，八字眉，嘴唇上翻，嘴角下弯，个头矮小。在她 27 岁的那年，张宗昌因公务路过她家。其父提出将他的老闺女嫁给张宗昌，张一见就跑，坚决回绝。

张宗昌回到山东督署后，本以为此事已了，不曾想丑姑娘的父亲嫁女心切，竟赶着大车三送女儿，连遭拒绝后，到最后一次时将女儿丢下就走。他还声称张与其女同过夜，其实这是讹诈，其真实意图是贪图张家钱财。

张宗昌无奈中，只好将其纳为十一姨太，但坚决不与之同房，以至十一姨太一进张家就独守空房。

张宗昌遇刺身亡后，十一姨太拿了治丧善后委员会分给的 3000 元大洋回了老家东北。

十一姨太为人十分的孤僻，性格刁恶，心胸狭隘，张家里的人对她颇为厌恶。

### 6. 十二姨太到二十姨太

十二姨太乃一艺人，她是张宗昌在一次游玩时遇上的，后收入张家，列为十二姨太。十二姨太到张家后，耐不住寂寞，不愿意苦守空房，一两个月后就要求下堂，被允准。她后另嫁他人，结果不得而知。

十三姨太和十二姨太差不多，也是张宗昌巧遇所收。她在张家呆的时间更短，不足一月就下堂，另谋出路。

十四姨太是一个美丽的妓女，因贫穷被卖入妓院，她是北京人，人很单纯，没有心计。平时的爱好就是买衣服，好打扮。张宗昌将之收入张家后，列为十四姨太。后来在张宗昌的帮助下，她居然找到了自己的亲人——母亲与弟弟，并在铁狮子胡同相见，一家人抱头痛哭，其弟弟还到张宗昌面前跪谢。1931 年，十四姨太在铁狮子胡同因患肺结核，不治而死。

十五姨太和十二姨太、十三姨太一样，在张家呆的时间很短。不久就要求下堂，另嫁他人，后不知所终。

十六姨太是一个唱京剧的武生，为人忠厚老实。张宗昌之母对之十分喜爱，让她随侍左右，时常相伴。十六姨太没有孩子，张宗昌死后，拿着治丧善后委员会分给的 3000 元大洋，改嫁给一商贩，住在北京。其后夫出身贫苦，二人勤俭持家，得以善终。

十七姨太是一个美女，她嫁给张宗昌后生有一女，名叫春霄。春霄个头不高不矮，长得美丽动人。张宗昌死后，十七姨太不愿守节，带着女儿另嫁他人。

十八姨太是上海人，大家都称之为上海太太。她长相一般，包牙，牙有点向外鼓。十八姨太是以带孕之身嫁给张宗昌的，后生有一对双胞胎，一男一女，男孩叫东乐，女孩叫春和。张宗昌死后，十八姨太带着子女到上海居住，她从未告知子女其父为张宗昌，也未再与张家其他人来往。

张宗昌的部下曾向其进献二女，年方十六七岁，张将二人纳为十九姨太和二十姨太。

十九姨太叫卢辅义。卢氏身材细高，相貌娇好。到张家后，于 1929 年生有一子，名叫昭乐。张宗昌死后，卢氏年方 19，故未守节，要求下堂，嫁给了胡光麃。胡号叔潜，乃进步人士，其长兄胡子昂是新中国政协副主席，兼工商联主席。婚后生有二子，其中一子丢失，另一子定居于海外。卢氏在生子后又与胡家闹翻下堂，另嫁他人，2000 年底病逝。

在 20 世纪 30 年代，当时十九姨太还跟着胡光麃，有一次，陈立夫（也可能是陈果夫）到胡家做客，其时陈脸上长有一疱丁，十九姨太见后建议开刀，结果真的好了，陈于是又到胡家，连声夸赞，胡光麃于此时道出了十九姨太的底细。陈闻听她是张宗昌的如夫人，忙道：

“张宗昌是一条汉子，失敬失敬。”

二十姨太长得满脸的青春豆，故不为张宗昌所喜欢，二人未同过房。后不知所终。

## 7. 二十一姨太朱宝霞

朱宝霞生于1914年，祖籍唐山。自幼被唱三花脸的朱景贤买去做养女，随罗万盛、张福堂学习评剧，唱旦角。她6岁就出来跑江湖，第一次唱戏，在台上尿湿了裤子。12岁成为名旦，14岁带班进沪，是评剧史上的第一回。也就是那一年，她被张宗昌看中，一万块大洋、一个珠宝箱和一处院落买她进门，收为第二十一房姨太太。她怕极了，第一夜，抱着被子躲到床底下。张宗昌进了洞房，左找右找找不见自己的娃娃新娘，闹了场大笑话。

她曾形容张宗昌是戳天高的个子，大手大脚，把活人当糖人捏，后来她常学张宗昌用山东口音说：

"你是俺的小玩意儿。"

张宗昌很宠小玩意儿朱宝霞，她不识字，就带她去朝拜孔圣，叫名师教她尊孔子读诗经，又学了一笔花卉梅兰竹菊四君子——教姨太太认字学画，一向是中国旧式有钱人心目中的雅事。她高兴，他便也高兴，她对人说过：

"时间长了我逐渐摸出他的心理。今天踢他一脚不生气，明天打他一下也不生气。"

被个芭比娃娃打，谁会生气？她又叫张宗昌发誓在外不许搞女人，不许再娶小，张都答应了。答应多容易呀，反正22房、23房他也不是没娶回来。几年前，张宗昌曾被授予"义威大将军"，张宗昌便授予朱宝霞是"镇威上将军"，正好镇他的，又铸造镇威金牌一面送她，眉开眼笑说：

"你官大，我官小，小的要听大的话。"

哄得她团团转。

以一种宠物的身份生存……这是不是幸福呢？我们不知道。我们只知道她与张宗昌形影不离，见客、出兵打仗、骑马玩枪，一次她玩手枪打死张的爱马，吓哭了，张没有生气反而把她搂在怀里教她双手打手枪。一度张宗昌被北伐军两地夹击，他单枪匹马弃军疾走，也没忘了带上他的小玩意儿朱宝霞。这是不是爱呢？无人得知。

张宗昌遇刺身亡，众妾被遣散，朱宝霞也在此列，按治丧委员会的规定，她也拿了治丧善后委员会分给的3000块现大洋，但这点儿钱，很快又被男人骗了个干净。人生到此，就像在尘世里做了个华丽的梦，又栽了个狠狠的跟头，爬起来拍拍身上的土，她该怎么样还怎么样。

她没有怎样。《金瓶梅》里，潘金莲被逐出西门家，第二天，便打扮依旧，娇眉俏眼在帘下看人，仿佛所有伤害都不存在。朱宝霞也一样，她回到养父家里，卖了她敛钱的养父，确是她唯一可以投奔之处。原名朱小宝的她正式改名朱宝霞，若无其事，继续唱戏。这世间，她能够仰仗的，只有手艺。

1935 年，她再赴上海，已是“用重金礼聘从未到申、誉满平津、色艺俱佳的评剧皇后朱宝霞”。过去的一切，抹得干干净净。

20 世纪 30 年代的朱宝霞在上海很红，与同辈的白玉霜不相上下，人长得很漂亮，个子不高不矮，不胖不瘦，一对大眼睛，出名的两个酒窝。她的戏路子不宽，主要唱评剧的传统戏，擅长悲剧，以哭腔出众，如《富春院》、《李香莲卖画》、《赵五娘寻夫》等都是她的拿手戏。其他代表剧目还有《桃花庵》、《指花为媒》、《珍珠衫》、《杜十娘》、《杨三姐告状》、《赛金花》等。

朱宝霞

朱宝霞虽待人大方，讲义气，但脾气大，性情急。她不管在台上、台下稍有不如意，就翻脸。有一次演出《桃花庵》，鼓师没有给她垫小锣，她当场就啐唾沫。与她合作的演职员，都惧怕她这个脾气。

辛凤霞在回忆录中数次提到朱宝霞，还提到有一次她与朱宝霞的交往：

> “小演员跟大主演连句话都不敢说，她的化妆室也不能进；可我很羡慕她的苏绣戏衣，很想看看是怎么套针绣的，因为我自己会绣花，想照她的花样自己绣件戏衣。她穿在身上我当然不敢用手拉起来看。她养着一只很可爱的小白狗，我在她的化妆室门口站着想进不敢进。主演正在照镜子，一转脸看见了我，说：‘进来，给我抱着狗。’我好像得了彩似地进了屋，接过小白狗。我也喜欢这小动物，更重要的是我能看看她的绣花戏衣。我边抱狗边近前看看戏衣，立刻看明白了套针绣花用线的方法。主演重新描了一下眉毛，伸手对我说：‘给我吧’，把小狗从我手里要回去了。她一手抱狗，一手用两个手指头捏着我的衣服说：‘快出去！快出去！这股味儿！’就这样把我撵出来了，真可气！我心想我不比你差，将来我长大了准得强过你！”[2]

其实，朱宝霞为人比较善良。她与张宗昌没有孩子，张被刺杀后不仅仅给她留下 3000 元大洋，而且还留了一点脾气。

1951 年山西省临汾县工会联合会新光（评剧）文工团挑大梁主角空缺，

于是领导决定派员专程到天津市评剧根据地，接30年代的“评剧皇后”朱宝霞来剧团为挑梁大主演，当时朱宝霞一口答应，但在临走时唱老生的王寿贤坚决不答应。王与朱宝霞在唐山同台演出结识，解放后在天津结婚，并在天津、石家庄、太原演出，又再度红极一时。王认为去山西异地小地方降低了自己的名声，朱宝霞个性强悍与其翻脸，王寿贤一气之下出走东北。

1951年夏季，朱宝霞带着女儿朱小凤（小朱宝霞）和私人跟包朱月芳等人，随同接人来到山西临汾工会新光（评）文工团。全团上下特别兴奋，一致推选朱宝霞为该团团长。她向大家表示：保证与大伙同甘共苦，绝不能叫大伙受委屈，其他供给性质的待遇一切不变。当时的生活非常好，每到一个新演出台口定要杀一头猪，宰一只羊改善生活，全团人员干劲十足，演出质量大为改观。

此间朱宝霞的演出环境与三四十年代在上海、天津、北平、唐山等大中城市里的剧场观众不同，现在是50年代初的老解放区，主要观众是小城镇和偏远山区里的农民，大部分地区是搭土台子的广场演出，夜间舞台用汽灯照明，住宿在破旧的大庙内和农民家中，行程是骡车马车，风尘仆仆，细雨阵阵。朱宝霞20年代学戏，30年代二度出山而且大红特红，40年代名声和艺术更为可观，50年代初，能离开大城市的繁华闹区，轻松地在老解放区青山绿水、土香土味的农村山沟巡回演出，觉得这是在大自然环境中一种美的享受。评剧跟随时代潮流很快，她在农村演出了宣扬婚姻自由的现代戏，如《小女婿》、《罗汉钱》等，农民们感到是在演唱自己。同时在农村也演出提倡女权的《雷雨》、《失子惊疯》、《麻疯女》、《桃花庵》等等，都受到农民们热泪盈眶的欢迎，与农村中的老大娘和大姑娘、小媳妇关系非常友好。朱宝霞本人是女权受害者，她是评剧界知名的女强人，为人特别讲究江湖义气，她一生的坎坷经历，形成了她从不服逆的反抗个性。1952年五月端阳节，暴风雨阵阵，王寿贤冒着暴风雨从东北锦州市评剧团来到山西省运城，朱宝霞正在演出《雷雨》，二人见面后，王说他专程来找，朱听了非常兴奋，以为二人从此和睦相好，不料，王寿贤在锦州找到一个国民党军官的小姨太太后，很得意的来到运城与朱办理离婚，朱认为这是对方对自己人格的最大侮辱，一声呼叫昏迷过去。端阳节子夜，在雷鸣声中，突发性猝死。全团演职人痛哭流涕追悼，葬埋在盐湖畔的运城公墓，三晋戏迷和农民观众为此扼腕惋惜，房东老大娘带着节日祭祀品携伴墓地烧香哭泣，茶馆女老板更为悲痛，长期为她义务守墓，每年新光评剧团在运城演出，王云龙团长总要带领青年学员去祭祀一番[3]。

## 8. 二十二姨太・二十三姨太李艳红

二十二姨太是日本人，她个头比较小，是一个典型的日本女人。张宗昌在日本别府时，有人送其给张，张纳之为妾，并携其回国。到大连时，二十二姨太因不习惯中国生活，不足20天就只身回国。

1931年，张宗昌在一次大宴上，巧遇一位唱梨花大鼓的女艺人——李艳红，遂纳之为妾，列二十三姨太。

李艳红为人比较善良、安分，她识字，梳着一根又黑又粗、长过膝盖的大辫子，以至于人称“大辫子”。李到张家时，年方20岁左右。

张宗昌一生一共讨了约25个姨太太，这在当时十分引人注目。其实，有的军阀玩弄女性很多，但因不公开纳妾，故舆论的非议较少。张宗昌则是大张旗鼓地讨，而且不是玩过就丢，反而一律讨回家，对此举所招致的非议，一概不予理会。

张宗昌的姨太太可以归为以下四类：一是愿嫁愿娶的，如良家妇女中娥、八姨太等，艺人有富贵儿、朱宝霞、李艳红等；二是愿嫁不愿娶的，如十一太等；三是礼送来归的，如十九、二十姨太及日本太太等；四是从良的妓女。25人中病故者二人（十四太及中娥），下堂者12人，余有11人。

从上可知，张宗昌共有姨太太25位，所谓张的“妻妾成营”、“联合国太太”[4]等传言，言过其实。林语堂说有80个，亦属于文学杜撰[5]。有的书上提到在张宗昌老家曾住过一位姨太太，人称“三小”，这是误解，此人事实上并非张的姨太太，而是看房的用人[6]。

汪精卫在《民报》26期上曾发表有《革命之决心》一文，文中提道：张宗昌自己生活非常靡烂，有妻妾42人，其中21人是白人。这本身带有舆论宣传的意味，无须信之。

俄罗斯《远东问题》双月刊2005年第3期发表俄罗斯科学院远东研究所主任研究员、历史学博士维克托・乌索夫撰写的文章，介绍佐尔格和他领导的小组30年代在中国所从事的战斗工作，文中提道：

> 艾格妮丝・史沫特莱对中国的了解与研究常常能帮上大忙，特别是她的那个卡片箱令佐尔格受益良多。卡片箱里收录了中国218名高级将领和地方军阀的详细资料，从身高、体重、相貌特征到性格特点、身份背景及观点言论等等。在有关直系军阀张宗昌的资料中，甚至包括他有38个老婆和情人的内容。

至今我们尚未见到史沫特莱的卡片箱，而且其情报来源无从知晓，难以见信。

与上述情形相类似的是西方的两本书：［英］加文·麦柯马克在他的《张作霖在东北》一书里说：

张宗昌对老婆“只承认她们有26个不同国籍，每个人都有一个印有其国旗的洗脸盆。”

［美］艾格妮丝·史沫特莱在他著的《伟大的道路》一书中说：

“张宗昌以他的50名不同国籍的姨太太而自豪；有一次他走进北京的一家外国大旅馆的屋顶花园，后面真的跟着一队姨太太，鱼贯而入。”“昌藏娇之屋，恒置秘戏图若干册，其中百怪千奇，姿态万种，男性悉着蒙古装，做若干怪状，想见其荒淫之甚，亘古罕有其匹也。昌淫乱天成，虽在战场，仍姬妾成群载以偕行，性欲一动，不管山岭水涯，狂风暴雨，必泄其欲乃可。故娇姿弱质，多遭残害，致终身恶疾不已；甚焉者，竟身葬沙场，血流原野。其残暴不仁，有如此者！”[7]谣言从国内传到了国外。

吕伟俊著有《论民国初年的山东军阀》[8]，文中说：

张宗昌的妻妾有名有姓者多至50余人，不知名姓、编号排列者更是不计其数，遍布全国。造成这种看法的主要原因是，张宗昌经常逛窑子，看上哪个女人就带出去做老婆，租间房子塞进去，外面挂上“张公馆”的牌子，再派上个卫兵，他张宗昌就算又多一位姨太太。不过，几天以后，这个姨太太就被忘记了，卫兵开溜，姨太太再做冯妇，重操旧业。此地的闲汉再逛窑子，总会叫：走，跟张宗昌老婆睡觉去！这话传到张宗昌的耳朵里，他也就一笑置之[9]。

张宗昌的姨太太究竟有多少，上述各方各执一词，不一而足。据张宗昌的副官李子清说：“济南城里有25个，都由我按月照顾吃用开销，其他的我就不知道了。”[10]张宗昌任山东督办时的总参谋长李伯仁（即李藻麟）回忆：“张宗昌自幼与邻村贾氏女订婚，20岁成婚。贾氏不幸早逝，续娶袁氏，东北人，缠足。步入仕途之后，张宗昌曾纳妾多人，均按序排列，袁氏明媒正娶，自然是大太太，依次是二太太、三太太，直至二十五太太。”[11]李子清和李伯仁长期追随张宗昌左右，他们的说法可信度很强。在当时社会，一夫一妻制的新式婚姻虽是时代潮流，但是纳妾仍是很普遍的现象，再加上张宗昌有财有势，所以他妻妾成群自然也就不足为奇。

不过，即使是25个姨太太，张宗昌纳妾人数之多，在北洋军阀中也是首屈一指。张宗昌寻花问柳，嫖娼纳妾，招致非议最多，当是咎由自取。

## 9. 张宗昌的婚姻观[12]

《张学良家事》上记载：张学良私生活比较随意，号称花花公子，但他认为交女友未尝不可，最反对有“狗肉将军”之称的张宗昌到处找女人的那种作风。有一次在前方作战，张学良和张宗昌同住一房，中间仅有一张布帘隔着，张宗昌不知从哪里找来了三个女人，还一直地问：

“汉卿，来一个好不好？”

张学良假装睡着了，根本不去理他。他说：

“交女朋友未尝不可以，但像张效坤那种作风，未免太下流了。”

不管舆论怎样谩骂，张宗昌全然不予理会。在他眼里，男子汉大丈夫理应如此。在外统帅千军万马，在内自应妻妾成群。张宗昌的一贯指导思想是“有买的，有卖的”，“老子有钱，花钱买乐”，这是人间“正道”。他曾暗地劝诫一位要人，在闲谈中宣扬他的这种观点：

“咱们有钱，花钱什么样好看的买不来？何必到人家里去瞎闹，既败坏了人家的名誉，也败坏了自己的声望。”[13]

张宗昌有一次和李藻麟在一起闲谈，说：

“李纯的死是自找的。”[14]

张宗昌此语乃事出有因。

1920 年 10 月 12 日，李纯神秘暴死，消息一传出，立即引起全国上下种种猜疑，物议沸腾。当时报纸上均以“江苏督军李纯忧国自杀”为题大做文章，但李纯真的是自杀吗？如果是忧国自杀，为何不死于袁世凯窃国、张勋复辟等国家危难之际，却在直系战胜皖系鼎盛之时而死呢？事实上，李纯并非自杀，而是被其随身侍从毕正林枪杀。至此，人们不禁要问，毕为何要杀李呢？事情的内幕原来是这样的……

李纯夫妇未生孩子，其妻曾收养一名孤女——菱子为侍婢，菱子天生丽质，伶俐可人，故李纯视之有如亲生，十分的宠爱。李纯在任旅长时，有一次点验部队，偶然发现一名十八九岁的新兵——毕正林，眉清目秀，聪慧过人，也是父母双亡，孤身无依。李纯因同乡关系遂调之入旅部。毕既玲珑又谨慎，甚得李纯的喜爱，遂派充为贴身卫士。

毕正林与菱子年龄相若，花样年华的一对少男少女因接触频繁不免眉来眼去。一次，毕在菱子面前开了个玩笑，恰被李太太听到，说与李纯，李纯遂撮合二人正式完婚，仍住府上。

菱子婚后，一扫少女时代的拘谨、羞涩，已是情窦初开的少妇，举手投足、一言一笑之间都有一种撩人欲醉的风情，还不时在李纯面前撒娇，不惑之年的李纯难以自持，遂与菱子发生了不可告人的苟且之事。

一年之后的一天，即1920年10月11日，李纯派毕正林赴上海购物。毕赶早班车出发，到上海办完公务后又恰巧赶上下午两点的快车，晚7点回到南京，径奔李府家中。不料一推门，门自内上闩。原来，李纯正与菱子在房内寻欢，好梦方圆之时，为毕打破，李尴尬而去。毕担心自己撞破奸情，必被除去，故先下手为强，于12日凌晨4点45分将李纯枪杀。

为保全李纯名声，齐燮元与李夫人商议后决定伪造遗书，声明李纯之死系自杀，并赏毕正林、菱子路费500元，打发了事[15]。

张宗昌对于李纯之死，认为是自找的，于此可知其对婚姻的认识，别具一格。

张宗昌的婚姻观中较独特的内容之一是贞洁观念淡化，这主要体现在两个方面：

其一是姨太太出身青楼。张宗昌并不因其中一些姨太太乃青楼女子而对她们有异于其她姬妾，姨太太所受宠爱的程度也并非以她们是否贞洁为标准，而是视其容貌和其他方面的能力而定。如较受宠爱的几个姨太太中，除大太太袁氏是小家碧玉外，四姨太雅仙、七姨太均是风尘女子，张对她们不但不歧视，而且宠爱有加，七姨太有“一卷毛狗，是3000块大洋买来的……她装裱一座楼房花了五六千元，一双珍珠鞋值四五千元。”[16]对于四姨太雅仙，张宗昌更是不惜万金，结婚时光聘金就10万元，又花费数万元[17]。有记载说张宗昌曾对周金子发生过兴趣，周曾是天津出名的交际花，为摆脱军阀张宗昌的纠缠，宁肯嫁给陈必大的爷爷袁祚廙做小，后来这位四奶奶又太“新潮”，不安于室[18]。

其二是对改嫁母亲的理解同情。张宗昌幼年时期，家中贫困，张母无奈而改嫁于一贾姓男子，这在当时农村是一件很不光彩的事情。可张并没有对此讳莫如深，一当上山东督办就派人接回母亲，并不觉得母亲给自己丢了面子而嫌弃她。当他知道母亲不愿单独到济南的缘故后，毫不掩饰地说：

“这都是俺不成器，养不活俺娘，不然的话娘怎么会去改嫁呢?”

后来将母亲与继父一同接进督署。对此他曾说过：

“我自己无能，把娘抛在家中，人家替我养活娘，不应该感谢人家吗?”[19]

张宗昌身居高位，功成名就，对于不够“体面”的父母并没有觉得丢人现眼，不闻不问，以免有伤自己的尊严，而是毫不避讳，也从不隐瞒，并能善尽奉养之道，甚至对母亲曲意承欢，这在很大程度上都和他的贞洁观念淡化有关。

张宗昌婚姻观独特的内容之二是公开纳妾，无惧于舆论非议。

民国建立之后，社会风气逐渐由落后而开明。在婚姻制度方面，一夫一妻制的新式文明婚姻呼声日益高涨，成为时代新潮流。可张宗昌却公开纳妾，妻妾成群，难免招致舆论谴责。当时也有一些人害怕非议，故未公开纳妾。可张宗昌却无所顾忌，对于舆论非议全然不予理会，而且还将自己视为救人于水火的英雄。“在他眼里，男子汉大丈夫理应如此，在外统帅千军万马，在内自应妻妾成群。张宗昌的一贯指导思想是‘有买的、有卖的’，‘老子有钱，花钱买乐’，这是人间‘正道’。”[20]

而且更有甚者，在天津时，他在戏院里看中一女子，便派兵去抢，不料那女子是奉军某团长之女，该团长怒而向张作霖告状，及张作霖问他时，“昌竟答曰：‘女子大了，不能不嫁人吧？她能嫁给我张宗昌当督办的，命运也算不错呀！’”

还有一次张宗昌劫持王世珍的侄女，并振振有词：

“女大当嫁，留在家里干什么？”[21]

当然，抢夺女子的现象应该是比较少的。

在张宗昌看来，女子就是为了嫁人，而他本人就是一个不错的选择，尤其是对那些堕入风尘中的女子而言。于是一些名妓想脱离苦海，遇到张宗昌，知其为人豁达大度，便苦苦相求，张也深感“盛情难却”，义不容辞：

“连一个弱女子都救不了，我张某人怎能称得起男子汉大丈夫。”

正是在这样一种心态的支配之下，张很自然地便将人带回家，在自己的姨太太队里排上一个名分。对此，张本人毫不隐瞒，也无所顾忌：

“皇帝有三宫六院七十二嫔妃，为什么老百姓就不能有，我又不是抢来的，是她们愿意跟我，我替她们赎了身。”[22]

张宗昌不但自己纳青楼女子为妾，充当英雄，还推及他人。前文曾提到，一次张宗昌的一个祁副官，看中一女子，老鸨非3000块大洋不肯脱手，那位祁副官因缺钱急得团团转，张问明情况知道非副官强迫那女子，而且她容貌举止也得体，于是便“给了3000元赎身费用，另外，一应结婚开销均答应下来”[23]。张宗昌的这种婚姻理论不是为个人纳妾进行辩护，而是他的思想的真实写照。

按现在的话来说，“泡妞泡成老公”与“炒股炒成股东”一样是件很背的事。但张宗昌并不这么想，他认为男子汉大丈夫应该敢作敢为，既然做了就要认，要负责的。他瞧不起那种偷鸡摸狗者，认为自己比他们要高尚得多。

广东一户妻妾满堂之家

张宗昌婚姻观独特的内容之三是对妻妾去留，态度达观，任其选择。

张宗昌妻妾虽多，但真正宠爱的并没有几个。因为张的姨太太们多是风尘女子，她们嫁给张宗昌是看中了他的财势，为了脱离苦海；张将她们收入室中，也并非感情使然，只是为显示其富家翁的风度。双方各取所需，也就基本上能够相安无事。对于妻妾们的心态，张宗昌也是一清二楚的。他曾说过：

“我这个人有什么可爱的，除去两条腿长，还有什么？”[24]

从这一句话中，我们当可知晓，张很清楚，这些姨太太跟从自己，那是他的财势所致。这种清醒的认识和达观的态度使他对姨太太们的态度很宽容，只要她们提出离开的要求，即使他有时不太情愿，但也会慨然允准。好几个姨太太进门不久之后就因为在姨太太队中备受冷落，并在得到允许之后离开张宗昌，另嫁他人自谋生路了。“凡为其所猎之女子，愿从者可从，愿去者也听其便，今日吊臂而来，明日洋洋他去。张宗昌督鲁后，贵为一省之主，一时曾与张有关系之女子，多系风尘之女，贪其富贵，如蝇逐臭，纷纷前投，皆自称是其姬妾，而张的接待处也不辨真伪，兼容并蓄。”[25]当年陈光远送给他的那位踩软索（杂技）的九姨太就因为另有所爱，张便将她除名，后来她就又回杂技团了[26]。

此外，对于别人因姬妾之事而闹矛盾或大发雷霆时，张便会很“豪爽”地劝他切莫因小失大。有一次，张原来的部将、直隶督办褚玉璞之五姨太，与两个京剧名伶刘汉臣、高三魁关系暧昧，褚知道后大怒，将二人抓进了监狱。张宗昌对此事则深不以为然，并笑话褚玉璞心眼太小……还振振有词地说：

“这些臭娘们，哪个不是水性杨花，她们爱跟谁就跟谁，去了一个，再来一个岂不更好？要是三贞九烈的女人，咱们还不配消受呢！蕴山（褚的字）真是想不开。”[27]

张对妻妾态度之达观由此可见一斑。

张宗昌婚姻观独特的内容之四是婚姻中的趋新意识。

民国建立之后，社会风气日趋文明，很多城市里采用一种以“文明结婚”为特征的新式婚制，其主要内容是订婚征婚须征得男女双方的同意，革去坐花轿、拜天地、闹洞房等陈规陋俗，时人称之为“文明结婚”。这种潮流也影响到张宗昌，他力求新潮，追赶时髦，甚至做出一些荒唐可笑的事情来，至今贻笑后人。

有一次他竟异想天开要搞一回文明结婚。以 10 万元的聘金强迫一位堕入火坑的女子亚仙（即雅仙）和他结婚。因亚仙只有假母而无假父，特以 5000 元给顾问蓝某做结婚费，要蓝娶亚仙的假母为妻，一面从山东掖县接来张的父亲，这样双方都有了主婚人[28]。

文明结婚

张宗昌还忽发奇想，“醉心时髦女性，于是便由教育厅长王寿彭陪同，前往某女子师范学校巡视，全体女学生自然奉命在校园内列队恭迎张督办，张宗昌非常高兴，当场赏给每人 20 块大洋，并给了学校 5000 块大洋”，还说：“我张某人在哪看大姑娘也不是空手的”[29]，令作陪的人和学校校长当时尴尬不已。

这些刻意的模仿追求虽因过于荒唐而为后人所笑，但多少也反映出张宗昌婚姻观中所蕴含的趋新因素，只是变得畸形而已。

在当时的北洋军阀中，有主张一夫一妻制的，如冯玉祥、吴佩孚等，也有似张宗昌纳妾者，如袁世凯、张作霖、陆荣廷等，而张宗昌对婚姻所持有的独特态度和看法则使他不同于其他的北洋军阀。

## 10. 张宗昌婚姻观形成的原因

张宗昌这种比较独特的婚姻观是多种因素共同促成的，这些因素包括其青少年时期困苦经历、个人性格、封建传统思想的影响及当时的社会环境等四个方面。

张宗昌出身寒微，祖上世代为农，家中“只有三间小草房和二三亩土地”。父亲在务农之外，还要干些杂活儿才能勉强度日。母亲改嫁后，张家生活更加窘迫，经常衣食无着，张在十三四岁便开始打短工，也曾在一家小酒店做过伙计，有时趁未婚妻村里集会时挑些东西去卖，甚至“趁赶集之机，时常到未过门的妻子家借贷，但每次借得不过是一瓢高粱面，几把黄豆。”[30]稍长之后，张便与人结伴下关东谋生计，先是在哈尔滨淘金，又在铁路上包工修路，还在“宝局”做过镖手。这种困苦的生活经历在北洋军阀中实属罕见，使他深深体会到生活之艰辛，因而他很能理解一些人为生活所迫或卖身青楼或改嫁他人等做法，并且给予她们莫大的同情。张宗昌的姨太太中，多是妓女、优伶等从事低贱职业的人，同样卑微的身份，同样困苦的经历，使得张并不轻视她们，即使她们的目的不是很光明正大，而且早已为张所洞察，张还是将她们收在身边，这对于一些想脱离苦海的人来说，也算是一种出路。能理解别人生活的艰辛，对母亲的艰难就更是体谅了。张母在风雪交加的冬日外出讨饭昏倒路边，被一贾姓男子救起之后而嫁给了他[31]。对此张给以了母亲深深的理解，并不因其不体面的经历而看不起她，而是善尽奉养之道，还将母亲的苦难归结为自己的不成器，对于继父也待之如亲生。可以说他贞洁观念的淡化与其困苦的生活经历不无关系。

张宗昌是山东人，性格外向、豪爽、不拘小节，青年时期又在东北地区闯荡多年，受到东北人直率性格潜移默化的影响，因而张的性格“十分直率，爽快，为人处事快人快语，缺乏心计。别人说话慢或吞吞吐吐时，他就会发急。”[32]这种粗犷、直率、无所顾忌的性格使他在舆论面前畅所欲言，毫无保留，面对舆论非议也无所顾忌，别人纳妾为免非议就私下悄悄进行，可张宗昌却公开声明，甚至大操大办，有时还搞“文明结婚”，实在不多见。不但如此，他还试图劝戒别人，向人宣扬自己的理论：“咱们有钱，花钱什么样好看的买不来?”另一方面，他的这种外向型性格，也使他对周围所有的一切都看得不是很重。在关东谋生时，拼死拼活地挣了钱之后，好几次都去赌了钱，几乎是一夜之间就又一贫如洗。这种“活着干死了算”的人生态度使他并不积蓄，发了财之后，就肆意挥霍，不是赌就是纳妾。只要遇见合意的，便不惜千金，买来收在室中，然而这种买来的婚姻既无感情基础，又没有什么紧密的经济或政治联系，因而并不牢固，其突出表现是张的姨太太们很多都在张在世时就离他而去、另谋生路。这种异于常人的宽容举动与张宗昌外向型性格有很大关系。

传统的封建思想对张宗昌的婚姻观产生了深远影响，其中最重要的是传统的“重义轻利”观。张宗昌文化水平不高，但毕竟幼年时曾读过一年的私塾，识得些字。在后来的军旅生涯中也非常注意招揽一些封建文人做幕僚，他们的封建思想就时刻熏陶着张宗昌，而且张本人也善于听从谏议。张任山东督办后，在相对稳定的环境中创办了山东大学，并请清末状元王寿彭任校长[33]。还亲自拜王为师，随时请教，在王执掌山东教育时，大力倡导“尊孔读经”，并重修曲阜孔庙，大量刊印经书[34]。张宗昌还请筹安会六君子之一的湖南名士杨度任参议，也曾迎请康有为，尊为上宾。诸如此类，不胜枚举。这些封建思想浓厚的幕僚对张产生了深重影响，最主要的一个方面即是“重义轻利”的观念。“君子取于义，小人取于利，这是我国长期以来所倡导的义利观。”[35]这种义利观是张宗昌仗义疏财的直接原因，于是在一些女子的再三哀求下，这种“仗义”便使他难以再袖手旁观，只有赎出来带回家。当然，张宗昌的封建思想中也有一些糟粕，如男权主义思想及坚持多妻的封建思想也是张妻妾成群的理由之一。

民国以后社会风气及军阀混战的环境也对张宗昌的婚姻观多少产生了一些影响。民国以后，女性和婚俗及人们对婚姻的态度看法都发生了很大变化。身处这样一个变化的社会中，张宗昌也难免受到这股潮流的影响，于是其婚姻观中便有了某些趋新意识，只不过与封建因素杂糅在一起而畸形发展，以致酿成一些看起来很荒唐的事情。因一时“醉心时髦女性”而巡视某女校，甚至为进行“文明结婚”，不惜千金为女方买来一位假父。从这种为追求时髦而发生的可笑事件中，可见当时潮流对张也多少产生了影响。更重要的是，当时处于军阀混战时期，人们居无定所，而处于战争的阴影之下，不可能安居乐业。在这种情况下，人们普遍没有安全感，人心惶惶，及时行乐思想滋长蔓延，只求一时快乐不管身后如何。张宗昌便是这一类典型，有了钱，就随心所欲地消耗，不是去赌就是纳妾。既无积蓄也无顾忌，不能不说这是环境的影响所致。

综上所述，可知是多种因素造成了张宗昌那颇为独特的婚姻观，这将有助于我们更全面更深刻地了解张宗昌。

# 二、枝繁叶茂

## 1. 子女数

有人说张宗昌的孩子大约有百十来个，也有的说不止此数[36]。这均不是事实。

张宗昌一共有5个儿子、7个女儿。其中属于亲生的有4个儿子、4个女儿。4个儿子是长子济乐、次子宁乐、三子盛乐、四子昭乐；4个女儿是长女春娇、次女春蘭、三女春婷、四女春绥。其中大太太生有4个，中娥1个，余为姨太太所生。

列在张宗昌的名下、但并非张所亲生的有三女一男。男孩是东乐，上海太太所生；女儿一是春梅，为袁书娥与贾瘸子所生；二是春霄，为十七太太所生；三是春和，是上海太太所生。

张宗昌生活的另一侧面还表现在对待这些非亲子女身上。他明知春梅非自己亲生，却默许袁带在身边，对待春霄也是如此。而上海太太所生一子一女从出生就回避张家的人，张宗昌也予以容忍。家人为此曾问张的态度，张宗昌说：既然生下了就养着吧，赶出去也不好。

春梅丝毫不了解自己的身世，对张家的人十分亲密，感情至深。她肄业于辅仁大学，终生从事幼教工作。

有材料说张宗昌尚有一养子：丰乐，系张1913年在徐州和丰县间所收养的农家孤儿，收养时年仅6岁，旋被送回祝家村由张宗昌的继母抚养。1926年，丰乐曾任山东补充团上校团长，年余，因患肺病死于济南[37]。

## 2. 长子济乐

济乐，又名张伯伟，字孟楫，出生于1914年到1915年之间，母亲袁书娥。他之所以叫济乐，是由于出生在济南的原因。济乐早年曾到日本士官学校（炮兵科）、早稻田大学学习，回国后赋闲在家。他以张府少帅自任，一度立志为父报仇，未果，遂陷入消沉。他不会跳舞，但常常到舞厅消磨时光。

济乐人长得很帅，追求他的女人很多，但他的婚姻十分不幸。济乐第一次结婚娶的是一个姓陆的女子，陆氏乃一教授之女，生有一子，后病死。济乐再与一女歌手金燕结婚，她与济乐结婚后生有一子，后离异。济乐第三次结婚娶的是燕京大学的校花，曾嫁给天津大盐商，她是高才生，家境很富裕，济乐的生活主要靠她的积蓄维持。

北京沦陷后，大汉奸王揖唐派人收买济乐，并以为父报仇引诱他，但济乐不为所动，他说：

“报父仇是我的家仇，但是由谁来为我报父仇，我不能依仗投靠日本帝国主义的汉奸来为我报家仇，这样子我就更错了。”

济乐在解放前基本上没有工作，但到解放后出于对新中国的热爱和维持生活，要求工作，没有结果，一急之下他给毛主席写了一封信，要求安排工作，信中还引用了毛主席少年时说过的一句话：人没有工作和饭吃是会造反的。在文化大革命中，济乐被红卫兵戴上思想反动的帽子，揪到河北省邢台市留村劳改农场劳教了两年。教养期由 1968 年 4 月 22 日到 1970 年 4 月 21 日，之后解除劳教。为了不连累妻儿，他与亲人断绝了往来。之后恰逢林彪发布一号文件，要在备战时期清除首都出身不好的居民，他作为大军阀的儿子，被从北京遣返回老家，时间是 1970 年冬。到家乡山东莱州路旺乡祝家村后，于 1973 年落井而死。

关于其死因，村里人都说是在一天夜里滑入井中。那口井很大，井口向下数米有一个坡度较缓的斜坡，从常理来说，不注意失足落井致死的可能性很小。所以，济乐之死一种可能是被人推入井中，另一种可能是自杀。

济乐生前曾对村里人讲，他有老婆孩子，也都有工作，但在什么地方他没讲，这是害怕连累家人，故而都脱离了关系。

粉碎“四人帮”之后，北京市政府就济乐的问题曾专门派人到祝家村为其平反，指出让其劳教是错误的。

济乐有子二人，今在国外。父亲去世几年后，他们曾去家乡看过，或许是往事留下的伤痕太深的缘故，他们并未与村里的人提起此事，便匆匆离去。

### 3. 次子宁乐・三子盛乐・四子昭乐

宁乐字康侯，母亲是袁书娥，1916 年生。宁乐之所以叫宁乐，是因为生在南京的缘故。他为人十分老实、善良、忠厚、诚恳。平日里喜欢读书，尤其是对考古方面的事极其热心，人称“书呆子”。宁乐写有一笔很漂亮的毛笔字。

宁乐到 30 多岁时才得以结婚，婚后生有一子，二人均在天津做教师。到 60 岁时，宁乐病死。

盛乐之所以叫盛乐，是因为他出生在盛京，也就是今天的沈阳。

盛乐是十太太祁氏所生，他在北京育英中学上学时，参加了地下组织进行抗日，当时盛乐在育英学校的学习成绩非常突出。他十五六岁时画的漫画常常在报纸上发表，落的是真名。

1941年除夕夜，十太太祁氏一家母子二人与八太太安氏一家母女二人正在包饺子，外面黑影里突然蹿出五六个日本宪兵，另有两个翻译，他们悄然翻越院墙，推门而入。言谈话语十分的客气，自称是例行公事，要大家不必惊慌。随后就是搜查，重点是两个孩子（盛乐与春绥）的书、信、笔记等，之后带着盛乐客气地离开了。

盛乐被带走后，在一年的时间里音信全无。其母祁氏四出借钱，以求人搭救，但结果却令人大失所望。不曾想在一年后的一天，盛乐突然被送回家中。只见他那蓝布大褂上面布满了泥污，还有鞋印子；耳朵、鼻孔里有一些辣椒面的遗留；两只手背面肿得就像馒头一样，大拇指根部有明显的线勒过的痕迹，且发黑，已经烂了，这是过电后遗留下来的后遗症；就连生殖器上也有线印子。这是一个坚强的地下革命工作者在饱受摧残、折磨之后仍顽强不屈的光辉形象。

盛乐被抓无时不在揪着其母祁氏的心，而今他突然回家，一家人惊喜交加，放声大哭。之后仔细端详，竟发现他已经疯了。

盛乐平日里不说不笑，沉默寡言，不主动要求吃饭，活像一具木偶。偶尔他也拿着木棍藏身于门后，见人就打。他是被日本人活活逼疯的。不久，盛乐全身因肿胀而死。

昭乐，1930年生，在张宗昌被刺时年龄未满3岁，其母亲是十九姨太太，张死后另行嫁人，留下昭乐由姑母张宗光抚养成人，后毕业于天津新学书院，18岁参军，50年代转业。其妻钟氏毕业于纺织学院，夫妻二人后得安享晚年。

### 4. 四朵金花

长女春娇，为大太太袁书娥所生。长大后，张宗昌希望她嫁给一位青年教师，事先二人未见过面。春娇此时已与张宗昌的警卫产生了感情，二人心心相印，但却被其母袁书娥阻拦。袁认为她和卫士常会面有失家风，对其有所责骂。为了婚姻自主，也为了抗争那不公正的对待，春娇一时想不通，愤然服毒自杀，死时年仅18岁。

次女春蘭，为二太太袁中娥所生。自幼因多病而吸食大烟，那时她不过才十几岁。后嫁给陆宗舆的次子，陆家二公子乃京剧票友，他与春蘭一样都吸大烟。1947年，夫妻二人先后弃世，丈夫先去，二人相隔不过两三个月。

三女春婷，为大太太袁书娥所生。她人长得很美，深得张宗昌的喜爱。长大后，春亭嫁给青岛工商界资本家之子——栾某，他是开滦煤矿高级职员。此后又离婚。不久，春亭就死于肺结核。

四女春绥，为八太太安淑义所生，时间是在1922年。长大后到北京大学上学，三年级肄业，此为家贫所致。后参军，转业后任国企干部。

作者与张宗昌之女张春绥合影

## 5. 孙辈

张宗昌的孙子、孙女、外孙、外孙女不少，由于家庭破落的原因，他们多自强自立，颇有出息。目前，张家第三代后裔主要在京津、广东、云南、檀香山、澳大利亚、新西兰等地，他们当中只有一个是高中生，其他均为大学以上学历，从事于政界、工商界，事业均各有所成。如居住在澳大利亚的嫡孙、济乐之子张莳华（小名新雨），拥有数亿美元的资产，经营管理卓有成效。其他任国家公务员、高级工程师、企业家者，比比皆是，不一而足[38]。

### 注　释

1. 苏全有“军阀张宗昌妻妾知多少”，《文史精华》2002年第10期；苏全有“张宗昌的妻妾们”，《春秋》2005年第2期。
2. 辛凤霞《我当小演员的时候》，（北京）三联书店1985年版，第86~87、242页。
3. 段肇升《蒲坂之声》，宇扬评剧苑首发。
4. 王邗华等编《民国名人罗曼史》，第323页；曹英《民国巨凶首恶大纪实》，第108~109、123~124页；翟野《兽性人生——张宗昌》，第1、404页；辛培林《军阀列传》，第248页；崔苇、原郁文《混世魔王张宗昌》，第199、225~235页。

5. 林语堂“忆狗肉将军”，林语堂《爱与刺》，第172页。
6. 苏全有“军阀张宗昌妻妾知多少”，《文史精华》2002年第10期，第60~62页。
7. ［美］艾格妮丝·史沫特莱《伟大的道路》，（北京）三联书店1979年版，第198页。
8. 《文史哲》1997年第5期，第72~78页。
9. 方略“‘大炮开兮轰他娘’——军阀张宗昌逸事”，《中州今古》2004年第1期，第112~113页。
10. 董守义、王加会《张宗昌真传》，第235页。
11. 李藻麟《我的北洋军旅生涯》，第250页。
12. 苏全有“张宗昌的婚姻观浅析”，《周口师范学院学报》2003年第4期，第82~85页。
13. 苏全有“论‘三不知’将军张宗昌”，《历史典籍和传统文化研究》，第364~372页。
14. 李藻麟《我的北洋军旅生涯》，第251页。
15. 苏全有《孙中山与三角联盟》，第95~96页。
16. 中直等“殃民纪实”，编审组《土匪军阀张宗昌》，第193页。
17. 王觃甫“滥发军用票”，编审组《土匪军阀张宗昌》，第170页。
18. 陈必大“欲辨真义已忘言——纪念我的父亲”，《老照片》第25辑，（济南）山东书画出版社2002年版。
19. 董守义、王加会《张宗昌真传》，第96、100页。
20. 李藻麟《我的北洋军旅生涯》，第160页。
21. 董守义、王加会《张宗昌真传》，第224、204页。
22. 李藻麟《我的北洋军旅生涯》，第250页。
23. 董守义、王加会《张宗昌真传》，第250页。
24. 李藻麟《我的北洋军旅生涯》，第251页。
25. 董守义、王加会《张宗昌真传》，第221页。
26. 李恒珍等“投冯始末”，编审组《土匪军阀张宗昌》，第25页。但九姨太在张宗昌死后还是分得了一些家产。
27. 戚宜君《张宗昌传奇》，第206页；董守义、王加会《张宗昌真传》，第341页。
28. 王觃甫“滥发军用票”，编审组《土匪军阀张宗昌》，第170页。
29. 董守义、王加会《张宗昌真传》，第223页。网上传言有这么一个笑话：山东军阀张宗昌有一次看篮球比赛，看到一半忽然发言了，这么多人抢一个球多麻烦，干嘛不一人发一个球给他们？不实，因为此事为韩复榘所为。
30. 祝学顺等“吹鼓手的儿子”，编审组《土匪军阀张宗昌》，第2~3页。
31. 苏全有“张宗昌逸事”，《文史精华》2001年第6期，第60~61页。
32. 苏全有“张宗昌逸事”，《文史精华》2001年第6期，第60~61页。
33. 褚承志“督办办大学”，编审组《土匪军阀张宗昌》，第210页。
34. 董守义、王加会《张宗昌真传》，第91页。
35. 苏全有“张宗昌逸事”，《文史精华》2001年第6期，第60~61页。
36. 戚宜君《张宗昌传奇》，第208页。
37. 吕伟俊《张宗昌》，第329页。
38. 以上论述依据的是张宗昌女儿张春绥的回忆。

附

# 杀死国贼为父报仇

（“刺客”郑继成自白）

## （一）

张贼宗昌祸国祸鲁，残害人民，罪恶滔天，真是罄南山之竹难以尽书。凡我山东全省人民，凡我全体革命同志，凡我爱国同胞没有一个不切齿恨他的，而我与他更有不共戴天之仇。缘在民国十六年秋间，张宗昌等直鲁军大举侵豫，先继父郑公振堂奉冯总司令任为第二集团军第八方面军副总指挥，兼援鲁军副总司令职。总指挥兼总司令为今皖主席刘镇华氏，刘分一部分军队与先父统率，驻于曹县，以抵挡鲁军。不料此部之军长姜明玉，土匪出身，贼性未改，暗受张宗昌贿买投降，即以缚送先父至鲁为交换条件。先父遂于10月14日被其扣留，押往鲁军刘志陆处，转送至济南。各方故旧均去电求张保留其性命，张贼一一答应，允予优待，但未几，张贼得接前线报告，全部大败，几至覆没，乃迁怒于所俘将领，即下令将先父及马军长祥斌（第一集团军的，前被张敬尧欺骗拘捕者）二人就地枪决。先父遂于12月6日在济南遇难，其秘书长丘中度只身脱险，逃回冯总司令部报告，乃得知其情。杀死俘虏将领为不合法、不道德之举，故我与张贼宗昌成为不共戴天之仇。

事后，我秘密使人回济寻觅先父尸骸，花了运动费3000元始领回。尸骸于生前被其残害：头部由左眼眉起至右耳下止此一段已完全没有了，右背之上段及右肩全部都没有了。真是惨无人道！幸而先父生前留了长胡须，又仍有个人衣服在身，故尚可辨认得出。我的仇恨愈深了。

先父被害后，在鲁家产亦全被张贼收没（至今仍未完全恢复旧业）。因张贼仍盘踞山东，我是济南人，无家可归，乃将全家数十口迁逃于天津租界以避其锋。在那里租了一个小楼，月租20余元，地小人稠，人人每夜只好席地而卧，困苦不堪。哪知道张贼想铲草除根，又要秘密捉我。至此时，我得此消息，全家老幼哭天叫地，真是欲生无路，欲死不能。张贼嗾使直隶督办褚玉璞秘密捉我，先照会英国租界当局，将我住所包围搜捕。可巧我此时不在家，自此我便不敢住在家中，一日数迁。我自己另在日租界赁了一个楼躲避，门外贴上王姓字条。但又被探着，我一得消息即便逃出。后来有一银号经理真是姓王的，转赁此楼偕眷居住，门外王姓字条也就沿用。过不几天，那姓王之人就被人暗杀了，白做了我的替死鬼。一想起来，我真危险！不久，张敬舆（绍曾）先生在津又被暗杀，我全家老幼更吓得魂不附体（因此时我与张先生共同担任革命秘密工作，故有唇亡齿寒之感），日夜不得安眠。吾母乃日夜催我速离天津，以免落在贼手。可是哪里有钱来做路费？万不得已求亲告友，凑借了数百元，将家眷转托亲友关照，我即乘外国轮船离开天津，绕道大连、上海，转南京而往河南开封见冯总司令，得蒙发表参赞名义，随军担任北伐工作。

北伐成功后至民国十九年，我始得同全家老幼返回山东历城原籍，为先父治丧。临入土之时，我在灵前跪地痛哭，大声哀叫："吾父生前为贼所害，必不瞑目。为儿罪在自身，有生之日，誓报此仇。至时望吾父在天之灵，赐儿一助。儿当追随吾父至九泉。今日入土，吾父你早日瞑目吧！"自对亡父立誓以后，寻机报仇之念，无时或息，常觉父仇一日不报，为人子者实无脸偷生于世间。

## （二）

自国民革命成功后，山东省政府及国民政府均先后有令通缉罪大恶极的张贼，可是因种种关系，他仍然匿居北平，逍遥法外。民国二十一年九月二日，张贼突然来济。同行者有参谋长金寿良，秘书长徐晓楼，副官长程镕、李文征，承启处长刘怀周及随从20余人，住在石友三的家里。他这次返鲁，表面上是以回掖县本籍扫墓为名，但其实是怀有很大的阴谋毒计。原来他先派人运动好刘珍年部下的团长倒戈。他去电请刘珍年到一处地方相会，准备在此杀死他而夺其军起事，重据山东地盘。不料刘珍年知机不复。张贼等了多时，知事不谐，即诡称母病，得北平急电，中止返籍而提前北上。

在此时期，我已得韩主席向方聘任为省政府参议，全家都回济居住。自闻得张贼到济后，辗转不安，一夜之间先父亡灵来惊告数次。次早起床，更觉不安。早饭后，内人看见我神色不对，即劝我到慈善公所玩玩。此公所设有吕祖坛，正当开沙（扶乩）之日，我也随众玩玩请训。我请得龟将军临坛，在沙上现出两句云："鱼耀门庭多瑞霭，保尔得登九重渊。"一时心事涌起，报仇之念大作。时已下午3点余钟，我方行回家。走至大街上，突闻卖报的高喊"张宗昌奉母命今晚返平……"闻讯之下，自思：此次真是千载一时的机会，若叫张贼走了，再有何面目偷生为人？急急返至家中，叫内人快开饭吃。内人云，饭尚未妥，请我先吃点酒。我即在书桌上一边吃酒，一边写两张信与韩复榘主席，说明国贼张宗昌与我有不共戴天之仇及我与贼同死之决心；但因出事在山东范围内，故请其原谅。写好信后，看手上表已是6点稍过。因为火车6点30分就要开了，不能再误，我即到房内将两枝枪带好（一是盒子炮，一是小枪），把手表脱下并绝命书统交给内人，吩咐她待我走后过15分钟，即派人送书与韩主席，并告知她杀贼目的，匆匆间说了几句诀别的话。内人李书云并不难过，也不哭泣，反用壮言鼓励我说："务要杀死贼人，但小心为要!"又说："你的枪插在腰间，肉太吃苦了!"随给我一条手巾，将枪包好。

我即走至前院叫陈凤山等三人随同出门，并给陈以手枪（盒子炮）一枝。门前有一汽车行，我即雇了一辆，登车向石友三公馆而走，到时已6点16分了。那时，石宅大门关闭，不似有客的样子，我即问岗警，据云："大家已往津浦车站，如你要送张督办，还能赶得上。"我即命急开车赴车站。至附近之处，我恐人多着眼，易被人看破，即命从人下车。唯陈凤山一人不愿离开，因其看我神色不同往日，心知有异，坚问我有何事。陈凤山原系先父的旧部，少小跟他出身，随我共甘苦，同患难也有十五六年。我知道他忠勇义侠，又见他很坚决紧随，不愿离我，乃对其说明此来非杀张宗昌不可。他说："杀张宗昌，我自己去杀，你可不要去。你要是一旦有危险，家中几十口人，老的老、少的少，将来如何得了?"我即说："虽然如此，但你自己恐难成功，就是成功也恐师出无名而结果无办法也。我绝不能顾虑家事，将来我若死了，就不了了之。"他随说："那我也得与你同生死。"我说："好!"于是一同进车站。

（三）

张贼登车后，即请各送车人员到客厅车上畅谈其此次到济目的及中止返籍原委。时开车时间已近，送车者纷纷下车。那时我同陈凤山刚跑进站，瞥见张贼在车上与众人言别。我见时机已迫，即急急走至其车前混入纷纷下车的送客者之间，陈凤山在车之西头，我在车之东头（济南车站东西向）。时6点22分——离开车的时间只有3分钟了，张贼站立在车之西头车上与送客告别，陈凤山即出枪击贼，一枪未响，张贼大叫"不好"，回头往车内逃跑。车前送客的人均四散五逃。陈凤山随即追上车门去，又射击一枪，又未响。张贼急开东头车门而逃。陈凤山已追上，再击一枪，亦未响，即被张贼同来之刘怀周在车中抱住，凤山极力挣脱紧追。时张贼已开车东头之门，下车向北逃跑，陈凤山在后追赶。张贼随从等在陈凤山身后追赶，向凤山开枪。凤山正被铁轨绊倒，弹从身上飞过。我一枪将张贼的承启处长刘怀周打倒，随手又一枪将张贼击中于第三站台北崖。张贼应声而倒毙。陈凤山立起后，又对张宗昌头部上击两枪，即结果了该贼张宗昌之狗命。尸首横陈于第三站台北崖之第七股道上（距离我放枪击死他之处约70米）。

先是，陈凤山之枪因多时不用，三发不响，及因跌倒一震之力，枪弹连发连响，真乃巧极。我因先父生前惨被张贼残害至头部上半没有了，所以预早决意必要在张贼头部击死他，并以此意告陈。我先发那枪就击中他的头部登时丧命，倒毙铁道上，把手臂也压破了。后来陈凤山赶上，又向他头部连放两枪，更把他头脑打个稀烂，可谓因果循环，报应不爽了。还有一件事可为记述的，那就是当我们杀张贼时，我俩共放了不过7枪，而同时车上枪声竟连续响至百余发之多，如在战场。原来早就在车上埋伏候机刺杀张贼者还有多起。一是其部下，曾被张杀害的某将军之三姨太太，密购死士，为夫报仇，是日亲自指挥6人预定在车上行事；又有被其杀害之×将军及××等之家人亦皆有人在车上布置。不料竟被我先得机会。各人一见事发，即在车上开枪助威及助战。如果张贼不死在我手上，也无幸免之理了。至陈凤山当初在人丛中开三枪击贼，如果枪响，不难误伤毙车上之中外乘客，则或许惹起困难问题。三发不响，而一响即行成功，真是幸事！张贼本来随身带了手枪多枝，有一枝确在石宅被石友三取去，但其余则放在手提小皮包内。因为他有种种谋为不轨的秘密要件和电报密码都在皮包内，所以他连枪也锁起来了。至临急之时，不及开取抵御，只得空手而逃，毫无抵拒能力。这真是罪该万死，“天夺其魄”了。

当我击倒张贼之后，其便衣随从七八人纷纷下车向我放枪。我隐身于站台洋灰柱子之后，奋勇应敌，当场又给我打伤3人。他们一闻张贼倒毙，始分行逃去。我从后追赶，直至客厅已不见他们踪影，我乃停追。统计我与陈凤山二人是次共发子弹7粒，除死张贼外，尚伤毙其随从4人，其余人等一无损伤，亦算幸事。

## （四）

我回到站上，即投赴铁甲车前之执法队自首，即被捉住。起初，车上士兵以我为乱党施行暗杀，即将我按倒在地上，拳脚交加更以枪托乱击，打得我遍体受伤，肉烂血流，全身没有一块完整的皮肤，上下衣服也都被打碎了（后来在狱里经中西名医疗治经过29天才得痊愈）。幸而当时程司令希贤赶至，喝住众兵。车站军警就将我背手紧紧地绑起来。数小时之间我的手全成黑色，已失知觉。当时，我立在站台上大声宣言：“我名郑继成，郑金声系我叔父，我过继他为子。我杀死张宗昌，一为革命增光，二为党国增荣，三为山东及全国除害，四为我父报仇。”当时车上乘客均鼓掌如雷，深表同情，并有一人身着白色学生服装，年纪不满30岁，下车对着我大呼：“郑先生，你真大英雄，大豪杰！中国不亡者即在于此。”呼毕又上车去。我即被押至车站候车室。

张贼被杀后，消息传播迅速，不一时涌到车站围观者有数千人之众。张贼秘书长徐晓楼随程希贤司令走进轨道前出洋50元交程，程乃招人抬贼尸云：“张督办也是你们山东老乡啊。谁愿抬他，得洋50元。”观众纷纷大声说：“多管闲事！500元也不抬，5000元也不抬。”这可见我们山东人怨恨张贼之深了。当时忽有人大叫：“快闪开！火车来了！”众人一哄而散。张贼之尸卒无人肯抬，后由驻站的军警受命令而抬至济南日本医院。

（五）

至晚上8点余钟，车站秩序恢复，我即被送至第三路军法处。韩主席有令云，我是自首投案，不要绑，先押起来明日再问。次日，军法官要押我到省政府，可是我全身皮肉都烂了，疼痛难堪，摔倒在地。不得已乃由数人扶我上汽车，直押至韩主席那里。我对他说：“请主席原谅我吧。我誓与贼同死，非止今日。”他说：“这是行政机关，不能办理此案。现已经打电报向中央请示办法了。”我说：“请主席先把我的参议一职开缺，即送我到法院去打官司，我十分感谢。但我有一样要求：张宗昌是我最先一枪杀死的，陈凤山跟我前去开枪，但杀人的是我，陈凤山无罪可言，请主席把他释放了。”他即时慨然允诺，并夸赞我为大丈夫，好朋友，此次就是死了也是值得的。

第三日，我即被送到济南地方法院。经检察处开过侦查庭三次，复经审判处开庭三次，就判了我7年有期徒刑。当时审判推事说：“你如不服，可以上诉。”但我早立誓与贼同死，今已杀国贼，已报大仇，已了一生大事，死而无怨。法律判决，我甘服从，并不上诉。于是即到监狱受刑。

张贼死后，全市棺材铺均不肯卖棺材给他。后来，程希贤司令对我说笑云：“绍先（我的字），你杀了我的爹了！”我问：“什么事？”他答：“你把张宗昌打死，没有人收葬他，连鞋子、衣服、棺材也买不到。经我多方设法才找得一副，白替他做孝子，你不是杀了我的爹吗？”张贼身材魁伟，平常棺材也不合他用，刚有一副大棺材是在多年前张贼来鲁时一家铺子做下的，刚合他用，卒为程辗转买得，也是巧极。后来，张贼棺木停在安徽乡祠，竟有人想放火烧他的棺木以泄愤。各方安徽同乡又打电去抗议接收其棺木。主事的人怕惹出大事，不敢再许其停在那里。张贼家属急请其旧部秘密运平，这事才算了结。

（六）

自从我的案子移归法院依法律办理之后，各方帮助我、营救我、安慰我的真是多不胜记。蒋总司令来电当局云，应照法律手续办理，如科罪太重，再援特赦条例办理等语，真是我的大恩人。在我坐狱期间韩主席又接济我的家属，本省各级党部、各团体、各机关、绅商学报各界与曾被张贼残害者之家属纷纷努力援助。中央委员陈立夫、程潜、柏文蔚等及国民政府孙科院长、李烈钧、陈树人、薛笃弼委员等数十人屡次请求特赦。结果到民国二十二年三月，国民政府下令将我特赦无罪省释。我自是出狱得复为自由人。

（摘自《逸经》1936 年第 7 期）

# 后 记

目前中国近代史研究领域有生地、熟地之分，以时间断划则是，熟地：太平天国、义和团运动与辛亥革命；次生熟地：鸦片战争、洋务运动、戊戌变法；半生半熟地：中法、中日战争；生地：北洋军阀。

在北洋军阀当中，张宗昌这个人物应该算不上最重要者，但却绝对是最具特色者。目前有关张宗昌的传记有多本面世，可惜，真正客观再现人物个性特征且符合历史本来面貌者，乏见。其中，以讹传讹、附会的内容太多太多了！要么则是在政治史范式的左右下，刻意地否定。

陈寅恪指出：

“其对于古人之学说，应具了解之同情，方可下笔”；

“所谓真了解者，必神游思想，与立说之古人，处于同一境界”。

对于张宗昌，显然应该将之置于民国史的大背景下，在真实的基础上展示其心机足迹，增进对他的了解。

诉诸“性理名教”，往往导致忽略“事实真情”与细节及其中包含的启迪与意义。道德一旦上升到批判层面，细节就失去了原有的意义，至于细节中所蕴涵的信息、教训更是成了毫无用处的废物。毕竟，历史不是一味地批与颂。

历史就像墓地一样，一进入就会动情，理性在墓地永远没有立足之地，不论你是唯物主义者与否。我们需要在现实的爱、恨与超脱的心中寻找一种恬淡，追求中性认识，以深入到历史的深处、阴影、黑幕里，减少盲点。

研究张宗昌这个人物，是我的导师郭剑林先生提出来的。2000 年，他交给我一个采访张宗昌后人的任务。从此之后，张宗昌的研究纳入了我的研究视野。

郭教授致力于北洋军阀历史的研究，对吴佩孚、徐世昌等北洋人物的探究功底深厚，在全国有相当的知名度。这对我产生了很大的影响，我研究袁世凯、徐世昌，即由此而起。从上世纪 90 年代之初至今，我先后出版了《孙中山与三角联盟》、《袁世凯与中国近代化》、《徐世昌家族》等专著，并参加编写了《北洋政府简史》、《北洋派系三大战争》等书，还发表了近百篇相关学术论文。这一切的一切，都与恩师郭先生的引领关系至密。

值此小书出版之际，谨向郭先生致以真挚的谢意。

本书在写作过程中，张家后人、李周（张宗昌部属李藻麟之子）及我的学生黄文静、吕宽庆、魏天辉、李海玉等都提供了资料，在此一并致谢。

本书得以面世，还得益于经济日报出版社孙展编辑的认可，没有他的支持，就没有本书的刊出。

由于本人水平有限，本书难免会有这样或那样的缺点与不足之处，本人期待着读者与研究者的批评指正。所有关注张宗昌乃至民国史研究的同仁，都可以对本书做出自己的评判。

苏全有